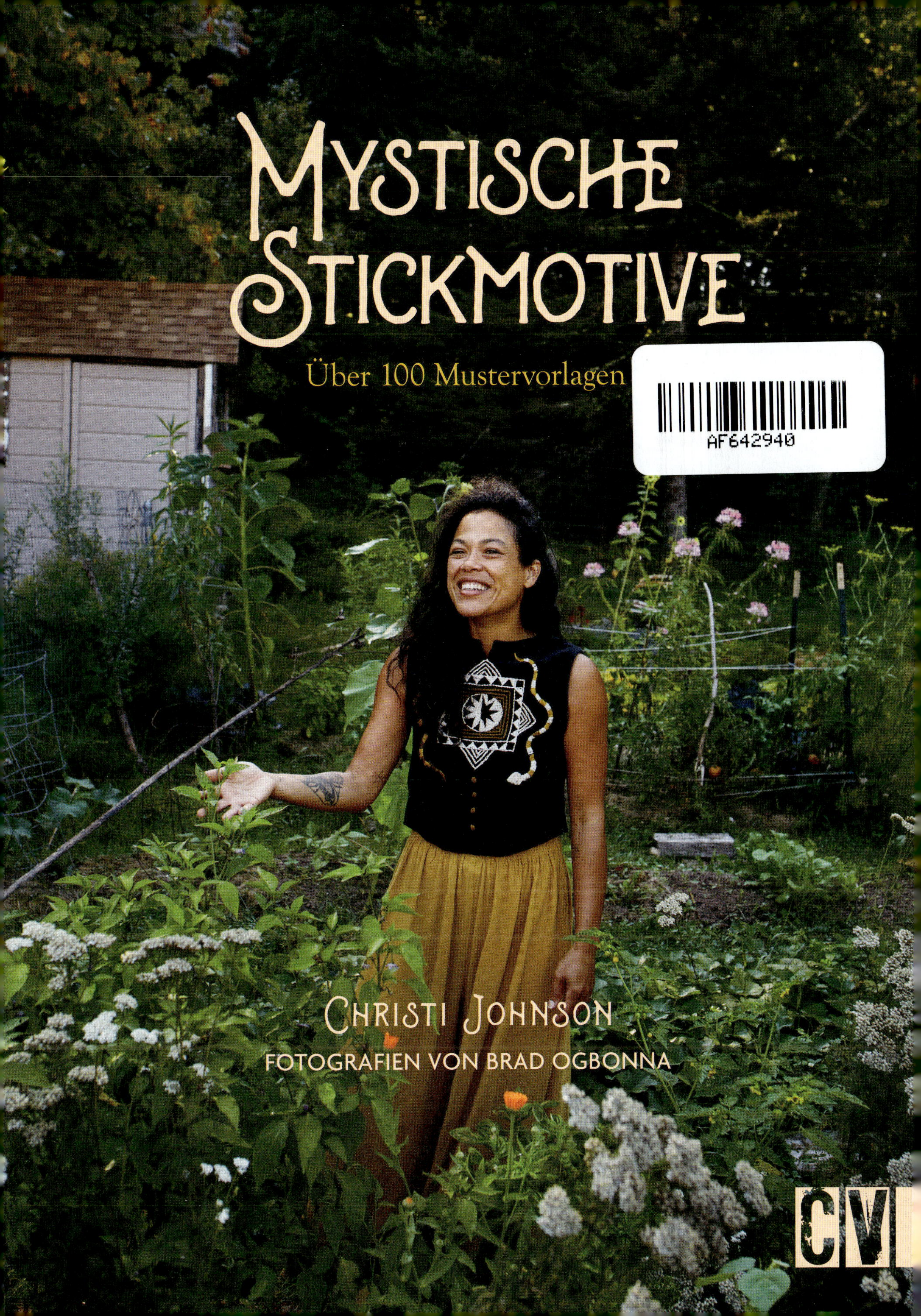

Mystische Stickmotive

Über 100 Mustervorlagen

AF642940

Christi Johnson

Fotografien von Brad Ogbonna

CV

Dieses Buch ist allen gewidmet, denen eingeredet wurde, dass sie nicht kreativ seien oder dass ihre Kunst nicht gut genug sei.

Impressum

Originalausgabe unter dem Titel „Mystical Stitches" (2021) erschienen bei:

Storey Publishing
210 MASS MoCA Way
North Adams, MA 01247
storey.com

Herausgeberin: Liz Bevilacqua
Gestaltung: Alethea Morrison
Lektorat: Liseann Karandisecky
Index: Samantha Miller
Text: © 2021 Christi Johnson
Cover & Innenaufnahmen: © Brad Ogbonna
Weitere Fotos: Christi Johnson, 7, 29, 55, 82, 103, 107, 110–114, 144, 149
Mars Vilaubi © Storey Publishing LLC, vi, vii, 5, 17, 20, 28, 29, 32, 39, 47, 55 (Hintergrund), 56–80, 83–102, 104, 105, 107, 132, 133, 143, 155
Illustrationen: © Nina Chakrabarti

Für die deutsche Ausgabe:
Redaktion: Maria Möllenkamp
Übersetzung & Projektmanagement: Dr. Katrin Korch
Lektorat: A. Reuß
Satz: Martin Jablonka
Umschlaggestaltung: Andreas Kersten
Herstellung: Kathleen Baumann
Printed in Slovenia by DZS Grafik

★★★★★

Sind Sie mit diesem Titel zufrieden? Dann würden wir uns über Ihre Weiterempfehlung freuen. Erzählen Sie es im Freundeskreis, berichten Sie Ihrem Buchhändler oder bewerten Sie beim Onlinekauf. Und wenn Sie Kritik, Korrekturen oder Aktualisierungen haben, freuen wir uns über Ihre Nachricht an Christophorus Verlag, Postfach 40 02 09, D-80702 München oder per E-Mail an lektorat@verlagshaus.de.

Unser komplettes Programm finden Sie unter

www.christophorus-verlag.de

Alle gezeigten Modelle, Illustrationen und Fotos sind urheberrechtlich geschützt. Eine gewerbliche Nutzung ist untersagt. Dies gilt auch für eine Vervielfältigung bzw. Verbreitung über elektronische Medien. Autorin und Verlag haben alle Angaben und Anleitungen mit größtmöglicher Sorgfalt zusammengestellt. Dennoch kann bei Fehlern keinerlei Haftung für direkte oder indirekte Folgen übernommen werden. Stoffe, Materialien und Modelle können von den jeweiligen Originalen abweichen. Die bildliche Darstellung ist unverbindlich.
Sollte dieses Werk Links auf Webseiten Dritter enthalten, so machen wir uns die Inhalte nicht zu eigen und übernehmen für die Inhalte keine Haftung.
In diesem Buch wird aus Gründen der besseren Lesbarkeit das generische Maskulinum verwendet. Weibliche und anderweitige Geschlechteridentitäten werden dabei ausdrücklich mitgemeint, soweit es für die Aussage erforderlich ist.

Die Deutsche Nationalbibliothek verzeichnet diese Publikation in der Deutschen Nationalbibliografie; detaillierte bibliografische Daten sind im Internet über http://dnb.de abrufbar.

© 2022 Christophorus Verlag in der Christian Verlag GmbH, Infanteriestraße 11a, 80797 München

Alle Rechte vorbehalten.

ISBN 978-3-8410-6684-8

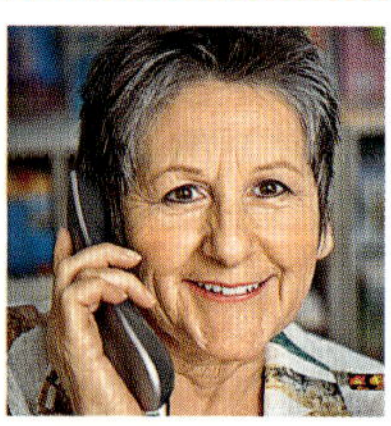

Kreativ-Service

Sie haben Fragen zu den Büchern und Materialien? Frau Erika Noll ist für Sie da und berät Sie rund um alle Kreativthemen. Rufen Sie an! Wir interessieren uns auch für Ihre eigenen Ideen und Anregungen. Sie erreichen Frau Noll per E-Mail: **kreativ-service@c-verlag.de** oder Tel.: **0049 - 89-1306 99-577.**

Besuchen Sie uns im Internet: www.christophorus-verlag.de
& www.selbstgemacht.de

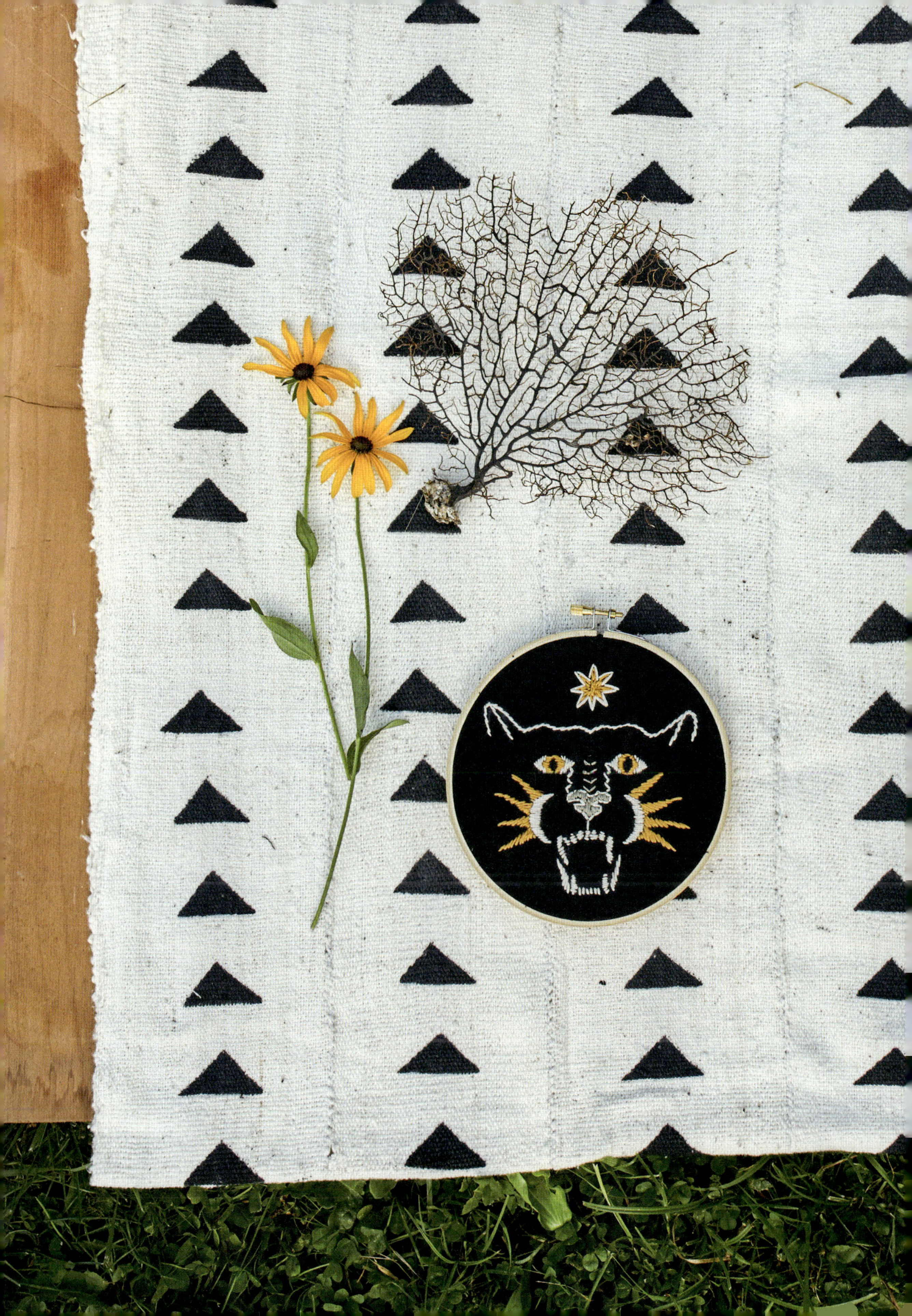

INHALT

Vorwort

Als ich das Buch *Native Funk & Flash*, geschrieben habe, war ich glücklich, auf Menschen getroffen zu sein, die mit Schere, Nadel und Faden arbeiteten und die viel Geschick, aber offensichtlich wenig Erfahrung mit Sticken hatten. Eine Frau, zum Beispiel, hatte eine grobe Vorstellung von einem Umhang mit einem Saum aus rotem Samt. Sie brachte ein getragenes und zerschlissenes altes Ding mit, bestickte es mit bunten Flächen aus langen Vorstichen und hinterlegte diese wieder mit roten Samt. Das haben wir dann fotografiert. Die Leute liebten es! Mache es ebenso – es muss nur dir selbst gefallen.

Mystische Stickmotive ist dein perfekter Begleiter auf dem Weg zur Verwirklichung deiner Ideen. Dieses Buch wird zu Beginn eines neuen Projekts zu einem wertvollen Freund, wenn du neue Sticharten ausprobierst und du auf der Suche nach einem Stich mit einem schönen Verlauf bist. Und später hilft es dir, Stiche für Spezialeffekte zu entdecken oder deiner Kreativität einen neuen Schub zu geben, wenn du eine neue Idee entwickeln willst.

Christi Johnson kann alle mit ihrer Stickerei verzaubern. Sie zerstreut deine Sorge, nicht gut und nicht kreativ genug oder kein Künstler zu sein. Die Wahrheit ist, dass, wenn man alt genug ist, eine Nadel in die Hand zu nehmen, man schon einige Kreativität im Leben angewandt hat.

Um mit dem Sticken zu beginnen, brauchst du nur eine Nadel und Faden in die Hand zu nehmen. Sobald du die Nadel in den Stoff stichst, kann die Zauberei beginnen. Mit jedem Stich bist du kreativ und schon bald wirst du so etwas wie einen verwunschenen Pfad entdecken. Es gibt zahlreiche wundervolle Wege, mit dem Garn zu spielen, indem man die Nadel dreht und wendet. Und Christis Anleitung macht diese Reise interessant, lustig und produktiv. Christi erfasst auch den spirituellen Wert der geruhsamen Tätigkeit und der Konzentration. Sticken hat mich, wie eine Art Meditation und Übung, in ziemlich rauen Zeiten zur Ruhe kommen lassen.

Das rhythmische, aufmerksame und gleichmäßige Tempo, gespickt mit kleinen Hindernissen, die es erfolgreich zu bewältigen gilt, vermittelt mir ein Gefühl von Kompetenz, Entspannung und zugleich von Produktivität. An meinem Kühlschrank klebt als Rezept zum Glücklichsein, ein vom Sticken inspiriertes Mantra: „Die Gegebenheiten akzeptieren“!

Ich freue mich, dir Christis Werk und Worte für deine eigene Selbsterkundung durch die Kunst zu empfehlen, insbesondere die Handarbeitskunst mit einem sorgfältigen Stich nach dem anderen.

Alexandra Jacopetti Hart
Autorin von *Native Funk & Flash*

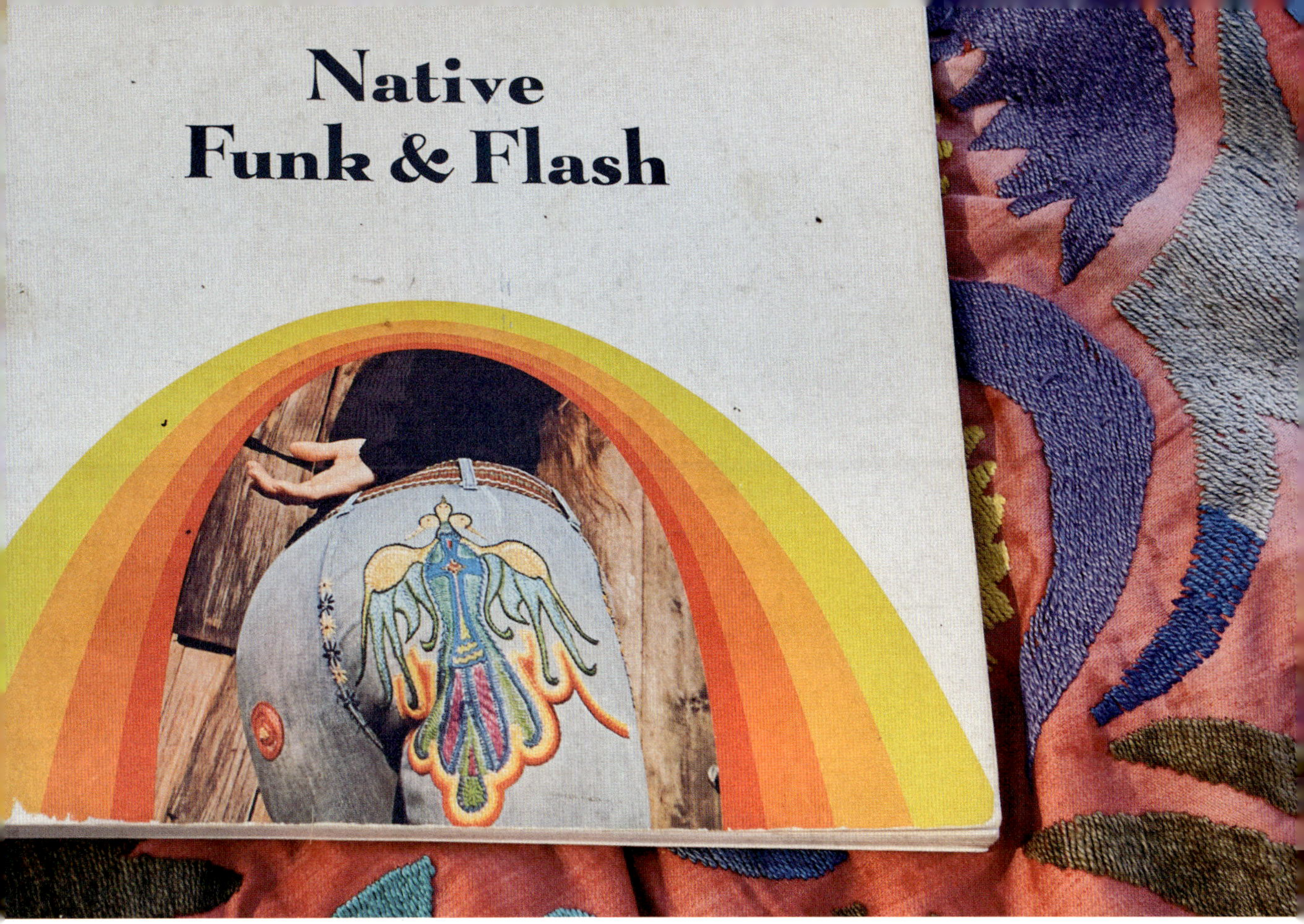
Native
Funk & Flash

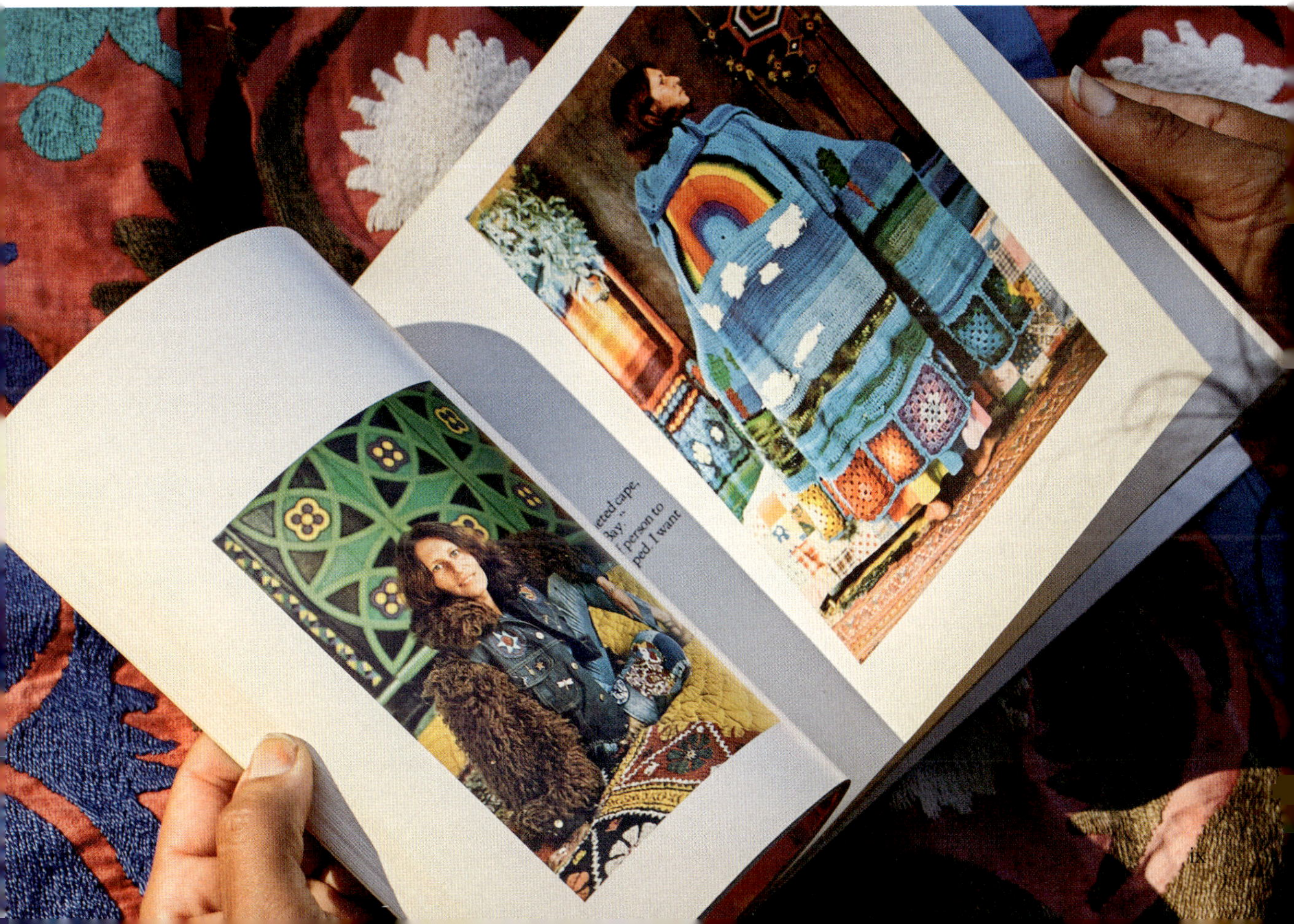

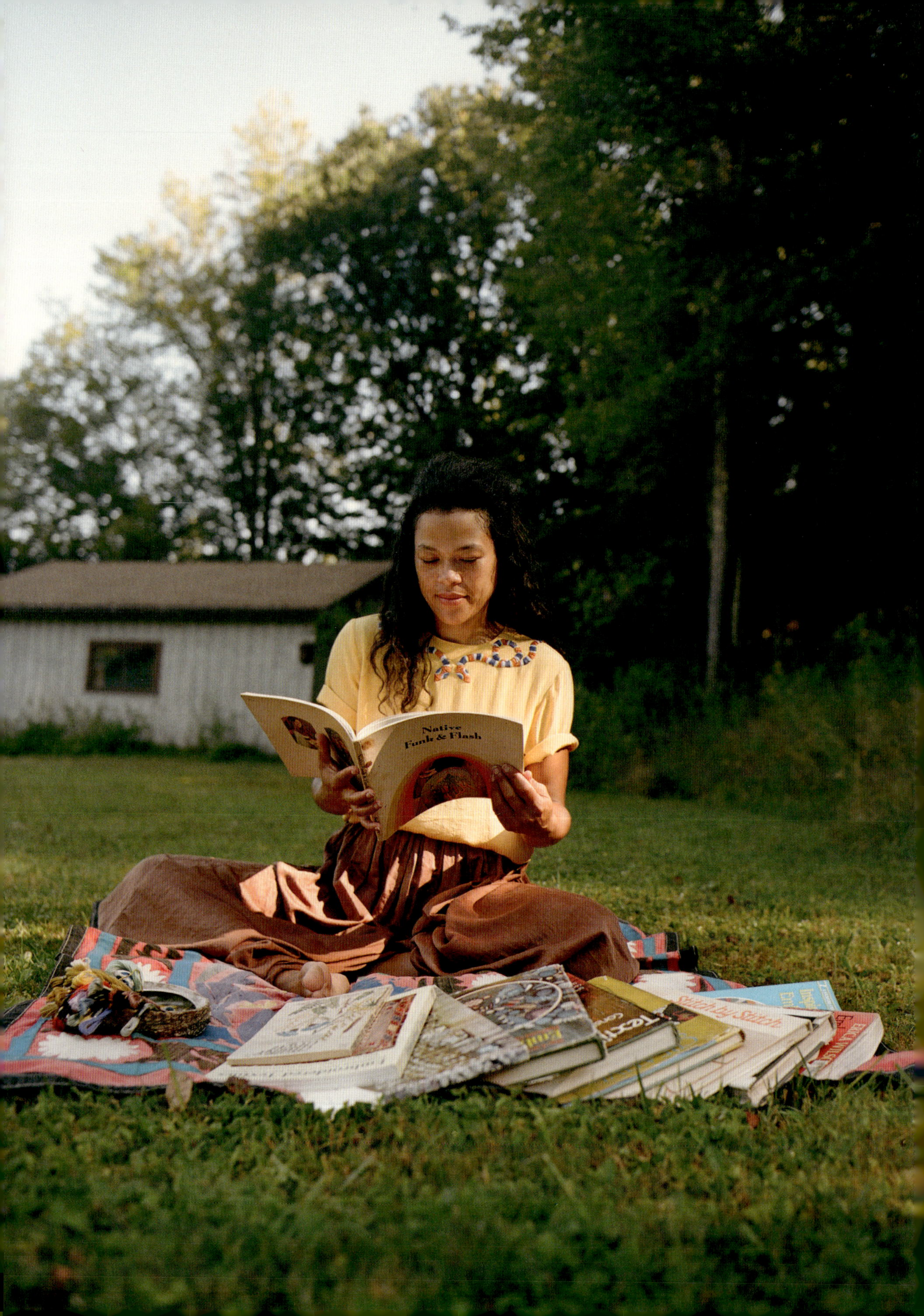
Native
Funk & Flash
Stitch by Stitch

Die Entdeckung der kreativen Freiheit

Als Kind war für mich die öffentliche Bücherei der Schlüssel zur Freiheit. Bevor wir nach Hause kamen, blätterte ich dort eifrig Seite für Seite knappe Anleitungen in Schwarz-Weiß durch, mit Fotos mit präzisen Techniken und leicht antiquierten Werkzeugen und Materialien, die auf ästhetisch höchst ansprechende Weise angeordnet waren.

Dann kam der „Heilige Gral": die Entdeckung dicker, glänzender Seiten, die alles, was ich erhofft hatte, erfüllten. Farbige Bögen, die praktisch aus dem Buchrücken herausragten, reich an Bildern von wellenförmigen Formen, die mit Nadel und Faden geschaffen wurden. Vielleicht waren die Projekte tragbar oder benutzbar, vielleicht waren sie einfach Kunstwerke, die man ihrer Schönheit wegen bewundern konnte. Diese Seiten erhellten meine Kindheit, und ich habe mir stapelweise die ältesten Bastelbücher, die ich in der Bibliothek finden konnte, ausgeliehen, um sie mit nach Hause zu nehmen und jedes Detail zu studieren.

Zu späterer Zeit, als ich dann lesen konnte, gab es natürlich zahlreiche farbige Bücher in der Handarbeitsabteilung der Bücherei, aber ihre Seiten vermittelten nicht dasselbe Gefühl von Freiheit und Befreiung, wie ich sie in den Büchern aus den 1960er- und 1970er-Jahren gefunden hatte. Zeitgenössische Handarbeitsbücher schienen die Annahme zu vermitteln, dass man nicht fähig war, eigene Designs zu entwerfen. Sie buchstabierten jedes Projekt Schritt für Schritt mit genauen Farbangaben und Materialien, die man benötigte, um die dargestellten Dinge zu reproduzieren. Diese Bücher erstickten meine Kreativität und schienen nur auf meine fehlenden Fähigkeiten hinzuweisen. Der freie Stil der ein paar Jahrzehnte zuvor verfassten Bücher vermittelte mir etwas, wovon ich träumen konnte. Sie schienen meinen Wunsch, frei von Strukturen zu sein, zu erkennen und unterstützten mich zugleich dabei, neue Fähigkeiten oder Techniken zu erlernen.

Diesen Wunsch nach freiem Schaffen habe ich nicht verloren. Und aus diesen einfachen Handarbeitsbüchern einer vergangenen Zeit erwuchs eine Verbindung zwischen der Freiheit, die man in einer künstlerischen und zugleich spirituellen Betätigung findet.

Ich liebe die Ungezwungenheit der Stickstiche aus den Büchern der 1960er- und 1970er-Jahre. Der Stil ist nicht einschüchternd, sondern fröhlich.

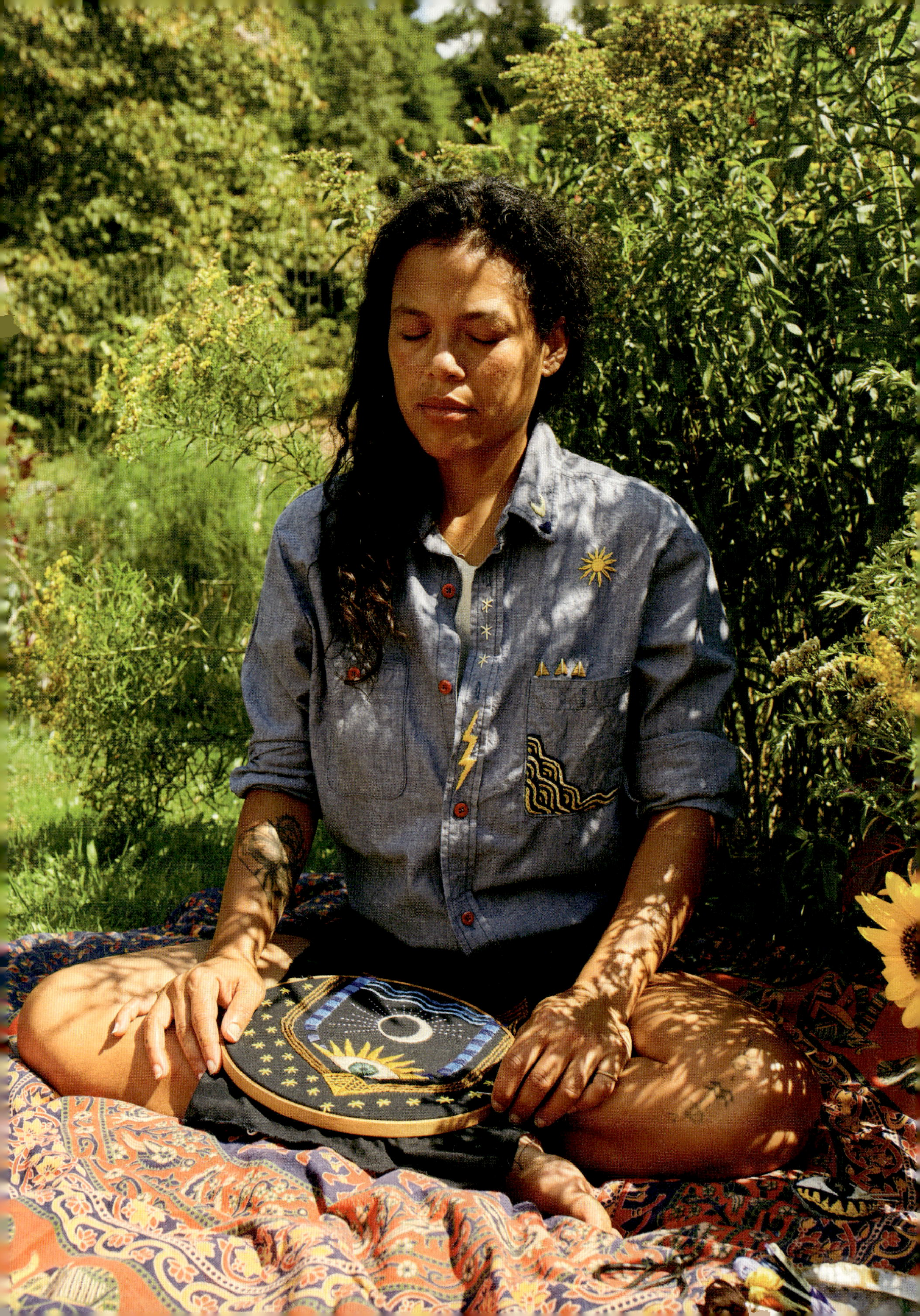

Frei werden durch Meditation

Mein Interesse an der Meditation erwuchs aus dem verzweifelten Bedürfnis nach Erdung inmitten der Arbeit in der schnelllebigen Modeindustrie. Schnell erkannte ich, wie effektiv das war und mir half, die Gegebenheiten in all meinen Lebensbereichen zu akzeptieren. Meditative Kontemplation durchdrang alle meine Erfahrungen und fand so auch Eingang in meine Kunst. Künstlerisch tätig zu sein, ist eine lebenslange Übung, von der ich denke, dass es ein sehr effektiver Weg ist, den Körper zu beruhigen und sich zu konzentrieren.

Meine Kreationen entwickelten sich von Versuchen, die Welt um mich herum getreu wiederzugeben, bis hin zu einer Übertragung von Konzepten und Bildern, die ich in Zeiten stiller Introspektion gewonnen hatte. Die tanzenden Symbole hinter geschlossenen Augenlidern wurden das neue Thema meiner Arbeit, kombiniert mit einem Interesse an Recycling und Wiederverwendung ausrangierter Stoffe, falls möglich. Außerdem erkunde ich neue Materialien und versuche, die Möglichkeiten der Techniken zu erweitern, aber ich strebe dabei nicht nach Perfektion, sondern nach einem Gefühl der persönlichen Freiheit.

Dieses Buch zeigt einen Weg zu deinem eigenen kreativen Freiwerden mithilfe der Stickerei auf. Es ist mehr als nur eine Reihe von Projekten, die es zu vollenden gilt.

Es ist eine Möglichkeit, den eigenen künstlerischen Prozess als magisches Ritual zu betrachten – und es zeigt dir, wie diese Perspektive deine Herangehensweise für den Rest deines Lebens beeinflussen kann.

Ich biete hier Projekte, Muster und Farben als kreative Inspiration an. Fühl dich frei, diese als Sprungbrett zu verwenden, deine Flügel auszubreiten und zu erforschen, was für dich das Richtige ist.

Ich lade dich ein, alles zu umarmen, von der Schönheit bis zur Traurigkeit, durch Fasern die Anmut auszudrücken, die darin liegt, zu akzeptieren, was ist, und zukünftige Möglichkeiten persönlicher Entwicklung durch das Nähen von Träumen und Zielen zu erkunden.

Christi Johnson

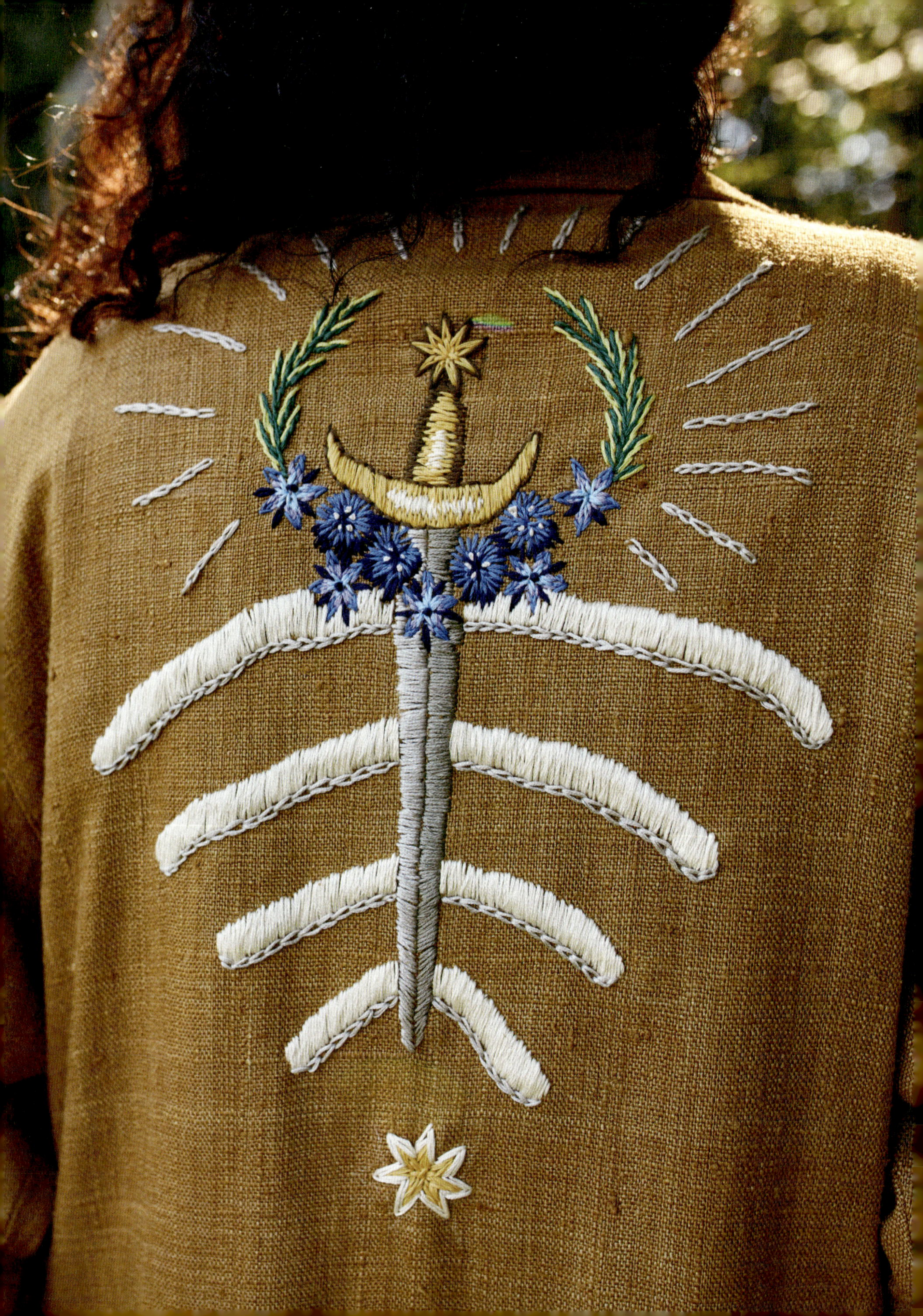

1

INTENTION

Die Welt aus einer mystischen Perspektive zu betrachten, bedeutet, alle Dinge wertzuschätzen und dabei die göttliche Natur in allen Formen des Lebens zu würdigen. Die Entstehung einer Idee aus dem Nichts, die Manifestation verborgener Visionen in der äußeren Welt, der Einfluss durch die Betrachtung eines Kunstwerks – diese Elemente des kreativen Prozesses, die von der Wissenschaft nicht erklärt werden können, beinhalten eine wahrhaft mystische Qualität. Wir sind täglich mit der Wahl konfrontiert, ob wir mit der Gesellschaft konform sein wollen oder mutig unser Leben selbst in die Hand nehmen. Je mehr wir mit unserer Fähigkeit vertraut werden, einen Wechsel in der äußeren Welt durch unsere kreativen Aktivitäten herbeizuführen, desto mehr werden wir in die Lage versetzt, Änderungen in unserem Leben zu manifestieren.

Das Magische im kreativen Akt

In unserer Kultur tendiert man dazu, den kreativen Akt als Mittel zum Zweck, zum Zweck einer „guten" Kunst zu betrachten. Viele unserer frühen kreativen Werke wurden von gutmeinenden Lehrern, Eltern oder Freunden begutachtet, die auf negative, verurteilende oder uninteressierte Weise auf unser Kunstwerk reagierten.
Als ich begann, Stick-Workshops zu leiten, habe ich festgestellt, dass viele von uns eine solche kreative Wunde haben und vor einem Pinsel oder Farben zurückschrecken. Aber das Sticken scheint von solchen Assoziationen mit Urteilen frei zu sein und ist daher ein idealer Weg für die gestalterische Erkundung. Die kreative Freiheit beim Sticken gibt uns die Möglichkeit, uns frei von dem vermeintlichen Druck, „gute" Kunst machen zu müssen, auszudrücken. Und sie hilft uns, die Kreativität auf andere Bereiche unseres Lebens zu übertragen, die vielleicht stagnieren oder dem „rationalen" Kurs oder der Art und Weise, wie die Dinge „sein sollten", verpflichtet sind. In ihrem Kern ist Kreativität irrational, da sie etwas ins Leben ruft, was zuvor noch nicht existierte. Sowohl der kreative Akt als auch der Wunsch, mit höheren Mächten in Verbindung zu treten, beinhalten die Möglichkeit der persönlichen Wandlung. Wenn wir mystische Stickstiche kreieren, verschwimmt die Trennlinie zwischen unserer eigenen kreativen Essenz und der größeren einer göttlichen Macht, weil wir Wege suchen, diese beiden Erfahrungen zu verbinden.
Indem wir unsere Vorstellungskraft mit Symbolen anregen, die uns in unserem tiefsten Inneren ansprechen, beginnen wir, eine neue Welt zu erschaffen, in der wir existieren können.
Beim kreativen Prozess geht es nicht nur einfach darum, was gemacht wird.
Dies ist ein ganz mystischer Prozess, der uns lehrt, wie wir uns zwischen unserer inneren Seelenwelt und der physischen äußeren Welt bewegen können. Alles, was beim Überschreiten dieser Brücke erhellt wird, geschieht zunächst bei der Herstellung eines Kunstwerks und schließlich bei der Gestaltung der Existenz selbst. Indem wir uns gestatten, uns auf unseren eigenen kreativen Prozess einzulassen, werden wir mehr und mehr damit vertraut, unsere Träume Realität werden zu lassen.

Die Kraft der Symbole

Lange vor der Entwicklung der Schriftsprache haben wir uns mithilfe von Symbolen verständigt. Kinder lernen Bilder zu identifizieren, noch bevor sie sprechen können. Und wenn wir jenseits unserer eigenen Kultur Wissen erlangen wollen, erlauben uns Symbole, Sprachgrenzen zu überschreiten. Bildsprache als Grundlage der Kommunikation betrifft auch unsere inneren Arbeitsabläufe. Die Tiefenpsychologie setzt voraus, dass unser Gehirn in zwei unterschiedlichen Bereichen arbeitet: mit der rationalen, intellektuellen Methode des Bewusstseins und dem noch weniger erforschten Unterbewusstsein, das auf instinktiven und intuitiven Prozessen zu basieren scheint. Unser Bewusstsein wählt zwar die Sprache als Hauptausdrucksmittel, aber unser Unterbewusstsein drückt sich lieber in Symbolen aus, sowohl mit individuellem als auch universellem Bezug, was in unseren wilden, bildreichen Träumen deutlich wird. Der göttliche Sinn, ausgedrückt in visuellen Formen, verändert sich oft mit der Zeit und in den Kulturen, wobei die grundlegende Bedeutung vieler Symbole in der Geschichte der Menschheit Ähnlichkeiten aufweist. Viele ältere Kulturen haben, während sie Zyklen in den Galaxien und im irdischen Leben erlebt haben, größere göttliche Muster darin erkannt, die Form angenommen und unsere Existenz beeinflusst. Diese göttlichen Muster sind in die Wissenschaft eingegangen, etwa in die Astronomie, Astrologie und einige Bereiche der Biologie, dabei gab man in den letzten Jahrhunderten die Vorstellung auf, dass diese Formen Ausdruck einer größeren Macht seien. Diese größeren göttlichen Mächte sind dort, wo *Korrespondenzen* ins Spiel kommen. Indem wir mit Bildern und Formen arbeiten, die mit Gefühlen und Emotionen korrespondieren, die wir in unserem Leben verwirklichen möchten, folgen wir der Vorstellung, dass alles in diesem Geflecht der Existenz miteinander zusammenhängt. Wir können durch die Symbole in unserer unmittelbaren Welt zu unserem Unterbewusstsein sprechen und verbinden so das Unterbewusstsein mit dem Bewusstsein. Stelle dir es wie folgt vor: Unser Bewusstsein ist die Spitze des Eisbergs über dem Wasser, das sagt „Ja, ich möchte diesen Weg gehen!" Zugleich ist das Unterbewusstsein, der riesige Eisbrocken unter der Oberfläche, das Ruder, das das Schiff lenkt. Unsere unterbewusste Sprache, die Unterwasser-Sprache, ist voller Archetypen und Symbole. Indem wir Talismane schaffen – die Kondensation von Bedeutung in Bildern – können wir dem Unterbewusstsein in einer ihm verständlichen Sprache zeigen, in welche Richtung wir gehen wollen. Unser Unterbewusstsein ist voller archaischer Assoziationen, die wahrscheinlich durch unsere Vorfahren weitergegeben wurden, genauso wie unsere körperlichen Eigenschaften.

Diese unbewusste Landkarte symbolischer Assoziationen – unsere Psyche, emotionale Veranlagungen, Instinkte und Intuitionen – kann der unserer Vorfahren ziemlich ähnlich sein. Diesen Teil unseres Gehirns können wir weiterhin mit Symbolen erreichen: mit Bildern, die durch Zeit und Raum reisen und ewig und allgegenwärtig sind.

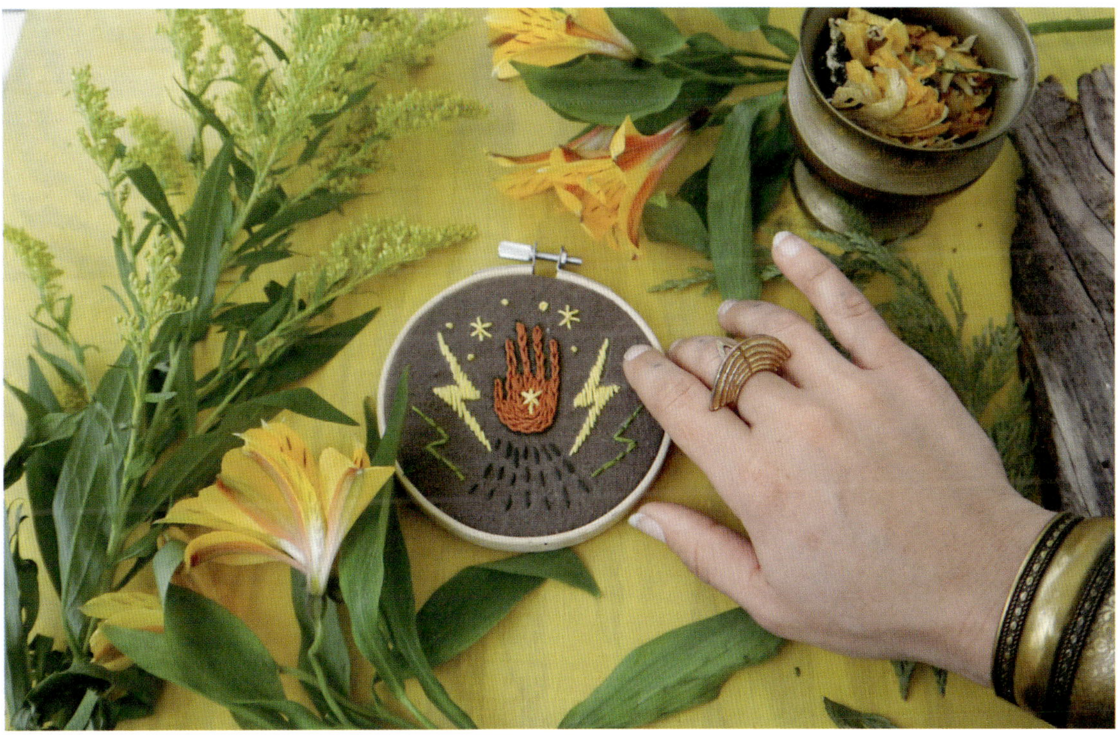

Stelle dir vor, du bist in einem anderen Land, dessen Sprache du nicht sprichst. Wenn du nach einer Richtung fragen willst, kommst du mit Worten nicht weiter. Aber wenn du eine Karte oder Bilder hervorholst, kannst du deine Frage vermitteln und deine Fahrt fortsetzen. Auf diese Weise funktionieren auch Talismane. Sie senden Botschaften nach innen an unsere tiefen inneren Wünsche und nach außen an den Kosmos, und sind dabei verwoben in einem göttlichen Muster. Um die Tiefen des Unterbewusstseins mit Symbolen zu erreichen, muss man bereit sein, an die Magie zu glauben, an ihre Fähigkeit, Veränderung zu bewirken und neue Formen oder Möglichkeiten in die Existenz zu bringen. Öffne dich für dieses Reich und lass zu, dass du an das Unglaubliche glaubst – wenn auch nur eine Minute lang.

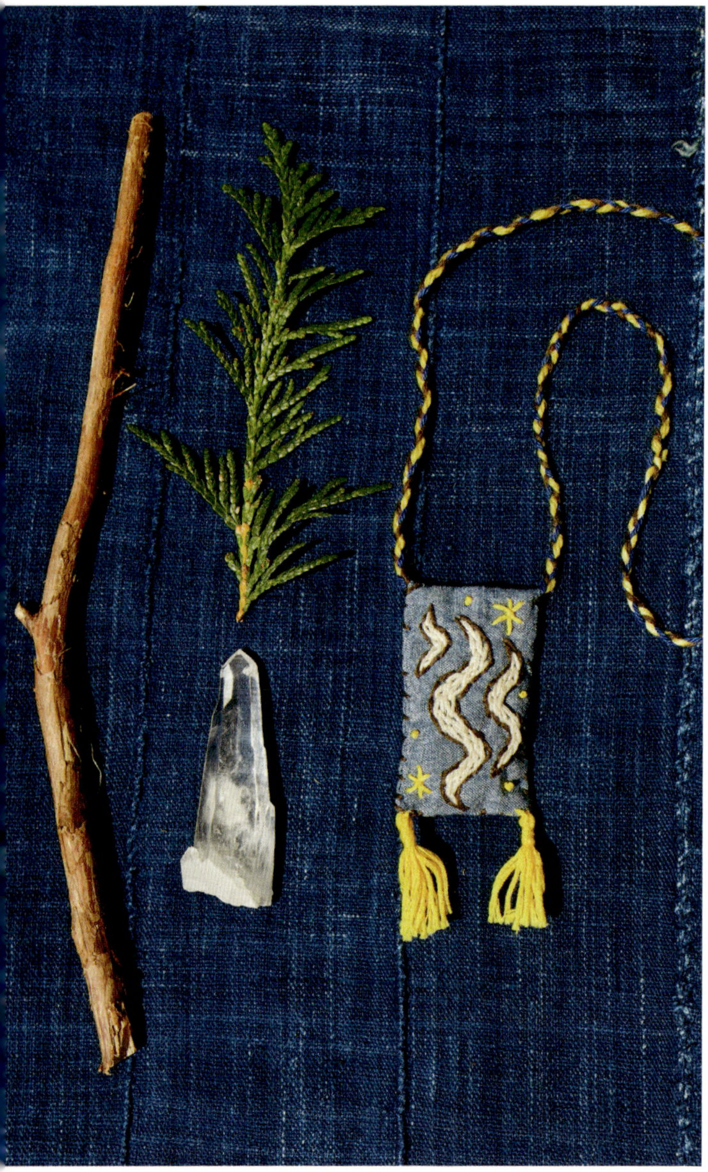

Was ist ein Talisman?

Ein Gegenstand wird in einen verzauberten Talisman verwandelt, wenn wir natürliche Energien anrufen, um ihn mit unserer gewünschten Absicht aufzuladen. Die Kräfte der natürlichen Welt, unsere eigene individuelle Kraft und die kosmischen Kräfte – dieses konzentrierte Zusammentreffen von Energien – bringen Möglichkeiten der Transformation und Evolution aus dem tiefsten Inneren des eigenen Seins hervor. Ein Talisman dient zur physischen Darstellung von Veränderungen, die wir in unser Leben rufen wollen. Seine sichtbaren Elemente sind in Harmonie mit unserer gewünschten Veränderung. Das Wort Talisman kommt aus dem Altgriechischen telesma, was „einen Ritus vervollständigen oder darstellen" bedeutet. In Kapitel 6 lernst du, wie du dein eigenes Ritual oder einen Ritus kreieren kannst, um deinen Talisman mit den Kräften aufzuladen, die du in dein Leben bringen möchtest. Dieser Prozess macht eine tiefgreifende Arbeit an der Aufdeckung zugrundeliegender Muster und Gewohnheiten nicht überflüssig, aber er kann bei der Integration und Akzeptanz dieser weniger wünschenswerten Elemente des Selbst helfen. Es ist wunderbar, Ziele zu haben, aber es ist ebenso wichtig, daran zu arbeiten, sich von unbewussten Mustern zu lösen. Mit einer Erinnerungshilfe in Form eines handgearbeiteten Kunstwerks kannst du dich nicht nur mit deinem Wunsch nach Entwicklung bei der Kreation deines

Talismans verbinden, sondern hast bei deiner tagtäglichen Erfahrung häufig eine visuelle Erinnerung vor Augen.
Einen Talisman durch Sticken zu erschaffen, heißt nicht nur, etwas Hübsches anzufertigen. Beim physischen Akt des Stickens wird ein Faden von unten nach oben und wieder zurück gebracht und in einem meditativen, repetitiven Akt über ganze Bereiche geführt. Diese Integration von oben und unten spiegelt den Weg, bei dem Symbole Botschaften aus dem Bewusstsein der oberen Welt zu dem Unterbewusstsein in tieferliegende Bereiche darunter bringen.

Die Wissenschaft der Langsamkeit

Sticken ist naturgemäß ein geruhsamer Prozess. Man kann nicht eilig sticken, die Muster werden aufeinander aufgebaut und bei dieser kontinuierlichen Entwicklung kann man große Freude empfinden. So ist dies die perfekte Handarbeit, um darüber nachzudenken, wie auch unser Leben vom langsamen Aufbau der Dinge profitieren kann. Bis in die jüngste Geschichte hinein gab es meist nur langsame Fortschritte, welche sich in der natürlichen Welt und in den notwendigen handwerklichen Tätigkeiten des täglichen Lebens widerspiegelten. Körper und Geist entwickelten sich entsprechend des langsamen Wachstums und wurden davon unterstützt. Heutzutage leben wir in einer Kultur, die es nicht nur ermöglicht, Fortschritt zu forcieren, sondern die dies häufig auch erwartet.
Während wir zwar nicht auf den technischen oder menschlichen Fortschritt verzichten möchten, sollten wir aber die Wertschätzung für langsames Wachstum wieder in das Geflecht unseres Lebens einweben, wenn wir eine harmonischere Beziehung zur uns umgebenden natürlichen Umwelt erhoffen. Sticken bietet uns die Möglichkeit, in diese natürliche Harmonie zurückzukehren. Beim Sticken von Hand wird der Körper langsam und mit der Zeit auch der Geist. Es bringt uns aus den beschleunigten Erwartungen des Beta-Gehirnwellenzustands (charakteristisch für einen stark engagierten, aktiven Geist) in den ruhigeren, erholsameren Alpha-Gehirnwellenzustand. Der Beta-Zustand einer intensiven Wahrnehmung ist zwar großartig, um sich im dichten Verkehr zurechtzufinden oder den Tagesablauf zu bewältigen, er kann aber auch Gefühle der Unruhe und unnötigen Stress hervorrufen, wenn wir uns nicht aktiv darum kümmern, aus diesem Zustand herauszukommen. Wenn wir lernen, unser Gehirn in einen Zustand niedrigerer Frequenzen zu versetzen, können wir viel leichter und tiefer schlafen (Delta-Zustand), was unsere Fähigkeit, uns von Stress zu erholen, langfristig unterstützt.
Die Beschäftigung mit der eigenen kreativen Tätigkeit kann das Bewusstsein auf magische Weise verändern.

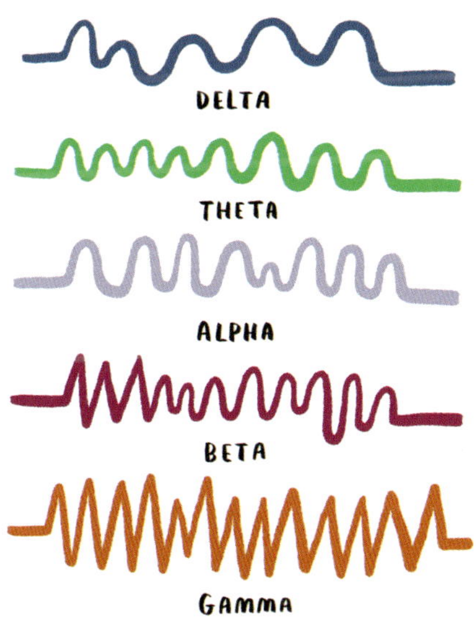

Der meditative Prozess des Stickens kann helfen, den Geist in einen erholsamen Zustand der Gehirnaktivität zu versetzen.

Wenn du dich in den Alpha-Zustand versetzt – einen entspannten Zustand, der das Lernen und die Intuition fördert –, erhältst du Zugang zum Unterbewusstsein, in dem dein Glaube an dich selbst und an deine Fähigkeiten liegt. Das bedeutet, dass durch beruhigende Aktivitäten wie Zeichnen, Meditation und Handarbeiten nicht nur der Geist beruhigt und der Körper in einen Zustand der Ausgeglichenheit versetzt wird, sondern dass du dadurch auch mit tiefsitzenden Glaubenssätzen konfrontiert wirst, sodass du neue Realitäten für dich visualisierst. Es gibt eine Voraussetzung, wenn du mit kreativer Tätigkeit Zugang zu diesen niedrigeren Gehirnwellenzuständen erhalten willst: Halte deine Erwartungen in Schach. Eine der wichtigsten Lektionen, die ich in meinen Workshops vermittle, ist, dass im Gegensatz zu dem, was uns beigebracht wurde, kreative Tätigkeit umso erfüllender und lohnender sein kann, je geringer die Erwartungen an deren Ergebnis sind.

EIN HINWEIS ZUR GÖTTLICHKEIT

Auf diesen Seiten gibt es immer wieder Bezüge auf die Energien des Kosmos', Universums und göttlicher Kräfte. Meine Aufgabe ist nicht, dir zu sagen, ob es Gott gibt oder nicht. Ich habe keine religiösen Motive und meine, dass jeder selbst entscheiden sollte, was zu ihm passt. Nichtsdestoweniger glaube ich, dass es eine grundlegende Energie im Universum gibt, die die Planeten im Weltall in Bewegung hält, die dafür sorgt, dass jedes Jahr im Frühling Blumen aus dem Boden hervorsprießen und uns transzendente Erfahrungen wie Träume, Liebe, Tod und Regenbogen ermöglicht. Du kannst dieses Gott nennen, das Universum, die Schwerkraft oder Quantenphysik – woran auch immer du glauben möchtest. Um der Klarheit und Folgerichtigkeit willen nenne ich diese zugrundeliegende Energie „göttlich“ oder „kosmisch“. Du kannst das deinem eigenen Glauben entsprechend gerne umbenennen.

Transformative Eigenschaften des Kreativprozesses

Kreativität ist eine Unterhaltung und Zusammenarbeit zwischen einer Vielzahl von Quellen – unsere individuelle Intention, unsere derzeitigen Fähigkeiten und die göttliche Essenz des Materials, mit dem wir arbeiten. Indem wir uns der schöpferischen Entfaltung öffnen, können wir den Weg entdecken, der uns zu uns selbst zurückführt. Wenn wir zu großen Wert auf die Technik legen, kann das dazu führen, dass wir uns ungeeignet fühlen oder dass wir glauben, niemals gut genug zu sein. Daher sollten wir unsere Aufmerksamkeit auf die Bedeutung, die Intention richten und auf die Geschichten in unserem Inneren, die wir trotz (oder sogar mithilfe) unserer eingeschränkten Fähigkeiten zum Ausdruck bringen wollen. Dieses Buch erfordert kein perfektes Sticken. Du kannst vielmehr auch sehen, dass meine Stickstiche oft nicht perfekt sind. Diese Stellen, die nach Maßstäben der traditionellen Handarbeit als schlampig angesehen werden könnten, erinnern mich an die Menschlichkeit und die Intention, die in diese Stiche eingebracht wurden.

Vor vielen Jahren sagte eine Kunstlehrerin zu mir: „Die Kamera wurde schon erfunden." Was sie meinen jungen und zarten Ohren damit zu hören geben wollte, war: Es ist nicht deine Aufgabe, die Wirklichkeit nachzubilden, es ist deine Aufgabe, deine eigenen Visionen zu realisieren. Dies war wahrscheinlich einer der einflussreichsten Lehrsätze meines Lebens. Ich habe zwar genau gelernt, wie man dreidimensionale Formen mit Farbe und Bleistift darstellt und wie man Schatten und Perspektive erzeugt, aber als erwachsene Künstlerin habe ich mich bei dem Versuch ertappt, all diesen Formalismus aufzugeben, um Zugang zu der Realität in den Tiefen meiner Psyche zu erlangen, die der Welt gezeigt werden wollte – einschließlich aller Unvollkommenheiten. Bedenke bei der Arbeit mit diesem Buch, dass es nicht nur eine Art zu sticken gibt. Es gibt nicht die eine Bedeutung hinter einem Symbol. Es gibt nicht eine beste Anordnung von Symbolen. Es gibt nicht das Beste, es gibt nur viele Möglichkeiten.

Wege zur Kreativität

Das beste Mittel für neue Kreativität ist eine neue Geisteshaltung, vor allem, wenn man darauf trainiert ist, das Leben hauptsächlich mit rationalen und buchstabengetreuen Methoden zu erleben. Forschungen legen nahe, dass regelmäßige Übung, Meditation und andere Formen der Entspannung unsere Reaktion auf Stress verbessern, weil dabei die Gehirntätigkeit neu programmiert wird und wir stressige Situationen mit einer klareren und zielgerichteteren Einstellung begegnen.

Auf den folgenden Seiten beschreibe ich ein paar Übungen, die ich hilfreich finde, um den Kreativprozess zu stimulieren und zu verbessern und zugleich Stress, Ängste und Bindung an Erwartungen abzubauen. Sie können deine Schwingungen verändern, dir neue Möglichkeiten eröffnen und erfordern von dir nur Zeit, Konzentration und Vertrauen auf deine Fähigkeit zur Veränderung.

Lebendige Visualisierung

Bist du jemals so sehr in deine Vorstellungen abgedriftet, dass du hättest schwören können, das Zimmer, in dem du gerade sitzt, verlassen zu haben? Wurdest du vielleicht in der Schule oder bei der Arbeit regelmäßig wegen deiner Tagträumerei ermahnt? Wenn das auf dich zutrifft, mach dich auf etwas gefasst!
Jeder erlebt lebendige Visualisierungen, ob er es weiß oder nicht. Wenn dich dein Partner oder Mitbewohner fragt, ob du weißt, wo der Deckel des Standmixers ist, stellst du dir sicher deine Küchenschränke und -schubladen vor. Oder wenn du durch die Stadt läufst oder fährst, hast du die Bürgersteige oder Straßen vor Augen, die du entlanglaufen oder -fahren musst.
Wie kann das beim Sticken helfen? Wenn der rationale, entscheidungstragende Teil des Gehirns lernt, auf harmonische Weise mit den intuitiven, für die Fantasie zuständigen Teilen des Gehirns zusammenzuarbeiten, die für die Visualisierung zuständig sind (etwas erschaffen, das noch nicht existiert), kannst du klarer entscheiden, welche Farben du verwenden willst, wie groß eine gestickte Form sein und wo genau sie in der Komposition platziert werden soll.
Neben der physischen Tätigkeit des Stickens ist die Fähigkeit zu visualisieren eine Schlüsselkompetenz für die persönliche Transformation. Wir haben die Möglichkeit, in unserem eigenen Leben Veränderungen herbeizuführen – mit unseren Absichten, Worten und mit den Räumen, die wir für uns selbst schaffen. Indem wir uns Zeit in der Fantasiewelt gönnen, werden wir ermächtigt und an unsere Fähigkeit erinnert, uns zu entwickeln und Dinge für uns selbst zu erschaffen.

Licht-Meditation

Ein helles, funkelndes Licht der Reinigung in dir heraufzubeschwören, mag abgehoben erscheinen, aber wenn du zulässt, dich von innen heraus strahlend zu fühlen, kann das deine Stimmung wirklich verändern. Beginne mit ein paar tiefen, erdenden Atemzügen, um deinen Körper zu beruhigen. Wenn du konzentriert und präsent bist, stelle dir eine winzige helle Lichtkugel in der Mitte der Brust, direkt unter deinem Brustbein, vor. Atme beim nächsten Atemzug in diese Lichtkugel hinein und spüre, wie sie etwas größer wird. Atme tief weiter und spüre, wie diese Lichtkugel bei jedem Atemzug größer wird, bis du ganz vom Licht umgeben bist. Wenn du noch weitermachen möchtest, stelle dir vor, wie dieses Licht deine Wohnung erfüllt, sich in deine Nachbarschaft ausbreitet und schließlich die ganze Stadt mit Lichtstrahlen erleuchtet. Lasse zum Schluss zu, dass sich die Lichtkugel langsam auf ihre ursprüngliche Größe reduziert und atme mit geschlossenen Augen noch ein paar Mal tief in der Dunkelheit durch. Du kannst diese Visualisierung auch mit farbigem Licht ausprobieren, zum Beispiel mit Violett, Blau oder Gold (zum Einfluss von Farbe siehe auch das Kapitel Farbharmonie auf Seite 108) oder auch mit Glitzer. Hier kannst du kreativ sein und deine Fantasie einsetzen!

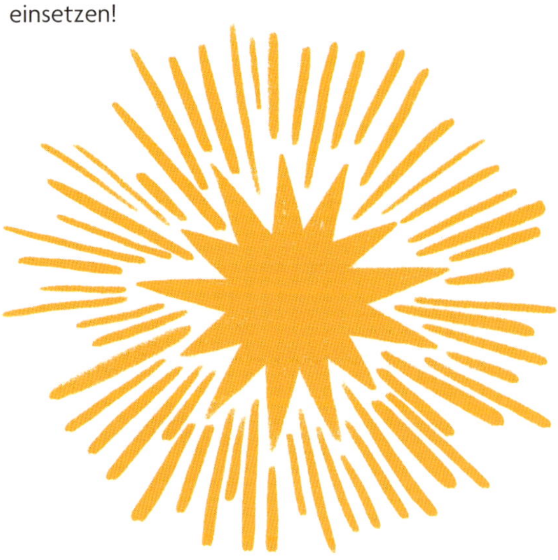

Himmel und Erde verbinden

Diese Meditation bringt uns zu unserer Rolle als aktiver Partner der Natur zurück, denn hier gehen wir eine Verbindung zwischen der Erde unter und dem Kosmos über uns ein.

Setz dich zunächst bequem hin, auf einen Stuhl, mit überkreuzten Beinen, oder wie auch immer du möchtest, sofern dabei deine Wirbelsäule gestreckt und gerade ist. Stelle dir eine Schnur vor, die an der Krone auf deinem Kopf befestigt ist und nach oben gezogen wird, sodass sich deine Wirbelsäule in die Länge zieht, während du fest auf der Unterlage sitzen bleibst.

Male dir nun Wurzeln aus, die von der Unterseite deiner Wirbelsäule aus wachsen und sich durch den Boden tief in die Erde unter dir ausbreiten. Atme dann beim nächsten Einatmen die nährenden Energien des Bodens durch die Wurzeln ein und lasse beim Ausatmen zu, dass diese Energien deinen ganzen Körper ausfüllen. Spüre ein paar Atemzüge lang, wie diese Erdenergien wachsen und sich in dir ausbreiten, bevor du den Kosmos anrufst.

Wenn du dich geerdet fühlst, visualisiere die Weite des Kosmos am Himmel über dir. Stelle dir jetzt beim Einatmen vor, wie sich die Krone auf deinem Kopf öffnet und diese kosmische Energie aufnimmt, diese göttliche Ordnung, die dafür sorgt, dass sich unsere Welt in perfekter Harmonie dreht. Lasse zu, dass dieses kosmische Licht deinen Körper erfüllt. Und lass beim Ausatmen diese Energie durch die neu entstandenen Wurzeln nach unten in die Erde strömen. Tausche die Energien zwischen der nährenden Erde unter dir und den weiten Harmonien über dir aus, indem du sie beim Atmen durch deinen Körper sendest.

Wenn du dich ganz mit Erde und Himmel verbunden fühlst, hole deine Wurzeln zurück in deinen Körper und atme noch ein paar Mal tief durch, bevor du langsam die Augen öffnest.

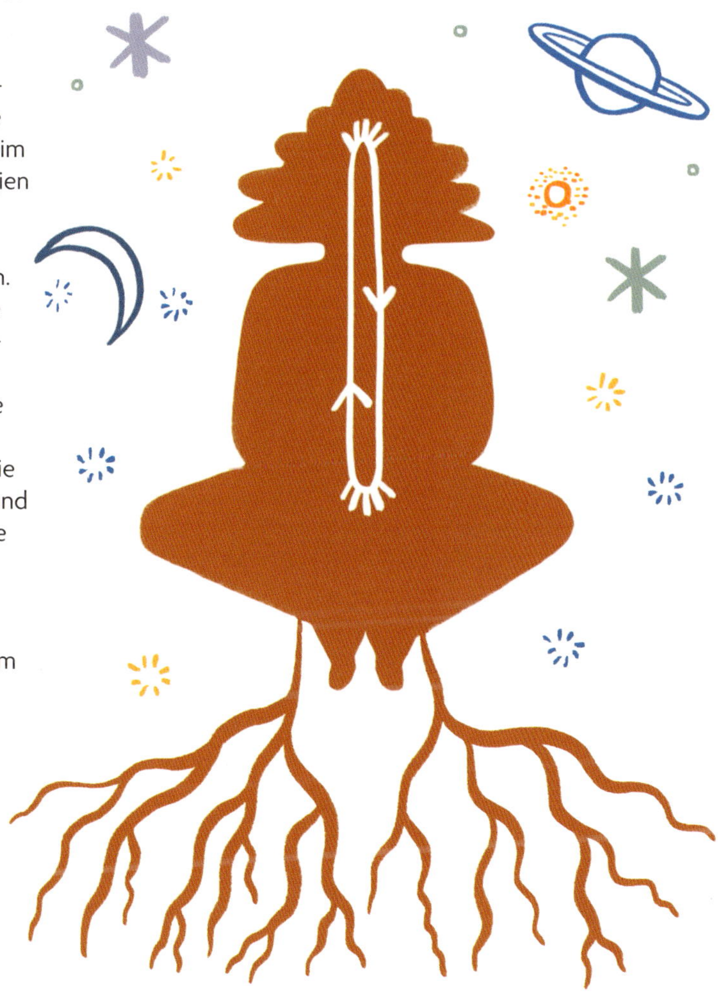

Die magischen Hände

Eine unserer größten Superkräfte ist eine, über die wir stets wie selbstverständlich verfügen. Unsere Hände sind eine Quelle mächtiger Magie, zunächst schlichtweg durch ihre Fähigkeit, Gegenstände in der Welt zu verwandeln und zu bearbeiten, und dann im erweiterten Sinn beim Heilen durch Handauflegen.

Unsere Hände leiten Energie weiter, sie sind unsere persönlichen Satelliten, die Energiewellen senden und empfangen. Wir können sie nutzen, um Energie aus einer Person oder einem Gegenstand herauszuführen, ebenso können wir damit Energie von einer Person oder einem Gegenstand aufnehmen. Aus rein wissenschaftlicher Sicht sind unsere Finger eine primäre Quelle für die Aufnahme von ertasteten Informationen, denn sie enthalten eine dichte Ansammlung von Nervenenden. Man bedenke die Zahl der unbewussten Botschaften, die im Laufe unseres Tages von den Händen zum Gehirn und wieder zurück gesendet werden.

Meist registrieren wir die Kraft unserer Hände nicht und machen uns ihre Möglichkeiten nicht bewusst. Wenn wir uns einen Moment Zeit nehmen und uns wieder mit unseren Händen verbinden, um die uns zur Verfügung stehende Geschicklichkeit zu erkennen und dafür dankbar zu sein (Dank an die segensreiche Evolution), können wir alles, was wir herstellen und anfassen, mit einer persönlichen Absicht versehen. Wenn wir die Kräfte in unseren Händen anerkennen, können wir über das Sticken als visuelle Transformation zu einem energetisch transformativen Prozess gelangen.

1. Schließe die Augen und atme ein paar Mal tief durch, reibe dabei deine Hände aneinander, bis sie wärmer werden.

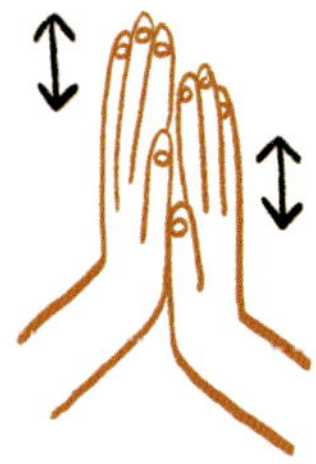

2. Öffne langsam deine Augen und nimm dabei deine Hände etwas auseinander. Spüre die Energie, die zwischen deinen Handflächen hin und her springt.

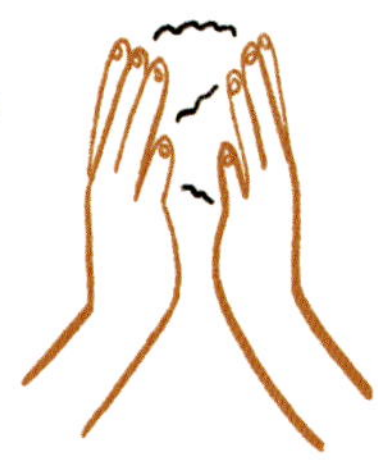

3. Forme die Hände zu einer Schale, als wenn du einen Ball fangen würdest, und betrachte sie ein paar Augenblicke lang. Bestaune ihre Linien und Muskeln und achte dabei ebenso auf Narben wie auf ihre Schönheit.

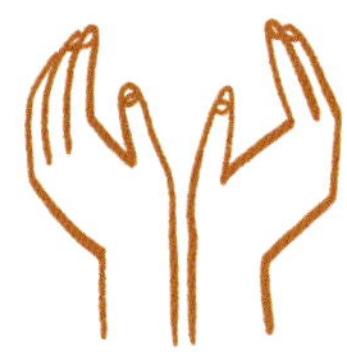

4. Strecke beide Handflächen zum Himmel aus, auch wenn du dich im Haus befindest, und spüre, wie sie das Sonnenlicht aufnehmen. Spüre, wie dieses helle Licht durch deine Arme und in deinen Körper fließt. (Im Winter kann es wirklich Wunder wirken und deine Laune heben, wenn du dafür nach draußen gehst und die Sonnenenergie mit den bloßen Handflächen aufnimmst.)

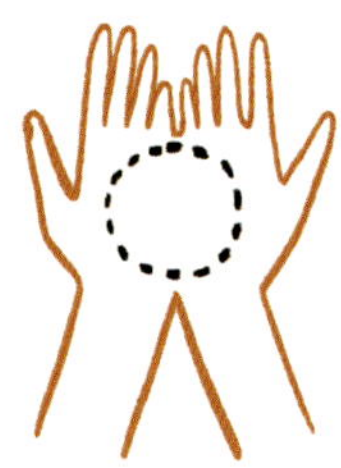

5. Lege jetzt beide Handflächen auf den Boden und stelle dir vor, wie du die Energie durch deine Arme und Hände zurück in die Erde pumpst.

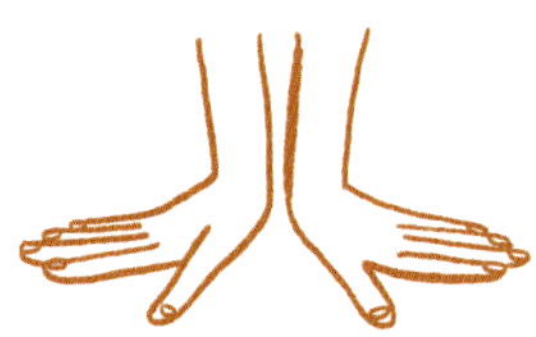

6. Klatsche zum Schluss in die Hände und feiere so ihre Kräfte!

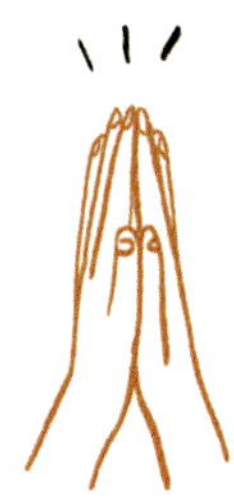

Box-Atmung

Diese Technik gleicht den Atem aus, um dadurch das Nervensystem zu beruhigen. Sie kann in Stresssituationen eingesetzt werden, um den Körper nach dem Einsetzen einer Kampf-oder-Flucht-Reaktion wieder ins Gleichgewicht zu bringen. Nimm dir für jeden Abschnitt der Atmung ein paar Sekunden Zeit: einatmen, Atmung anhalten, ausatmen, Atmung anhalten. Wie lange du das jeweils machst, kommt ganz auf dich selbst an. Du kannst mit drei oder vier Sekunden pro Abschnitt beginnen und die Zeit dann verlängern, wenn dich das mehr beruhigt. Los geht's mit der Box-Atmung:

1. Vier Sekunden lang einatmen.
2. Vier Sekunden lang die Atmung anhalten.
3. Vier Sekunden lang ausatmen.
4. Vier Sekunden lang die Atmung anhalten.

Du kannst dir jeden Abschnitt als die Seite einer Box mit vier gleich langen Seiten vorstellen. Wiederhole diese Atemfolge ein paar Minuten lang und stärke so deinen Geist, damit du in einen konzentrierteren und ruhigeren Zustand eintreten kannst.

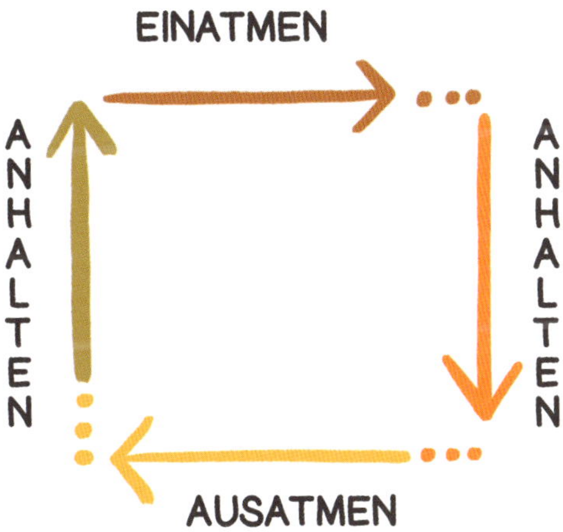

Mit geschlossenen Augen tanzen

Das ist eine ganz einfache Übung – ohne irgendwelche Techniken oder Anleitungen. Mache dir nur etwas Musik an, räume den Boden frei, schließe deine Augen und *tanze*! Ich würde sagen, dass ich auf diese Weise 95 Prozent meiner visuellen Inspiration erlange.

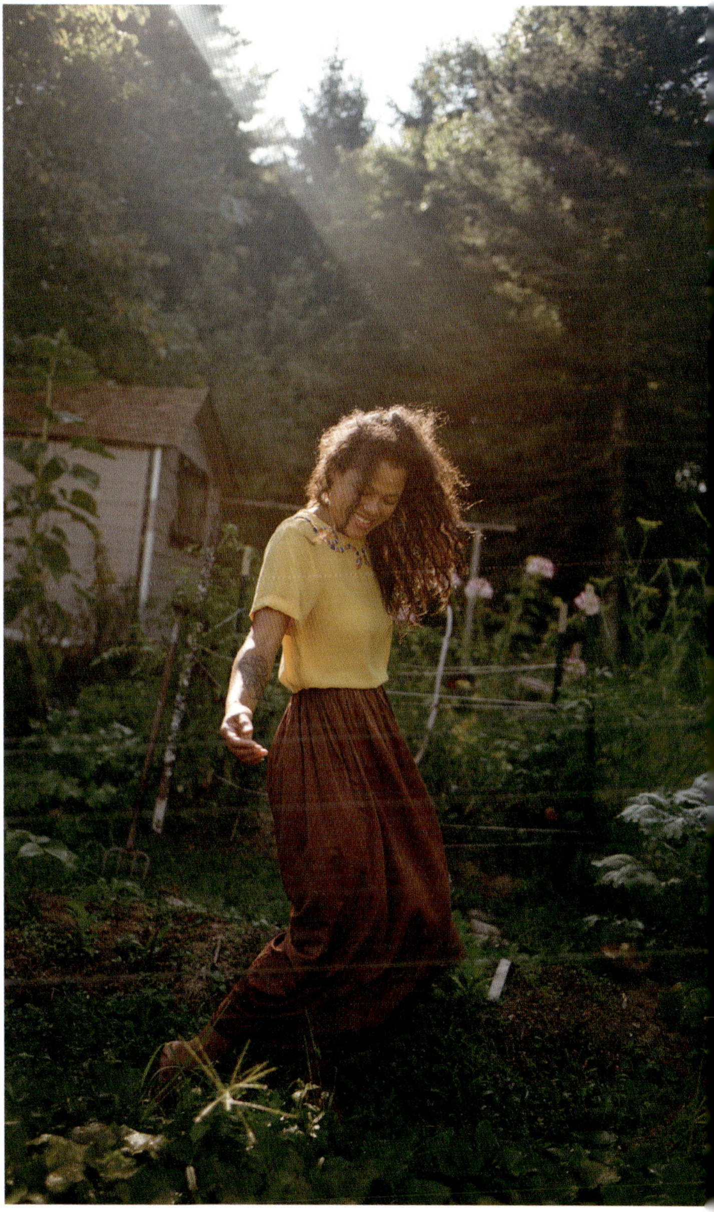

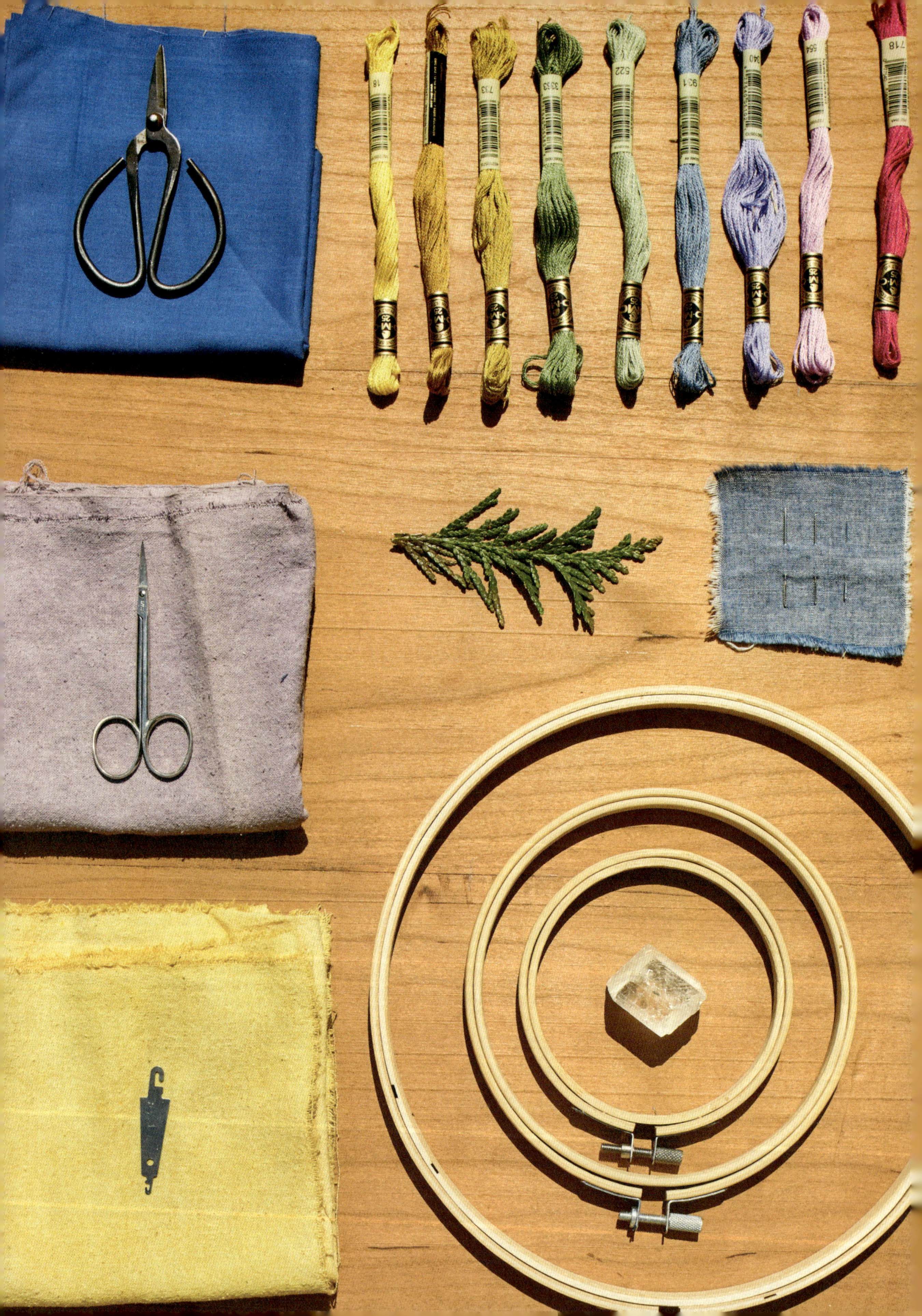

2

Material

Sticken ist auch deswegen so beliebt, weil man dafür nur wenig Material benötigt. Für den Anfang musst du nicht viel investieren. Wenn du vorhandene Kleidungsstücke bearbeitest oder alte Wäschestücke verwertest, sind deine Stickexperimente umweltverträglich und preiswert. Beginne mit den grundlegenden Dingen: geeignetem Untergrund und herkömmlichem Stickgarn. Bedenke dabei, dass man auf ganz unterschiedlichen Materialien sticken kann. Bei einer meiner frühen Arbeiten habe ich z. B. auf Holzpaneelen gestickt. Du siehst am besten, ob sich etwas zum Sticken eignet, wenn du es ausprobierst.

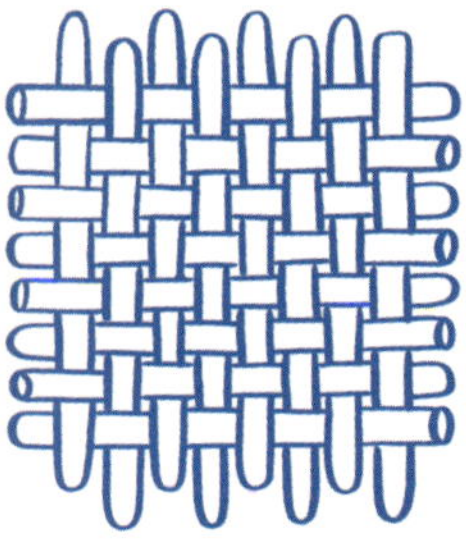

Webstoff

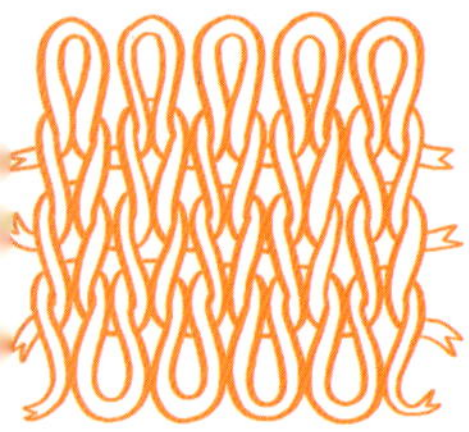

Wirkstoff ist schwieriger zu bearbeiten als Webstoff.

Stoff

Wie die Leinwand für die Malerei ist der Stoffgrund wichtig für ein Stickmuster. Nachdem ich viele Stunden an meiner ersten großformatigen Stickarbeit gesessen habe, hatte ich auf diesem harten Weg eine wichtige Lektion gelernt – nämlich, dass sich billiger Stoff nicht zum Sticken eignet! Wähle am besten einen Stoff aus Naturfasern von sehr guter Qualität. Nimm einen Webstoff, der so dick ist, dass du nicht gut hindurchsehen kannst. Jedoch sollte er so locker gewebt sein, dass sich die Nadel leicht hineinstecken lässt. Zu meinem Lieblingsstoffen für das Sticken gehören Musselin, Denim, Rohseide, Hemdenstoff, Chambray und alles, was man mit „Blusenstoff" bezeichnet. Diese festen Webstoffe halten die Spannung der Stickfäden aus, ohne sich zu verziehen. Dünnere Stoffe oder Wirkstoffe sind für Anfänger nicht zu empfehlen (aber du kannst es mit einem dickeren Wirkstoff, der sehr wenig dehnbar ist, probieren). Am besten testest du es einfach und probierst ein paar Stiche an einem Stoffrest.

Nadel

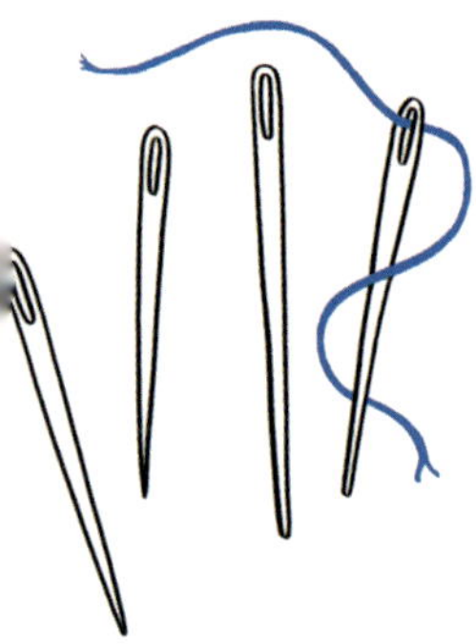

Die Nadel sollte ein Nadelöhr haben, durch das man den Faden leicht einfädeln kann. Die Öffnung sollte genauso breit wie das Garn sein. Für die meisten Stoffe eignen sich Nadeln, die als Sticknadeln oder Chenillenadeln bezeichnet werden. Sie haben ein großes Öhr und eine scharfe Spitze, die man leicht in dünne bis mitteldicke Stoffe stechen kann. Tapisserienadeln werden zum Sticken auf groben Stoffen verwendet; sie haben ein großes Öhr und eine stumpfe Spitze und lassen sich leicht in diese Stoffe stechen.

Wenn die Nadel in den Fasern des Stoffes hängen bleibt oder diese beschädigt, probiere es mit einer stumpferen. Wenn sich die Nadel nicht gut in den Stoff stechen lässt, nimm eine spitzere. Sollte sich das Nadelöhr nicht gut durch den Stoff führen lassen, liegt das meist an der Reibung zwischen Faden und Stoff. Nimm dann eine Nadel mit größerem Öhr, damit sich der Faden leicht durchziehen lässt.

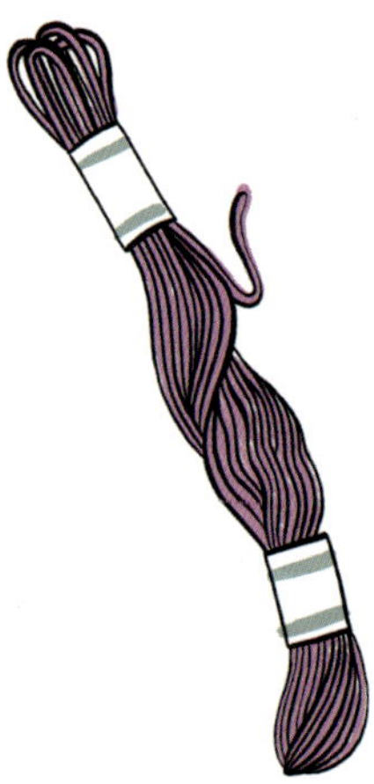

Garn

Eines der wunderbaren Dinge beim Sticken ist, dass du fast alles in eine Nadel fädeln kannst, um damit Muster zu kreieren. Traditionell gibt es jedoch drei Möglichkeiten: Perlgarn, Sticktwist und Sashiko-Garn. Perlgarn hat eine schnurartige Textur und kann nicht geteilt werden, ist aber in vielen Stärken erhältlich. Sticktwist und Sashiko-Garn gibt es in einer Stärke, der einzelne Strang besteht aus sechs Fäden, die in zwei, drei, oder bis zu sechs Einzelfäden aufgeteilt werden können. So hast du mit einem Garn sechs Möglichkeiten und kannst zum Beispiel eine etwas zartere Linie mit nur drei der sechs Fäden arbeiten.

Den Faden teilen

1. Einen etwa 1 Meter langen Faden abschneiden.
2. Diesen an einem Ende in die gewünschte Anzahl von Einzelfäden teilen. Ich teilen ihn meist in zwei oder drei Einzelfäden, sodass ich den Rest noch gut weiterverwenden kann.
3. Zwei Einzelfäden am Ende greifen und mit dem Finger über die gesamte Länge des abgeschnittenen Fadens fahren, sodass sich die Fäden teilen. Am anderen Ende die beiden Teile trennen und so halten, dass sie sich um sich selbst drehen. Aufpassen, dass sie sich nicht verheddern, denn oft verdrehen sich die Fäden nach dem Trennen leicht!
4. Vergewissere dich, dass du deine Fäden nach der Aufteilung „liebst“ (siehe unten).

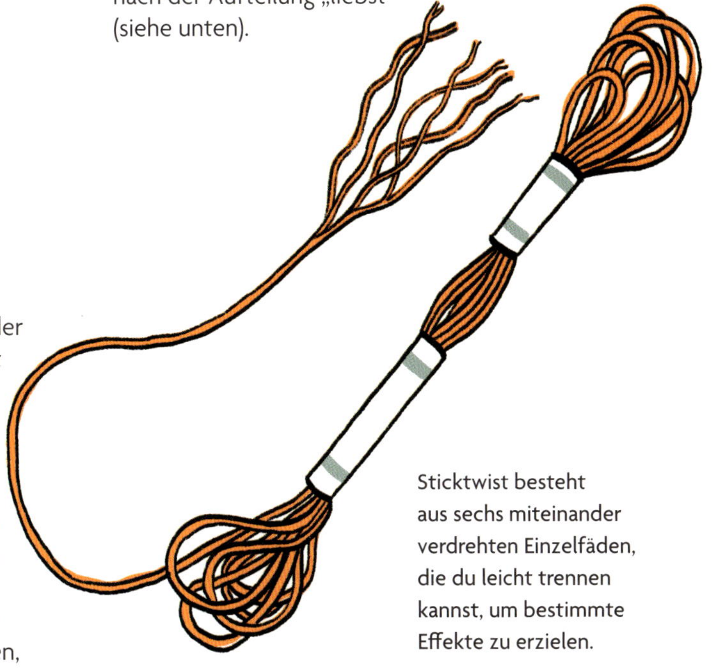

Sticktwist besteht aus sechs miteinander verdrehten Einzelfäden, die du leicht trennen kannst, um bestimmte Effekte zu erzielen.

DIE FÄDEN „LIEBEN“

Als ich im College das Fach Mode belegt habe, hatte ich das Vergnügen, mit der Designerin Natalie Chanin, einer Meisterin der Slow Fashion und begnadeten Stickerin, zu arbeiten. Natalies grundlegendste Lehre wurde zu ihrer tiefgreifendsten – der von der „Liebe“ zu den Fäden, um sowohl physische als auch energetische Unterstützung zu erhalten. Das ist ziemlich simpel: Ziehe den Faden vor dem Nähen einige Male durch die Finger, so bereitest du ihn vor und er verheddert sich weniger. Knicke und Verdrehungen werden beseitigt und du kannst den Faden mit deiner Energie und deinen Absichten durchdringen. Außerdem kann ihn so eine winzige Spur des Körperöls von deinen Händen schmieren, sodass er besser durch den Stoff gleitet.

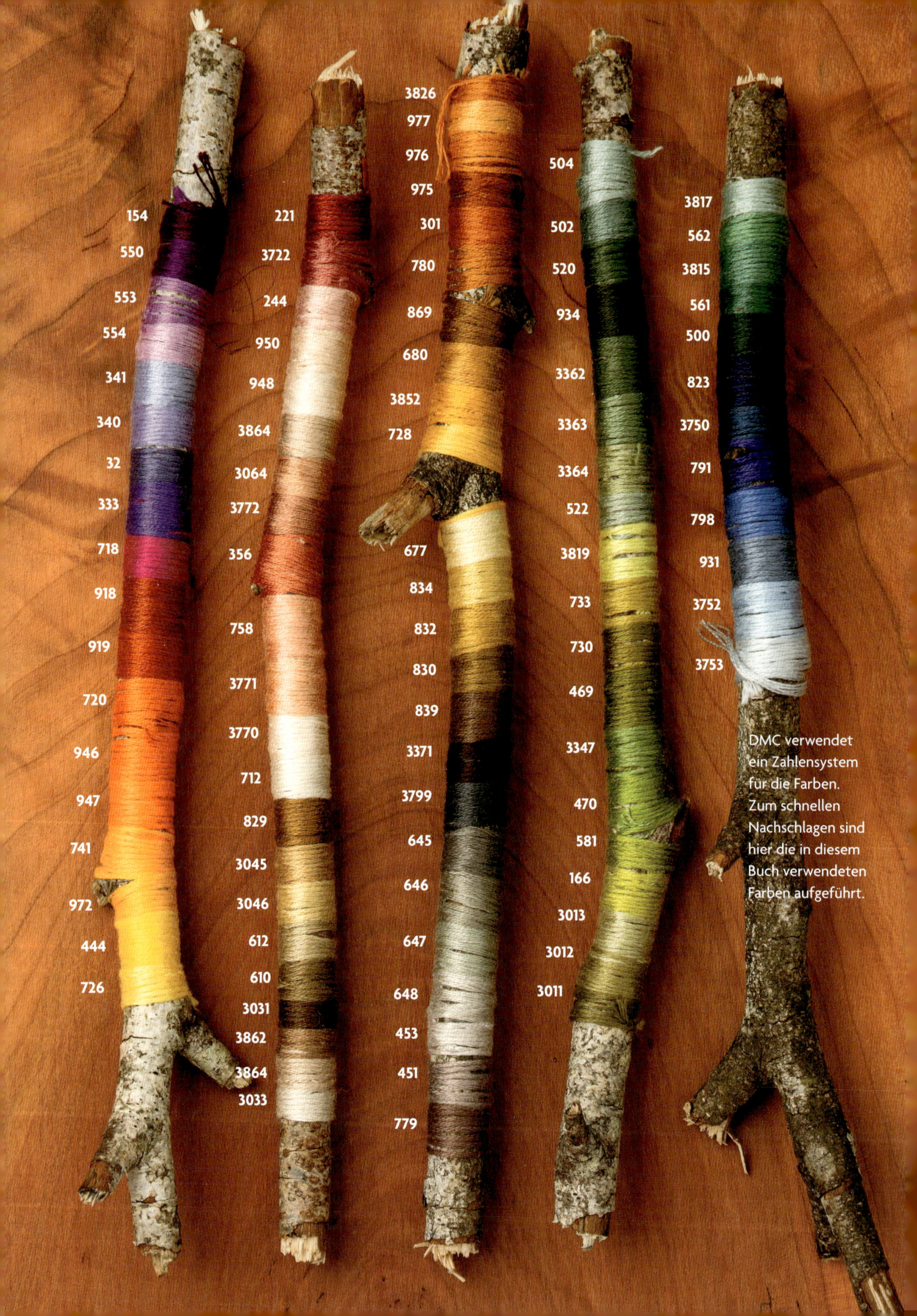

DMC verwendet ein Zahlensystem für die Farben. Zum schnellen Nachschlagen sind hier die in diesem Buch verwendeten Farben aufgeführt.

EINE FARBPALETTE ERSTELLEN

Falls du es noch nicht bemerkt hast: Stickgarn gibt es in Hunderten von Farben. Meine Lieblingsmarke DMC bringt 500 Farbtöne heraus! Das ist wundervoll, überfordert einen aber auch vollkommen, weshalb ich versuche, mir eine eigene Farbpalette mit nur 70 bis 80 Farben zu erstellen. Das heißt, wenn ich ein Gelb suche, muss ich mich nicht durch Dutzende von Gelbtönen arbeiten, sondern kann aus den 10 Möglichkeiten wählen, von denen ich weiß, dass sie mit den anderen von mir häufig verwendeten Farben gut zusammenpassen.

Es braucht Zeit, um eine eigene Farbpalette zu erstellen, aber der Aufwand lohnt sich, weil du dann weißt, dass, wenn du deine Lieblingsfarben bestellst, du nicht überrascht bist, was ankommt. Nimm dafür die Farben, die du meist für Home-Deko und Kleidung verwendest. Denn wahrscheinlich wirst du auch diese hauptsächlich zum Sticken nehmen. Wenn du deine persönlichen Lieblingsfarben ausgesucht hast, beginne mit deiner Palette, indem du sie in einem Handarbeitsladen vor Ort kaufst. Es ist zwar toll, aus über Hunderten von Möglichkeiten online auswählen zu können, aber die Farben in echt zu sehen und zu wissen, dass sie vor Ort vorrätig sind, ist noch besser!

Hilfreiche Hinweise

- Toll an Sashiko- und Perlgarn ist, dass sie in einer großen Schlinge vor einem liegen, wenn man sie aus der Verpackung genommen hat. Wenn du diese Schlinge aufschneidest, erhältst du ein Bündel Stickgarn in genau der Länge, die man zum Sticken braucht (etwa 1 Meter). So spart man Zeit und muss das Garn nicht entwirren. Meist knote ich ein Gummi um ein Ende dieses Bündels, um die Fäden zusammenzuhalten, oder lege es um einen Metallring und bewahre es aufgehängt auf.
- Die meisten Stickgarne, wie etwa das von DMC, kann man in ihrer Papierumwicklung lassen und den Faden unter dem Barcode herausziehen. Halte die Verpackung fest, suche das lose Fadenende am unteren Ende des Strangs und ziehe vorsichtig daran.
- Du kannst auch Wolle oder ein anderes Garn verwenden, beachte dabei eine grundlegende Faustregel: Dickeres Garn eignet sich eher für dickere, festere Stoffe und dünneres sieht auf dünnen, weicheren Stoffen besser aus.

Den Stickring montieren

Aus unerfindlichen Gründen habe ich jahrelang den Stickring gemieden. Ich war überzeugt, dass so etwas umständlich und unnötig sei. Ich lag so falsch damit! Dieses zweckdienliche und hilfreiche Utensil macht es leicht, Muster zu übertragen, und verhindert, dass man zu fest stickt und sich die Arbeit am Ende kräuselt.

Traditionelle Stickringe bestehen aus zwei Teilen: aus dem äußeren Ring mit einer kleinen Schraube und dem inneren Ring, der durchgängig gearbeitet ist. Mit der Schraube auf dem äußeren Ring kann man ihn festziehen. Löse die Schraube nicht, bevor die Arbeit fertig ist, weil es manchmal schwierig ist, sie wieder einzuspannen. Ich verwende Stickringe aus Holz oder Bambus. Es gibt zwei Möglichkeiten sie zu montieren. Die eine eignet sich, wenn man Vorlagen überträgt und der Stoff dafür glatt auf einer festen Oberfläche liegen muss. Die andere ist zum Sticken, dann liegt der Stoff eingespannt mit der rechten Seite nach oben.

- Um ein Muster auf den Stoff zu übertragen, den kleinen Ring auf den Stoff legen und in den verstellbaren Ring darunter stecken. So liegt der Stoff glatt mit der Seite oben, auf die das Muster übertragen wird.
- Um den Ring zum Sticken zu verwenden, den kleinen Ring unter den Stoff legen. Den verstellbaren Ring darauflegen und festziehen.

Dabei jeweils den verstellbaren Ring etwas lockern und den Stoff ausrichten. Wenn der Stoff zwischen beiden Ringen liegt, den verstellbaren Ring nur so festziehen, dass du den Stoff noch in die richtige Position ziehen kannst, aber nicht so fest, dass sich dabei die Webfäden des Stoffes verziehen (sonst wird er beschädigt). Jetzt vorsichtig die Ränder gerade und Stoff wie bei einer Trommel fest ziehen. Darauf achten, dass sich die Webfäden nicht verziehen. Die Fäden sollten gitterförmig gerade von oben nach unten und rechts nach links verlaufen wie auf Karopapier. Wenn alles richtig sitzt, die Schraube noch einmal festziehen.

Darauf achten, dass der Stoff im Ring gespannt ist, aber nicht so straff, dass er sich verzieht.

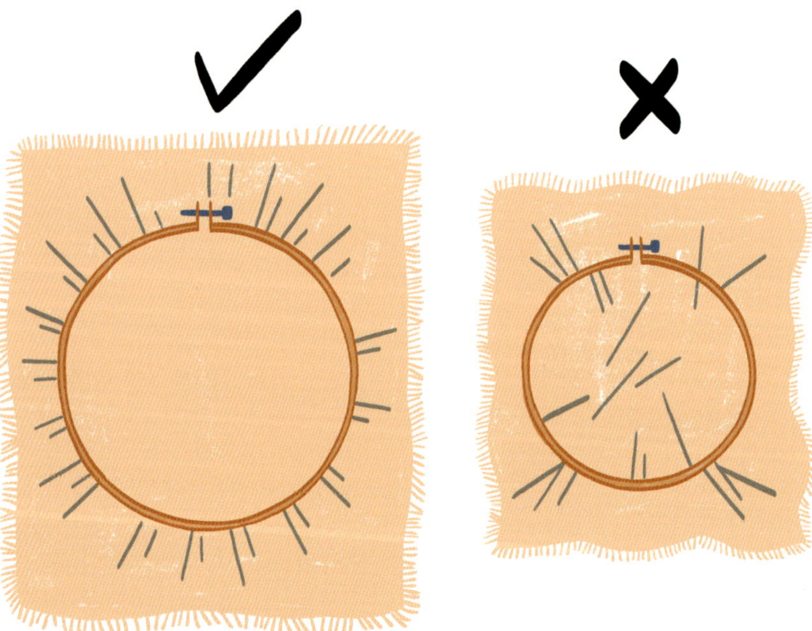

Hilfreiche Hinweise

- Löst sich dein Stoff aus dem Ring? Dann umwickele den inneren Ring mit einem Baumwollband oder einem langen Stoffstreifen aus Baumwolle. Wickle es schräg um den ganzen Ring. So wird er griffiger und der Stoff hält besser zwischen den beiden Ringen und rutscht nicht an dem glatten Holz ab.

- Probleme mit harten Kanten? Manche Stickringe haben eine scharfe Kante, die sich auf dem Stoff, vor allem auf dünnerem oder empfindlichem, abdrücken können. Glätte die äußeren Ränder des inneren Rings mit Schmirgelpapier.

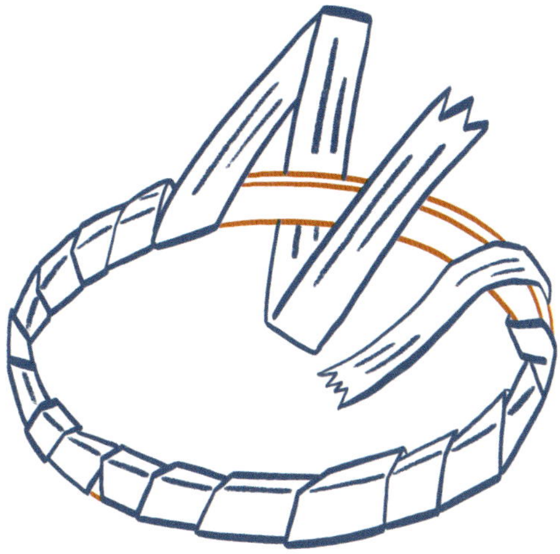

- Arbeitest du mit dickem Stoff? Da dickere Stoffe oft fester sind, benötigt man dafür keinen Stickring. Meist passen dickere Stoffe auch gar nicht hinein.

Markierwerkzeug

Verwende zum Übertragen der Muster Markierwerkzeuge, deren Linien später verschwinden. Selbst ein HB-Bleistift – der sich normalerweise auswaschen lässt – kann Spuren hinterlassen, die dich dann jahrelang ärgern. Lass es dir von jemandem sagen, der das ausprobiert hat! Ich liebe die Buntstifte in Weiß oder Elfenbein von Caran d'Ache, weil sie im Gegensatz zu denen von Prismacolor oder anderen Buntstiften keinen Wachsanteil haben und auswaschbar sind. Nimm keine dunklen Farben dieser Stifte, denn sie könnten abfärben und lassen sich nicht auswaschen. Die auswaschbaren Filzstifte von Crayola gibt es in vielen Farben und ich hatte noch nie das Problem, dass sie dauerhafte Spuren hinterließen. Dennoch empfehle ich, jeden Markier- oder Buntstift zunächst auszuprobieren.

Die Stifte von Pilot FriXion können ausradiert werden, die Tinte lässt sich mit einem Fön oder Bügeleisen von der Rückseite der Stickarbeit unsichtbar machen (das Bügeleisen nicht zu fest aufdrücken, damit die Stickerei nicht zu flach wird). Es gibt noch weitere Firmen, die auswaschbare und löschbare Stifte herstellen. Zum Übertragen der meisten Muster eignen sie sich prima, aber meiner Erfahrung nach verblassen sie oft bereits, bevor ich mit dem Sticken fertig bin, in feuchter Umgebung sogar schon nach wenigen Stunden. Zudem lassen sie sich oft nicht aus mit Naturfarben gefärbten Stoffen entfernen. Und da ich gerne solche Materialien verwende, kommen diese Stifte nicht immer infrage. Jetzt bist du gewarnt!

Transferpapier

Das Transferpapier von Saral gibt es in erschwinglichen Packungen mit fünf Farben, ist auswaschbar, ist prima zum Übertragen von Mustern auf Stoff geeignet, ist wiederverwendbar und in vielen Läden erhältlich. Große Klasse!

Es gibt auch viele Transferpapiere zum Sticken, auf die man das Muster direkt im Drucker übertragen kann. Anschließend bügelt oder klebt man sie auf den Stoff. Sie sind eine tolle Möglichkeit, wenn man sich schwertut, ein Muster von Hand aufzuzeichnen. Sie werden etwa von den Marken Sulky und Pellon angeboten. Ich verwende auch gerne die Transferfolie von Printworks und das Magic Paper von DMC.

Methoden zum Übertragen

Es gibt unzählige Methoden und Hilfsmittel zum Übertragen von Stickmustern auf den Stoff. Am bequemsten und effektivsten finde ich die Light Box. Wenn der Stoff dunkler oder dicker ist, nimmst du vielleicht lieber Transferpapier.

Bevor du das Muster aufzeichnest, musst du sowohl auf dem Stoff als auch auf der Mustervorlage die Mitte feststellen. Falte beides einfach zweimal mittig: Dort, wo sich die Falten kreuzen, liegt die Mitte. Lege Stoff und Vorlage dann genau an diesem Mittelpunkt aufeinander.

Die Mustervorlage zweimal mittig falten. Dasselbe mit dem Stoff wiederholen und dann beides an den Mittelpunkten aufeinanderlegen.

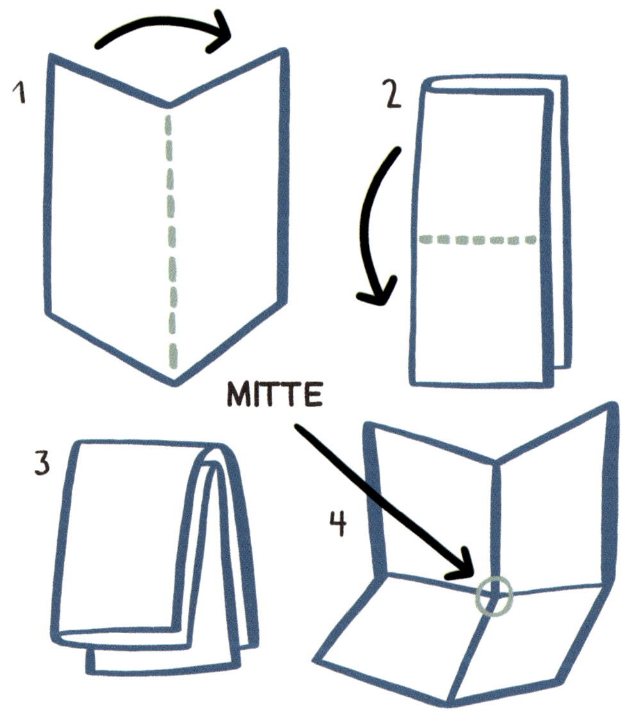

Übertragen mit der Light Box

Für diese Methode kannst du eine original Light Box, an einem sonnigen Tag aber auch ein Fenster oder einen Glastisch mit einer Lichtquelle darunter verwenden.

- Klebe zuerst das Vorlagenpapier auf das Glas. Lege dann den Stoff mit der rechten Seite nach oben auf das Papier und achte darauf, dass er mit der Mitte genau auf der Mitte des Papiers liegt. Der Stoff darf nicht mehr verschoben werden, klebe ihn eventuell an den Seiten fest.
- Aufgrund des durchscheinenden Lichts solltest du das Muster durch den Stoff hindurch sehen können. Zeichne es vorsichtig mit einem Markierstift auf den Stoff. Pass auf, dass das Papier dabei nicht einreißt – und das Glas nicht bricht!

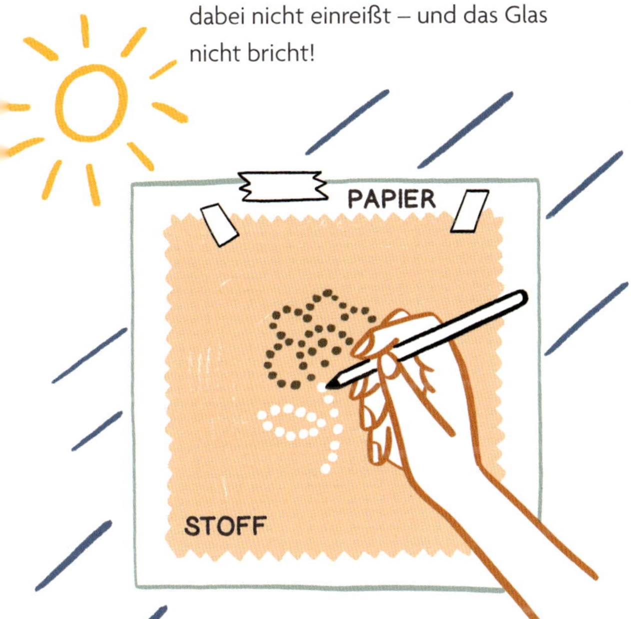

Du kannst die Vorlage an eine Fensterscheibe kleben und dann auf den Stoff übertragen. Drücke mit dem Stift nicht zu fest auf das Glas.

Übertragen mit Transferpapier

Diese Methode ist eine gute Wahl, wenn der verwendete Stoff zu dunkel oder dick für eine Light Box ist. Transferpapier erhält man in Stoffgeschäften, aber mit Kreide kannst du es auch selbst anfertigen. Für eigenes Transferpapier kannst du einfach mit weißer Kreide über die Rückseite des Vorlagenpapiers reiben und überschüssige Kreide dann abschütteln. Mit Graphitpapier (Künstlerbedarf) hatte ich kein Glück, außer wenn der Stoff sehr weich und dünn war. Transferpapier (aus Stoffgeschäften) ist für fast alle Stoffe gedacht. Die Spuren sind auswaschbar und es ist in vielen Farben erhältlich.

- Du brauchst eine fest, glatte Arbeitsfläche, damit die Linien deutlich werden. Lege den Stoff mit der rechten Seite auf einen Tisch.

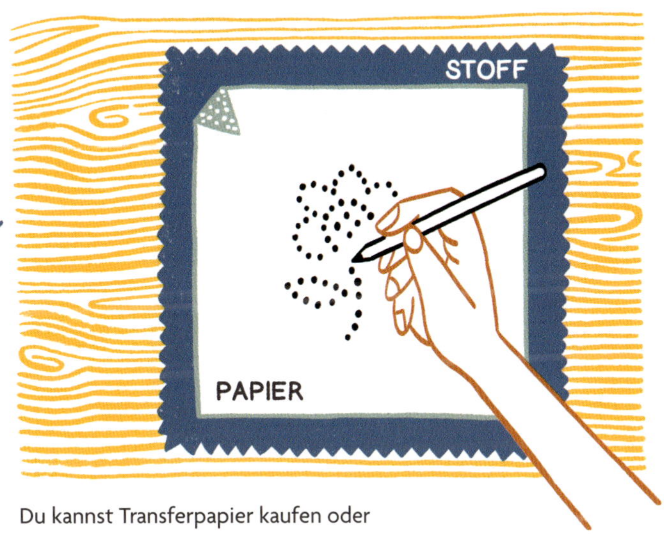

Du kannst Transferpapier kaufen oder mit weißer Kreide selbst anfertigen. Du musst mit einem Werkzeug fest auf das Papier drücken, damit sich die Kreide auf den Stoff überträgt, und dann noch einmal die weißen Kreidelinien mit einem Markierwerkzeug nachfahren.

- Lege das Vorlagenpapier mit der Kreideseite nach unten auf den Stoff und richte dabei die Mitte wie gewünscht aus.
- Fahre das Muster mit einem stumpfen Bleistift oder dem Ende eines kleinen Pinsels nach. Achte darauf, dass das Papier nicht reißt und nicht verrutscht. Du kannst es bei Bedarf auch mit Klebeband auf den Stoff kleben.
- Nimm das Papier ab und fahre die Linien mit einem weißen Buntstift oder auswaschbaren Markierstift nach. Kreide verschwindet leicht, daher müssen die Linien zum Sticken nachgezogen werden.

Vorlage perforieren

Eine weitere beliebte Methode ist, das Muster auf dem Vorlagenpapier mit kleinen Löchern im Abstand von 0,5–1 cm zu perforieren und den Stoff durch diese Löcher zu markieren. Ja, das scheint zeitintensiv und ist es auch, weshalb ich lieber mit einer Light Box oder mit Transferpapier arbeite.

Den Faden vorbereiten

Ich habe so viele Anfänger und sogar erfahrene Sticker gesehen, die mit langen Fäden hantiert haben, damit sie nicht so oft einen neuen Faden einfädeln müssen. Aber ironischerweise könnte man in der Zeit, die man zum Entwirren und Durchziehen eines langen Fadens braucht, zig-mal einen neuen Faden einfädeln. Ich empfehle als Länge für den Anfangsfaden etwa 1 Meter, das entspricht der Länge des ausgestreckten Arms. So kannst du den Faden in einer schnellen Bewegung in alle Richtungen durch den Stoff ziehen.

Den Anfangsfaden sichern

Um das Ende des Fadens zu verknoten, mache ich zwei Kreuzknoten übereinander. Das ist normalerweise groß genug, um den Faden sicher auf dem Stoff zu halten. Wenn sich dein Knoten durch den Stoff zieht oder wenn du auf dünnem Stoff stickst und der Knoten darauf zu dick aussieht, kannst du den Faden auch mit einem Doppelstich sichern (siehe folgende Seite). Dieser wird später beim Sticken durch die anderen Stiche abgedeckt.

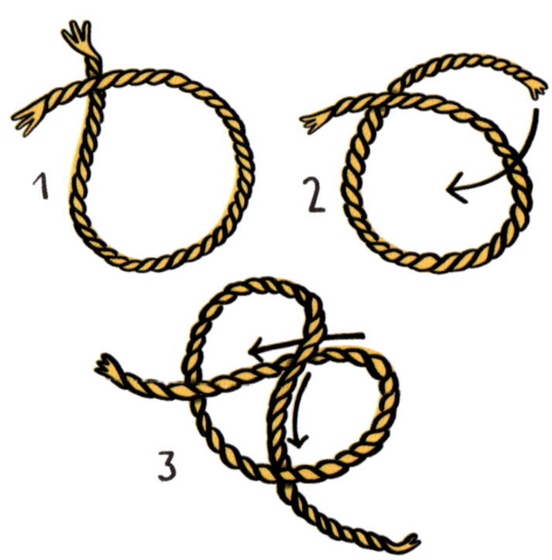

Doppelstich

Wenn du dünnen oder lose gewebten Stoff bestickst, kann sich der Anfangsknoten von der Rückseite des Stoffes durchziehen. Sichere den Faden dann am besten mit einer Schlaufe: Stich mit der Nadel von unten nach oben und lass den Faden etwa 5 cm auf der Rückseite stehen. Halte das Fadenende fest und sticke auf der Vorderseite zwei oder drei ganz kleine Stiche (3 mm oder kleiner) über Kreuz. Achte darauf, dass diese Stelle später von den fertigen Stickstichen bedeckt wird, damit sie nicht mehr sichtbar ist. Da Stoffe und Garne sich immer unterschiedlich verhalten, solltest du testen, ob dein Stich fest genug ist, indem du das Ende loslässt und am langen Faden an der Vorderseite zupfst. Wenn sich der Faden nicht durchzieht, ist der Stich gut! Wenn er sich lockert, probiere es noch einmal mit einem zusätzlichen Stich über dem Kreuz.

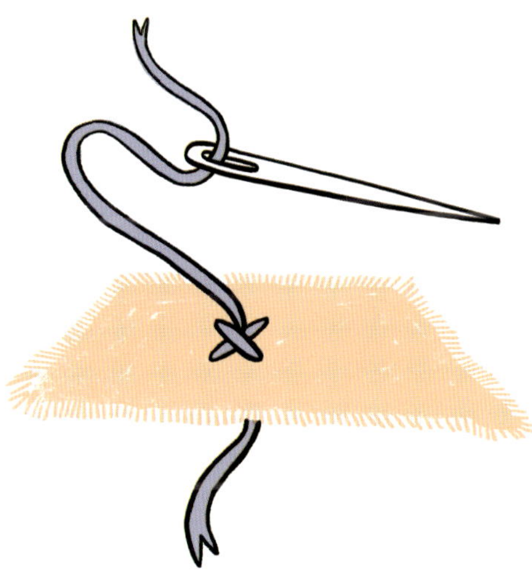

Den Faden einfädeln

Deine Nadel hat ein großes Öhr, der Stickfaden ist „geliebt“ und an einem Ende verknotet. Jetzt muss dieses Baby eingefädelt werden. Das geht ganz einfach, wenn du den Faden mit einer *scharfen* Schere sauber abgeschnitten hast. Es hilft auch immens, wenn du das Fadenende anfeuchtest (ich verurteile es nicht, wenn du das mit der Zunge machst).
Bei mir geht es so am besten:

- Das abgeschnittene Fadenende zwischen Daumen und Zeigefinger halten und das Nadelöhr dicht an den Fingerspitzen darüberschieben.
- Das Fadenende freilegen, indem die Fingerspitzen langsam nach außen gerollt werden, die Nadel nach unten auf dieses Ende schieben, sodass der Faden nirgendwo anders hin kann als in das Nadelöhr.

Wenn dir das Einfädeln gar nicht gelingen will, investiere ein paar Euro in einen Einfädler oder nimm eine Nadel mit größerem Öhr. Am längsten halten Einfädler aus Metall mit einem Haken daran. Es gibt ganz preiswerte von der Firma LoRan. Wenn du auch damit nicht zurechtkommst, brauchst du eine Nadel mit größerem Öhr.

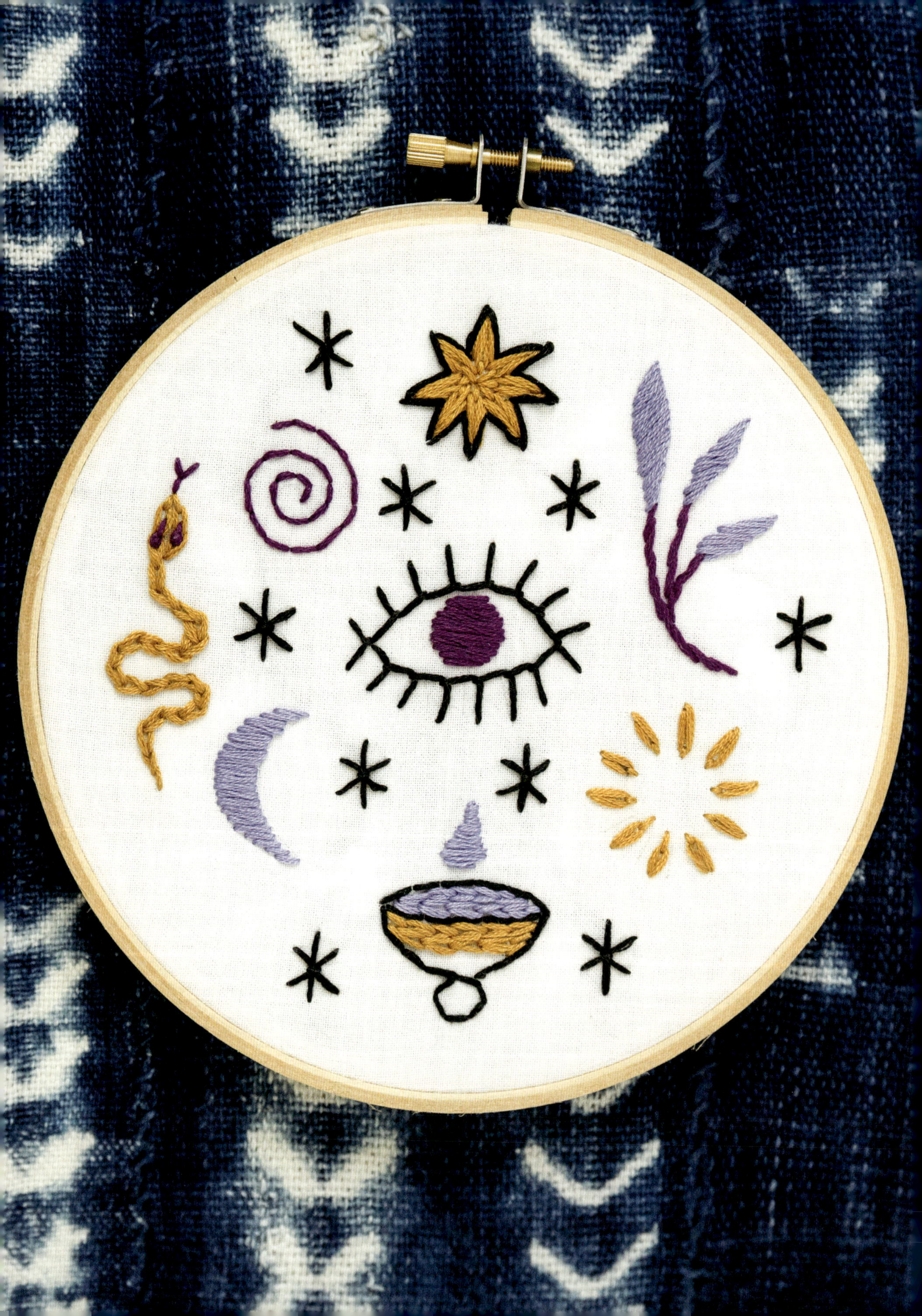

3

Sticharten

Seit Erfindung der Nadel vor (mehr oder weniger) 45.000 Jahren wurden zahllose Sticharten entwickelt. Manche werden heute noch häufig benutzt, andere kaum. Diese Grundstiche ermöglichen es dir, in Kombination mit verschiedenen Garnstärken ganz unterschiedliche Muster zu realisieren. Die Stiche können auch leicht verändert werden, indem du ihre Länge und Breite veränderst oder die Garnqualität variierst. Lass deiner Kreativität freien Lauf und probiere eigene Varianten aus.

Ein Mustertuch ist ein klassisches Übungsprojekt, um neue Sticharten sauber und der Reihe nach auszuprobieren. Ich wollte aus meinem Mustertuch etwas Besonderes machen und habe es in ein kleines Kunstwerk verwandelt, das ich gerne herumzeige.

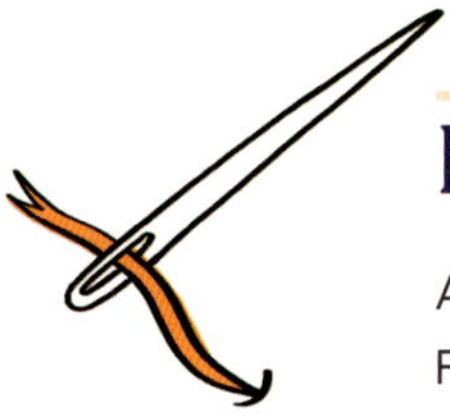

Nach oben durch den Stoff

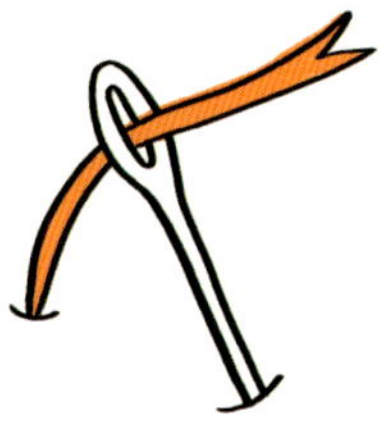

Nach unten in die bezeichnete Stelle

Besonderheiten der Stickzeichnungen

Alle Stickereien beginnen mit Nadel und Faden auf der linken Stoffseite. Du hast den Faden eingefädelt und in das Ende einen Knoten gemacht. Führe ihn jetzt von der Unterseite nach oben, sodass der Knoten unten liegt. Dieser Schritt, bei dem der Faden erstmals auf die Stoffvorderseite gebracht wird, ist auf der obersten Zeichnung links dargestellt. Die beiden nächsten Schritte werden in einem durchgeführt und der Faden erst danach angezogen (siehe unten zur traditionellen oder schnellen Stickweise). Typischerweise zeigen Zeichnungen diese drei Schritte immer zusammen, aber ich zeige sie hier getrennt, damit sie für Anfänger leichter verständlich sind.

Bei Stickzeichnung sieht man für gewöhnlich nur wenig vom losen Faden, obwohl du wahrscheinlich mit einem viel längeren arbeitest (aber nicht länger als 1 Meter hoffentlich). Achte bei den Zeichnungen auf das Ende, das aus dem Stoff herauskommt, sowie auf das, das eingefädelt ist (das aus der Nadel kommende Ende ist gefranst dargestellt).

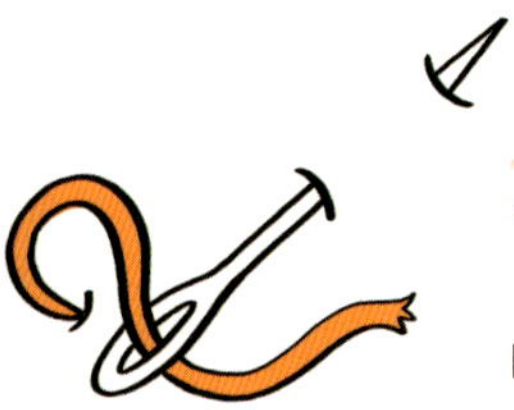

Ganz durch den Stoff hindurchziehen

Traditionelle oder schnelle Stickmethode

Die meisten traditionellen Sticker werden dir sagen, dass du die Nadel gerade nach unten in den Stoff stechen und den Faden ganz anziehen sollst, bevor du sie wieder in den Stoff stichst und den Faden ganz nach oben ziehst. So werden etwa in der Zeichnung unten bei der traditionellen Methode der 2. Schritt und der 3. Schritt separat ausgeführt. Das ist sinnvoll, wenn du mit einem Stickring in einem Ständer arbeitest und du beide Hände frei hast. Aber wenn du den Ring in der Hand hältst, kann das etwas umständlich sein. Daher führe ich den 2. und den 3. Schritt aus, bevor ich den Faden durchziehe.

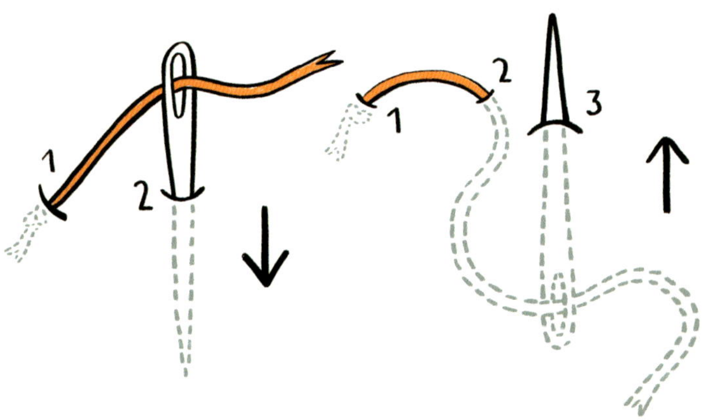

Nach oben durch den Stoff stechen (1. Schritt), dann nach unten (2. Schritt). Den Faden durch den Stoff ziehen. Dann wieder nach oben stechen (3. Schritt). Die gestrichelten Linien in der Zeichnung zeigen Nadel und Faden, die unter dem Stoff liegen.

Es gibt keine Verpflichtung zur traditionellen Stickweise, und ehrlich gesagt, habe ich noch keinen Unterschied festgestellt, außer dass die traditionelle Arbeitsweise länger dauert! Manche bevorzugen sie für bestimmte Stiche, damit diese ganz exakt werden. Aber das liegt im persönlichen Ermessen. Einige Stiche, wie etwa der Spaltstich, können nur auf traditionelle Weise angefertigt werden, aber ansonsten hast du die Wahl. Probiere beides aus und entscheide, wie es dir lieber ist!

Stichbeginn

Alle Stiche in diesem Kapitel beginnen auf dieselbe Weise – indem ein Knoten in den Faden gemacht und dieser von der Stoffrückseite nach oben gezogen wird, sodass der Knoten den Faden sichert. Bring die Nadelspitze zu Beginn einer Stichfolge also immer nach oben.

TIPPS FÜR DEN BEGINN

- Versuche, nicht zu fest zu sticken. Wenn sich dein Stoff verzieht oder kräuselt, sind deine Stiche zu fest. Du musst den Faden nicht ziehen, bis er fest ist – ziehe ihn nur, bis er flach auf dem Stoff liegt. Es ist gut, wenn er ein klein wenig locker ist, denn dann verzieht sich die fertige Stickarbeit nicht auf dem Stoff und wirft keine Falten. Außerdem läuft Baumwollgarn beim Waschen oft noch etwas ein. Wenn du ein Kleidungsstück bestickst, das gewaschen werden muss, achte darauf, dass die Stiche locker sind. In all meinen Workshops habe ich noch keinen Teilnehmer erlebt, der zu locker gestickt hätte. Wir tendieren eher dazu, zu fest zu sticken – mach dich also etwas locker!

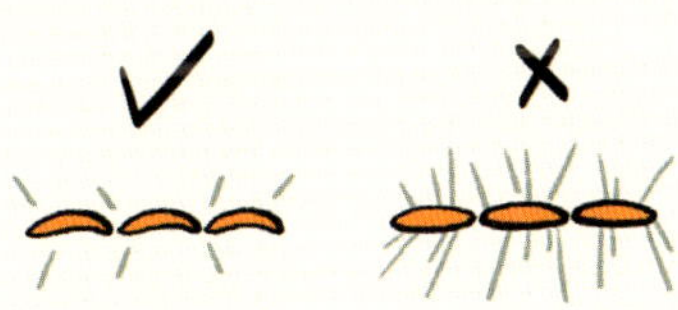

- Wenn du gerundete Linien stickst, muss du etwas kleinere Stiche setzen. Bedenke das, wenn du dein Muster entwirfst. Stelle dir vor, dass du Punkte zu einer Linie verbindest. Wenn du eine scharfe Biegung sticken willst, wirkt sie mit einem langen Stich eher wie eine Ecke, aber mit mehreren kleinen Stichen fließender.
- Experimentiere ein wenig. Einige der aufregendsten Effekte entstehen nicht, indem man Stiche exakt wie beschrieben nacharbeitet, sondern indem man Möglichkeiten auslotet und erforscht, wie viele unterschiedliche Wege es dafür gibt. Versuche, die Stiche unregelmäßig zu setzen oder bestimmte Elemente zu verlängern. Probiere sie mit verschiedenen Garnen, Bändern oder auch mit Draht.

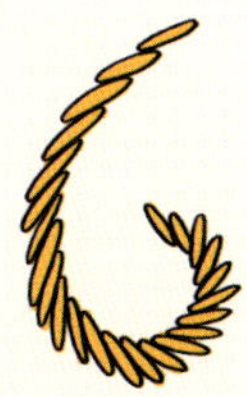

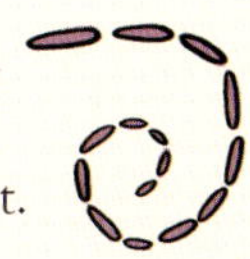

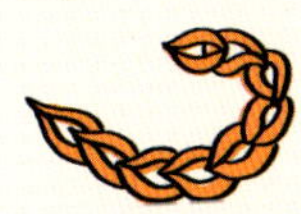

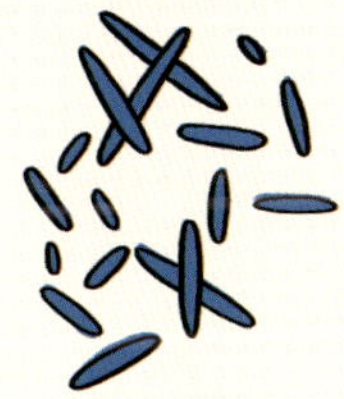

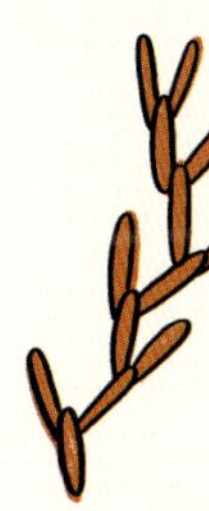

Geradstiche

Mit Geradstich wird ein einzelner Stich bezeichnet – ohne Rundung, nur ein gerader Stich. Man kann Geradstiche kombinieren und damit Sterne, Strahlen oder kleine Blätter sticken, je nachdem in welche Richtung sie verlaufen und wie man sie anordnet. Jeder Stich in diesem Kapitel setzt sich aus mehreren Geradstichen zusammen, für die die Nadel entlang einer geraden Linie in den Stoff ein- und wieder ausgestochen wird.

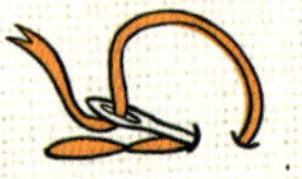
Rückstich

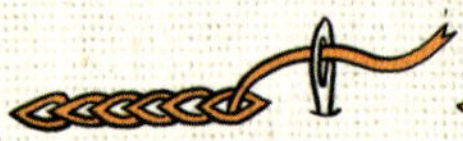
Spaltstich

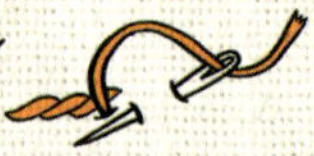
Stielstich

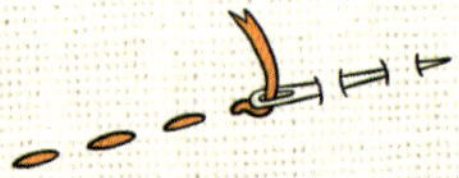
Vorstich

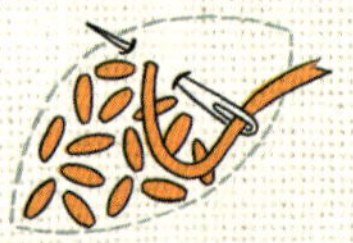
Kurzer Vorstich

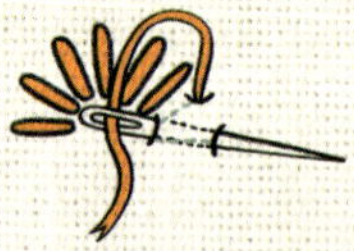
Fächerstich

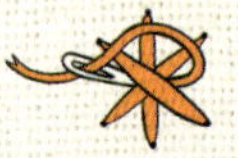
Sternstich

Rückstich

Dieser klassische, fortlaufende Stich wird für Konturen und kleine Details verwendet. Er ist einem Nähmaschinenstich sehr ähnlich. Arbeite für kleine Details kürzere Stiche von 3 mm und teile das Stickgarn in zwei oder drei Einzelfäden.

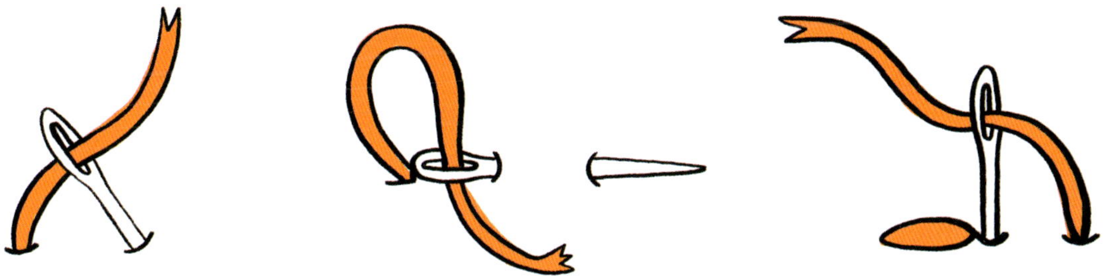

1. Die Nadel am Anfang der Linie nach oben führen und nach höchstens 6 mm (je nach gewünschter Stichlänge) wieder einstechen.
2. Die Nadel mit demselben Abstand wieder ausstechen und den Faden anziehen.
3. Die Nadel wieder zurückführen und dicht neben dem ersten Stich einstechen.

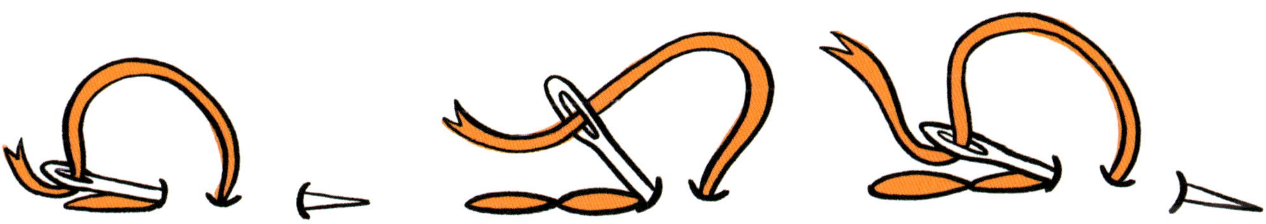

4. Die Nadel eine Stichlänge hinter dem letzten Ausstich wieder ausstechen.
5. Dann wieder neben dem letzten Stich einstechen.
6. Anschließend wieder eine Stichlänge hinter dem letzten Ausstich ausstechen und so eine gerade, durchgehende Linie sticken.

Spaltstich

Diese weiche, fließende Linie entsteht, indem immer der vorherige Stich „gespaltet" wird. Achte wie beim Rückstich darauf, auch beim Spaltstich Rundungen mit kürzeren Stichen zu sticken.

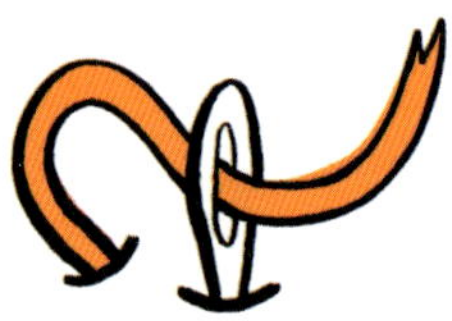

1. Am Anfang der Linie die Nadel nach oben führen und mit einer Stichlänge Abstand (etwa 6 mm, für kleine Details und Rundungen kürzer) wieder in den Stoff einstechen.

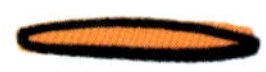

2. Den Faden anziehen, sodass er flach liegt.

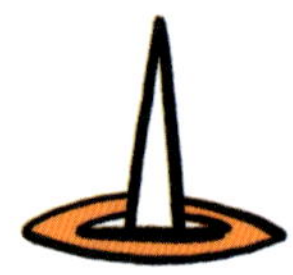

3. Mit der Nadel in der Mitte dieses ersten Stiches ausstechen und dabei mittig durch den Faden stechen, sodass er „gespaltet" wird.

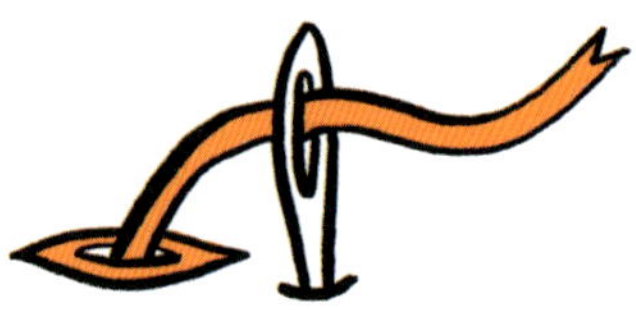

4. Die Nadel im Abstand von 6 mm wieder in den Stoff stechen und nach unten führen.

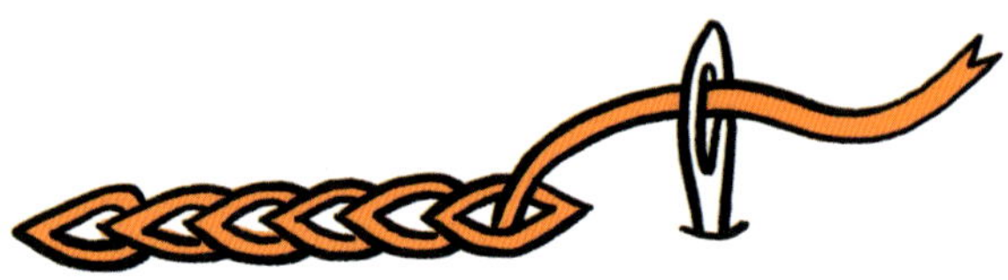

5. So fortfahren und stets den Faden des vorherigen Stiches spalten.

Stielstich

Für diesen schnurartigen Effekt musst du die Stiche ein wenig versetzt arbeiten. Für kleine Rundungen und Details sehr kleine Stiche sticken, etwa 3 mm lang.

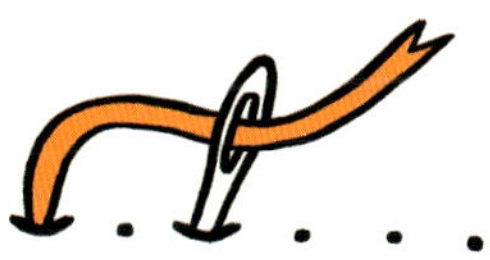

1. Am Anfang der Linie die Nadel nach oben führen und dann im Abstand von etwa 6 mm bis 9 mm wieder einstechen. Die Punkte in der Zeichnung zeigen die Ein- und Ausstiche. Zum Erlernen dieses Stichs kann es hilfreich sein, auf dem Stoff die Punkte alle 6 mm aufzuzeichnen.

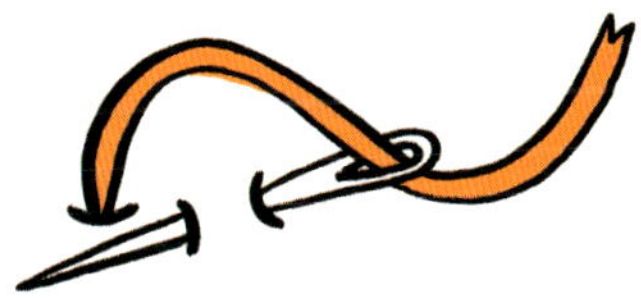

2. Die Nadel wieder zurückführen und mittig zwischen der Aus- und Einstichstelle einstechen.

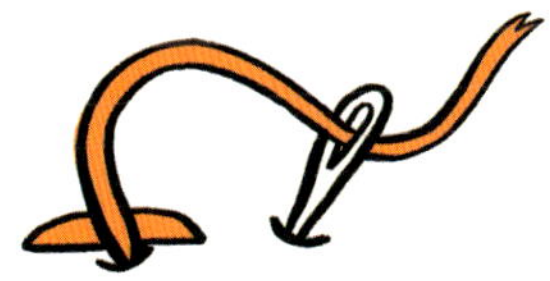

3. Dann die Nadel nach vorne führen und mit einer Stichlänge Abstand einstechen. Das Ende des vorherigen Stichs liegt in der Mitte dieses neuen Stichs.

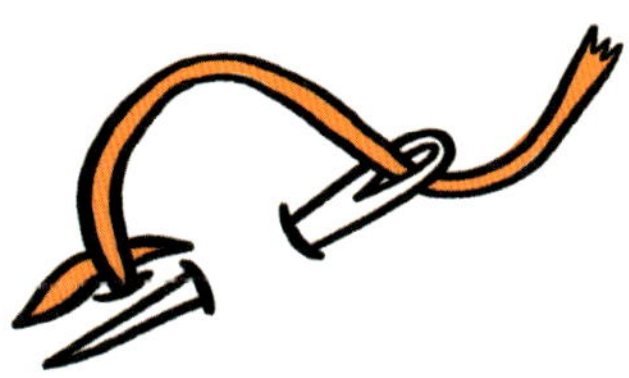

4. Die Nadel am Ende des vorherigen Stichs ausstechen.

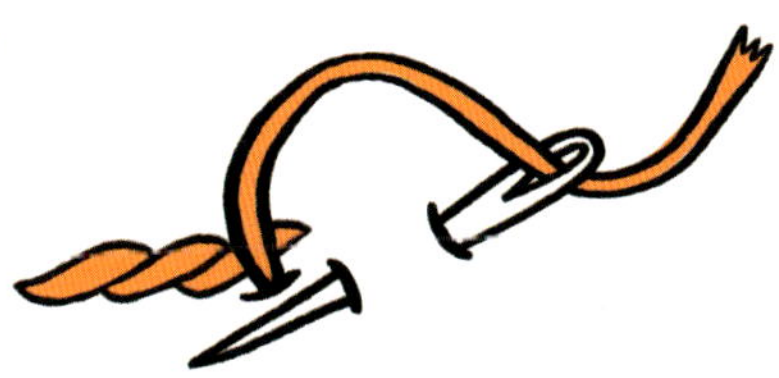

5. So auf der markierten Linie fortfahren und darauf achten, dass die Stiche alle gleich lang werden.

Darauf achten, dass mit der Nadel bei jedem Stich auf derselben Seite ausgestochen wird, damit die Linie gleichmäßig aussieht. Beim Sticken die Nadelspitze in Richtung der vorherigen Stiche halten.

S-Z-REGEL

Wenn bei einer Stickarbeit mehrfach der Stielstich gestickt wird, sieht es am besten aus, wenn er immer in derselben Richtung gearbeitet wird. Das kann man sich ganz einfach mit der S-Z-Regel merken: Bilden die Schrägen der schon gesetzten Stickstiche die Schräge eines S oder eines Z?

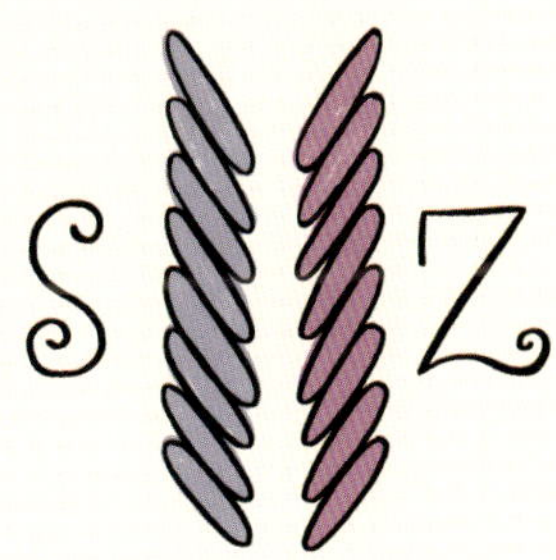

Vorstich

Mit einfachen Vorstichen kann man ganz unterschiedliche Ergebnisse erzielen, je nachdem wie man sie anordnet. Du kannst ihn ganz gleichmäßig arbeiten, sodass der Faden auf der Stoffrückseite genauso lang ist wie auf der Stoffoberseite. Oder du kannst oben längere Stiche sticken, indem du zwischen den Stichen immer nur wenig Stoff aufgreifst. Du kannst aber auch winzige Stiche auf der Oberseite arbeiten und den Faden auf der Unterseite in längeren Abständen führen.

1. Mit der Nadel nach oben ausstechen und im gewünschten Abstand wieder in den Stoff einstechen.

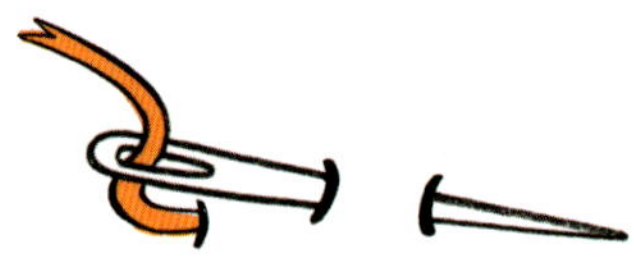

2. Die Nadel auf der Stichlinie wieder ausstechen.

3. Mit dem Ein- und Ausstechen fortfahren. Wenn du den Dreh raus hast, kannst du in einem Schritt mehrere Stiche anfertigen, bevor du den Faden anziehst.

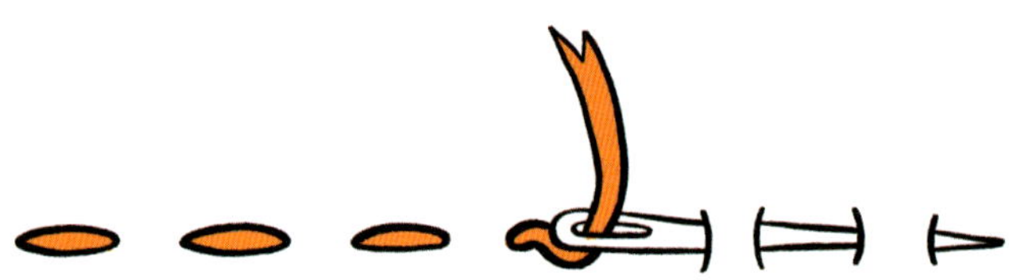

TIPP Wenn mit dem Vorstich eine gerundete Linie gearbeitet werden soll, am besten kleinere Stiche sticken und weniger Stiche in einem Arbeitsgang ausführen. Bei Kleidungsstücken sollten die Stiche nicht länger als 9 mm sein, damit man nicht daran hängen bleibt.

Reisstich

Diese Vorstiche werden ungleichmäßig angeordnet und dienen normalerweise dazu, Flächen zu füllen. Für diese Technik gibt es viele Möglichkeiten. So kann man für einen deckenden Effekt die Stiche dicht aneinandersetzen und um eine Fläche ganz zu füllen, die Stiche auch überlappend arbeiten. Oder man variiert die Abstände und Stichlänge, um einen Schatteneffekt zu erzeugen. Durch die unregelmäßige Anordnung der Stiche bilden sich auf der Stoffrückseite viele kreuz und quer liegende Spannfäden, daher sollte der Stickgrund möglichst blickdicht sein. Dies ist eines dieser Muster, bei denen man konsequent inkonsequent sein muss. Es braucht vielleicht etwas Übung, um den Dreh rauszukriegen. Stell dir das vor, wie Streusel auf einem Muffin oder wie Mikado-Stäbchen. Sie verstreuen sich alle in verschiedene Richtungen und erzeugen ein wildes Durcheinander.

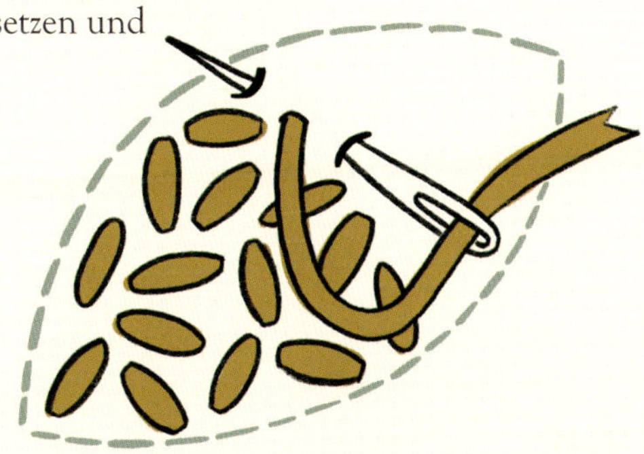

Fächerstich

Der Fächerstich ist eine weitere Art des Vorstichs. Für die auseinanderlaufenden Linien die Nadel am äußeren Ende der ersten Linie auf die Stoffvorderseite führen und dann an ihrem inneren Ende wieder einstechen. Dann auf der Unterseite schräg am äußeren Ende der zweiten Linie wieder aus- und an ihrem inneren Ende einstechen. So bis zur letzten Linie fortfahren.

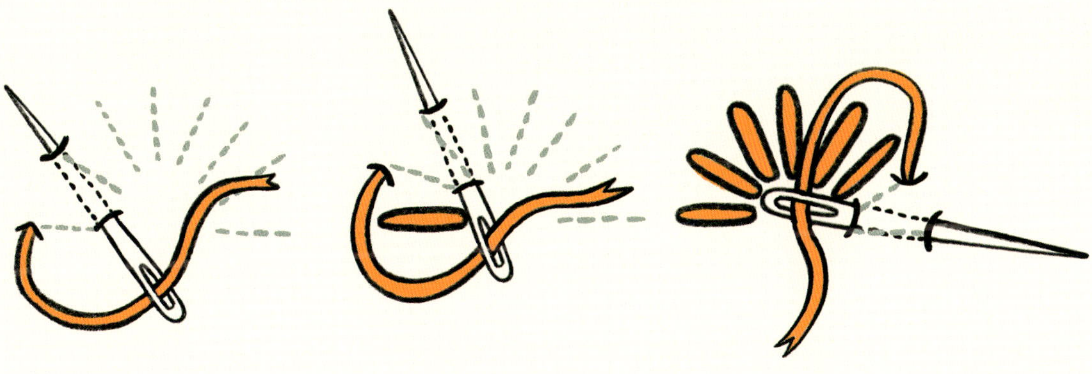

Sternstich

Damit kann man ganz einfach Sterne sticken; er besteht aus drei sich überlappenden Geradstichen und einem kleinen Stich in der Mitte, der sie zusammenhält. Die Reihenfolge der drei Stiche, die den Stern bilden, spielt keine Rolle. Aber es ist hilfreich, wenn man die Endpunkte zuerst aufzeichnet, damit der Abstand gleichmäßig wird.

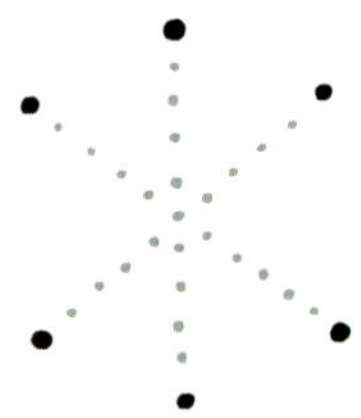

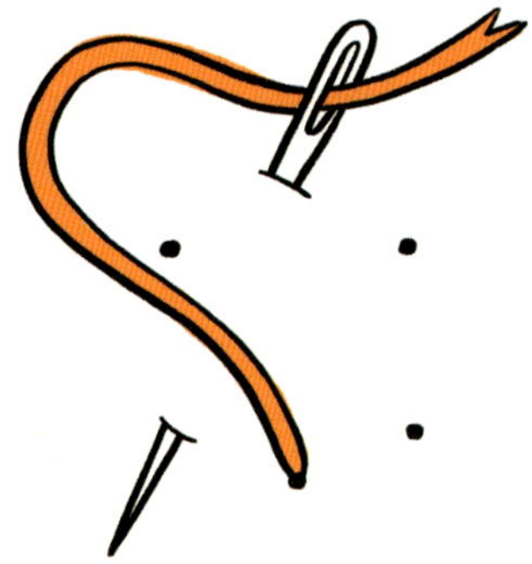

1. Zuerst sechs Punkte für die Sternspitzen aufzeichnen. Es ist hilfreich, die Verbindungen ebenfalls zu markieren, aber die gepunkteten Linien müssen nicht unbedingt gezeichnet werden.

2. Die Nadel an einer Sternspitze nach oben führen und dann an der gegenüberliegenden wieder einstechen. Den Faden anziehen und die Nadel an der nächsten Sternspitze wieder ausstechen. Oder nach der schnellen Methode die Nadel in die nächste Sternspitze einstechen und dann erst den Faden anziehen. Dann kann der nächste Strahl gestickt werden.

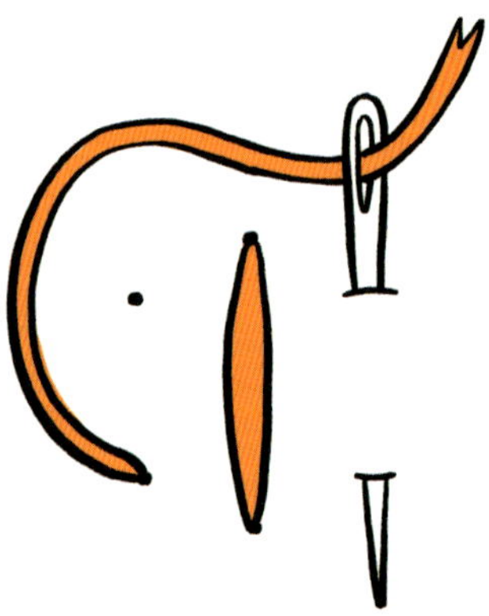

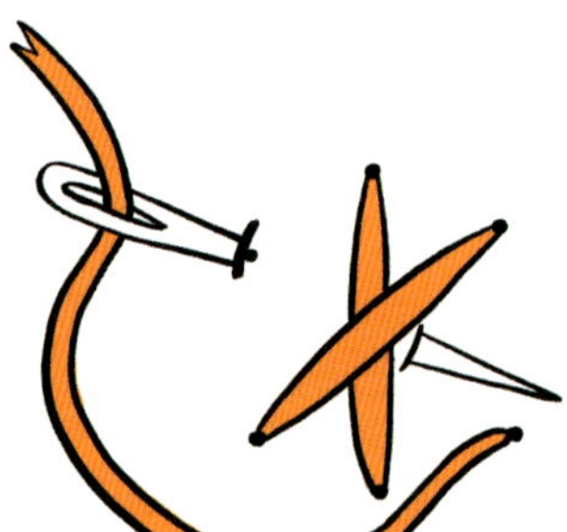

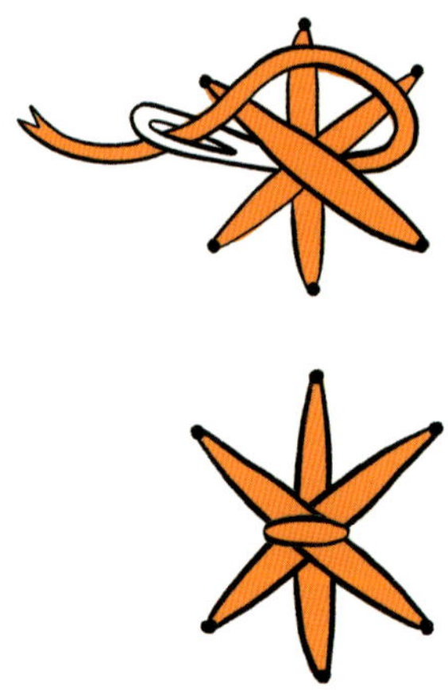

3-4. Den 2. Schritt mit den übrigen Strahlen wiederholen, dabei kreuzen sie sich in der Mitte.

5. Die Nadel dicht neben einer Strahlenkreuzung in der Mitte nach oben führen und die drei Stiche fixieren. Dafür die Nadel an der gegenüberliegenden Seite in der Mitte wieder einstechen und den Faden anziehen.

Befestigte Stiche

Diese befestigten Stiche sind etwas komplexer und erfordern einen zweiten Schritt, bevor die Nadel in den Stoff gestochen wird. Denn hier wird der Faden stets noch einmal um die Nadelspitze gelegt, bevor die Nadel endgültig durch den Stoff gezogen wird. Das bedeutet, dass ein Stich erst durch den nachfolgenden fixiert wird. Daher muss der letzte Stich immer mit einem kleinen Stich auf der anderen Seite gesichert werden.

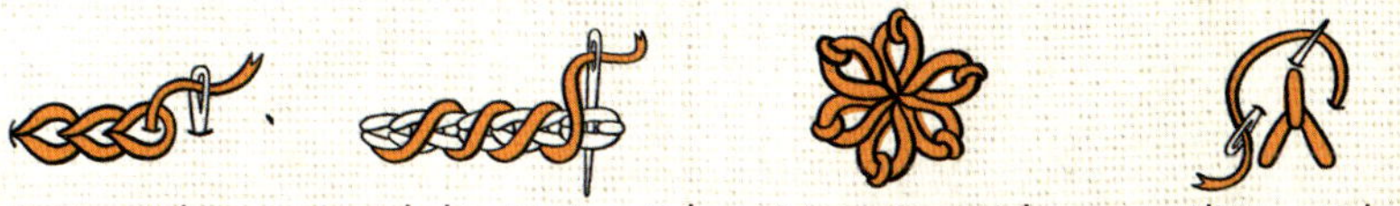

Kettenstich · umwickelter Kettenstich · Margeritenstich · Fliegenstich

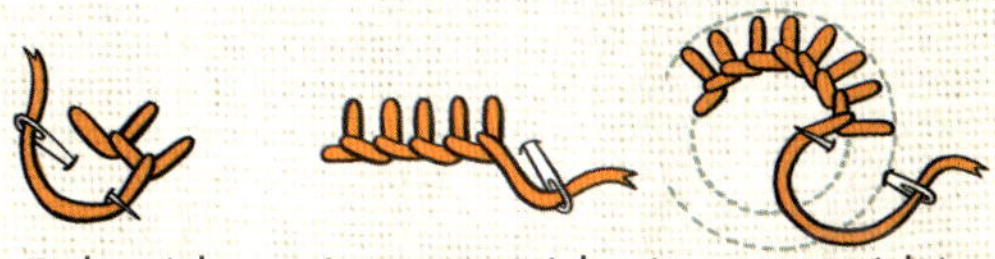

Federstich · Langettenstich · Langettenstich im Kreis

Kettenstich

Beim Kettenstich musst du die Nadel an der Ausstichstelle noch einmal einstechen. Das mag dir seltsam vorkommen, nachdem du die vorherigen Stiche gelernt hast. Aber wenn du den Bogen raushast, wirst du diesen Stich lieben!

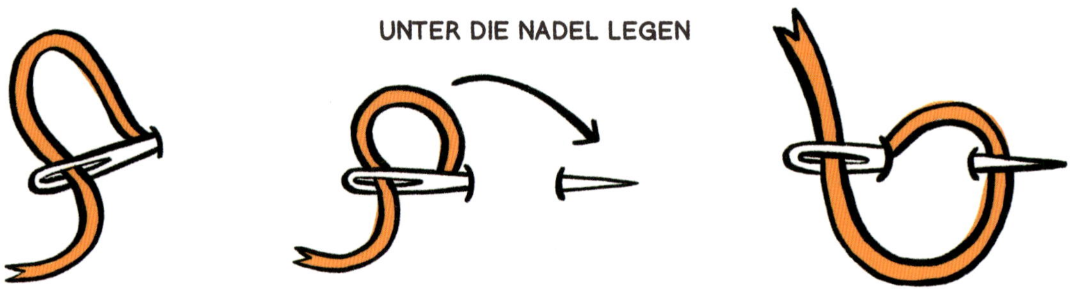

1. Die Nadel am Ende der Stichlinie nach oben führen und dann an der Ausstichstelle wieder in den Stoff stechen, aber noch nicht durchziehen!

2. Die Nadel im Abstand von etwa 6 mm wieder ausstechen, dabei darf aber zunächst nur die Nadelspitze aus dem Stoff schauen.

3. Jetzt den Faden unter dieser nach hinten legen und dann durchziehen, sodass der nächste Stich diesen fixiert.

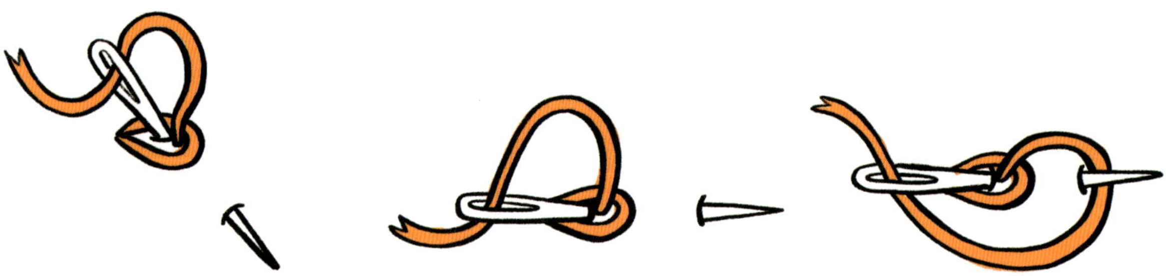

4. Die Nadel durchziehen, sodass sich die Schlaufe um die Ausstichstelle legt. Dabei den Faden jedoch nicht zu fest ziehen. Dann die Nadel innerhalb der Schlaufe dicht an der Ausstichstelle wieder einstechen.

5. Auf der Stichlinie wieder im Abstand von etwa 6 mm die Nadel in den Stoff stechen, aber noch nicht durchziehen.

6. Den Faden unter der Nadel nach hinten legen und durchziehen, sodass sich aus der vorherigen Schlaufe heraus eine neue Schlaufe bildet.

TIPP Wenn der Faden nicht jedes Mal unter der Nadel nach hinten gelegt wird, entstehen nur lose Schlaufen, die sich ganz schnell wieder lösen.

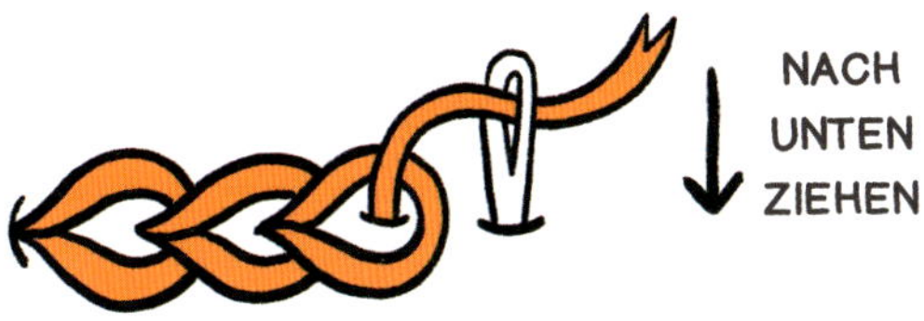

BEENDEN

7. Um die Stichfolge zu beenden, die Nadel außerhalb der Schlaufe in den Stoff stechen, um den letzten Stich zu sichern und zu verhindern, dass sich alle wieder auflösen. Dabei für ein stumpfes Ende des Kettenstichs einen kleinen Stich oder für ein spitzes Ende einen längeren arbeiten.

Ecken und Richtungswechsel beim Kettenstich

Um mit dem Kettenstich Ecken zu sticken, beendet man am besten den Stich und beginnt an der Ecke eine neue Kette. Dabei sollten sich das Ende und der Anfang etwas überlappen, damit dazwischen kein Leerraum entsteht (A).
Für ein spitzes Ende die Fäden am Anfang eines Kettenstichs versetzen, sodass die Schlaufe etwas spitzer zuläuft (B). Dann wie gewohnt weitersticken. Den letzten Stich etwas verlängern, je nachdem, wie spitz das Ende werden soll auf 6–13 mm (C). Für spitze Ecken die Enden, an denen die beiden Kettenstiche aufeinandertreffen, leicht versetzen, sodass eine Seite des Stichs etwas kürzer ist und der Übergang fließender verläuft (D).

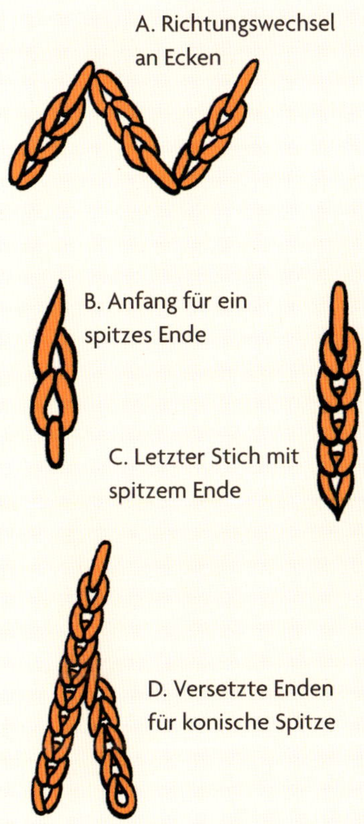

Umwickelter Kettenstich

Zuerst eine Reihe mit dem Kettenstich sticken und dann mit einem neuen Faden am Ende dieser Reihe nach oben in den Stoff stechen. Die Nadel von rechts nach links unter dem Kettenstich hindurchführen, dabei nicht in den Stoff stechen. Den Faden vorsichtig anziehen, sodass er sich um den Kettenstich legt. Den Vorgang wiederholen, sodass ein Schnur-Effekt entsteht. Dabei niemals mit der Nadel in den Stoff stechen, sondern diese nur über und unter den Kettenstich führen. Zum Schluss die Nadel in den Stoff stechen und den Faden auf der linken Seite sichern.

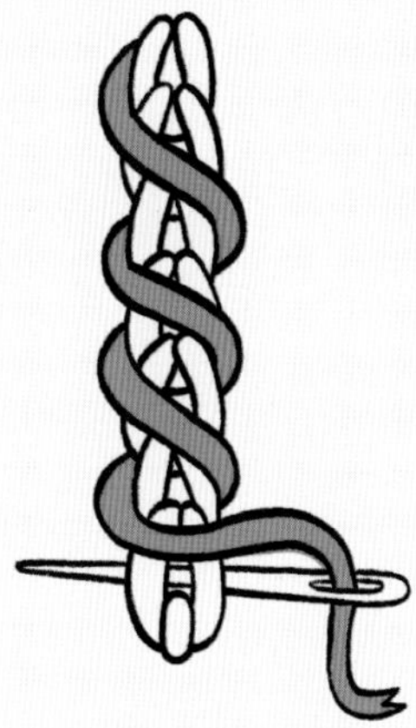

Margeritenstich

Dies ist eine Variante des Kettenstichs, bei dem die Schlaufen jeweils mit einem kleinen Stich umschlungen werden. Ordnet man diese Stiche kreisförmig an, entstehen hübschen Blüten.

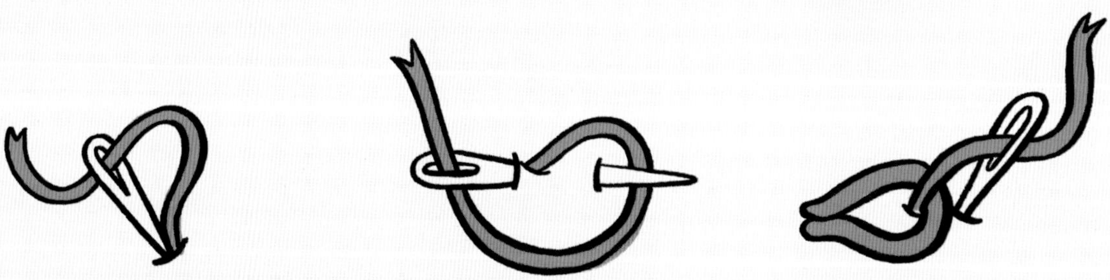

1. Wie beim Kettenstich die Nadel am Ende der Stichlinie nach oben in den Stoff stechen und dann an derselben Stelle wieder einstechen.
2. Die Nadel nach etwa 6 mm wieder ausstechen und den Faden unter der Nadelspitze nach hinten legen.
3. Die Nadel durchziehen, bis die Schlaufe sauber um dem in der Mitte austretenden Faden liegt. Dann mit der Nadel außerhalb der Schlaufe in den Stoff stechen und so die Schlaufe sichern.

Fliegenstich

Mit diesem Stich kann man kleine Pfeile sticken, für die es viele Verwendungsmöglichkeiten gibt. Zeigen die Spitzen nach oben, kann man damit kleine Bäume oder Berge sticken. Zeigen sie nach unten, können sie Vögel am Horizont darstellen.

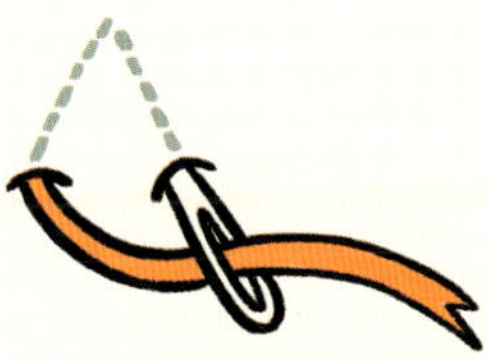

1. Mit der Nadel nicht an der Ausstichsstelle einstechen (wie beim Kettenstich), sondern etwa 6 mm daneben.

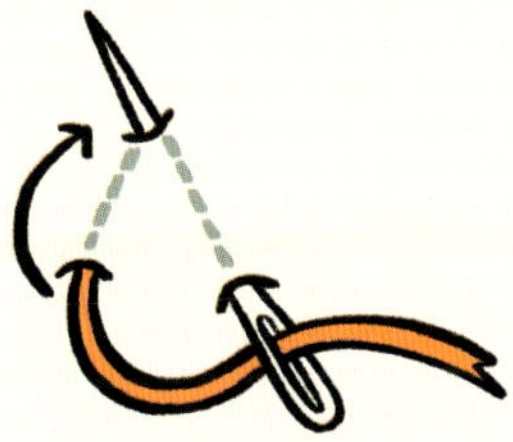

2. Dann etwa 6 mm darüber mittig zwischen der vorherigen Ausstich- und Einstichstelle wieder ausstechen.

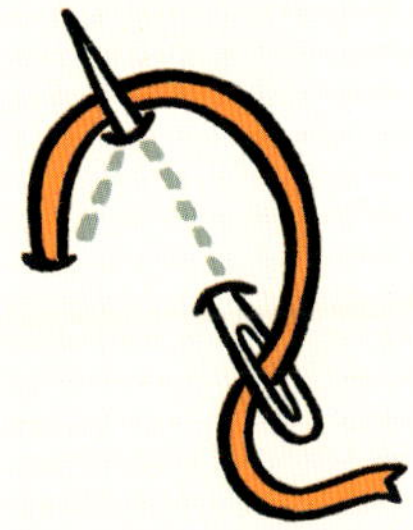

3. Den Faden unter die Nadel legen und erst dann die Nadel durchziehen.

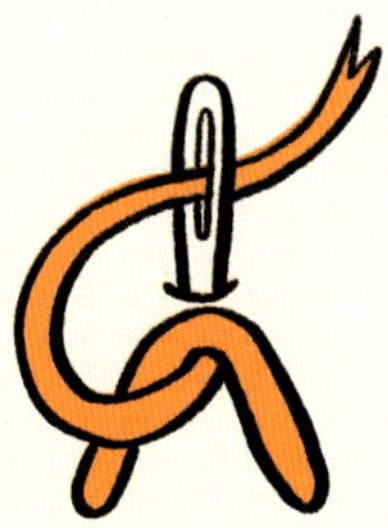

4. Diesen Stich fixieren, dafür die Nadel über dieser Spitze einstechen (an der Außenseite der entstandenen V-Form). Den Faden auf der Rückseite des Stoffs sichern.

Variante zum Fliegenstich

Den Fliegenstich kann man auf unterschiedliche Weise ausführen und damit ein Pfeilmuster sticken, indem man den letzten Stich verlängert.

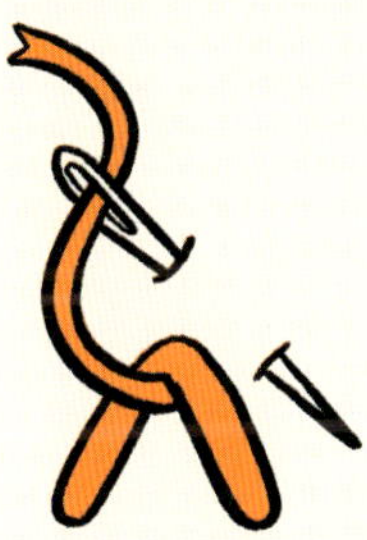

1. Den 1. bis 3. Schritt der Anleitung zum Fliegenstich ausführen. Anstatt zum Schluss einen kleinen Stich zum Sichern zu sticken, die Nadel 6 mm über dem Fliegenstich einstechen und auf einer Seite an einem Ende des nächsten Fliegenstichs ausstechen.

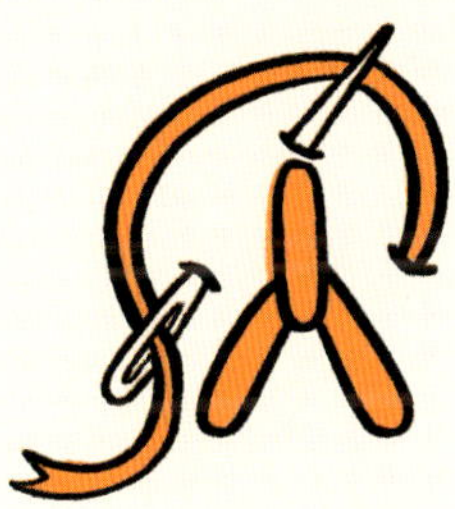

2. Dann die Nadel auf der anderen Seite einstechen und knapp über dem letzten Stich des vorherigen Fliegenstichs wieder ausstechen. Dabei den Faden unter die Nadelspitze legen und dann erst durchziehen.

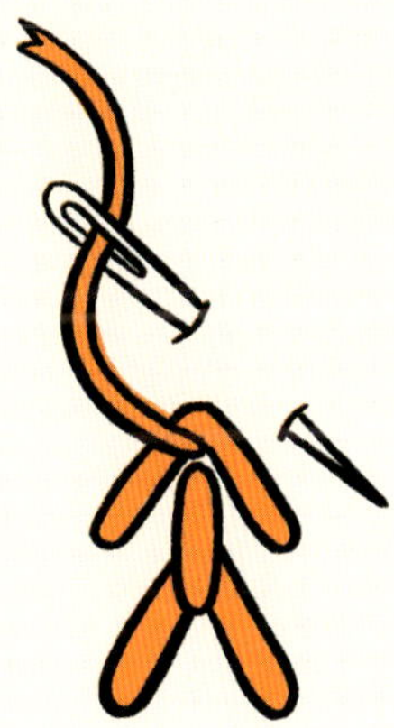

3. Wieder einen Stich in derselben Länge wie zuvor nach oben ausführen und den nächsten Fliegenstich sticken.

Federstich

Hier wird mit der „Befestigungsmethode“ des Ketten- und Fliegenstichs ein fortlaufendes Muster aus verbundenen Fliegenstichen erzeugt. Du kannst noch weitere Fliegenstiche an den ersten anfügen, indem du anstelle des Befestigungsstichs einen weiteren Fliegenstich beginnst und beim Ausstechen den Faden unter die Nadel führst, um den vorhergehenden Stich zu fixieren.

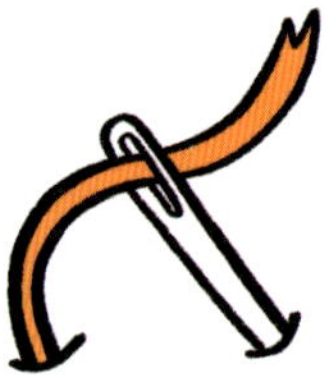

1. Zuerst den Faden auf die rechte Stoffseite führen, dann wie beim Fliegenstich mit der Nadel etwa 6 mm rechts neben der Ausstichstelle einstechen.

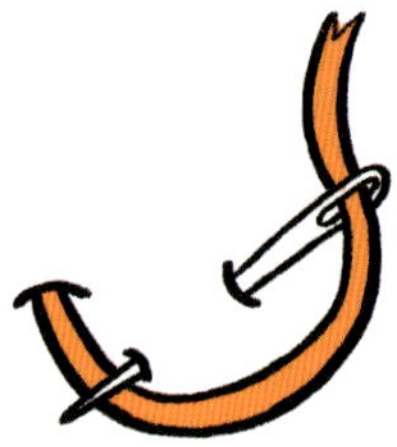

2. Mit der Nadel etwa 6 mm mittig unter der Aus- und Einstichstelle ausstechen. Den Faden unter die Nadelspitze legen und dann erst die Nadel durchziehen.

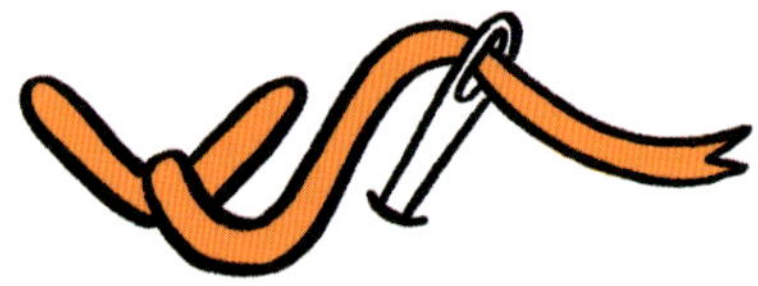

3. Nun die Nadel etwa 6 mm rechts von der letzten Ausstichstelle einstechen.

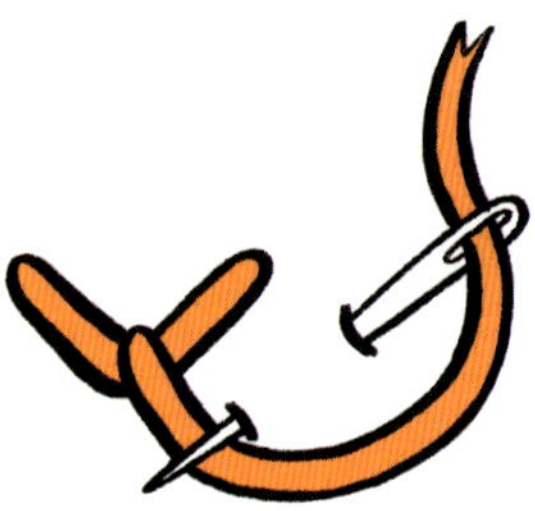

4. Dann etwa 6 mm mittig zwischen der letzten Aus- und Einstichstelle und unterhalb davon ausstechen, dabei den Faden unter die Nadelspitze legen und dann erst durchziehen.

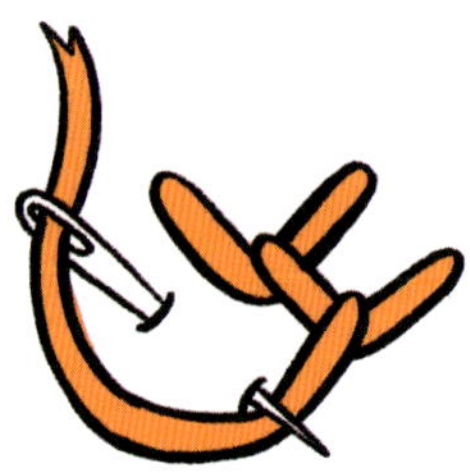

5. Dasselbe von links nach rechts wiederholen. Die Nadel 6 mm links von der Ausstichstelle einstechen und 6 mm darunter mittig zwischen der letzten Ein- und Ausstichstelle wieder ausstechen. Den Faden unter die Nadelspitze legen und dann erst durchziehen.

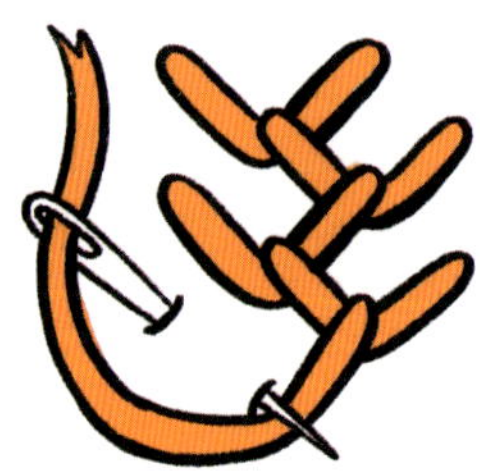

6. Die Schritte 1–5 fortlaufend wiederholen.

   Für einen doppelten Federstich drei Stiche nach rechts und dann drei Stiche nach links anfertigen.

Langettenstich

Der Langettenstich wird für dekorative Kantenabschlüsse oder für Applikationen verwendet. Wie beim Kettenstich wird auch hier jeder Stich durch einen nachfolgenden fixiert. Achte daher darauf, dass dein Faden unter der Nadel liegt, bevor du sie durchziehst. Dieser Stich sieht ein wenig aus wie kleine Stiele, die aus einer geraden Stichlinie herausragen, dabei bilden sie aber erst gemeinsam die gesamte Stichlinie.

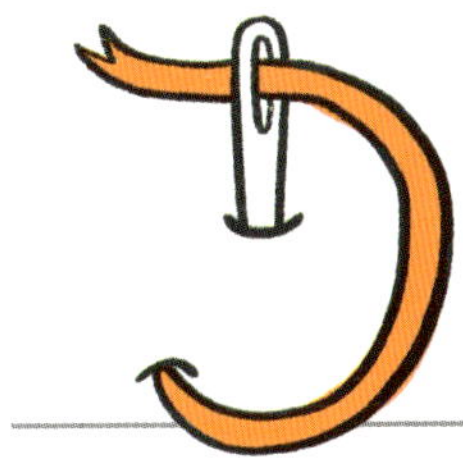

1. Mit der Nadel nach oben ausstechen, dann etwa 6 mm rechts davon und 6 mm darüber wieder einstechen.

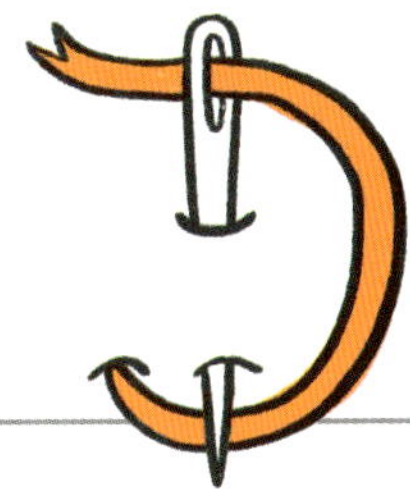

2. Auf derselben Linie, auf der die erste Ausstichstelle liegt, wieder ausstechen (die Nadel liegt nun im rechten Winkel zu der Linie). Dabei den Faden unter die Nadelspitze legen und dann erst durchziehen.

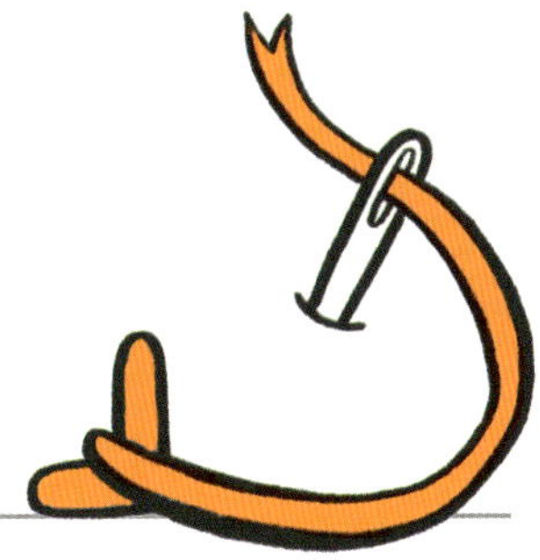

3. Dann wieder die Nadel etwa 6 mm rechts neben und 6 mm über der Ausstichstelle einstechen. Am besten stellt man sich dabei mehrere Quadrate in einer Reihe vor.

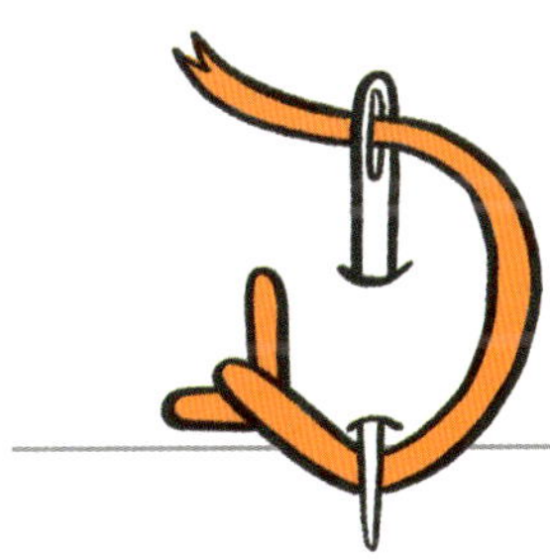

4. Die Nadel jedes Mal im rechten Winkel zur Stichlinie einstechen, dabei den Faden darunterlegen.

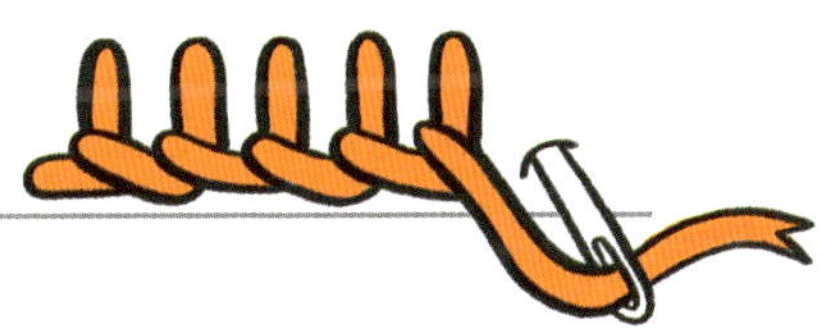

5. Den letzten Stich mit einem kleinen Stich auf die Stoffrückseite sichern.

Langettenstich im Kreis

Den Langettenstich kann man mit den Stielen nach innen oder nach außen zeigend anfertigen, indem man mit der beschriebenen Grundtechnik auf einer gerundeten Linie oder im Kreis stickt. Am besten zeichnet man sich dafür zunächst zwei Bögen auf, für den inneren und den äußeren Rand der Blume oder des Rads.

BLUMENMOTIV

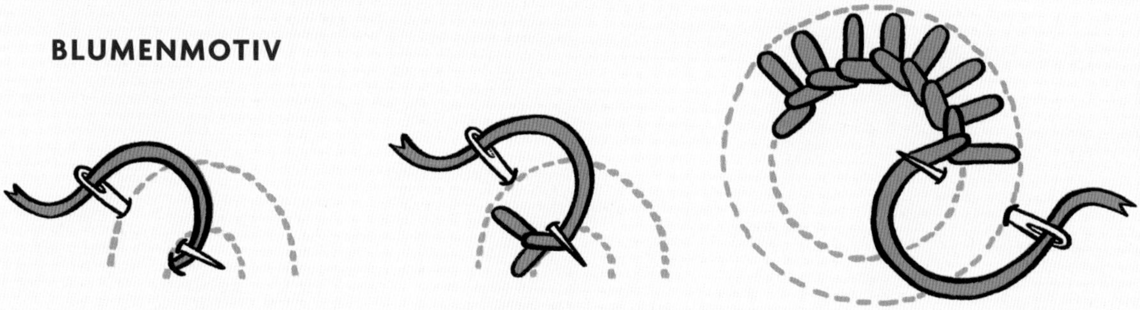

1. Mit der Nadel auf dem inneren Kreis nach oben ausstechen. Dann auf dem äußeren Kreis ein- und wieder auf dem inneren knapp neben der Ausstichstelle einstechen. Den Faden unter die Nadelspitze legen und dann erst anziehen.
2. Den Vorgang wiederholen, dabei auf dem äußeren Kreis größere Abstände zwischen den Stichen lassen, auf dem inneren Kreis nur ganz kleine Abstände arbeiten.
3. So auf den Kreislinien fortfahren. Zum Schluss mit einem kleinen Stich sichern und damit den letzten und ersten Stich verbinden.

RADMOTIV

Das Radmotiv ist das umgekehrte Blumenmotiv. Dabei setzt man die Stiche am besten ganz dicht nebeneinander, mit einem Abstand von höchstens 6 mm.

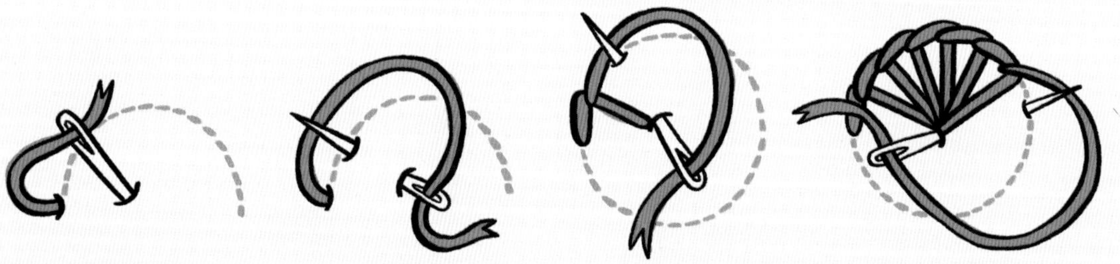

1. Mit der Nadel auf dem Kreis nach oben ausstechen. Dann auf dem Mittelpunkt einstechen.
2. Dann wieder auf dem Kreis ausstechen, den Faden unter die Nadel legen und dann erst durchziehen.
3. Den Vorgang wiederholen, dabei die inneren Stiche dicht aneinandersetzen, die äußeren etwas weiter auseinander.
4. So fortfahren. Wenn die Stiche in der Mitte sehr dicht aneinandergesetzt werden, kann man ein Wagenrad sticken.

Stiche für Flächen und Details

Es gibt ein paar gute Möglichkeiten, um größere Flächen zu füllen und der Stickarbeit kleine, besondere Akzente zu verleihen. Zum Füllen von Flächen eignen sich Varianten des Plattstichs und des Hexenstichs sehr gut, während der Knötchenstich für besondere Akzente ideal ist.

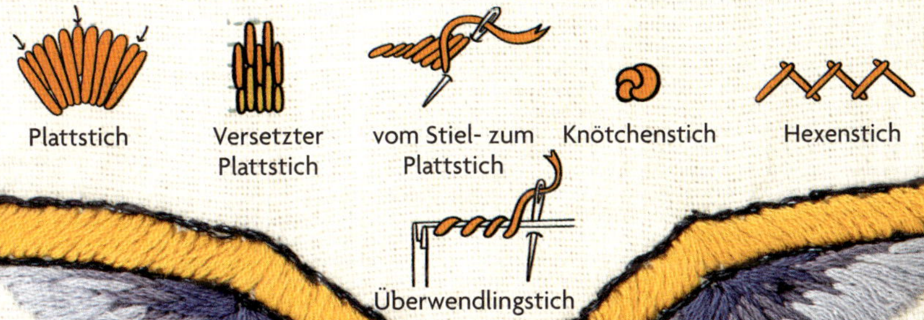

Plattstich

Damit kann man Flächen schön mit flachen, gleichmäßigen Stichen bedecken. Bei Kleidungsstücken sollten diese Stiche nicht über 12 mm lang sein, damit man nicht daran hängen bleibt. Dieser Stich sieht auf der Rückseite genauso aus wie auf der Vorderseite. Lege die zu füllende Fläche vor Stickbeginn fest, ebenso die Stickrichtung. Je kürzer der Stich, umso besser!

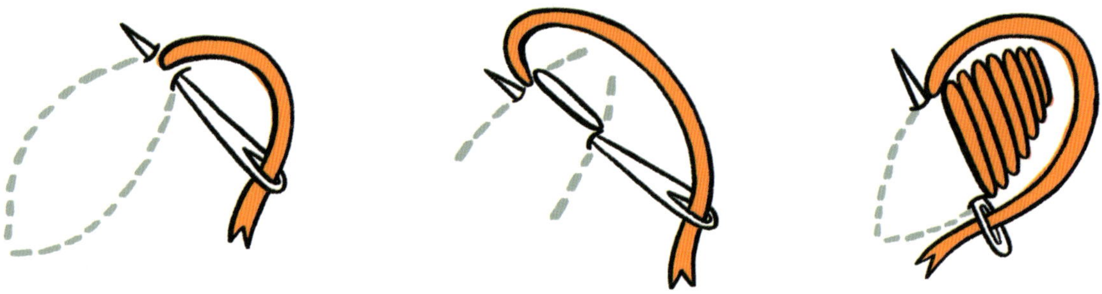

1. Mit der Nadel an einem Rand des Motivs nach oben ausstechen und am anderen Rand wieder einstechen, dabei den Faden nur so fest anziehen, dass der Stich noch etwas erhaben auf dem Stoff liegt. Wenn du zu fest ziehst, verzieht sich der Stoff.
2. Die Nadel möglichst dicht neben dem ersten Stich einstechen.
3. So fortfahren und die Stiche so dicht wie möglich nebeneinandersetzen.

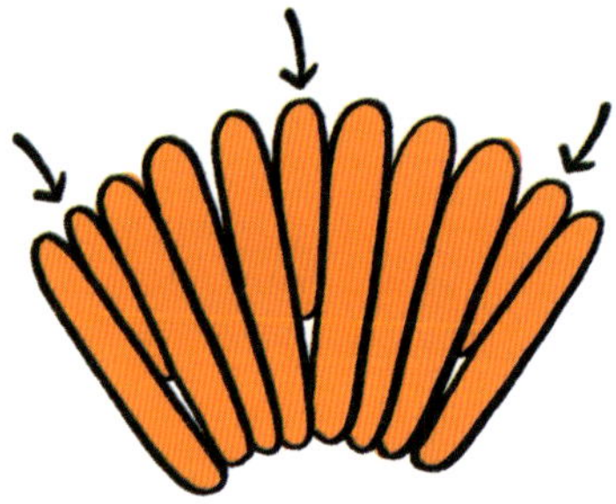

TIPP Wenn du gerundete Formen arbeitest, etwa die Farbstreifen in einem Regenbogen, kannst du die Zwischenräume im äußeren Rand gut mit halben Stichen füllen. Sie verschwinden dann optisch zwischen den längeren.

Versetzter Plattstich

Mit diesem Stich lassen sich gut Farbschattierungen sticken. Wenn man zwei oder mehr Farben kombiniert, kann man damit auch Flächen ausfüllen, die für einen einfachen Plattstich in einer einzigen Farbe zu groß sind. Und wenn für eine Fläche Stiche nötig wären, die länger als 2,5 cm sind, kann das schnell unsauber aussehen. Wenn man jedoch große einfarbige Flächen mit dem Versetzten Plattstich füllt, erhalten diese eine schöne Oberflächenstruktur. Dieser Stich erfordert keine Perfektion. Vielmehr wird die Struktur ein wenig aufgelockert, wenn die Stiche wie zufällig etwas in den Längen variieren.

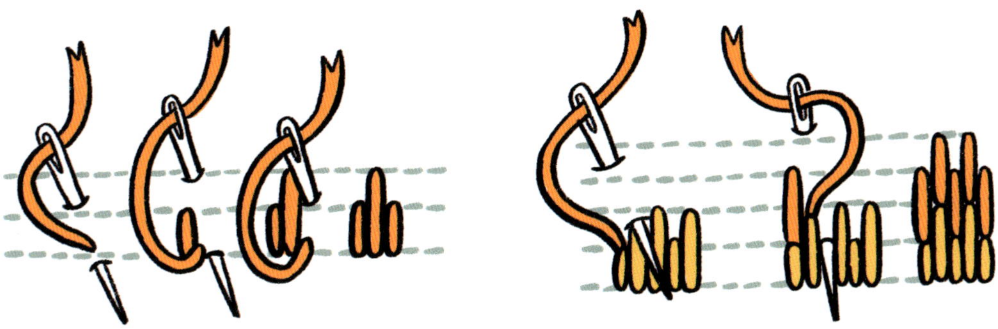

1. Mit dem Stich an einem Außenrand der zu füllenden Fläche beginnen und dabei zwischen langen und kurzen Plattstichen abwechseln. Die Ausstichstelle der Stiche müssen alle auf einer Linie liegen, bei der Einstichstelle, an der gegenüberliegenden Seite, wechseln sich lange und kurze Stiche ab. Anfänger zeichnen sich am besten für jeden Farbabschnitt wie hier gezeigt Reihen im Abstand von etwa 6 mm mit einem löschbaren Markierstift oder Bleistift auf.

2. In der nächsten Reihe (oder nächsten Farbe, wenn du mit verschiedenen Farben stickst) mit der Nadel durch die Einstichstelle der vorherigen Reihe ausstechen und zwei Reihen darüber wieder einstechen. Dann wieder mit der Nadel durch den nächsten Stich der vorherigen Reihe ausstechen. Von jetzt an geht jeder Stich über zwei „Reihen“, sodass die Kante an den Einstichstellen versetzt ist. So entsteht der Effekt von vermischten Stichen.

3. Die kurzen bzw. die langen Stiche sollten jedoch immer die gleiche Länge haben, sodass das Stichbild insgesamt einheitlich wirkt. Mit so vielen Farben wie gewünscht fortfahren und so viel Reihen sticken, bis die Fläche gefüllt ist.

Wenn der Rand an der anderen Seite der zu füllenden Fläche auch gerade sein soll, in der letzten Reihe, wie in der ersten, abwechselnd lange und kurze Stiche arbeiten.

Vom Stiel- zum Plattstich

Man kann den schmalen Stielstich in den breiteren Plattstich überführen und so nahtlos von einer Linie zu einem Füllstich übergehen. So kannst du zum Beispiel einen langen Stielstich mit einem Blatt an einer Seite sticken und einen fließenden Übergang zwischen den beiden Formen erzeugen.

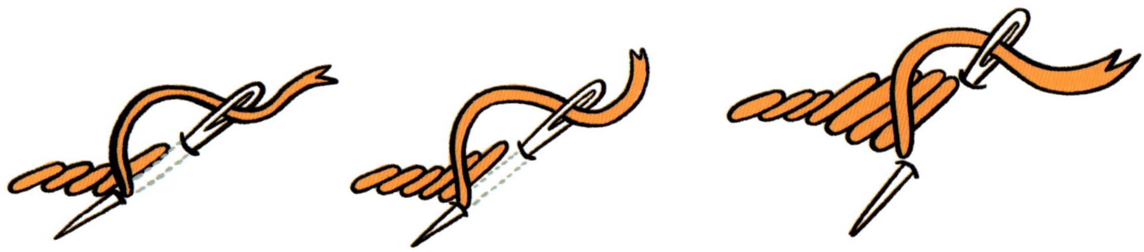

1. Um die Breite des Stielstichs zu vergrößern, die schräge Stichlänge so vergrößern, dass der Stich ober- bzw. unterhalb des vorherigen und nicht auf derselben Linie ausgeführt wird.

2. Bei den folgenden Stichen immer mehr Stoff übersticken und die Nadel weniger neigen, sodass der Stich in einen Plattstich übergeht.

3. Die Nadel immer weniger neigen, und den folgenden Stich immer etwas länger als den vorherigen machen.

TIPP

Wenn du wieder zum Stielstich zurückkehren möchtest, nach und nach die Neigung der Nadel bei den folgenden Stichen wieder rückgängig machen.

Knötchenstich

Mit dem Knötchenstich kann man hübsche Muster mit erhabenen Pünktchen anfertigen.

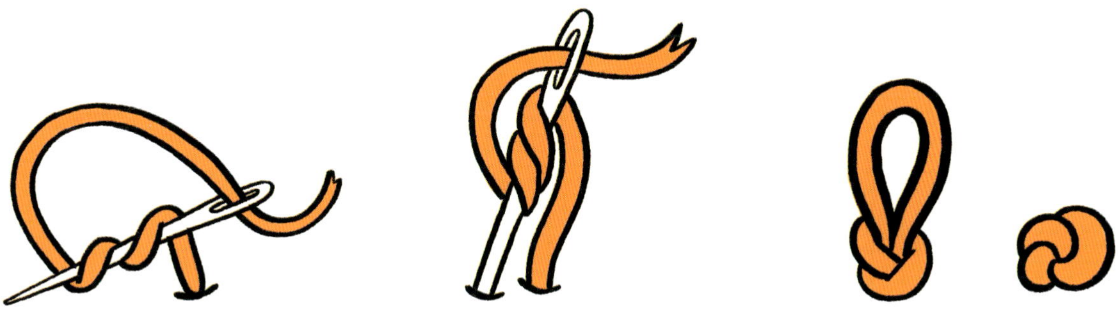

1. Mit der Nadel nach oben ausstechen, den Faden dicht am Stoff um die Nadel wickeln (mit einer Umwicklung erhält man ein kleines, mit zwei Umwicklungen ein größeres Knötchen) und dabei das lose Fadenende fest anziehen.

2. Die Nadel knapp neben der Ausstichstelle einstechen und auf die Stoffrückseite holen.

   Stickt man einen Knötchenstich auf einem Plattstich oder einem anderen Füllstich, muss die Nadel etwa 3 mm neben der Ausstichstelle eingestochen werden. Dabei wird ein Faden des Plattstichs mitgefasst, damit der Knötchenstich nicht in den darunterliegenden Stichen verschwindet.

3. Den Faden vorsichtig durchziehen und das Knötchen dabei mit der Fingerspitze festhalten, damit es sich nicht auflöst.

Man braucht wahrscheinlich ein paar Versuche, bis man den Bogen raus hat. Wenn das Knötchen nicht hält, darauf achten, dass der Faden vom Nadelöhr in Richtung Spitze gewickelt wird und sich das Knötchen nicht auf die Stoffrückseite zieht. Wenn dies passiert, liegt das wahrscheinlich daran, dass der Stoff zu locker gewebt ist. Dann ein dickeres Knötchen sticken und dafür den Faden zweimal um die Nadel wickeln.

Hexenstich

Dieses witzige Detail für Kanten, Ränder und Manschetten sieht schwierig aus, aber wenn du das System der Stiche verstanden hast, ist der Hexenstich schnell gearbeitet. Zeichne dir zuerst zwei parallele Linien auf, um die Ober- und Unterkante des Stichs zu markieren.

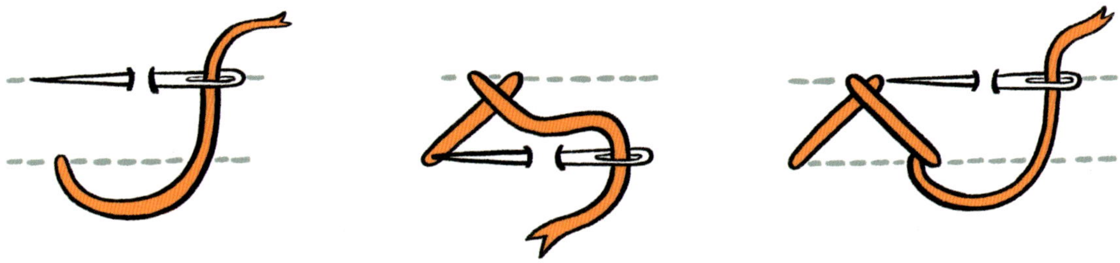

1. Mit der Nadel an der linken Seite der unteren Linie nach oben ausstechen. Dann etwas nach rechts versetzt auf der oberen Linie einstechen, sodass der Stich diagonal wird. Nun auf dieser Linie etwa 3 mm nach links wieder ausstechen und den Faden durchziehen.
2. Den ersten diagonalen Stich kreuzend die Nadel auf der unteren Linie nach rechts versetzt einstechen und einen 3 mm großen Rückstich nach links sticken. Den Faden durchziehen.
3. So fortfahren und dabei bis zum Ende der Linien jeweils mit Rückstichen in die entgegengesetzte Richtung die vorherigen Stiche kreuzen.

TIPP

Du kannst hier mit den Abständen spielen. Wenn die Stiche enger aneinandergesetzt werden, wirken sie dichter; verändert man den Winkel der Diagonalen, eröffnen sich weitere Variationen.

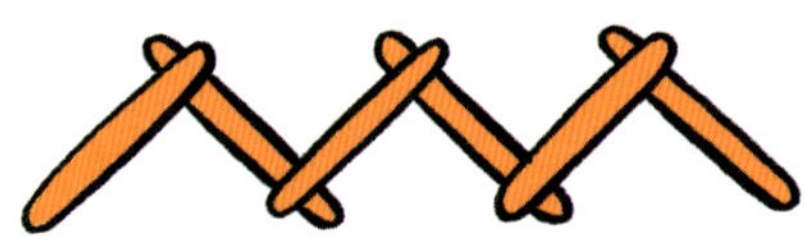

Gitterstich

Um eine Fläche auszufüllen, mit Geradstichen ein quadratisches Gitter sticken. Dann die Kreuzungen mit einem einfachen Stich fixieren (siehe in der Zeichnung die oberen Stiche), dabei darauf achten, dass diese Befestigungsstiche alle in dieselbe Richtung verlaufen. Um diesen Effekt zu verstärken, kann man die Kreuzungspunkte auch mit Kreuzstichen sichern (siehe die linken Stiche).

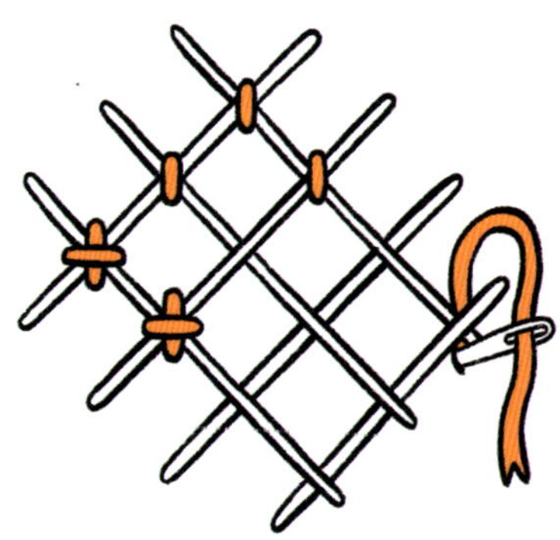

Überwendlingstich

Mit diesem Stich verbindet man für gewöhnlich zwei Stofflagen fest miteinander, aber man kann ihn auch als dekoratives Element einsetzen und durch unterschiedlich lange Stiche dieses noch verstärken.

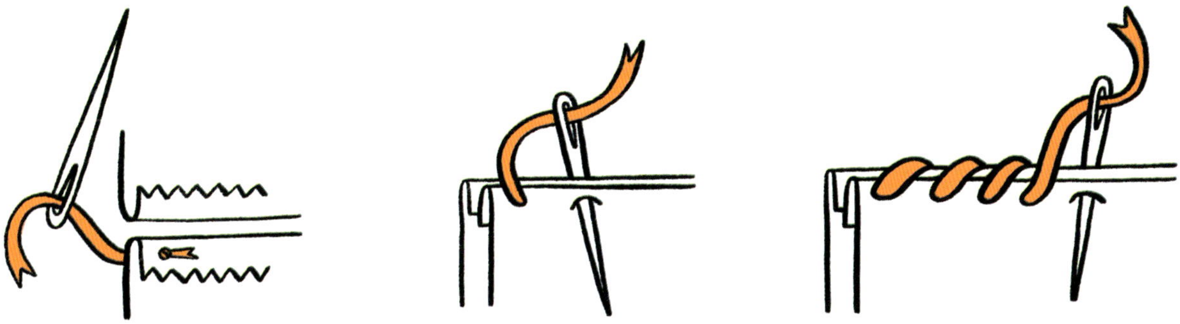

1. Die Kanten der zu verbindenden Stoffstücke um 6 mm auf links falten (das Stück wird als Nahtzugabe bezeichnet) und die Bruchkante bügeln oder mit dem Fingernagel darüberfahren. Auf einem der Stoffstücke die Nadel dicht an der Kante von der linken auf die rechte Stoffseite führen, sodass der Knoten innen auf der Nahtzugabe liegt.
2. Die Stoffstücke links auf links, mit den Nahtzugaben nach innen zeigend, aufeinanderlegen. Die Nadel in das hinten liegende Stoffstück nach vorne knapp unter die Stoffkante einstechen (durch beide Stofflagen) und durchziehen, sodass der Faden schräg verläuft und flach liegt.
3. Diese schräg verlaufenden Stiche wiederholen, dabei auf eine gleichbleibende Stichlänge achten.

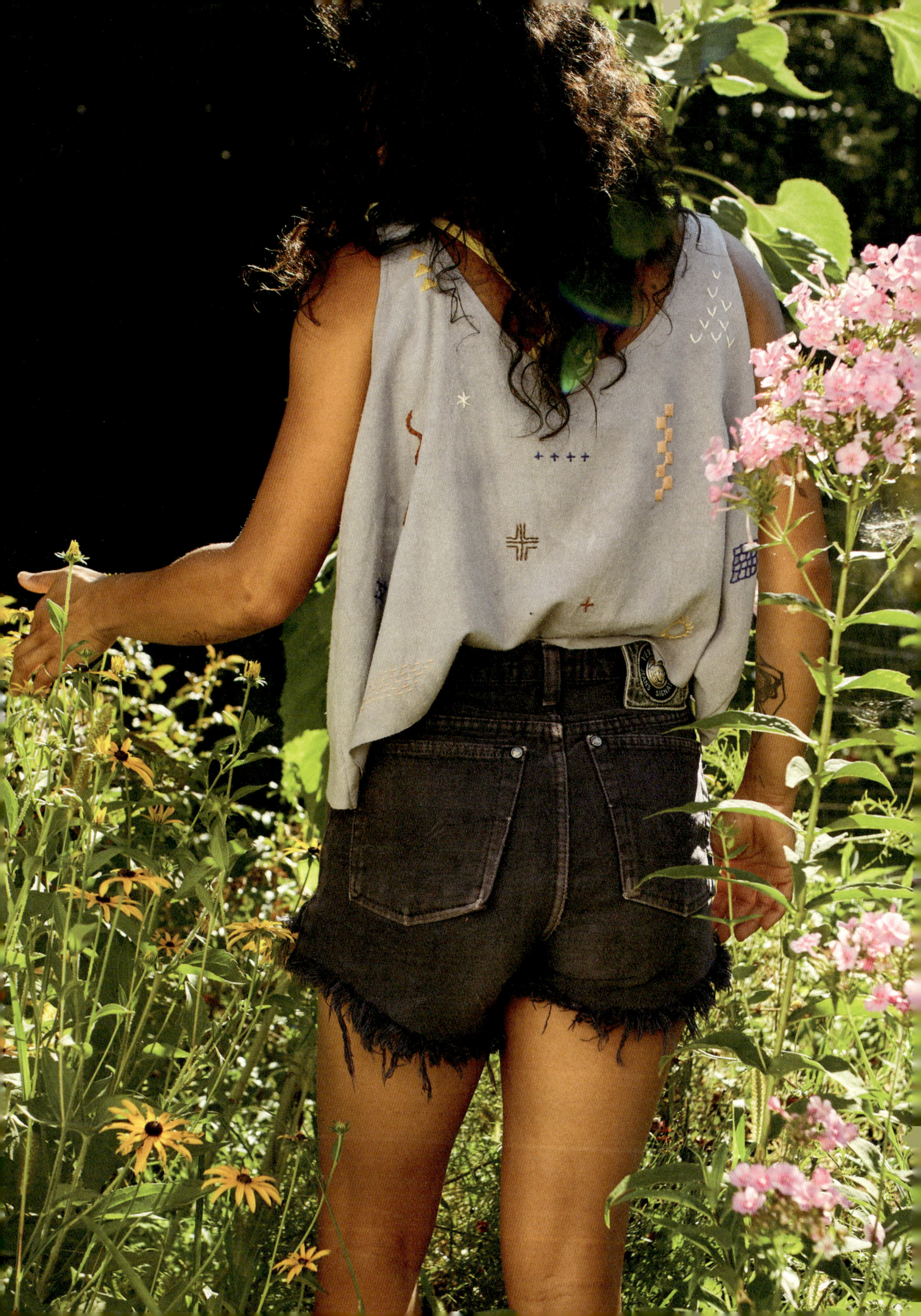

4

Schatzkammer der Symbole

Die hier gezeigten Symbole haben für mich eine ganz besondere Bedeutung. Während es auf der ganzen Welt viele davon in zahlreichen Varianten gibt, erschaffen wir ständig neue, gestalten die vorhandenen um und entwickeln sie weiter. Eine Enzyklopädie der Symbole wäre naturgemäß immer unvollständig. Wahrscheinlich kennst du auch anderen Formen, mit denen du arbeiten möchtest. Je persönlicher deine Assoziation damit ist, desto stärker kann das Symbol auf deine Psyche wirken. Persönliche Assoziationen können auch entstehen, wenn man beim Meditieren ein Bild vor seinem geistigen Auge hat. Unsere Erfahrungen beeinflussen unsere Definition eines Symbols, daher rate ich dringend, die hier angebotenen Vorschläge durch eigene Erfahrungen zu ergänzen. Kombiniere diese Symbole, überlagere sie oder denke dir ganz eigene aus. Die Stickanleitungen für alle Symbole finden sich in Kapitel 7.

Geometrische Formen

Die Menschen haben mathematische Formeln und geometrische Formen entwickelt, indem sie die Natur und die Bewegungen im Kosmos studiert haben, um damit die Organisationsstrukturen des Universums wiederzugeben. Diese Formen sind leicht nachvollziehbar und vermitteln ein Gefühl der Harmonie, da wir das makellose Wesen des Universums in den vertrauten Formen erkennen. Aber nur weil etwas einfach ist, bedeutet das nicht, dass es keine große Wirkung entfalten kann!

Siehe für die wichtigsten Stickstiche dieser Formen Kapitel 7, Seite 157.

Zickzack

Die Zickzack-Form steht für Überfluss. Eine mäandernde Linie symbolisiert das Wasser und seine lebensspendende Fähigkeit, seine nahrhaften Pflanzen und Eigenschaft als Nahrungsquelle durch Fische und andere Lebewesen.

Sterne

Jede Kultur kennt in der ein oder anderen Form Sterne, meist beziehen sie sich auf Vorstellungen von Erleuchtung und Gottheiten. Da sie am Himmel leuchten und wirken, als würden sie sich bewegen, stehen sie für die Unendlichkeit des Daseins oder für die höchste Stufe der Erkenntnis. Sie symbolisieren Hoffnung, weil sie die Dunkelheit erhellen, und Beständigkeit, während überall sonst Vergänglichkeit herrscht.

fünfzackig

Das Fünfeck ist in der traditionellen chinesischen Medizin (TCM) und im westlichen Mystizismus das Symbol für die fünf Elemente und steht für den Geist im menschlichen Körper. Es wird auch in der neureligiösen Bewegung Wicca und in modernen heidnischen Religionen verwendet, um den Schutz durch die fünf Elemente zu beschwören.

sechszackig

Diese Sternform ist auch als Salomonssiegel oder Davidsstern bekannt und die gespiegelten Dreiecke symbolisieren hier die Verbindung des Männlichen mit dem Weiblichen. Auch wenn sie oft als Symbol des modernen Judentums erscheint, so wird sie doch seit der Antike in vielen Religionen auf dekorative Weise eingesetzt.

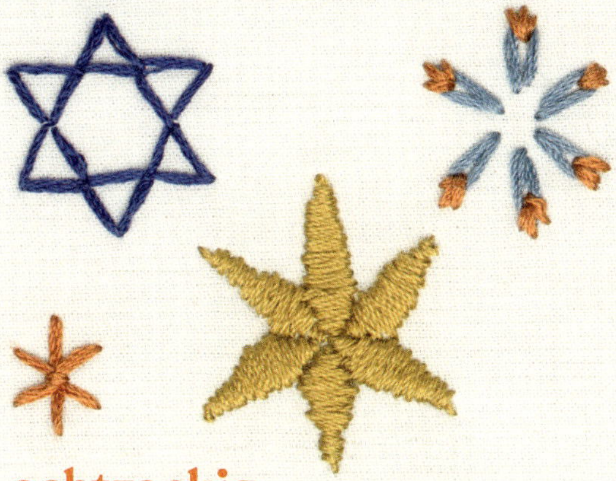

siebenzackig

Dieser auch als Heptagramm oder Septagramm bezeichnete Stern wurde in der Alchemie (einer alten Form der Naturphilosophie) verwendet. Er steht für die sieben Tage der Erschaffung der Welt und der sieben in der Antike bekannten Planeten, ebenso für die sieben Wochentage und die sieben klassischen Metalle.

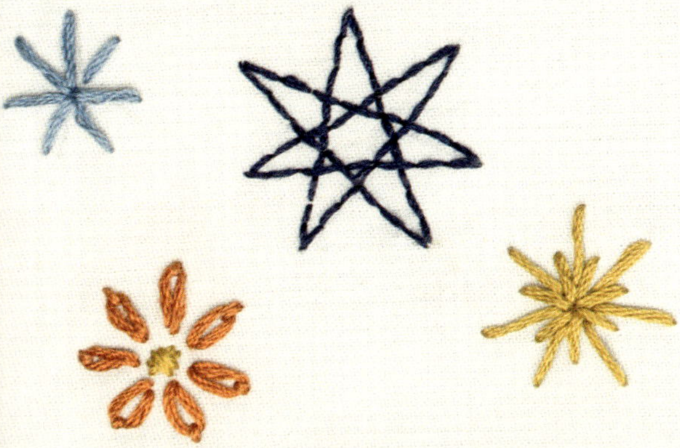

achtzackig

Dieses Symbol ist eng mit der Kompassrose verwandt und kann helfen, den eigenen Weg zu finden. Es wurde auch als Stern von Lakshmi (mit zwei überlappenden Quadraten, die für die acht Formen der Göttin stehen) und Stern von Ishtar/Inanna (der sumerischen Göttin der Liebe und des Kriegs) bekannt.

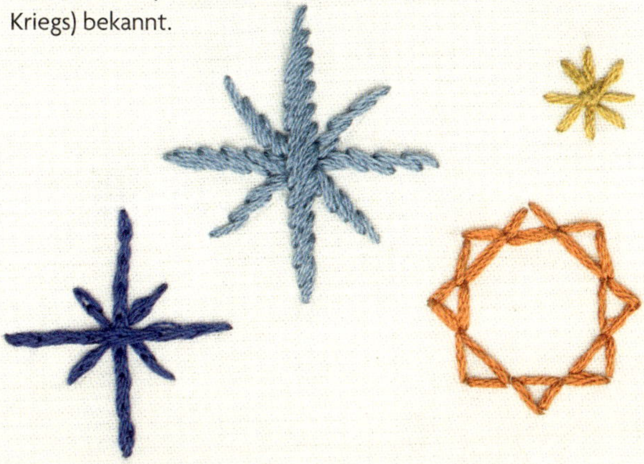

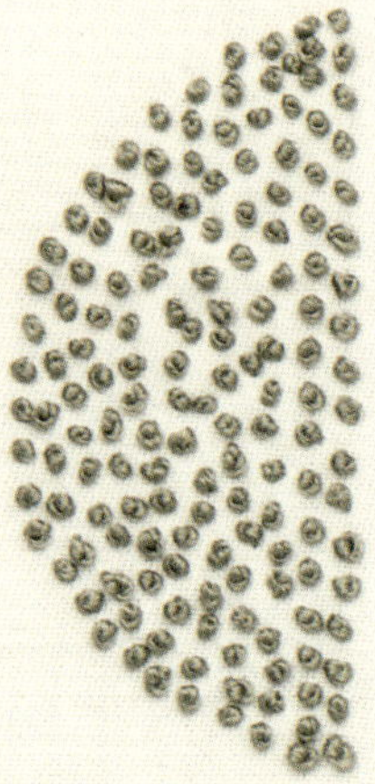

Halbkreis

Er ähnelt sowohl dem Mond als auch einer Schale oder einem Gefäß und stellt daher eine Verbindung zur empfänglichen weiblichen Natur dar – zu den Zyklen in der Natur, der Intuition und zu inneren Geheimnissen.

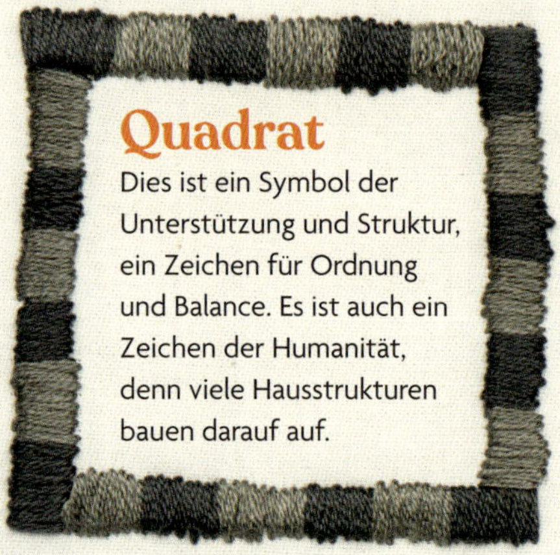

Quadrat

Dies ist ein Symbol der Unterstützung und Struktur, ein Zeichen für Ordnung und Balance. Es ist auch ein Zeichen der Humanität, denn viele Hausstrukturen bauen darauf auf.

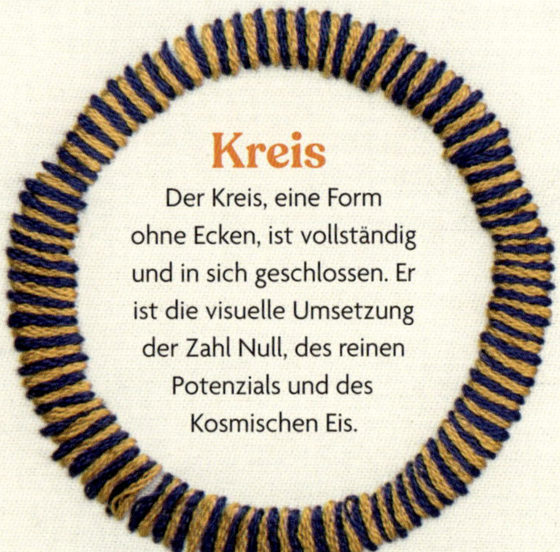

Kreis

Der Kreis, eine Form ohne Ecken, ist vollständig und in sich geschlossen. Er ist die visuelle Umsetzung der Zahl Null, des reinen Potenzials und des Kosmischen Eis.

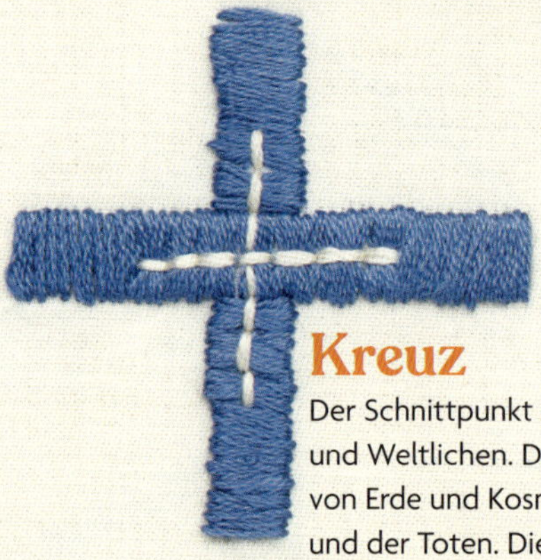

Kreuz

Der Schnittpunkt zwischen dem Heiligen und Weltlichen. Der Kreuzungspunkt von Erde und Kosmos, der Lebenden und der Toten. Die Vertikale ist kosmisch und die Horizontale ist irdisch.

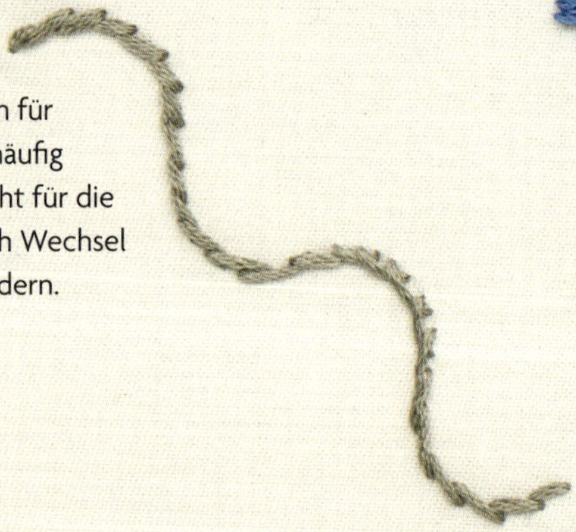

Welle

Die Welle ist ein Zeichen für Wasser, Strömung und häufig auch der Anmut. Sie steht für die Möglichkeit, etwas durch Wechsel und Bewegung zu verändern.

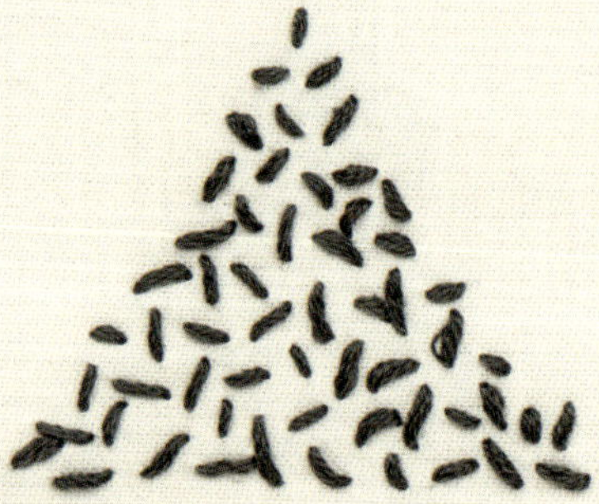

Dreieck

Dies ist die visuelle Darstellung der Zahl Drei – aus der Dualität der Zwei entsteht die Einheit der Drei. Es symbolisiert die Einheit des Göttlichen, der Erde und des Menschlichen – oder die Einheit von Geist, Körper und Seele.

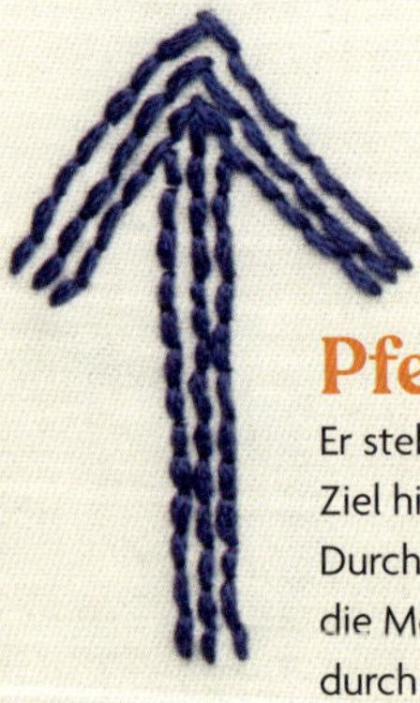

Pfeil

Er steht für eine sich schnell auf ein Ziel hin bewegende Energie, für die Durchschlagskraft eines Kriegers und die Möglichkeit der Transzendenz durch schnelles Handeln.

Spirale

Sie steht für die zyklische Natur des Lebens, aber mit ihrem sich stetig vergrößernden Potenzial symbolisiert die Spirale die Notwendigkeit der Entwicklung in diesen Zyklen. Sie versinnbildlicht die Bewegung kreativer Kräfte, die sowohl nach außen als auch nach innen wirken, und ist zugleich das einfachste Labyrinth.

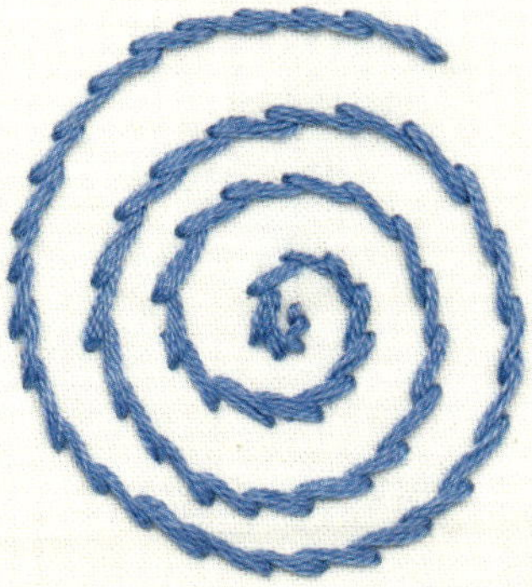

Doppelhelix

Die geometrische Form unserer DNA ähnelt stark einer spiralförmigen Leiter. Die Doppelhelix ist nah mit den sich windenden Schlangen des Hermesstabs verwandt, einem frühen Symbol der Medizin und Heilung.

Hütte

Dieses Zeichen für Schutz und Zuhause wurde schon in der Jungsteinzeit und in vielen anderen Kulturen verwendet. Ein umgedrehtes Dach dient auch als Symbol für das Zusammensein in der Familie und Gemeinschaft sowie für Einheit und Sicherheit.

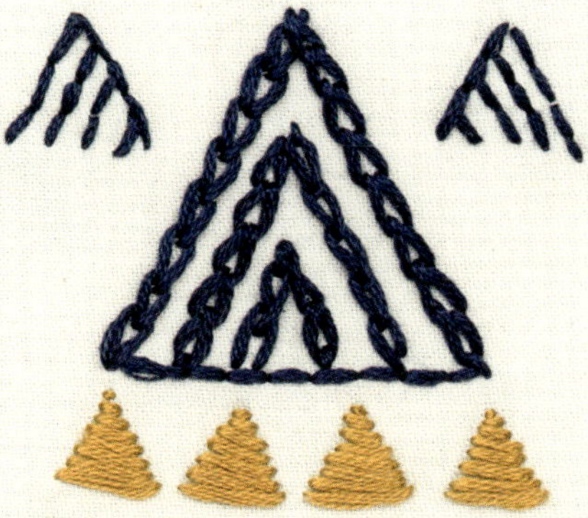

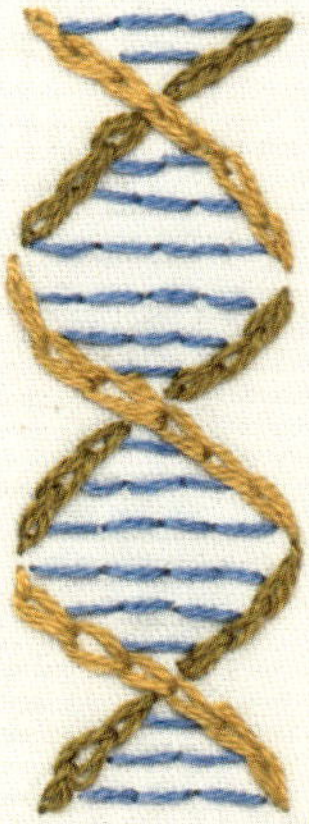

Mandorla

Dies ist ein aparter Name für die Form, die durch zwei sich überschneidende Kreise entsteht, sie wird auch als Vesica piscis bezeichnet. Die Ähnlichkeit mit der Form der Vulva hat ihr die Bedeutung als göttliche Pforte und Darstellung des Schöpfungsaktes verliehen.

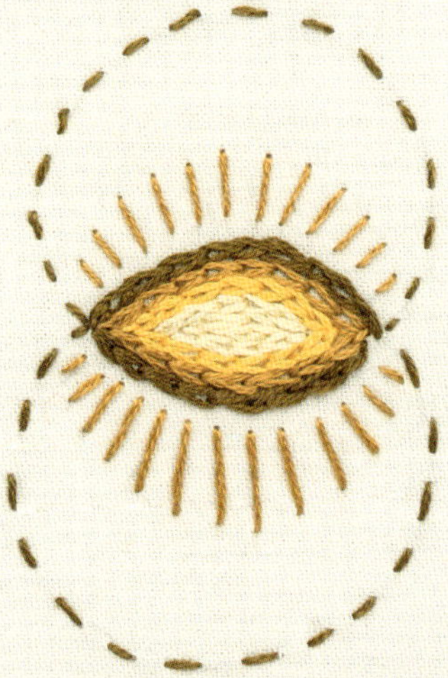

Rhombus

Dies ist eine archetypische Darstellung der Gebärmutter oder des Auges. In einigen indianischen Kulturen Amerikas wird diese Form gestickt oder gewebt, um die Visionen zu symbolisieren, die durch Gott gegeben werden (in den Huichol-Traditionen Nierika genannt und auch als Auge Gottes bekannt). Das Auge taucht ähnlich auch in marokkanischen Webarbeiten auf.

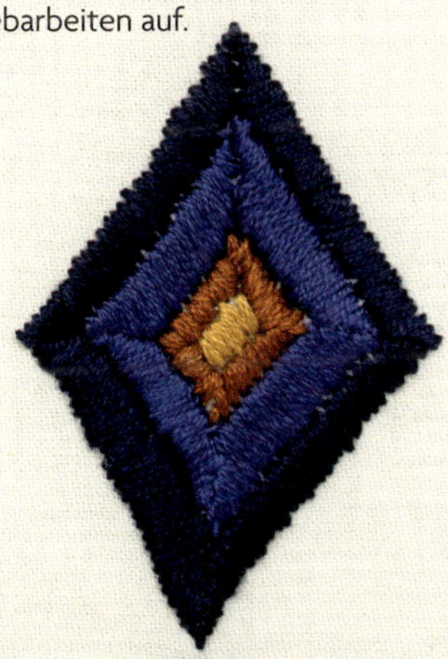

Fischgrätmuster

Diese einzelnen Pfeilmuster wurden schon in der Jungsteinzeit auf menschlichen Kunstwerken angebracht. Sie stellen Vögel am Himmel dar, die die spirituelle Welt mit der Erde verbinden. Eine nach oben zeigende Zacke mit einer Verbindungslinie stellte Bäume oder die Wirbel von Schlangen dar, beides Zeichen für Wachstum und Potenzial.

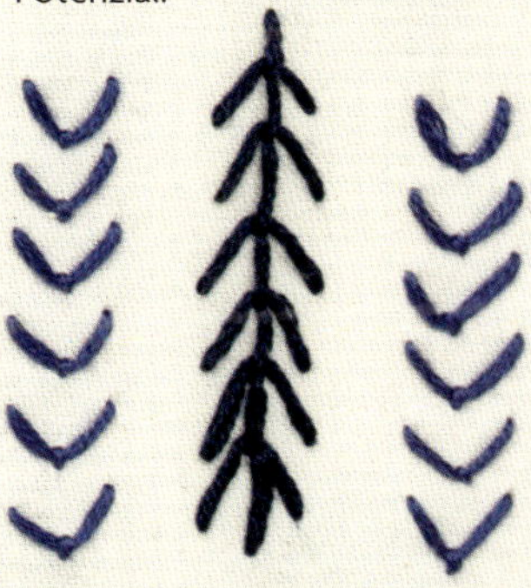

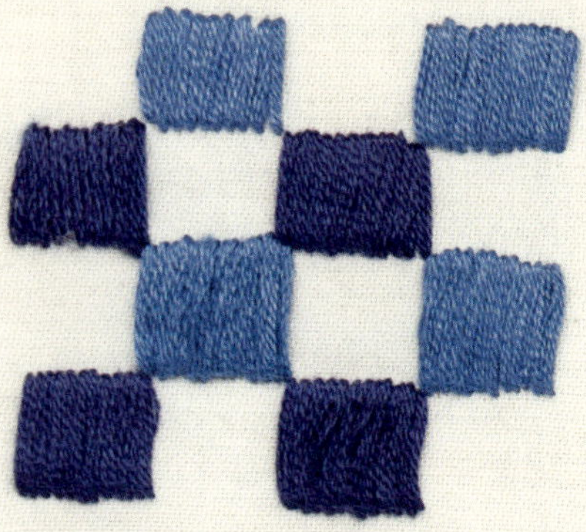

Schachbrett

Es steht für das Spiel mit der Dualität. Der Wechsel von Dunkel und Hell ist eine Einladung, unsere dunklen Aspekte zu integrieren, um unser ganzheitliches Selbst besser zu verstehen.

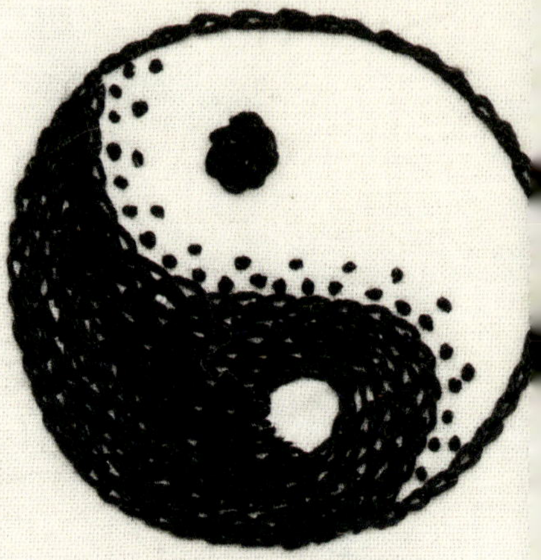

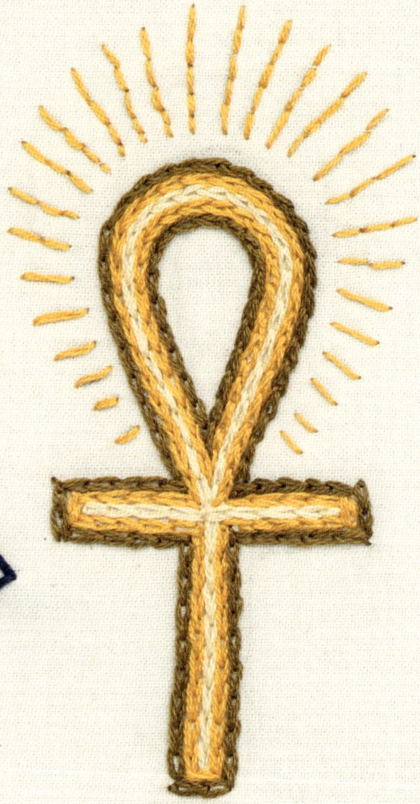

Yin und Yang

Dieses alte chinesische Symbol steht für die komplementäre Natur gegensätzlicher Kräfte im Universum, der Einheit von Yin, weiblicher Energie, und Yang, männlicher Energie.
In jedem steckt der Keim des Potenzials für den anderen, der ohne das Gleichgewicht zwischen beiden nicht existieren könnte.

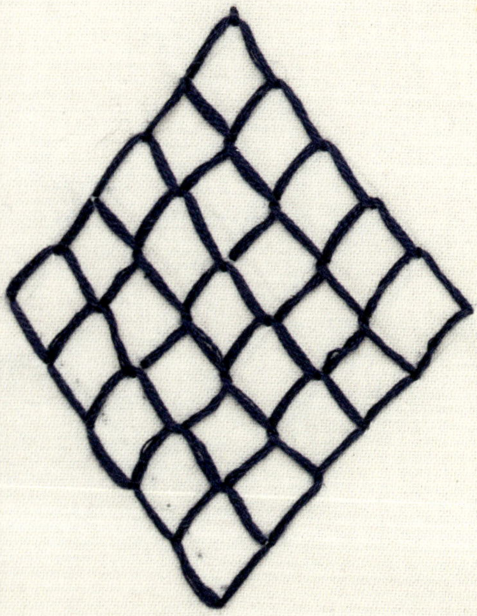

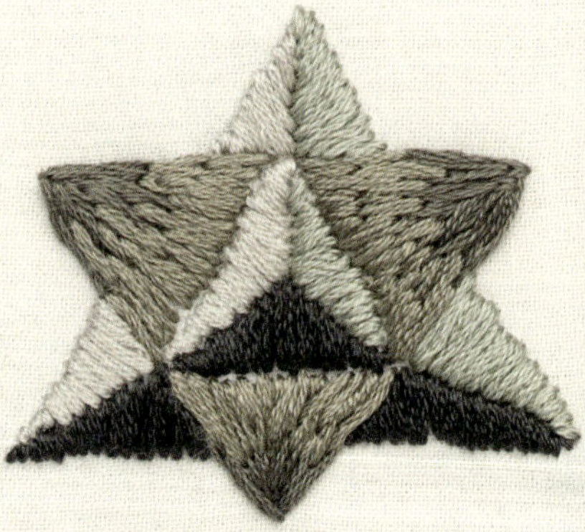

Netz

Repräsentiert eines der frühesten Jagdwerkzeuge, daher fand man dieses Muster in Kunstwerken der frühesten Menschen. Wahrscheinlich galt dieses Werkzeug, mit dem man Nahrung beschaffte, als Symbol lebensspendender Kräfte der Gottheit. Man kann es auch in größerem Zusammenhang als Versinnbildlichung des umfassenden Organisationsprinzips sehen, das unser Schicksal webt.

Koptisches Kreuz

Dies ist ein rätselhaftes Symbol aus dem alten Ägypten, das der Schlüssel zur Weisheit und eine Versinnbildlichung des Zusammenspiels des männlichen und weiblichen Prinzips sein soll (ähnlich wie beim Yin-und-Yang-Prinzip in uns). Neuere Theorien der Jung'schen Psychologie betonen die Bedeutung der männlichen und weiblichen Kräfte, die für ein vollständiges und ganzheitliches Selbst zusammenwirken.

Merkaba

Das bedeutet im Hebräischen „Wagen“. Der moderne Gebrauch des Wortes *merkaba* beschreibt die Kombination von zwei Tetraedern, die einen dreidimensionalen Stern bilden – eine Darstellung unseres persönlichen Energiefeldes, durch das wir die materielle Welt überwinden können. Dies symbolisiert die Möglichkeit des Wachstums, wenn wir lernen, mit Geist, Verstand und Körper im Einklang zu arbeiten.

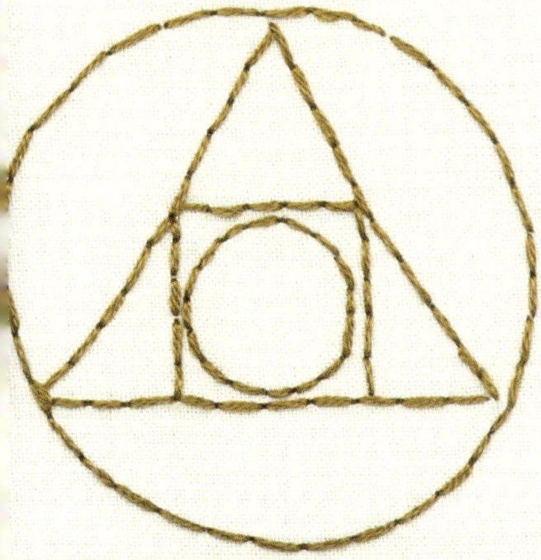

Stein der Weisen

Dies ist ein alchemistisches Symbol für das ultimative Streben nach Einheit oder „spirituellem Gold“, dargestellt als die vier Elemente der Natur, die ineinander verschachtelt sind. Durch die Integration aller Elemente können wir Erleuchtung erlangen.

Triskele

Dieses alte Symbol der drei Spiralen, manchmal auch als drei Beine dargestellt, soll Glück bringen. Später wurde es vom Christentum übernommen, wo es die Heilige Dreieinigkeit symbolisiert.

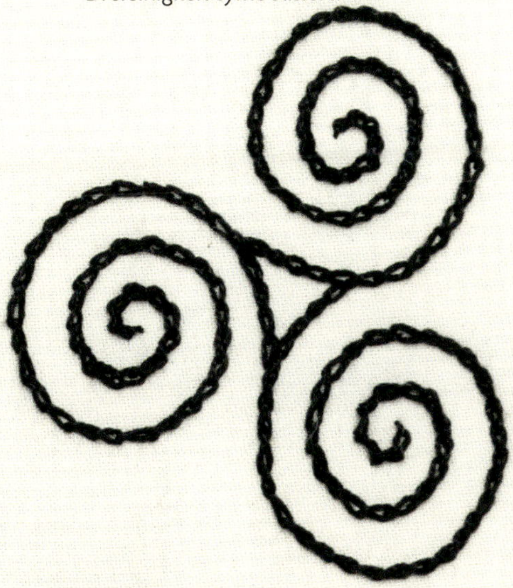

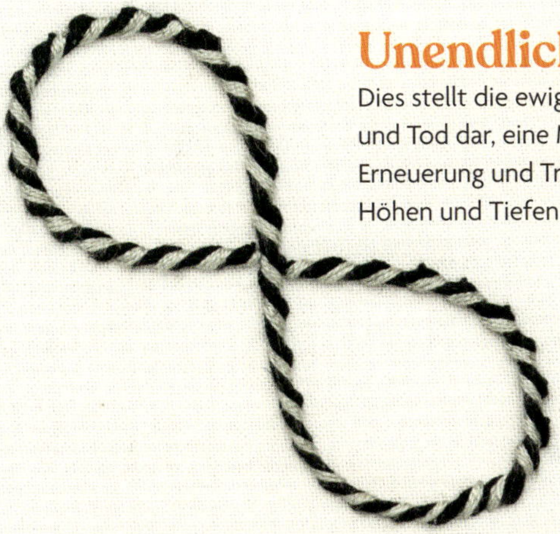

Unendlichkeit

Dies stellt die ewige Schleife von Leben und Tod dar, eine Möglichkeit zur Erneuerung und Transformation durch Höhen und Tiefen.

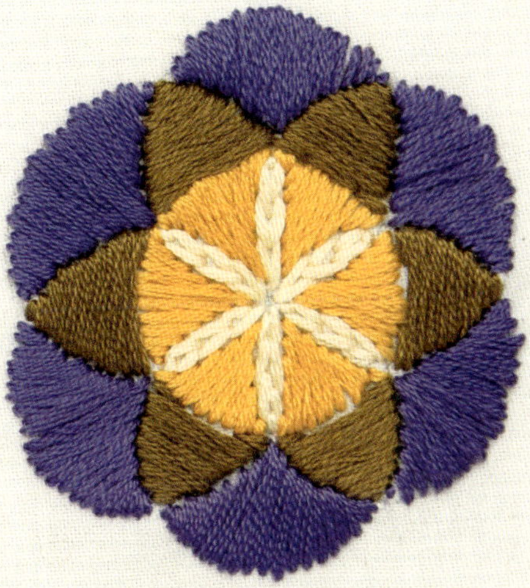

Blume des Lebens

Dieses Muster aus sechs sich überschneidenden Kreisen, das bereits im siebten Jahrhundert v. Chr. in Kunstwerken gefunden wurde, ist eine Darstellung des göttlichen Musters. Die Blume des Lebens ist ein Mosaik, das sich nach außen unendlich fortsetzen kann. In modernen esoterischen Kulturen ist sie zu einem Zeichen der Harmonie, der größeren Ordnungsprinzipien des Universums und unserer Verbindung mit allen Lebewesen geworden.

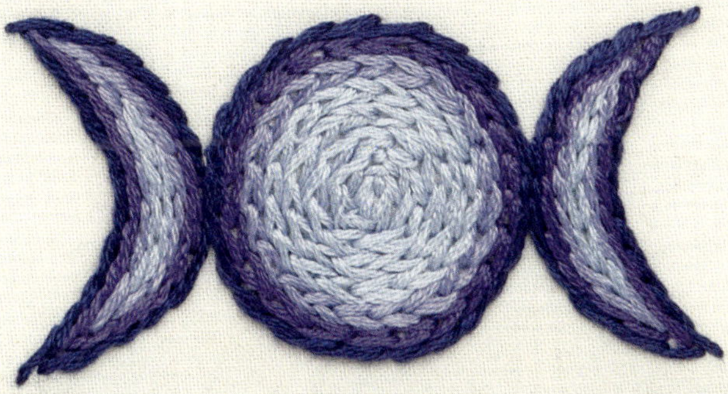

Dreifache Gottheit

Drei Mondphasen stellen drei Stadien der Göttin dar: die Jungfrau in jungen Jahren, die Mutter in der Lebensmitte und die weise Alte in späteren Jahren. Dieses Zeichen wird häufig in der Wicca-Symbolik verwendet und ist eine schöne Erinnerung an die Bedeutung aller Lebensphasen, besonders in einer Kultur, die dazu neigt, nur die Jugend wertzuschätzen.

Platonische Körper

In Schottland fand man 4.000 Jahre alte platonische Körper aus Stein, aber man kennt sie bereits aus den Schriften Platons (daher ihr Name). Diese dreidimensionalen Formen haben alle Kanten gleicher Länge, Flächen in denselben Formen und Ecken mit demselben Abstand zur Mitte. Jeder steht in Beziehung zu einem Naturelement, und die meisten findet man in kristalliner Form im Reich der Mineralien.

Siehe für die wichtigsten Stickstiche dieser Formen Kapitel 7, Seite 160.

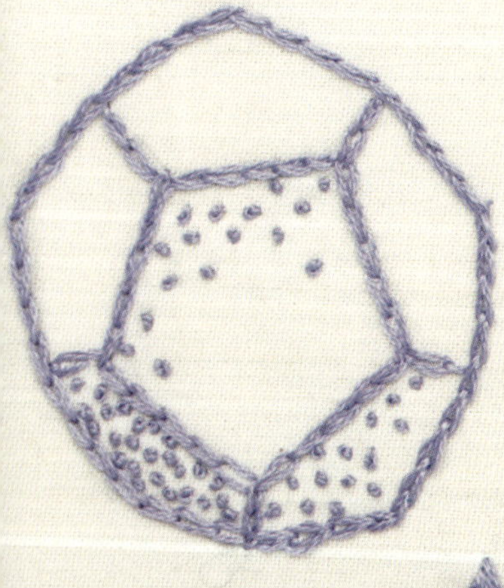

Dodekaeder

Diese mit dem Äther oder Geist in Verbindung gebrachte Form besteht aus 12 Flächen (fünfseitige Polygone) und wurde in einer Übersetzung von Platon als Form bezeichnet, die „Gott verwendete, um die gesamte Himmelskonstellation anzulegen".

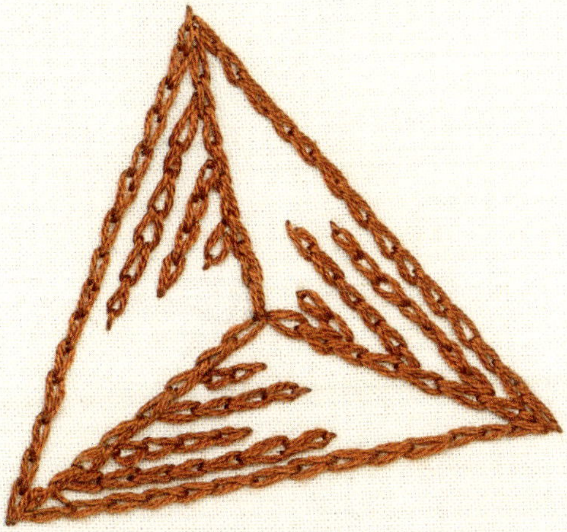

Tetraeder

Aufgrund seiner spitzen Ecken wurde dieser einfachste der platonischen Körper von Platon mit dem Element des Feuers in Verbindung gebracht, einem Symbol für schnellen Wandel. Wenn man ihn aus der Perspektive mit einer nach vorne zeigenden Ecke betrachtet, scheint er aus drei stumpfwinkeligen Dreiecken zu bestehen, obwohl er vier Seiten mit gleichseitigen Dreiecken hat (alle Kanten sind gleich lang).

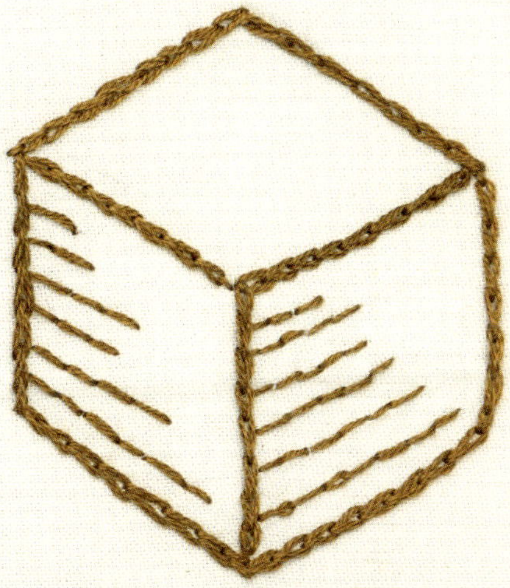

Würfel

Diese vertraute Form wird mit dem Element Erde in Verbindung gebracht, weil sie fest auf dem Untergrund liegt, was ein Zeichen für Stabilität ist. Sie besteht aus sechs quadratischen Flächen und wirkt wie ein Hexagon, wenn man sie aus der Perspektive mit einer nach vorne zeigenden Kante betrachtet.

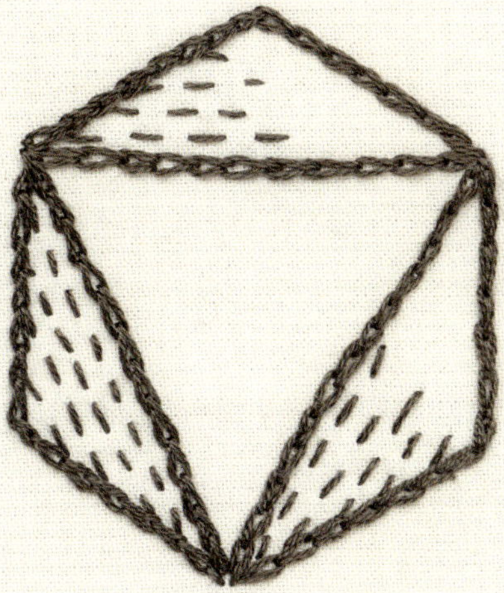

Oktaeder

Die Ausgewogenheit dieser Form wird mit dem Element Luft in Verbindung gebracht, einem Symbol für geistige Beweglichkeit. Sie besteht aus acht dreieckigen Seiten und wirkt von einer Seite aus betrachtet (wie hier) wie eine hexagonale Form. Aus der Perspektive einer Ecke wirkt sie wie ein Quadrat mit einem Kreuz in der Mitte.

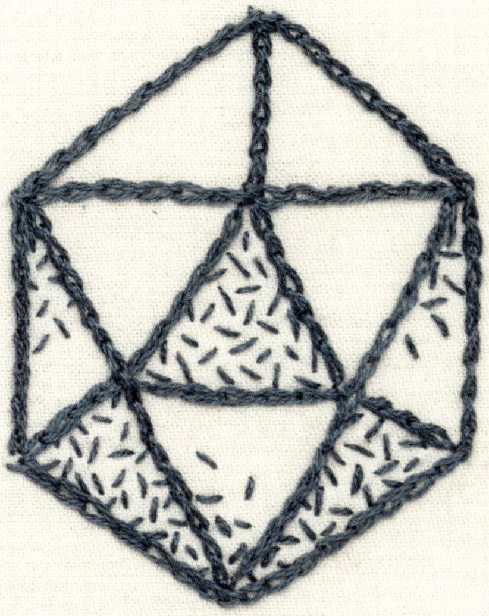

Ikosaeder

Diese Form besteht aus zwanzig gleichseitigen Dreiecken und kommt, trotz seiner eckigen Grundformen, einer Kugel am nächsten. Sie wird mit Wasser in Verbindung gebracht und ist ein Symbol des Fließens, das buchstäblich mit dem Strom schwimmt.

Zahlen

Unser alltäglicher Gebrauch der Zahlen als einfache Maßeinheiten verschweigt ihre weitere Geschichte. Hinter diesen ganzen Zahlen verbirgt sich eine komplexe Geschichte über die grundlegenden Elemente menschlicher Erfahrung. Zahlen waren unsere früheste Methode, Ordnung in unser Leben zu bringen. Wir können Zahlen nutzen, um unsere Absichten zu stärken und unsere kreativen Zaubereien mit einer klareren Botschaft zu versehen.

Siehe für die wichtigsten Stickstiche dieser Formen Kapitel 7, Seite 161.

0

Sie steht sowohl für alles als auch für nichts; für die ganze Kraft, die man fast nicht beschreiben kann, ohne sich über sie hinwegzusetzen. Die Null steht für das Kosmische Ei der Möglichkeiten, das größte Mysterium. Das Symbol der Null, der Kreis, könnte nicht passender sein, ohne Ende und ohne Anfang. Es ist eine Leerstelle und daher unbegrenzt und grenzenlos.

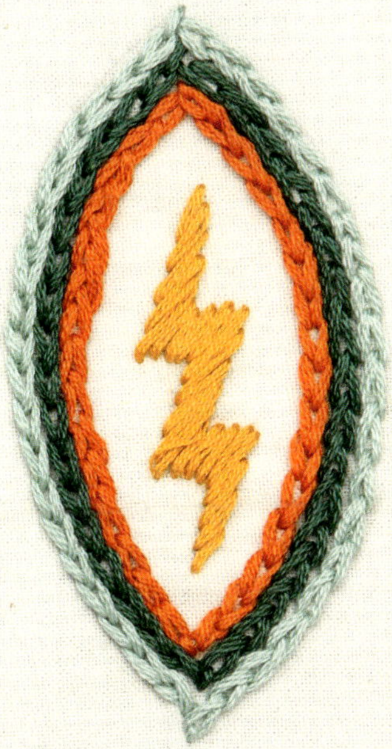

1

Wo sich Leben manifestiert, findet man den Funken des Seins in der Eins. Sie ist der Ursprung und Ausgang, ein Zeichen der Empfängnis. Die Form steigt nach oben auf, wie ein Symbol ihrer natürlichen Aktivität. In monotheistischen Religionen steht sie für den Schöpfer. Die machtvolle Zahl ist die höchste himmlische Kraft, aus der alles hervorgeht.

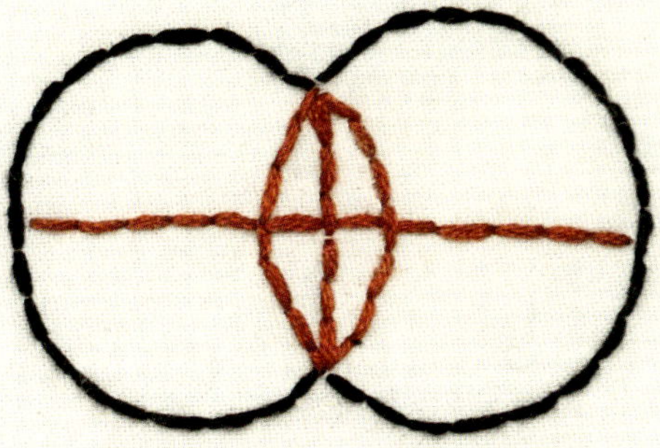

2

In der Zwei entdecken wir Kontraste. Wir werden herausgefordert, eine Balance zu finden, Schatten und zugleich Licht zuzulassen. Die Zwei ist, wo unsere unbewussten Traumwelten und unsere Intuition auf unser rationales, erdgebundenes Selbst trifft. In manchen Kulturen wird die Zwei als erste Abweichung von Gott und Ursprung des Bösen betrachtet. Wenn wir jedoch den der Zwei innewohnenden Gegensatz erkennen, können wir zulassen, dass ihre Dualität vielschichtig ist, was die harmonischste Option wäre.

3

Sie ist die Ganzheit der Schöpfung; eine Synthese oder die Rückkehr zur Einheit nach der Spaltung der Zwei. Die Dreifaltigkeit wird in Religion und Spiritualität vielfach als der ultimative Schöpfungsakt dargestellt.
In der Mythologie steht die Trinität für Wachstum; aus der Dualität der Zwei entsteht eine Triade. Die ganze dreifache Macht der Gottheit wird als Schöpfung dargestellt, als Bewahrung und als Zerstörung.

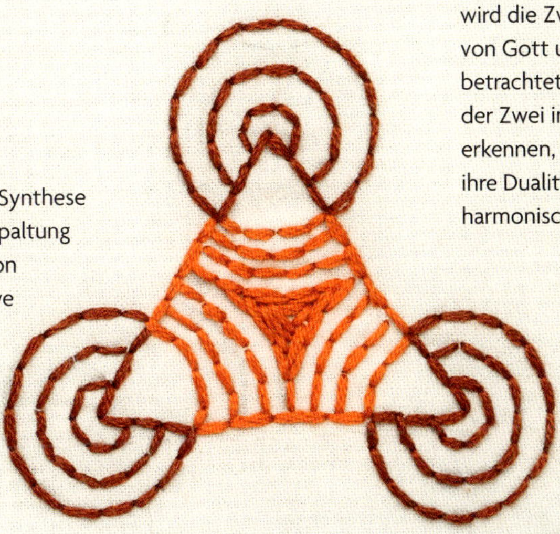

4

In der Vier erkennen wir Struktur, Kontrolle durch Logik und die Notwendigkeit, Ordnung und Verstand in unser Leben zu bringen. Das Quadrat ist der Grundstein der meisten tragenden Formen; vier Ecken auf dem Grund stehen für unseren Wunsch nach Stabilität.

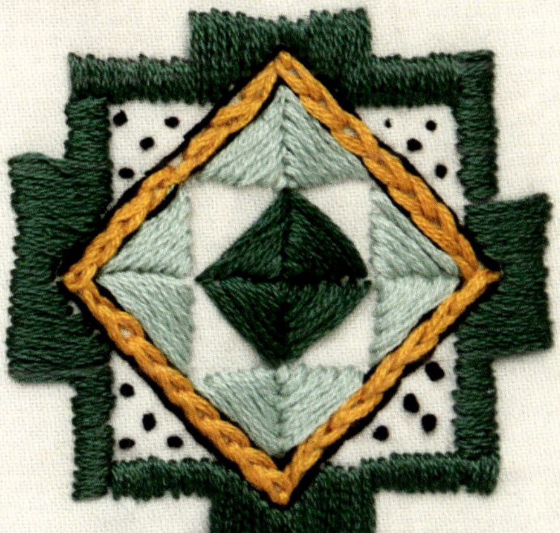

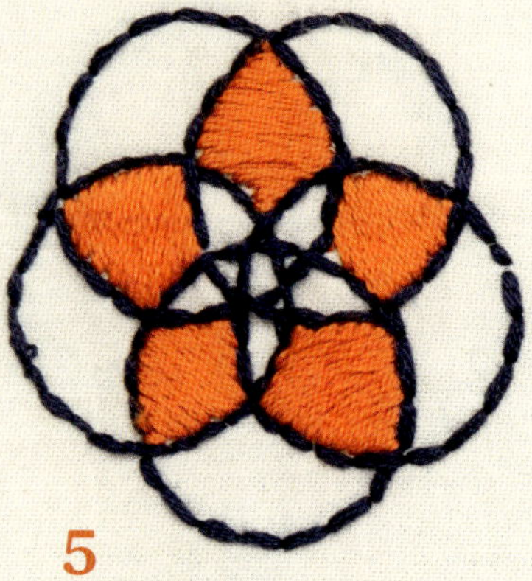

5

Die Fünf fordert uns zum Wandel auf, sie ist dort, wo die vier Elemente auf die sich wandelnde Natur des Geists trifft. Die Gelegenheit ist eine vollständige Transformation des Selbst, unsere Entscheidung, über den Schleier der Körperlichkeit hinauszublicken. Sie bezieht sich auch auf die fünf Punkte der menschlichen Form, wie beim fünfzackigen Stern.

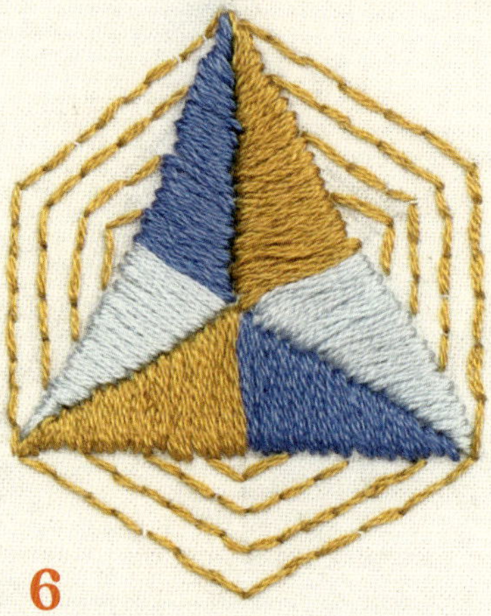

6

Die Sechs ist ein Harmoniegefühl, die Zahl der Einheit, der Wahl und des freien Willens. Darin steckt eine Balance, die entdeckt werden will – ein Weg zur Ausgeglichenheit, nachdem wir in der Fünf eine Transformation erlebt haben.

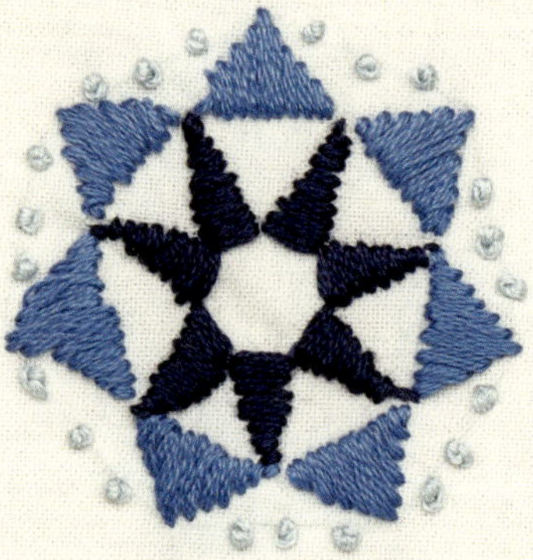

7

In der Sieben finden wir den Geist. Von der Entscheidungsfreiheit in der Sechs kommen wir zu einer treibenden Kraft, die vom höheren Selbst ausgeht, einer informierten Bewegung. Wir blicken auf ein größeres Bild. Diese ungerade Zahl umgibt uns in den sieben Metallen der Alchemisten, den sieben Planeten des Altertums und den sieben Wochentagen.

8

Die Acht bringt uns über die perfekte Natur der Sieben hinaus in die Möglichkeit jenseits der Natur, zur Meisterschaft, zurück zum Gleichgewicht und zu Stabilität, während wir höheres Wissen erlangen. Sie verweist auf die kleinen Punkte auf einem Kompass und führt uns auf unseren Weg zu unserer eigenen persönlichen Macht und Autorität.

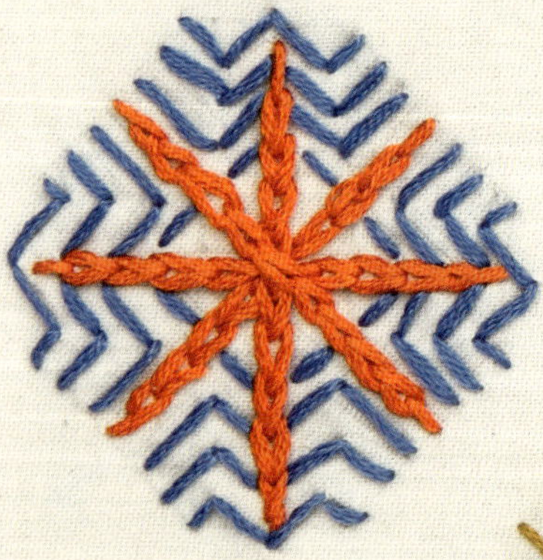

9

Die Neun ist ein Zeichen der Vollendung, sie hat die irdische Welt und die Herrschaft der Acht überwunden und ist in ein völlig neues Gebiet übergegangen. Sie bringt uns an den Ort, wo eine Geschichte endet und eine andere beginnt.

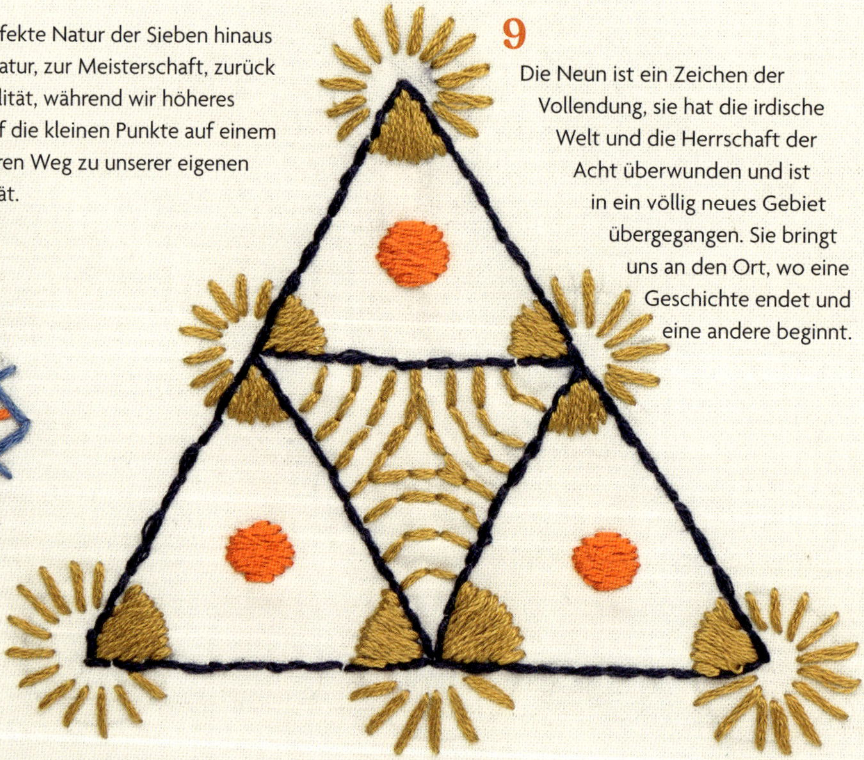

Zauber der Planeten

Die Himmelskörper, die um unsere Galaxie herumschwirren, wurden von den Menschen seit jeher studiert. Die ihnen zugeschriebenen Eigenschaften gehen auf unzählige Beobachtungen ihrer Bewegungen und deren Auswirkung auf das Leben auf der Erde zurück. In der Astrologie verwenden wir diese kosmischen Formen, um unsere persönliche Interaktion mit dem Universum zu erforschen oder zu beeinflussen. Wir können auch mit ihren Urbildern arbeiten – universelle Muster und Prinzipien – und sie auf unser Leben übertragen. Ob du an Astrologie glaubst oder nicht, die mit den Planeten in Zusammenhang stehenden Archetypen bieten uns eine wundervolle Möglichkeit, um göttliche Energien in unseren Alltag zu leiten.

Siehe für die wichtigsten Stickstiche dieser Formen Kapitel 7, Seite 162.

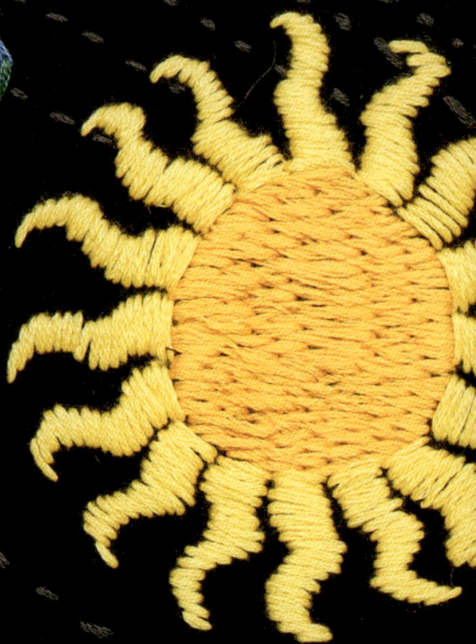

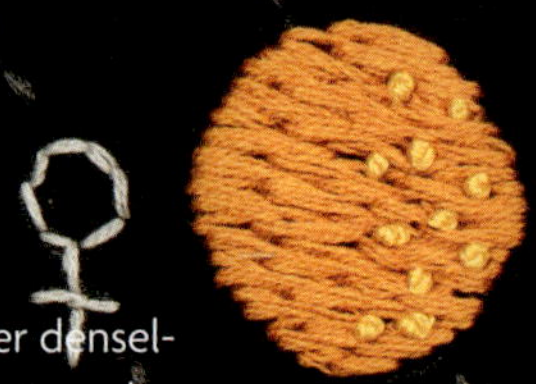

Venus

Der Planet Venus, der denselben Namen wie die römische Liebesgöttin trägt, ist ein Symbol für Beziehung, Anziehung und Freude. Seine Kraft kann auf Romantik und Harmonie unter Freunden, Familie und andere Gemeinschaften hingeleitet werden. Venus hilft auch dabei, Zugang zur eigenen Kreativität zu finden und in der Welt mehr Schönheit zu finden oder zu schaffen.

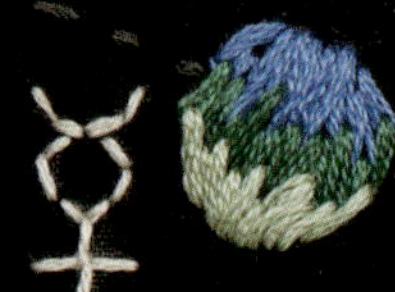

Merkur

Merkur ist ein Symbol für Kommunikation und die aktiven Seiten von Körper und Geist. Richte dich für eine sichere Reise, erfolgreiche Korrespondenz und Verträge im Beruf an ihn. Er hilft auch, um die geistige Aktivität zu steigern, eine klare Sprache, ein besseres Gedächtnis zu erlangen und hilft bei Prophezeiungen.

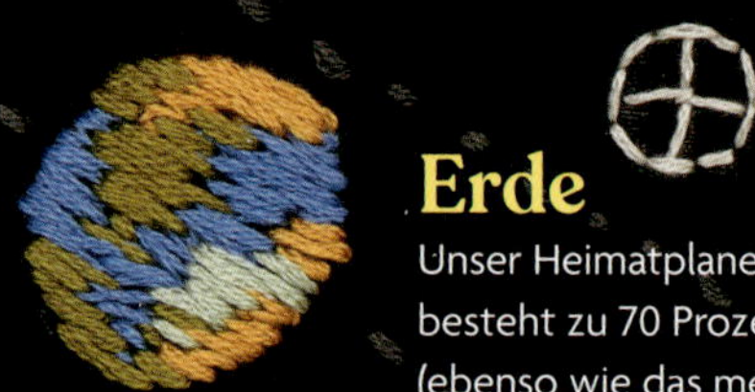

Erde

Unser Heimatplanet, die Erde, besteht zu 70 Prozent aus Wasser (ebenso wie das menschliche Herz und Gehirn!) und nährt die Lebensformen, die wir kennen und wertschätzen. Wenn wir uns erden oder „herunterkommen“ müssen, können wir einfach unsere Füße auf die Erde unter uns stellen und diese Energie unserer Heimat zu uns lenken.

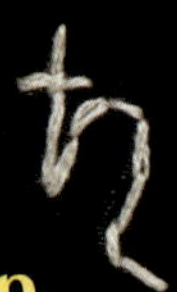

Saturn

Saturn, der mit viel Disziplin, Struktur und Einschränkung in Verbindung gebracht wird, ist nicht der beliebteste dieser Archetypen. Wie bei einer Person, die andere zu Organisation und Verantwortung ermahnt, verheißt seine Energie nicht viel Spaß, ist aber für gute Arbeitsentwürfe sehr wichtig. Saturn hilft uns, unsere innere Autorität zu kanalisieren, damit wir nicht von anderen regiert werden. Mit Saturn zu arbeiten, kann einen Realitäts-Check bedeuten; das hilft, unser Leben in Ordnung zu bringen und ein festes Fundament aufzubauen, auf dem man arbeiten kann.

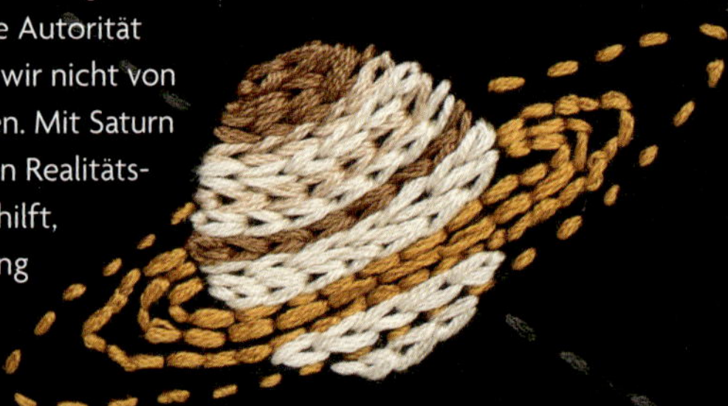

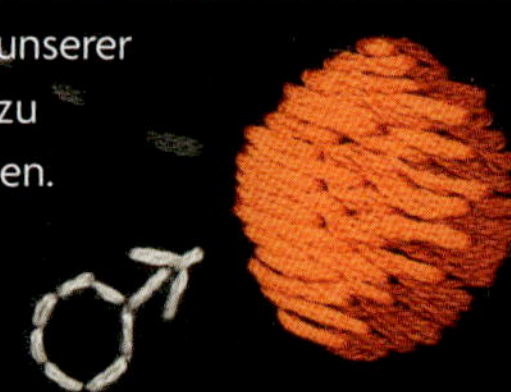

Mars

Der Rote Planet trägt den Namen des römischen Kriegsgottes, er ist ein Planet der Action und Power. Diese Energie eines mutigen Kriegers ist von Natur aus durchsetzungsfähig und kann kanalisiert werden, wenn es darum geht, eine Aktion anzustoßen oder in einem Wettbewerb zu gewinnen. Mars hat einen schlechten Ruf, weil er für Konflikte und Aggression steht, aber wenn er ausgewogen für das Gute eingesetzt wird, kann seine Energie sehr wertvoll sein, um Dinge zu erledigen.

Sonne

Als Licht der Dämmerung, das uns jeden Morgen weckt, bringen uns die Strahlen der Sonne in Schwung und wirken reinigend. Betrachtet man die Sonne als Symbol von Kraft und Willensstärke, können wir ihre Energie zu uns lenken, wenn wir auf der Suche nach Vitalität, Mut und Glück sind. Weil unsere Gärten in der Sonne gut gedeihen, ist sie auch ein schönes Zeichen für Wohlstand.

Pluto

Als Herrscher über den Kreislauf des Lebens gibt uns Pluto Zugang sowohl zu Zerstörung als auch Erneuerung. Er verkörpert die niederen Beschaffenheiten des Lebens, die schändlichen Teile von uns, die in den Schatten lauern. Wir können wählen, ob wir diese dunklen Charakterzüge an die Oberfläche bringen und in das Gold unseres Lebens verwandeln oder ob wir zulassen, dass sie uns von innen heraus zerstören. Pluto kümmert es nicht, welchen Weg du wählst, aber er wird dafür sorgen, dass die Umgestaltung auf jeden Fall stattfindet.

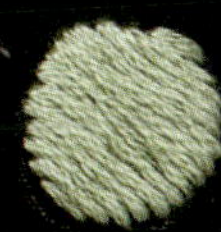

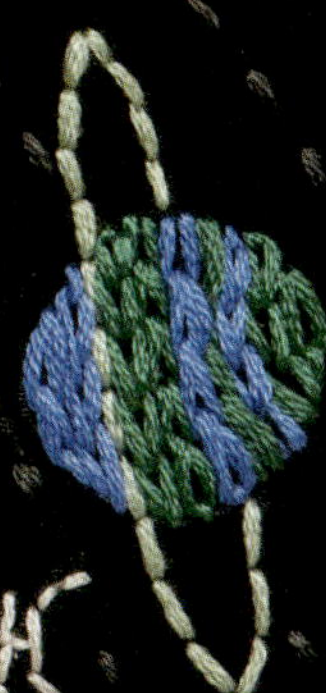

Jupiter

Jupiters gigantische Größe verleiht ihm eine Identität als Planet des Glücks und der Ausdehnung (in dieses Ungetüm passen 1.321 Erden!). Rufe diesen Planeten des Überflusses an, wenn es um Ehrgeiz und Erfolg geht. Er wird auch mit philosophischen Ideen und intellektuellem Wachstum assoziiert. Sei jedoch gewarnt, unkontrolliertes Wachstum und übermäßige Nachsicht sind nicht immer gut, also akzeptiere deine Grenzen.

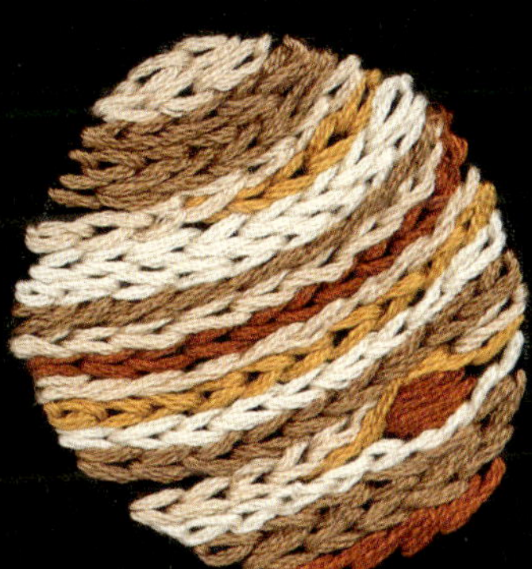

Uranus

Uranus ist der Revolutionär des Sonnensystems, der den Status quo in Frage stellt. Als erster der „äußeren Planeten" ist Uranus ein Modell für unkonventionelle Ideen, originelle Konzepte, Freiheit und Rebellion. Sowohl bei Durchbruch als auch bei Zusammenbruch sprengt er unsere Vorstellung davon, wie die Dinge „sein sollten". Wenn wir das Bedürfnis nach Veränderung in unserem Leben ignorieren, ist Uranus die Energie, die uns oft in einer Weise, die sich verstörend anfühlt, zur Veränderung zwingt.

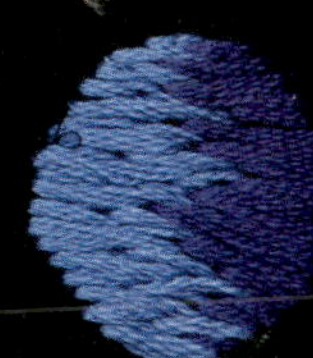

Neptun

In einem Grenzbereich, in dem die Vorstellungskraft regiert, ermöglicht uns Neptun den Zugang zu unseren tiefsten Träumen und unserer Intuition. Dieser Archetyp bietet die Möglichkeit, sich mit dem Spirituellen zu verbinden, kann aber auch zum Eskapismus neigen. Wir können ihn in einer Weise nutzen, die heilend und lebensbejahend ist, oder wir können in die Falle der Illusion tappen. Neptun ist eine Quelle kreativer Erleuchtung, wenn wir uns in einem Raum befinden, in dem der göttliche Funke fehlt. Er kann uns helfen, einen Weg durch Mythen, Spiritualität und andere unsichtbare Kräfte zu finden.

Mondphasen

Der Mond ist unser Satellit und der für uns sichtbarster Zeitmesser, da er das Licht der Sonne reflektiert. Dieser leuchtende Körper umrundet unseren Planeten alle 28 Tage und durchläuft während dieses Zyklus', von der Erde aus gesehen, helle und dunkle Phasen. Du kannst dich bei der Gestaltung deiner Muster auf die Mondphasen beziehen. Wenn du zum Beispiel einen Talisman für Fülle oder Anziehungskraft anfertigst, solltest du dies am besten bei zunehmendem Mond tun. Die Herstellung eines Talismans zum Loslassen von etwas könnte effektiver sein, wenn er bei abnehmendem Mond gefertigt wird. Auch die kleinen Mondkrater zu sticken kann Freude machen!

Siehe für die wichtigsten Stickstiche dieser Formen Kapitel 7, Seite 163.

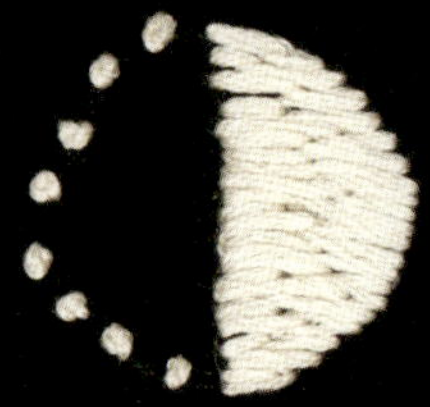

Zunehmender Mond

Wenn die leuchtende Oberfläche des Mondes zunimmt und seine Kraft auf die Gezeiten der Erde stärker wird, erleben wir, dass die Energie freier fließt. Anziehung und Handeln werden leichter.

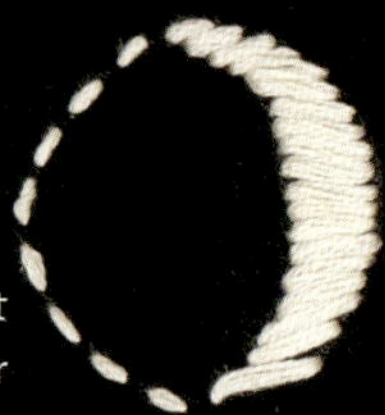

Zunehmender Sichelmond

Diese leuchtende Mondsichel geht in den Morgenstunden auf und vor Mitternacht unter. Dies ist eine Zeit, in der du beachten solltest, was du brauchst, um deine Absichten zu verwirklichen.

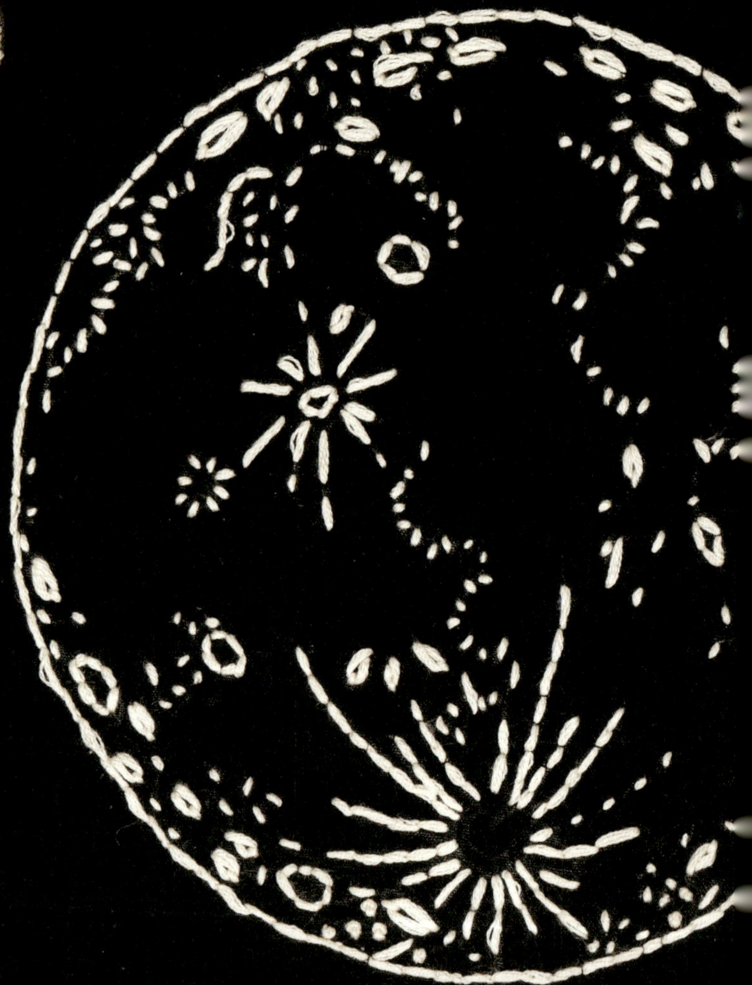

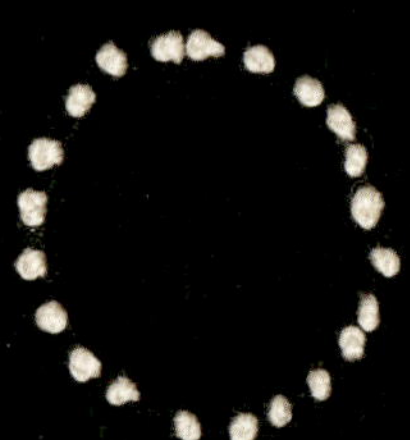

Neumond

Der Neumond ist kaum zu erkennen – ein winziges silbernes Scheibchen, das in der Morgendämmerung auf- und bei Sonnenuntergang untergeht. Dies ist eine gute Zeit zur Erkundung neuer Möglichkeiten, zum Fassen und zur Entwicklung von Plänen für den kommenden Monat.

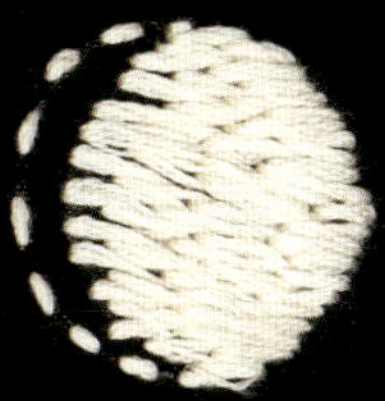

Vollmond

Dies ist die Halbzeit im Mondzyklus, das Licht scheint jetzt auf unsere Träume und Absichten, die wir bei Neumond gefasst haben. Dies kann eine großartige Zeit der Befreiung sein, sowohl in physischer als auch in emotionaler Hinsicht – putze dein Haus oder weine dir die Seele aus dem Leib, du hast die Wahl! Es ist zudem eine schöne Zeit, um sich mit anderen im Abendlicht zu versammeln.

Zunehmender Dreiviertelmond

Wir sehen den Mond in dieser Phase abends in unsere Fenster scheinen; er ruft uns nach draußen, damit wir den herrlichen Glanz sehen und die intensive Kraft nutzen.

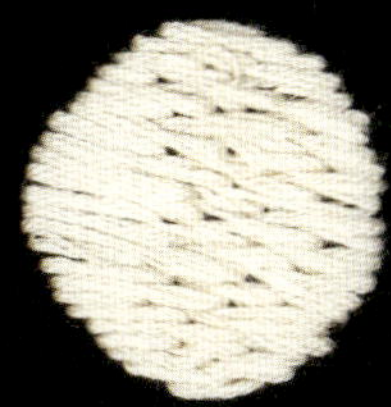

Abnehmender Dreiviertelmond

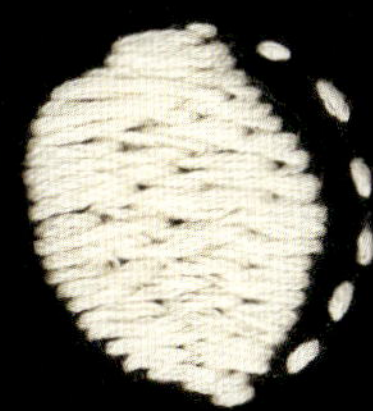

Dies ist eine eher innere Phase des Loslassens. Frage dich, was du von innen heraus verändern kannst, während du dich durch die Verdunkelung des Mondzyklus' bewegst. Es ist eine wunderbare Zeit, um herauszufinden, was du im Leben verändern möchtest.

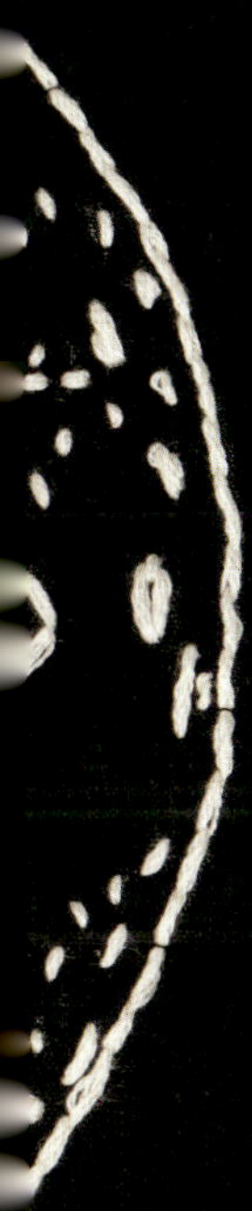

Abnehmender Halbmond

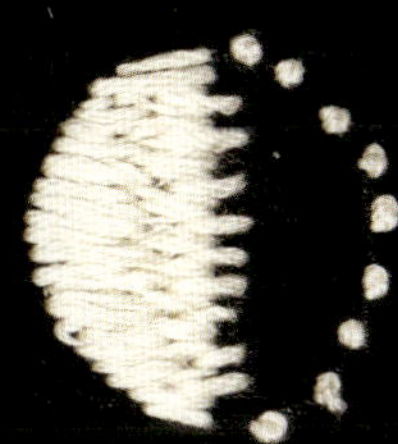

Wenn das Licht des Mondes jede Nacht zu schwinden beginnt, sind wir aufgerufen, weiterzumachen und das loszulassen, was wir nicht mehr brauchen. Dazu gehören tiefsitzende Gewohnheiten und Neigungen, wie auch körperliche Unordnung.

Abnehmender Sichelmond

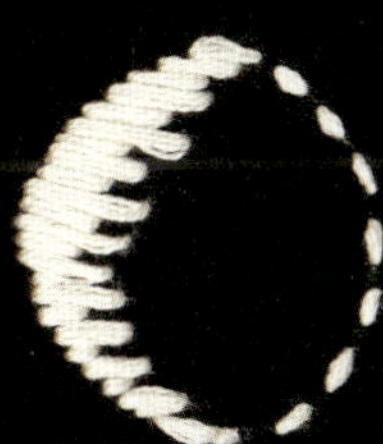

Die dunkle Zeit vor dem Neumond ist geeignet, uns von restlichen unangenehmen Gedanken zu befreien. Es ist auch eine gute Zeit, darüber nachzudenken, was man sich am besten für den kommenden Neumond vornimmt.

Sternzeichen

Der Tierkreis ist viel mehr als eine Interpretation des Persönlichkeitstyps auf der Grundlage unseres Geburtsdatums. Als symbolische Karte der Sterne, die sich auf unsere Zeit in der Umlaufbahn der Sonne beziehen, sind diese 12 Zeichen seit langem ein Teil unserer menschlichen Geschichte und ein wesentlicher Bestandteil der astronomischen Forschung. Ähnlich wie die Planeten trägt jedes Tierkreiszeichen einen Archetyp, von dem man annimmt, dass er mit unseren Erfahrungen auf der Erde zusammenhängt. Du musst dich nicht an dein Geburtszeichen halten; ich finde astrologische Zeichen hilfreich, um Archetypen zu kanalisieren, die ich in mein Leben bringen möchte. Wenn ich mir mehr Gemeinschaft und Gespräche wünsche, arbeite ich mit dem Sternzeichen Zwillinge.
Die Arbeit mit diesen Archetypen ist eine Möglichkeit, unsere Absichten in einem Symbol zusammenzufassen, anstatt zu versuchen, eine Reihe von unterschiedlichen Wünschen zusammenzufügen. Die Zeichen und ihre Qualitäten basieren auf der Jahreszeit in der nördlichen Hemisphäre, denn Europa ist der Geburtsort der modernen westlichen Astrologie.

Siehe für die wichtigsten Stickstiche dieser Formen Kapitel 7, Seite 164.

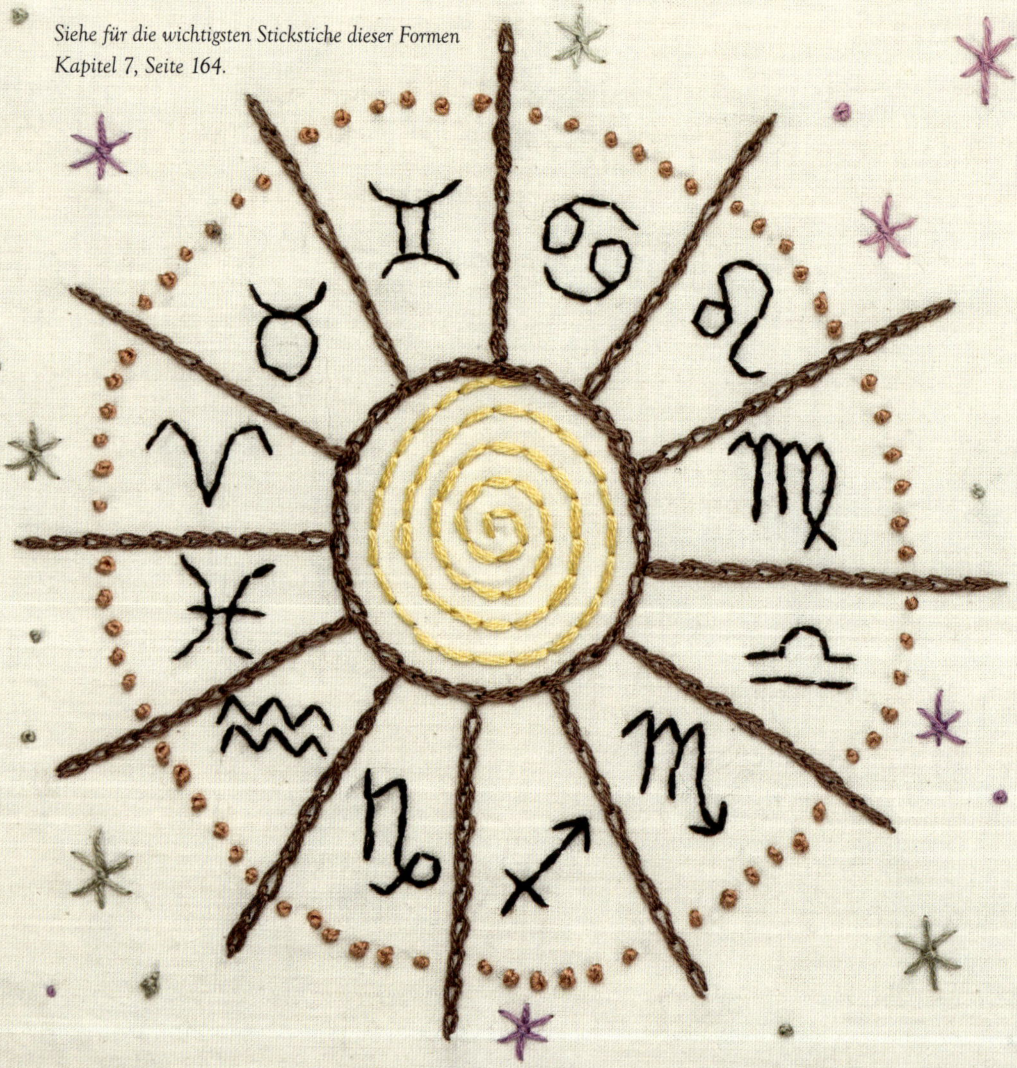

Widder

Das erste Zeichen des Tierkreises steht für eine feurige Initiativkraft, die ein neues Projekt mit Enthusiasmus und Elan erfüllen kann. Der Widder, das aktive Krafttier, wird vom Planeten Mars regiert und steht in Verbindung mit der Erneuerung der Sonne im frühen Frühling.

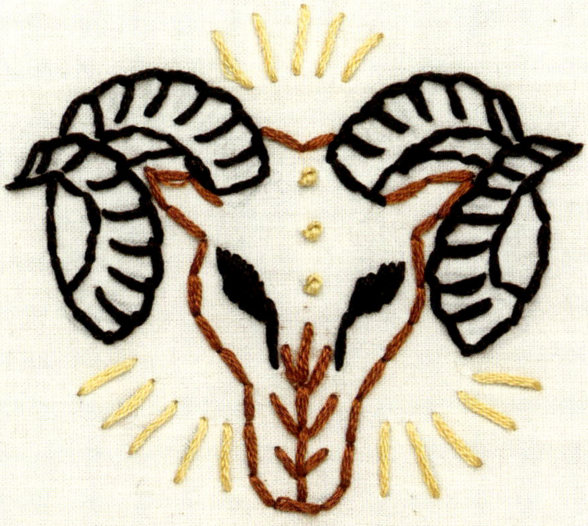

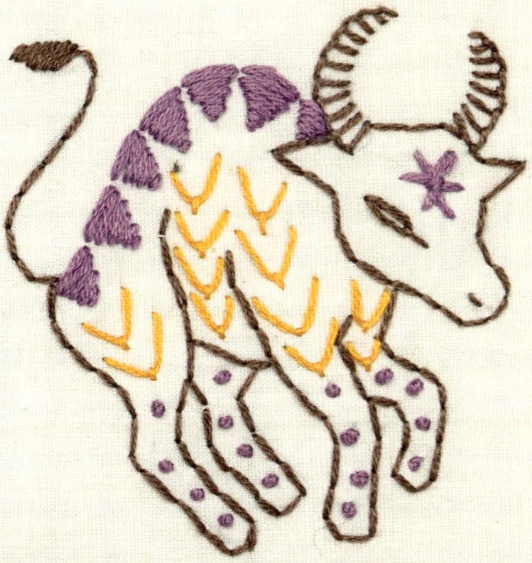

Stier

Das zweite Zeichen des Tierkreises, der Stier, ist erfahren und beständig, er ist erdverbunden und für seine Liebe zur Schönheit bekannt. Er ist ein kräftiges und dickköpfiges Tier, das vom Planeten Venus regiert wird. Diesem Zeichen gelingt es, sowohl sinnlich als auch vernünftig zu sein.

Zwillinge

Dieses Zeichen spiegelt die dualistische Natur der Menschheit wider, die mit intellektueller Schnelligkeit einer lebhaften Diskussion gepaart ist, wie der dieses Zeichen regierende Planet Merkur, verdeutlicht. Dieses Sternzeichen steht für Ausdruck und Kommunikation, kann aber auch anfällig für Flatterhaftigkeit sein.

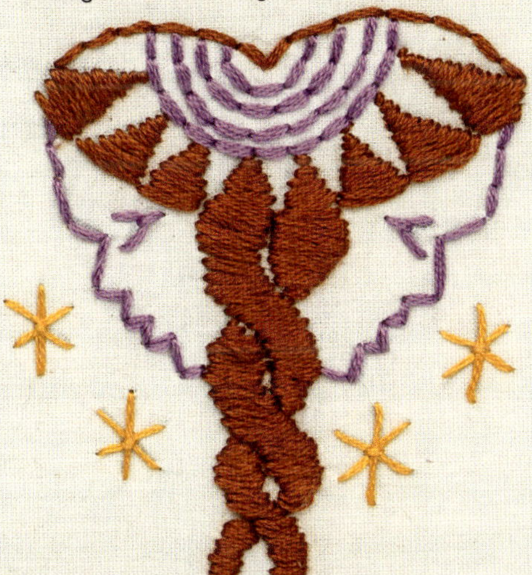

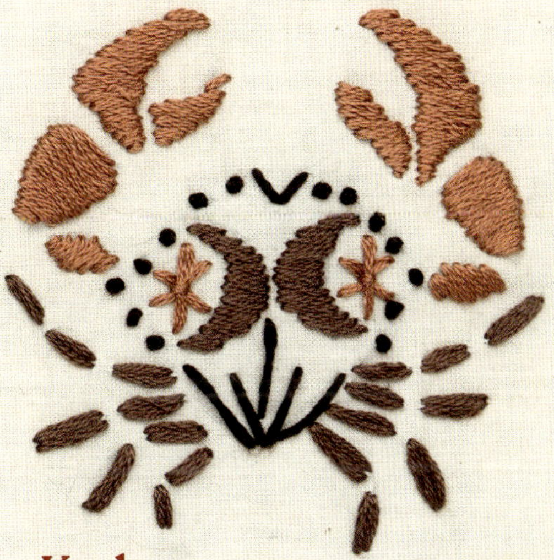

Krebs

Der Krebs ist das Zeichen für Zuhause und Familie. Dieses Tier trägt sein fest gepanzertes Zuhause mit sich. Es wird vom Mond regiert und ihm gelingt es, die schwer greifbaren Qualitäten von Gefühl und Intuition mit Sorgfalt und Disziplin zu erden.

Löwe

Die Kraft und Energie des Löwen spiegelt durch seinen ihn regierenden Planeten, die Sonne, seine innere Wildheit wider. Der feurige Enthusiasmus des Löwen kann überheblich werden, aber diesem Sommerzeichen ist eine Entschlossenheit und ein inspirierender Mut zu eigen.

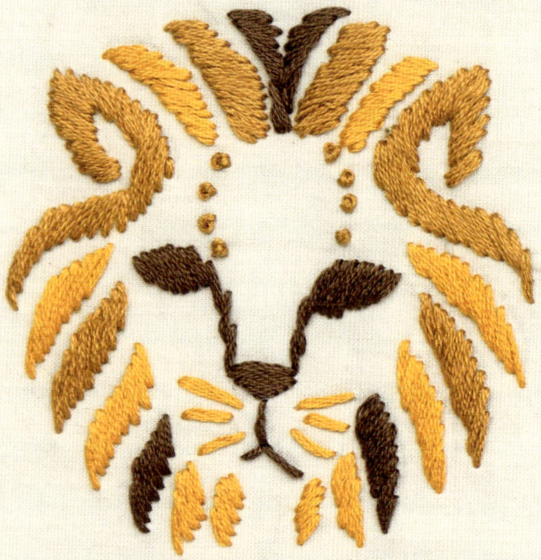

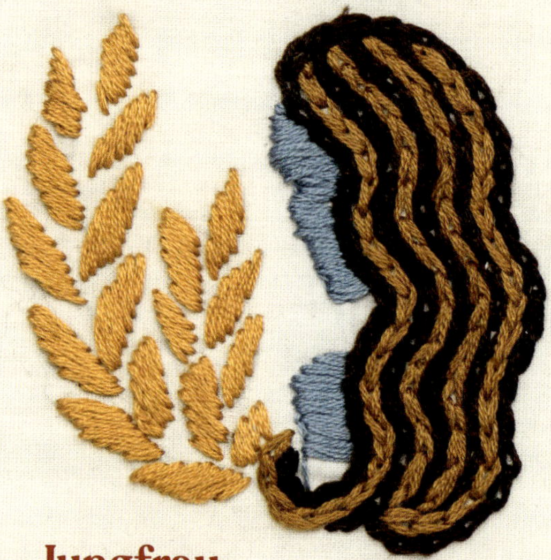

Jungfrau

Die Bezeichnung „Jungfrau" bedeutete ursprünglich eine „Frau in ihrer Selbstheit" und hatte nichts mit sexueller Erfahrung zu tun. Jungfrau ist das Sternzeichen der Erdmutter, deren Ernte reich ist. Der regierende Planet Merkur (der auch Zwillinge regiert) bietet kritische Sachlichkeit.

Waage

Das Zeichen für Gerechtigkeit und Diplomatie wird durch die Waage symbolisiert, sie sucht nach dem, was am gerechtesten ist. Sie wird vom Planeten Venus regiert und so verbindet sich das Streben nach Gleichheit mit Lust auf Schönheit in allen Formen.

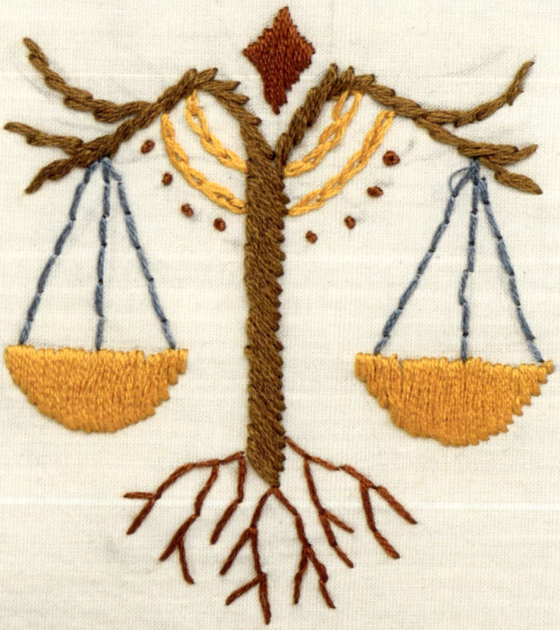

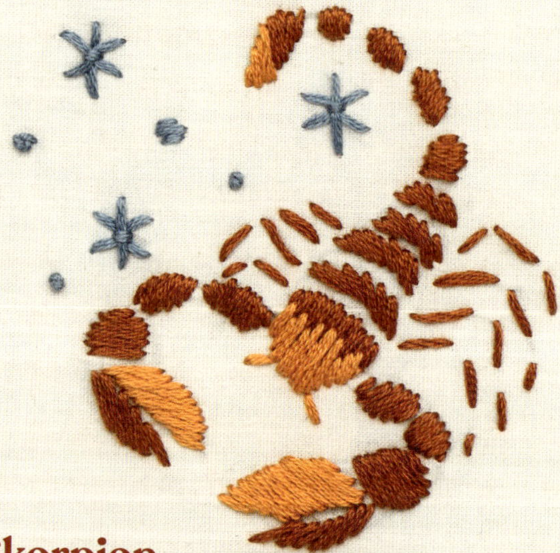

Skorpion

Der Skorpion (manchmal auch Adler, Phönix und Schlange) symbolisiert oft Zerstörung. Dieses Sternzeichen gilt als intensiv, weil die in diesem Zeichen Geborenen versuchen, schnell die ganze Wahrheit einer Situation zu erfassen. Der Skorpion wird von Pluto regiert und ist mit der Winterzeit verbunden, die uns einlädt, uns mit dem Konzept des Todes als notwendiges Element des Lebens auf der Erde zu konfrontieren.

Schütze

Manchmal als Bogenschütze oder halb als Mensch, halb als Zentaur dargestellt, ist der Schütze ein Symbol für ein enthusiastisches Verlangen nach Ausbreitung. Er wird vom Jupiter regiert und erscheint zu der Zeit, die mit der Jagd zusammenfällt, weshalb dieses Zeichen den Wunsch, neue Länder und Ideen zu entdecken, verkörpert.

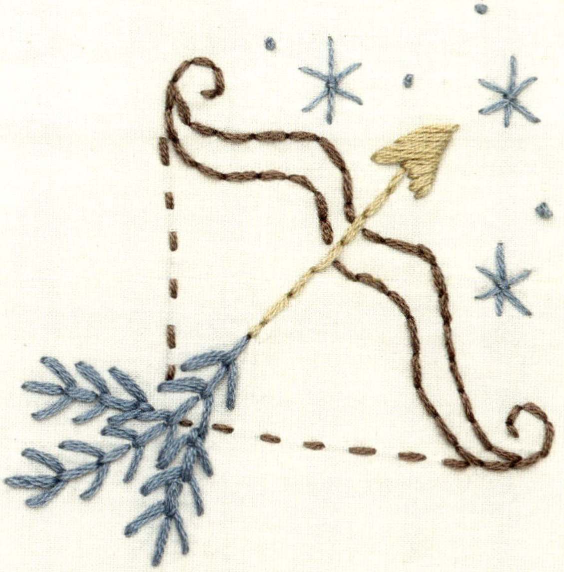

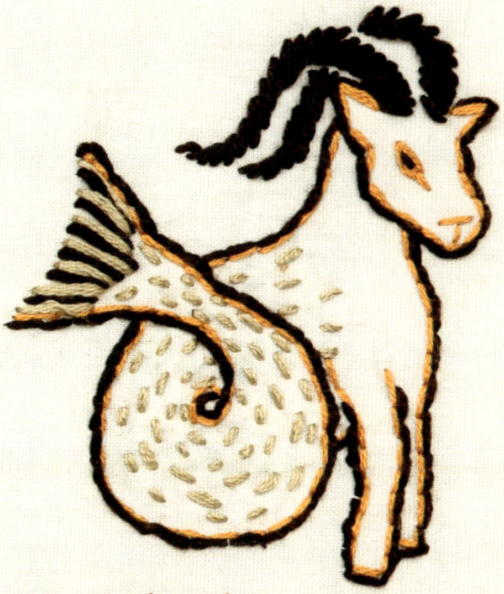

Steinbock

Diese Kreatur, die halb Ziege, halb Fisch ist, vereinigt in sich eine ausdrucksstarke Art mit dem Streben und Wunsch „richtig“ zu handeln. Saturn treibt diese Wasser-Ziege an, egal welcher Herausforderung sie begegnet – und dies ist tief im Winter ein wünschenswertes Merkmal!

Wassermann

Obwohl dieses Zeichen als gemeinschaftsorientiert und sozial engagiert gilt, lässt es sich nicht von der Masse beeinflussen. Der regierende Planet Uranus verleiht diesem Wasserträger ausgefallene und exzentrische Qualitäten. Es ist kein Sternzeichen, das von Emotionen beherrscht wird; das Wassergefäß zu halten bedeutet, die Kontrollc über die nicht greifbaren Gefilde zu haben.

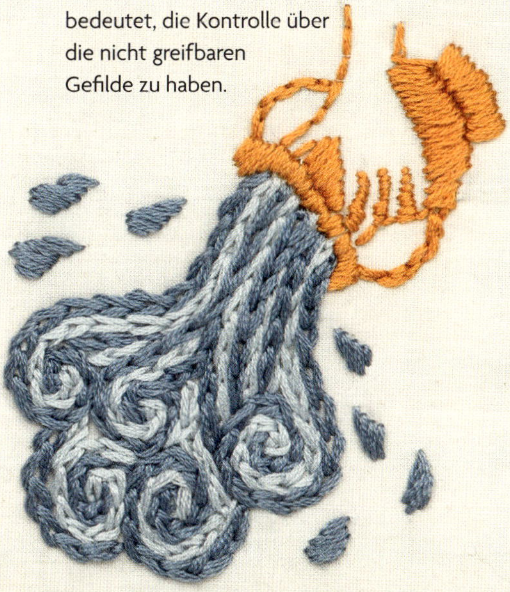

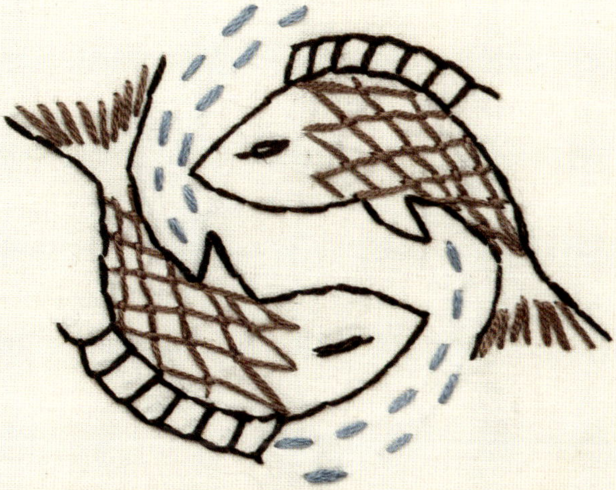

Fische

Mit einer träumerischen Sensibilität tauchen die Fische tief in die Qualitäten ihres herrschenden Planeten Neptun ein. Sie schwimmen in beide Richtungen, und als letztes Tierkreiszeichen symbolisiert ihre Bewegung das Kommen und Gehen, die Vergangenheit und die Zukunft.

TIERREICH

Wenn wir uns an die Lehren der Natur um uns herum erinnern, werden wir angesichts ihrer Wunder ehrfürchtig. Wir sehen Tiere, die aus ihrem natürlichen Werden heraus handeln, unsere lang verschollenen Vettern, die unser früheres ungezähmtes Selbst widerspiegeln. Wir können beobachten, wie sie ihre Jungen aufziehen, wie sie Nahrung sammeln oder jagen und wie sie Behausungen bauen. Auch wenn die Wissenschaft traditionell den Menschen intelligenter einschätzt, wird deutlich, dass Tiere eine Weisheit besitzen, zu der wir mit unserem hochrationalen Verstand keinen Zugang haben. Tiere können verschiedene Arten des Denkens repräsentieren; sie sind Symbole für einen Geist, der frei von Ängsten und Verwirrung ist und voll eindeutiger Absicht und Zweck. Wenn du ihre Abbilder stickst, kannst du die Energien dieser ursprünglichen Kreaturen in dein eigenes tägliches Leben lenken.

Siehe für die wichtigsten Stickstiche dieser Formen Kapitel 7, Seite 166.

Feder

Mit ihrer buchstäblichen Leichtigkeit des Seins symbolisiert die Feder oft die Winde und ist ein Zeichen der Verbindung zum Geist und der Fähigkeit, in andere Welten abzuheben. In der altägyptischen Mythologie wird das Herz von der Göttin Maat, der Hüterin von Wahrheit und Gerechtigkeit, mit einer einzigen Feder gewogen, wenn man in die nächste Welt hinübergeht.

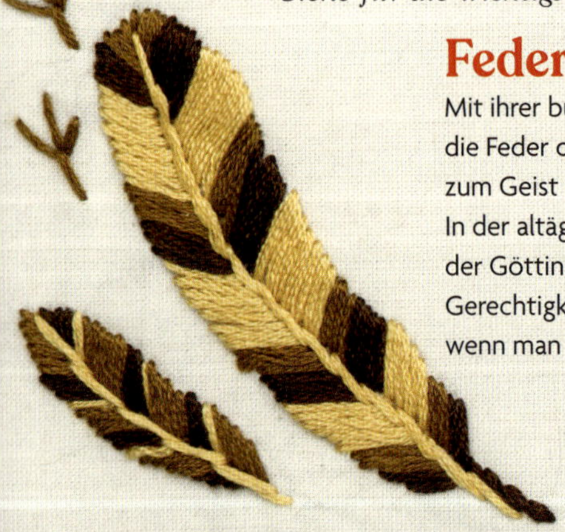

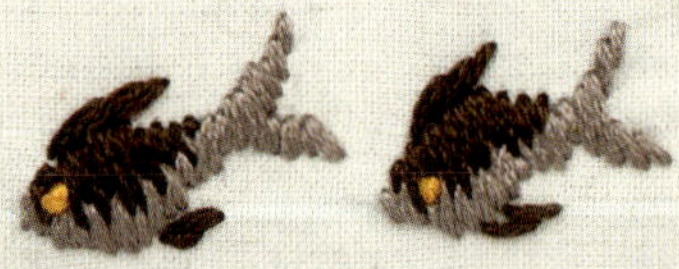

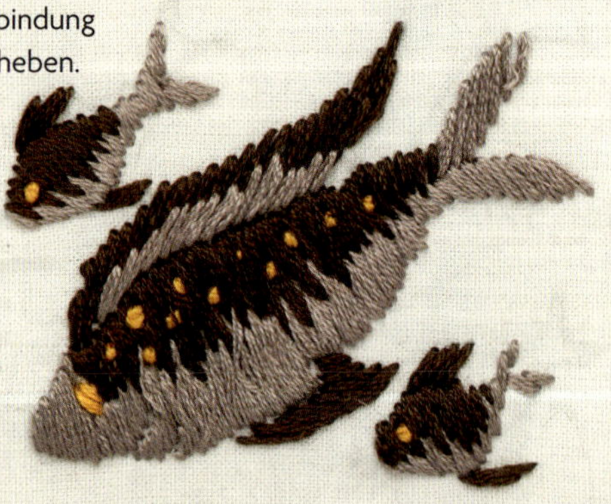

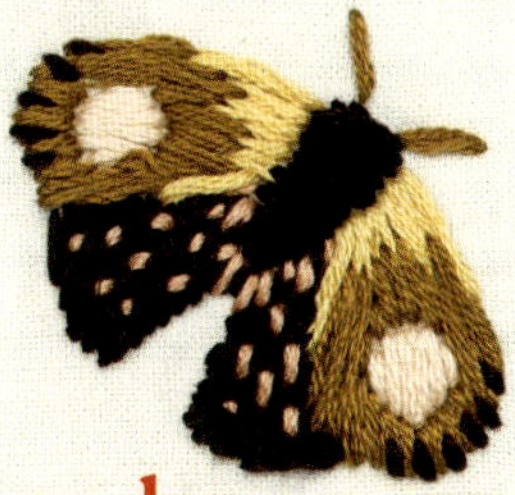

Regenwurm

Diese wirbellose Kreatur lebt in der Erde und gilt als Zeichen der Demut. Wenn wir genauer hinschauen, können wir seine Dienste erkennen. Wenn der Wurm organische Stoffe abbaut, verwandelt er das, was wie Müll oder Schmutz aussieht, in ein lebenserhaltendes Material, das jedes Lebewesen braucht.

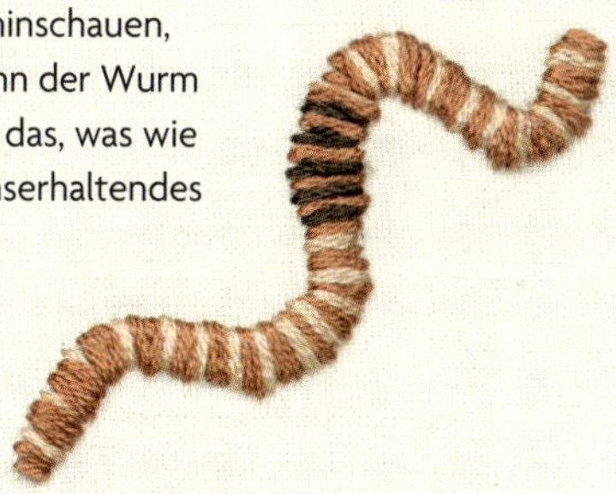

Falter oder Schmetterling

Die Verwandlung der Seele wird oft durch den Kokon oder die Schmetterlingspuppe, das ultimative alchemistische Gefäß der Transformation, symbolisiert. Die Metamorphose vom Ei zur Raupe über Kokon/Puppe zum fliegenden Tier ist eine kraftvolle Metapher für das Auftauchen aus der eigenen flugunfähigen Ursuppe in eine erhabene Form, die in der Lage ist, trotz aller Widerstände zu fliegen.

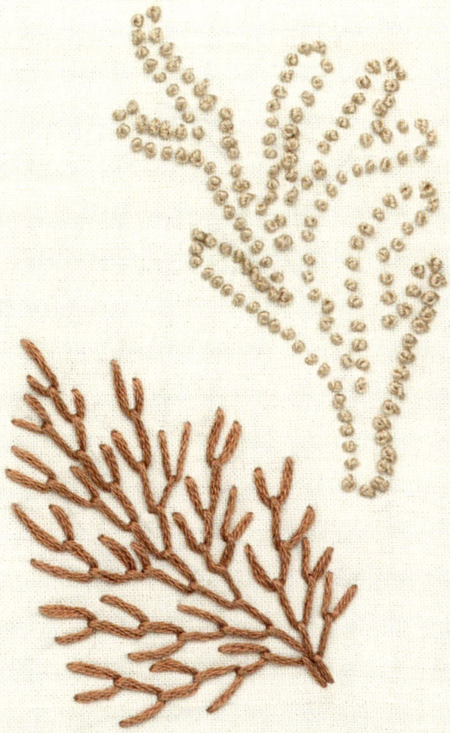

Koralle

Früher hielt man sie für eine Pflanze, aber eine Koralle besteht aus Kolonien wirbelloser Polypen, die mit der Zeit die skelettartigen Formationen bilden, die wir sehen können. In verschiedenen Zeiten und Kulturen wurden der Koralle viele Bedeutungen zugesprochen, vom Symbol der Fruchtbarkeit des Meeres bis zum Symbol des Schutzes in den einzelnen Lebensabschnitten (so bei ihrer Entdeckung in altägyptischen Gräbern). Angesichts dessen, was wir heute über Korallen wissen, ist die Versinnbildlichung einer harmonischen Gruppenenergie am passendsten!

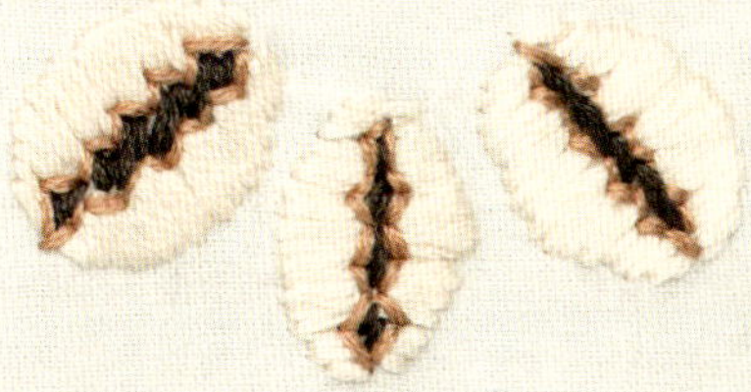

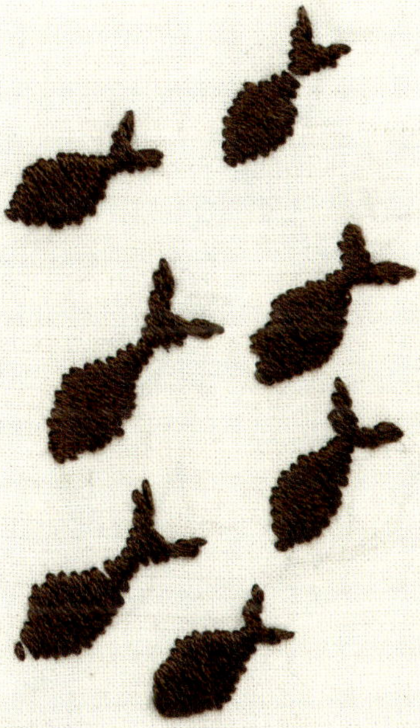

Fisch

Diese funkelnden, mit schillernden Schuppen bedeckten Wesen waren eine der ersten Arten, die sich aus einfacheren Lebensformen entwickelt haben. Ihre lidlosen Augen spiegeln die allsehende Natur Gottes (sowohl in der Alchemie als auch im Christentum) wider, und ihre Leichtigkeit, mit der sie in die wässrigen Tiefen eintauchen, bietet uns eine Verbindung zu den tiefen Gründen unserer eigenen inneren Welten.

Kaurischnecke

Die Kaurischnecke steht für die Fruchtbarkeit des großen Mutterozeans, ihre vulva-artige Form lässt leicht eine Verbindung zu den weiblichen Schöpfungskräften erkennen. Die Kaurischnecke wurde in vielen Regionen als Zahlungsmittel verwendet (u. a. in westafrikanischen Ländern, Indien und China) und symbolisiert Reichtum.

Eule

Die Eule, die mit ihren riesigen Augen und dem rotierenden Kopf nachts auf die Jagd geht, wird mit Dunkelheit, Tod und Ausspähen jenseits des Tageslichts in Verbindung gebracht. Ebenso mit Weisheit und Führung durch spirituelle Reiche. Arbeite mit der Eule, damit du in der Dunkelheit besser sehen kannst, dich in der Nacht zurechtfindest und Weisheit in dunklen Zeiten erlangst.

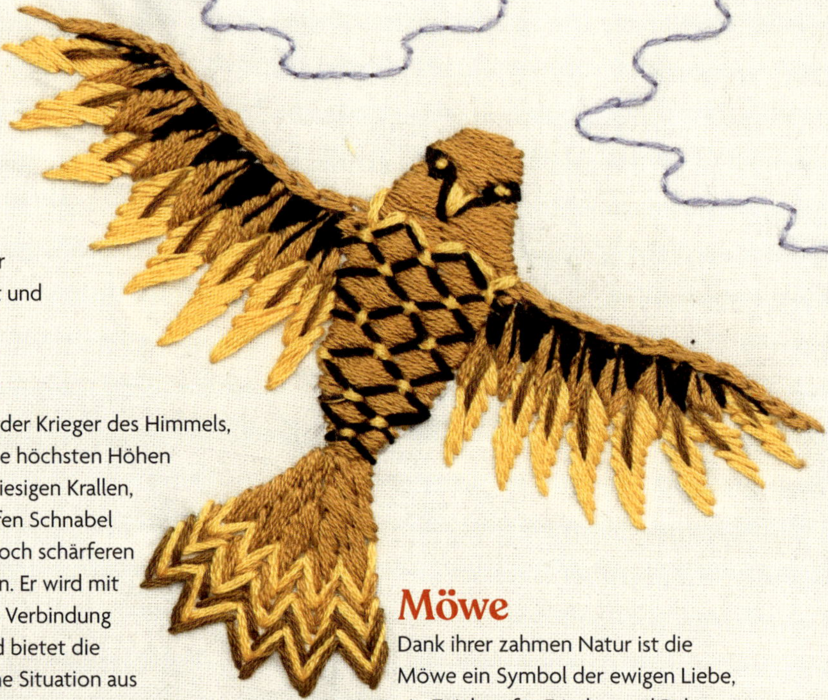

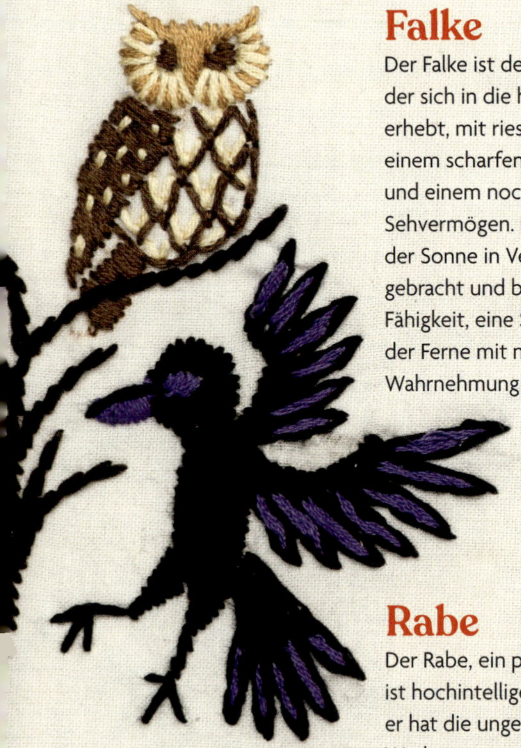

Falke

Der Falke ist der Krieger des Himmels, der sich in die höchsten Höhen erhebt, mit riesigen Krallen, einem scharfen Schnabel und einem noch schärferen Sehvermögen. Er wird mit der Sonne in Verbindung gebracht und bietet die Fähigkeit, eine Situation aus der Ferne mit neuer und scharfer Wahrnehmung zu betrachten.

Möwe

Dank ihrer zahmen Natur ist die Möwe ein Symbol der ewigen Liebe, ein Zeichen für Frieden und Ruhe. Bringe mit dieser sanften Schönheit Heiterkeit und Liebe in dein Leben.

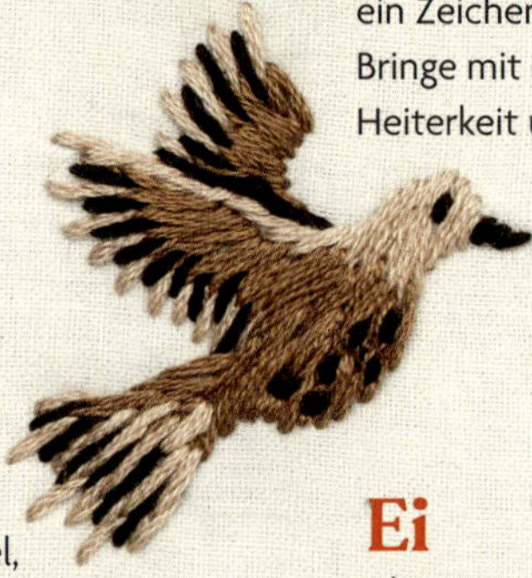

Rabe

Der Rabe, ein prophetischer Vogel, ist hochintelligent und schelmisch, er hat die ungewöhnliche Eigenschaft, Werkzeuge anzufertigen. Der Mensch hat diese Vögel lange als Boten der Geisterwelt betrachtet, und weil Raben die Überreste des Todes fressen, betrachtete man sie als Boten der Unterwelt. Erlaube dem Raben, bei der Kommunikation mit Geistern und Verstorbenen zu helfen.

Ei

Als magisches Emblem für Leben und ein Zeichen für Möglichkeit und ultimatives Potenzial, hat es einen Platz in den weltweiten Schöpfungsmythen gefunden. Gekoppelt mit dem Ei ist das Potenzial für Leben; es wird behauptet, dass jegliche Existenz aus dem Kosmischen Ei hervorging.

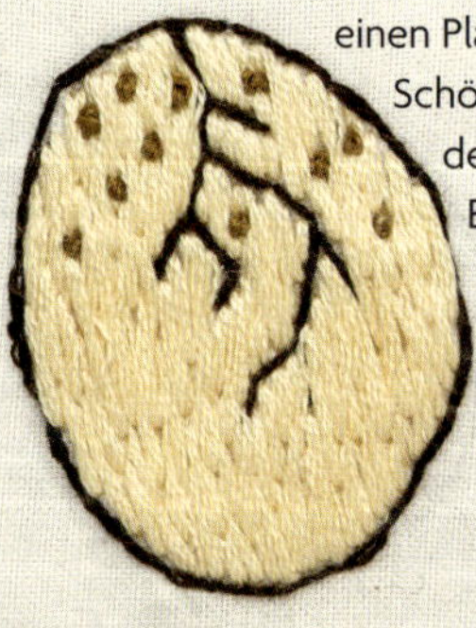

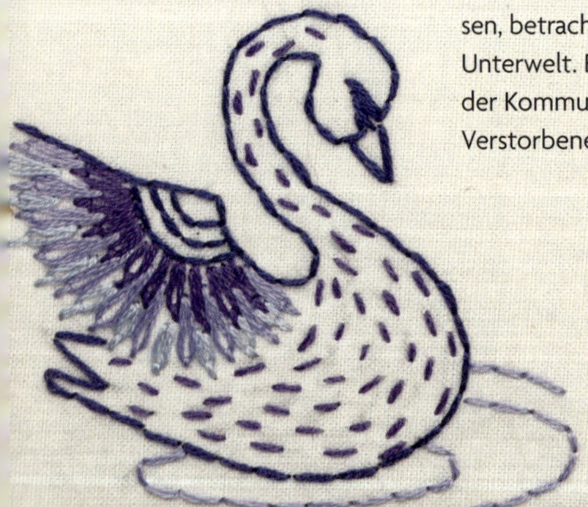

Schwan

Als einer von vielen Vögeln, die sich für das ganze Leben paaren, sind Schwäne besonders mit Liebe und Treue verbunden. Sie sind auch die Vögel, die den Wagen der Venus, der Göttin der Liebe, ziehen. Man sagt, dass sie kurz vor dem Tod das schönste Lied singen, sodass sie mit der Zufriedenheit im Übergang in Verbindung gebracht werden. Arbeite mit dem Schwan für Anmut in der Liebe, mit einem Hauch von Wildheit.

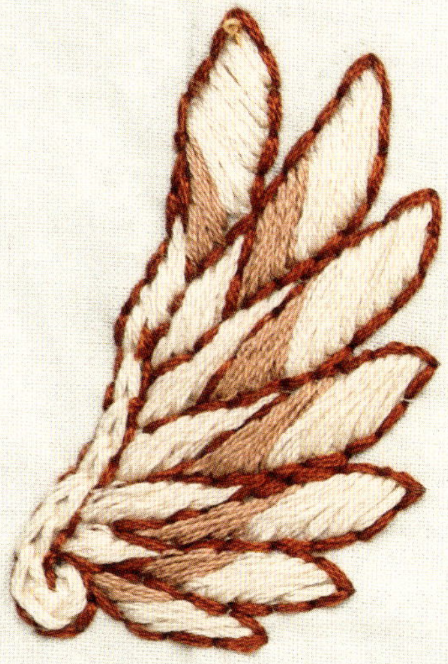

Flügel

Flügel sind in der Mythologie des Westens und Mittleren Ostens als ein Zeichen für Kommunikation zwischen Menschen und Göttern beliebt. Der Flügel wird rituell verwendet, um duftenden Weihrauch in den Himmel zu schicken, und ist ein symbolischer Vermittler zwischen Gattungen und steht außerdem für den Wunsch einer sicheren Reise.

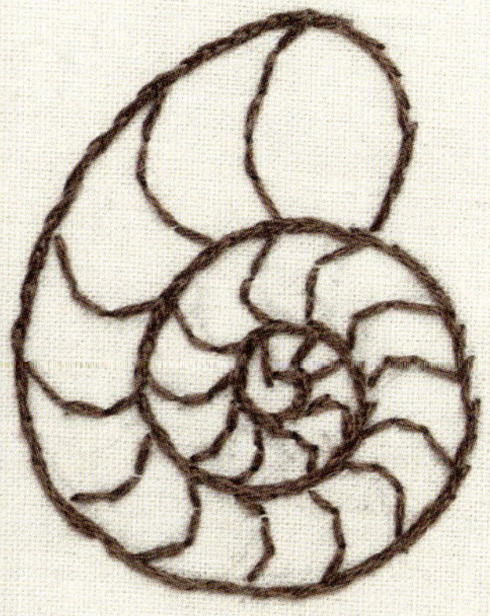

Nautilus

Als göttliche Form, die die heilige Spirale widerspiegelt, zeigt die Nautilusschale den goldenen Schnitt der mathematischen Formen. Erlaube dieser Vollkommenheit der Natur, dich an deine eigene göttliche Essenz zu erinnern.

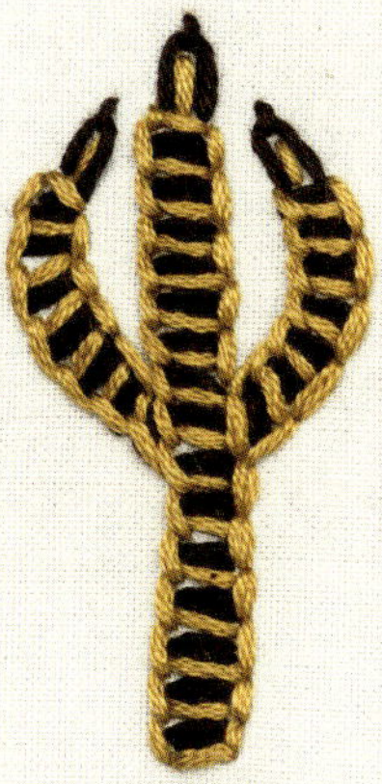

Vogelkralle

Die Vogelkralle wird zum Greifen der Beute benutzt und soll die notwendige Kraft und Geschicklichkeit für eine erfolgreiche Jagd darstellen. Bei einigen spirituellen Praktiken der afrikanischen Diaspora, wie zum Beispiel im Hoodoo, sind Hühnerklauen schützende Talismane, weil sie alles Böse auskratzen können, das sich einem in den Weg stellt.

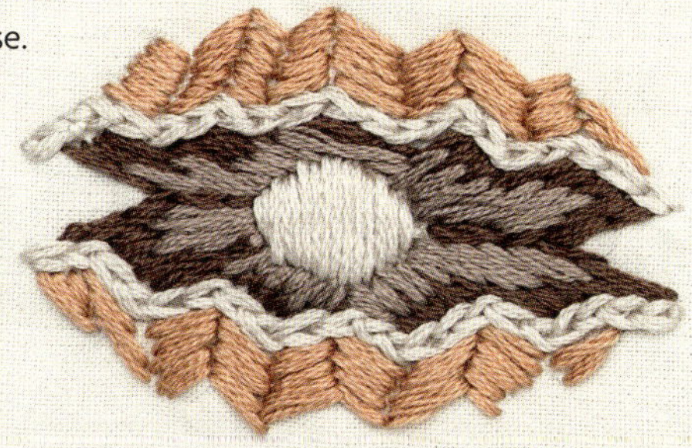

Auster und Perle

Die Auster ist ein Symbol der kreativen und generativen Kraft der Gebärmutter, denn man glaubte, dass sie die schimmernde Perle hervorbringt. Historisch betrachtet, war die Perle ein Symbol des göttlichen Seins und der Perfektion. Heute, wo wir wissen, wie Perlen entstehen – das Immunsystem der Auster reagiert auf irritierende Fremdkörper, indem es sie mit einer schimmernden Schicht überzieht –, ist die Perle zum Symbol für die Pracht geworden, die aus herausfordernden oder beunruhigenden Situationen resultiert.

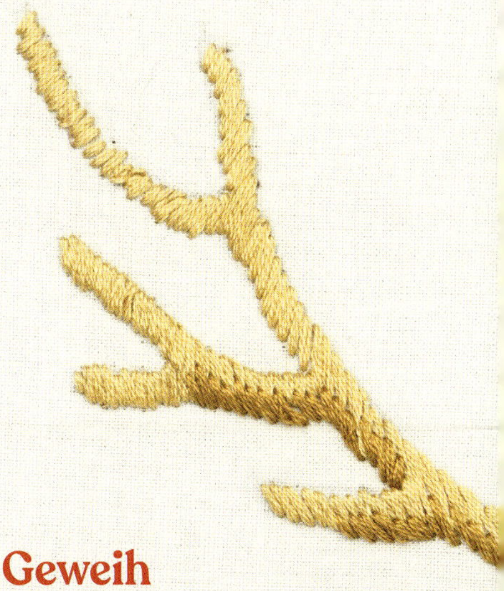

Geweih

Die Virilität und Kraft eines ausgewachsenen männlichen Hirsches komprimiert sich in dieser verzweigten Krone (obwohl bei Rentieren sowohl Männchen als auch Weibchen ein Geweih tragen). Da man auf Hirsche angewiesen war, um sich zu ernähren, und Hirsche in manchen Klimazonen ihr Geweih saisonal abwerfen, können sie auch als Symbol für den Kreislauf von Leben, Tod, Wiedergeburt und Regeneration dienen.

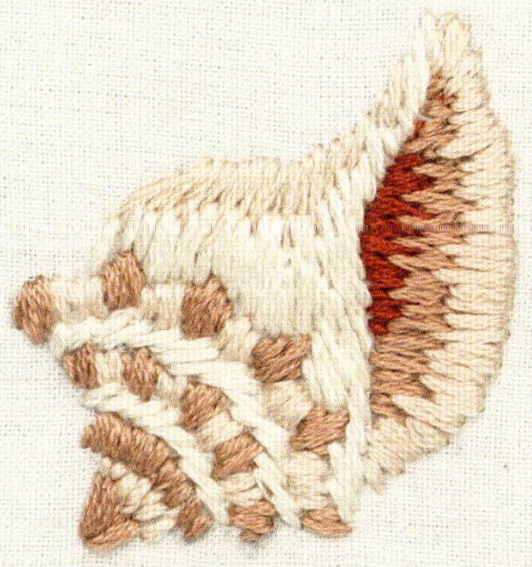

Muschel

Diese Spiralform findet sich in den alten Mythen der griechischen, indianischen und aztekischen Gesellschaften und wurde auch als Musikinstrument oder als Gefäß für heiliges Wasser verwendet.
Die Muschelschale symbolisiert eine Möglichkeit, sich mit der tiefen Weisheit und Schönheit des Ozeans zu verbinden.

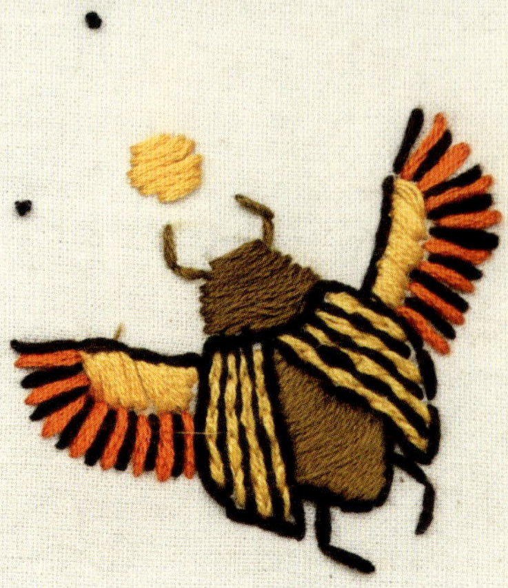

Biene

Diese fleißigen Kreaturen sind die Erzeuger des süßen goldenen, von der Sonne und Blüten gesegneten Nektars und können angerufen werden, wenn man mit seiner Arbeit etwas Anmutiges kreieren will. Sie werden auch mit den Verstorbenen in Verbindung gebracht; in einigen Kulturen glaubt man, dass die Seele den Körper als Biene verlässt, oder dass Bienen die jüngst Verstorbenen in den Frieden geleiten.

Skarabäus

Der Mistkäfer, der heiligste aller Skarabäen, legt seine Eier in einen Misthaufen. Weil er diese Mistkugeln die Dünen hinaufrollt, so wie die Sonne jeden Morgen aufsteigt, dient der Skarabäus als großartiges Symbol für die Geburt neuer Projekte, die man fleißig vorantreibt.

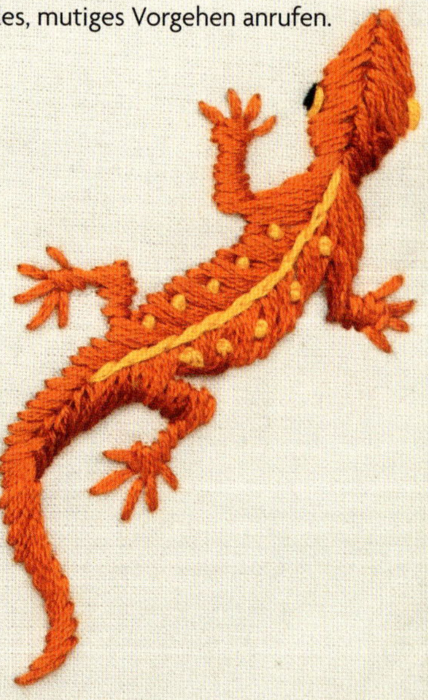

Spinne

Als Spinnweberin in der Insektenwelt und Vorbild für die Textilkunst gibt die Spinne mit ihren Kreationen ihrer stillen Jagd eine Form. Sie lehrt uns, unsere Aufgaben anzugehen und dabei danach zu streben, unsere Fähigkeiten langsam zu erweitern.

Salamander

Er soll aus Flammen geboren sein und ist daher ein Zeichen für standhaften Glauben im Feuer der Versuchung. Man kann ihn gut für ein schnelles, mutiges Vorgehen anrufen.

Schlange

Als Schöpfer und Zerstörer zugleich, fesselt kein anderes Tier die menschliche Vorstellungskraft so sehr wie die Schlange. Von Natur aus dualistisch ist sie gleichermaßen ein Kaltblüter, der unter der Erde lebt, und ein Sonnenanbeter, der aus den Tiefen hervorkommt, um sich zu häuten und zu erneuern. Sie schlängelt sich auf der ganzen Welt durch die Mythologie und Folklore und erscheint ebenso als Macht des Teufels und der Versuchung, wie auch der Weisheit und Fruchtbarkeit. Sie ist ein Symbol der Transformation, Erneuerung und zyklischen Natur des Seins.

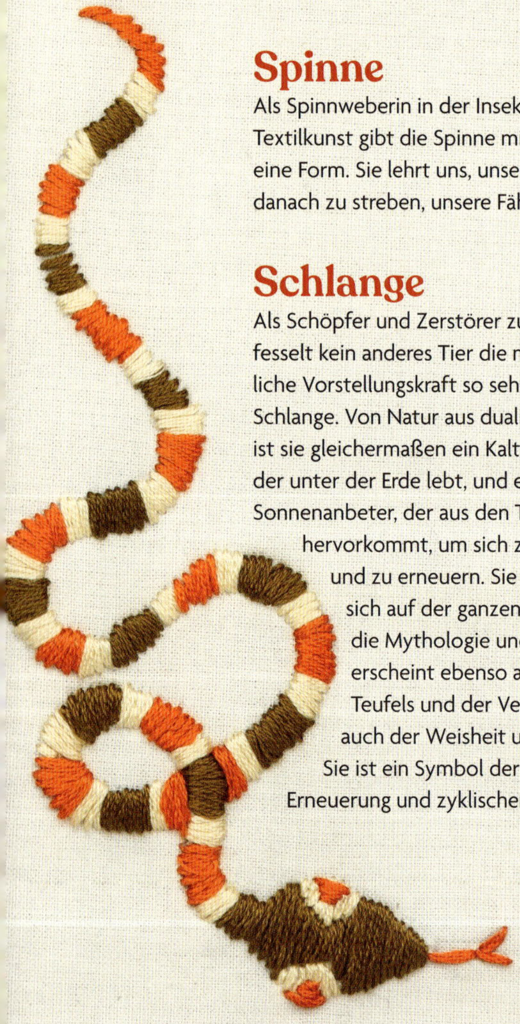

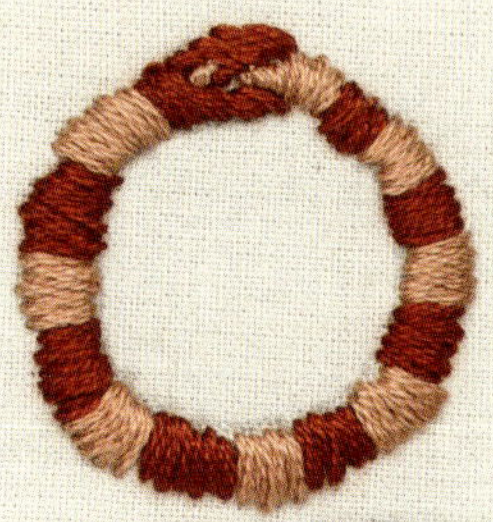

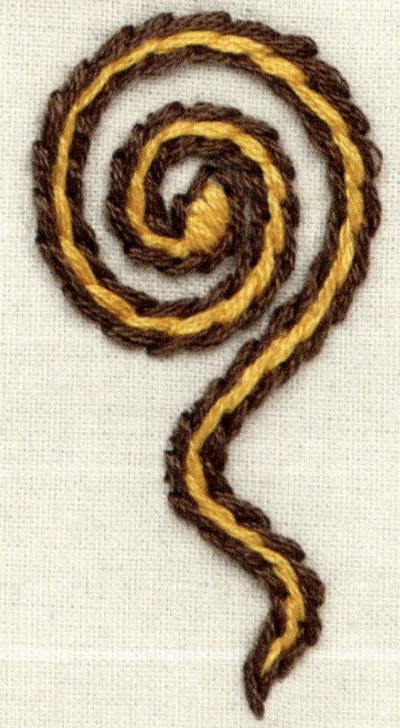

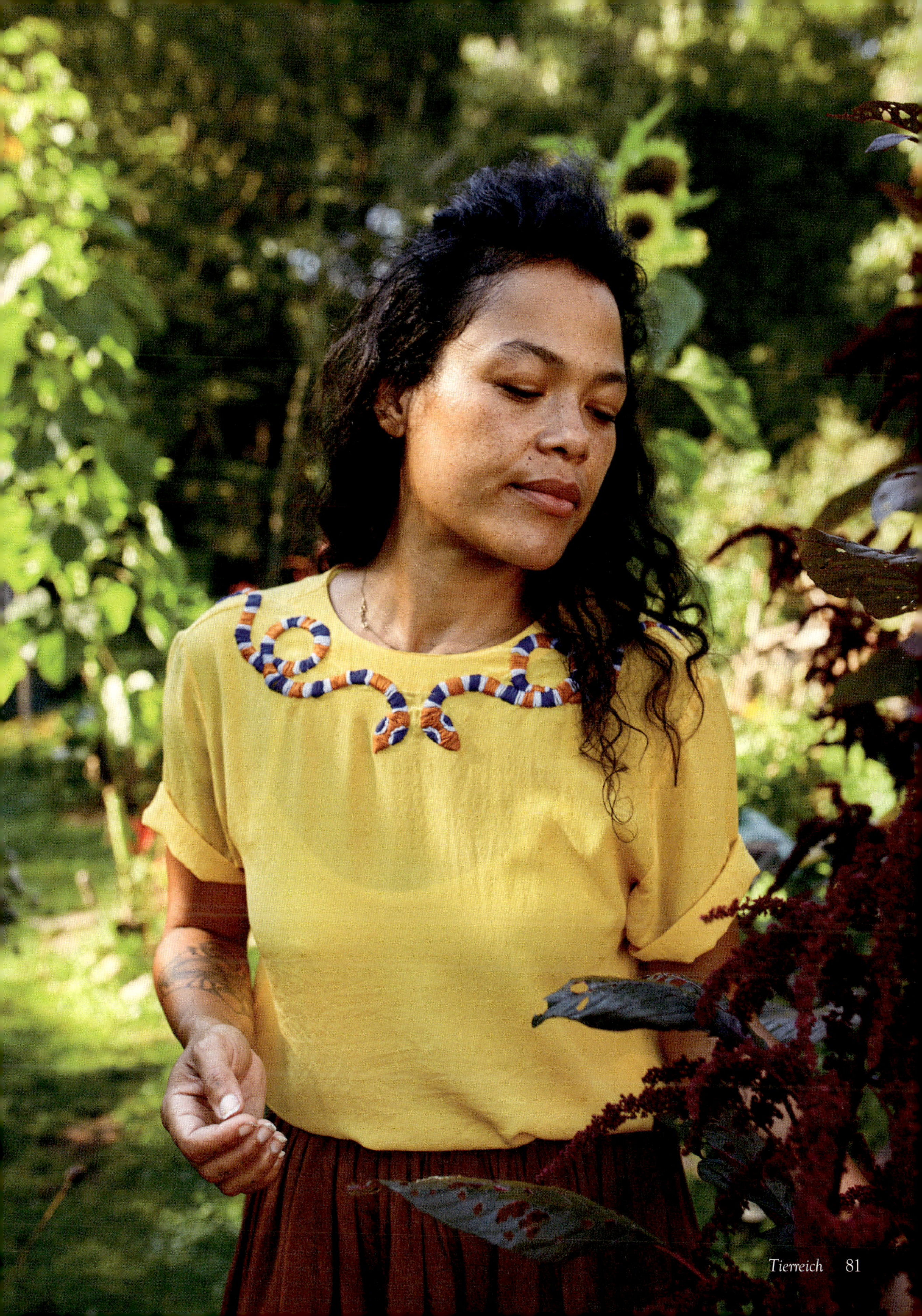

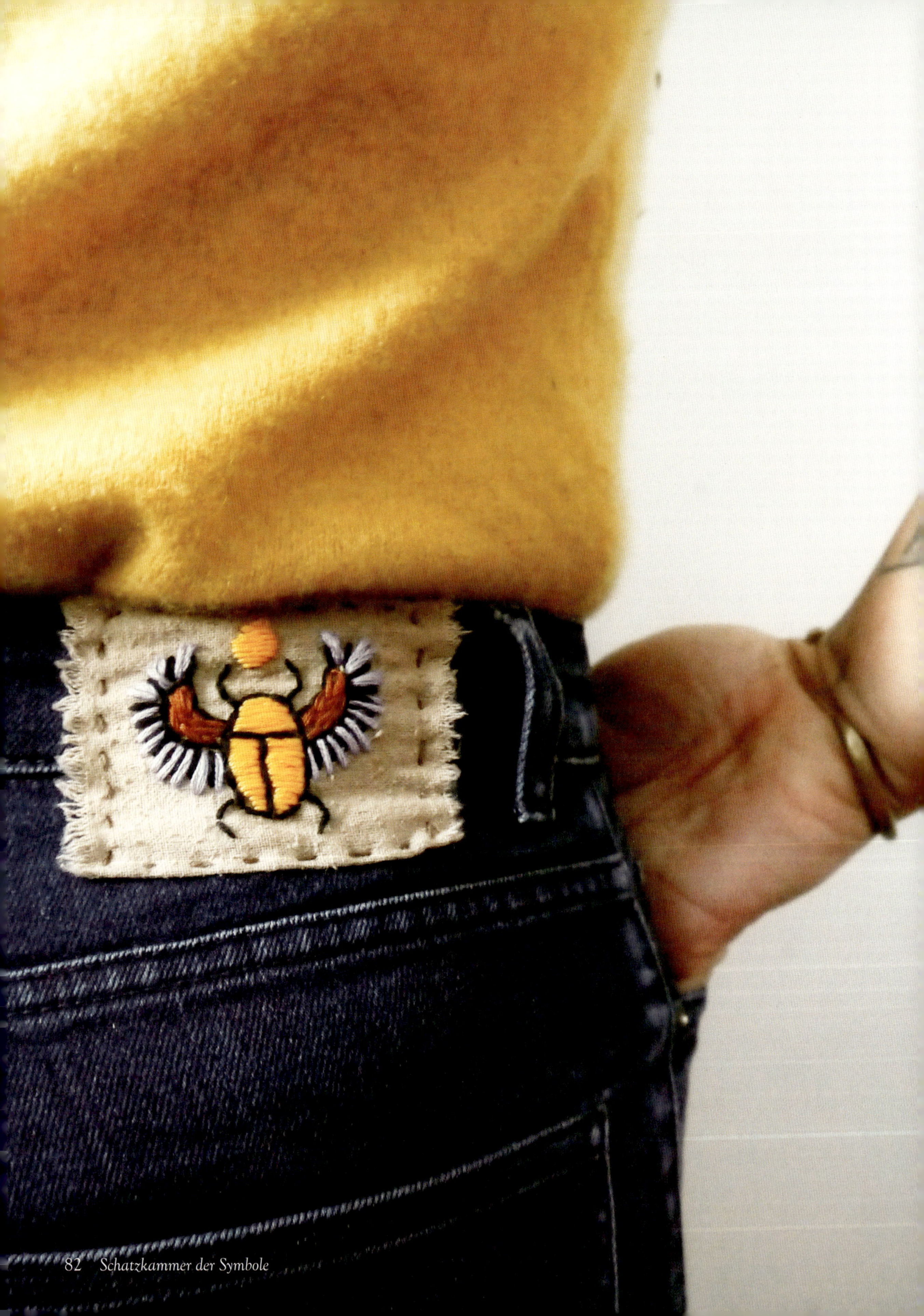

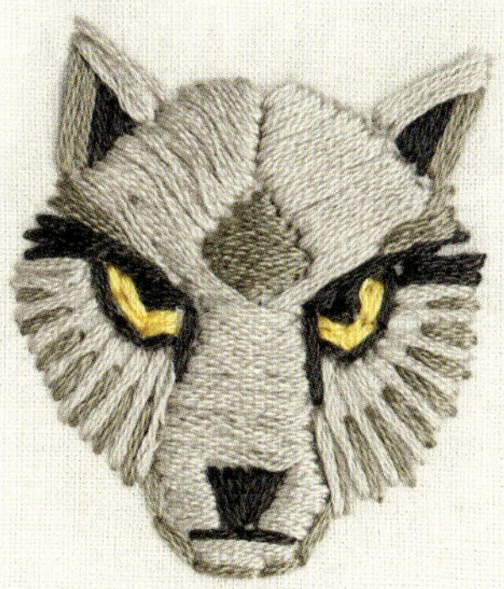

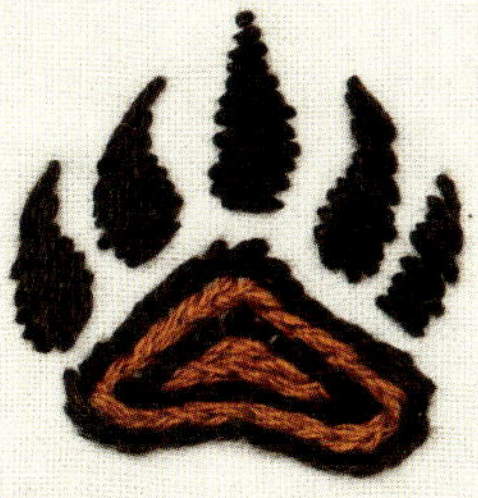

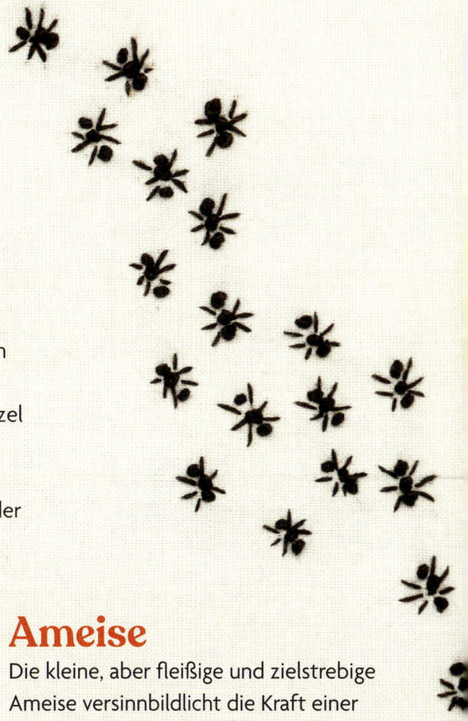

Bär

Der massige und schützende Bär ist ein Symbol für Mut und Führung, verbunden mit Temperament und Kraft. Nach der Winterruhe gräbt der Bär die Osha-Wurzel aus, um seinen Organismus im Frühjahr wiederzubeleben. Da der Bär wertvolle Heilkräuter nutzt, wird er mit der Kraft der Heilung in Verbindung gebracht.

Wolf

Der römische Schöpfungsmythos berichtet von Romulus und Remus, die von einer Wölfin genährt wurden. Der Wolf ist ein Zeichen für unsere tiefe Verbundenheit mit unseren animalischen Instinkten und unserer Veranlagung zur Wildheit, die in der Natur verwurzelt sind.

Ameise

Die kleine, aber fleißige und zielstrebige Ameise versinnbildlicht die Kraft einer organisierten, tätigen Gesellschaft. Horden dieser Insekten können tote Körper verspeisen oder turmartige Gebilde bauen. Ihre Fähigkeit, gleichzeitig Ordnung und Chaos zu schaffen, ist ein Zeichen dafür, dass selbst winzige Maßnahmen die Kraft haben, Berge zu versetzen.

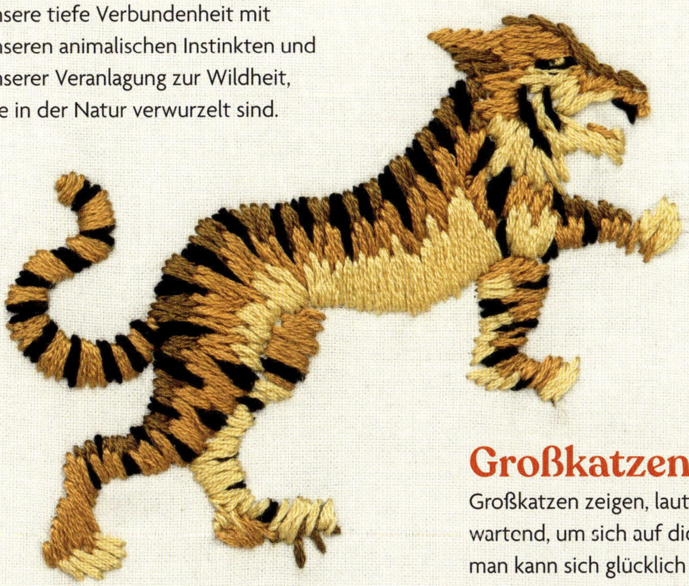

Großkatzen

Großkatzen zeigen, lautlos schleichend, auf den richtigen Moment wartend, um sich auf die Beute zu stürzen, eine wilde Eleganz, und man kann sich glücklich schätzen, wenn man einen Blick auf sie erhaschen kann. Sie sind ein Zeichen für flüchtige Anmut.

Stachelrochen

Die sanfte und anmutige Form des Rochens scheint durch den Ozean zu tanzen. Er ist wunderschön, kann aber auch gefährlich werden, wenn es nötig ist. Die Bewegungen des Rochens stehen für Harmonie, aber auch für die Weigerung, sich über den Tisch ziehen zu lassen – ein Gleichgewicht, bei dem wir alle etwas Unterstützung gebrauchen können.

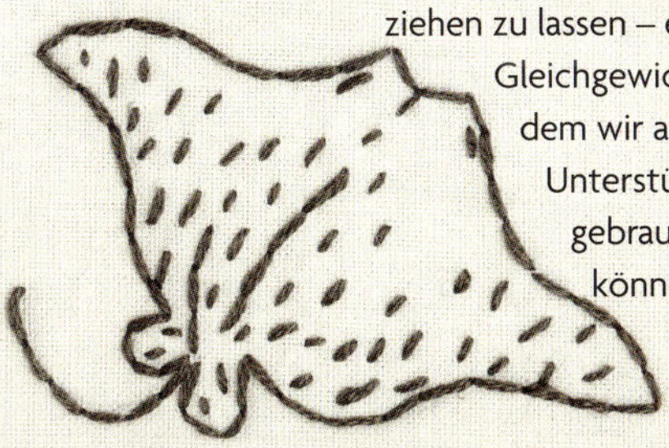

Oktopus

Der Oktopus ist eine der rätselhaftesten Kreaturen des tiefen Ozeans, er kann seine Form verändern, um in kleinste Räume zu gelangen. Und wenn ein Tentakel entfernt wird, wächst an gleicher Stelle ein neuer nach. Oktopusse sind unglaublich intelligent und dafür bekannt, dass sie Verwüstungen in Aquarien verursachen. Daher eignet er sich bestens, wenn man auf der Suche nach dem eigenen heimtückischen Wesen ist.

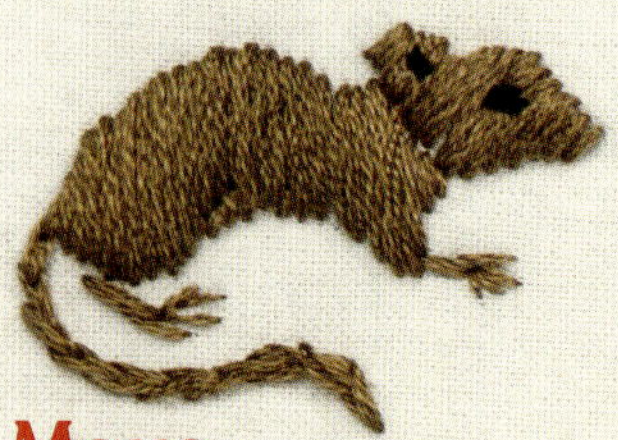

Maus

Die winzige Maus, die sich schnell bewegt, sich geschickt versteckt und kaum wahrnehmbar ist, wurde wegen ihrer Schädlichkeit für den Menschen, der Verbreitung von Krankheiten und der Zerstörung von Ernten geschmäht. Mäuse sind ein Zeichen kluger Entschlossenheit und erinnern uns daran, dass die Anhäufung kleiner Taten große Wirkung haben kann.

Kaninchen

Kaninchen vermehren sich nicht nur in einem unglaublichen Tempo, sondern kokettieren auch bei der Paarung, was sie zu einem Zeichen für Fruchtbarkeit und Verspieltheit macht. Sie fressen in der Morgen- und Abenddämmerung (Übergangszeiten des Tages) und werden in der chinesischen und aztekischen Mythologie mit dem Mond in Verbindung gebracht. In einigen indianischen Kulturen Nordamerikas gelten sie auch als Gauner.

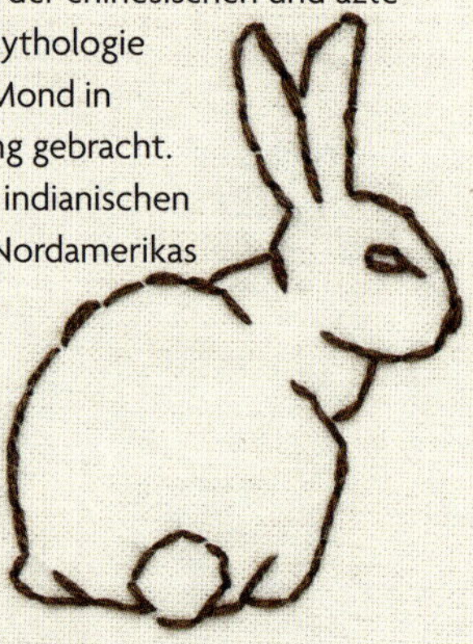

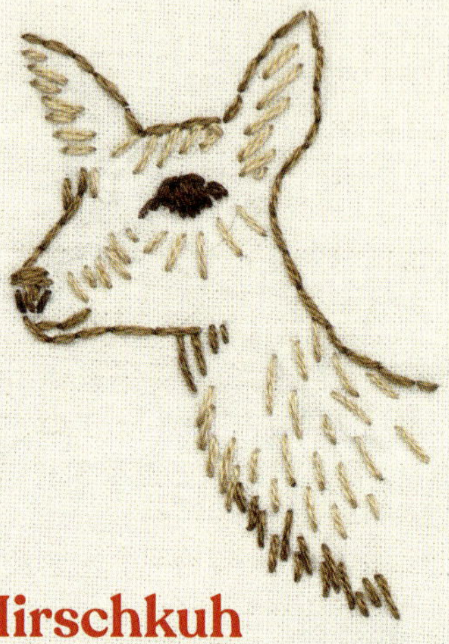

Hirschkuh

Geschätzt für ihre Ruhe und anmutige Erscheinung, zieht die Hirschkuh den Wagen der jungfräulichen Göttin der Jagd, Artemis. Beziehe dich auf die Hirschkuh, um sanfte Anmut in dein Leben zu bringen.

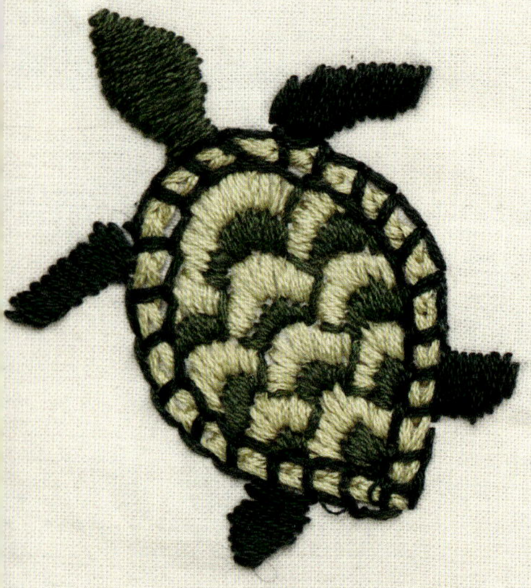

Wasserschildkröte

Vom Mondlicht geleitet, kommt die Wasserschildkröte aus dem Meer und legt ihre Eier am Ufer ab. Die Kleinen müssen gleich nach dem Schlüpfen schnell ins Wasser, um zu überleben und nicht Raubvögeln zum Opfer zu fallen. Da sie Luft atmet und im Wasser lebt, ist sie ein Mittelwesen. Die Mythologie der Irokesen und Chinesen sowie hinduistische Traditionen berichten alle von einer Welt, die auf einem Schildkrötenpanzer wächst. Unterstütze mit der Energie dieser langlebigen Kreaturen deine eigenen Träume von Langlebigkeit.

Frosch

Die Kaulquappe entspringt fruchtbaren Gewässern und dient als Symbol für Wiederauferstehung und Verwandlung. Die hockende Position des Frosches bedeutete historisch die Geburt eines Kindes und daher ist, angesichts der großen Anzahl von Nachkommen, die Frösche hervorbringen, ihre Assoziation mit Fruchtbarkeit durchaus passend!

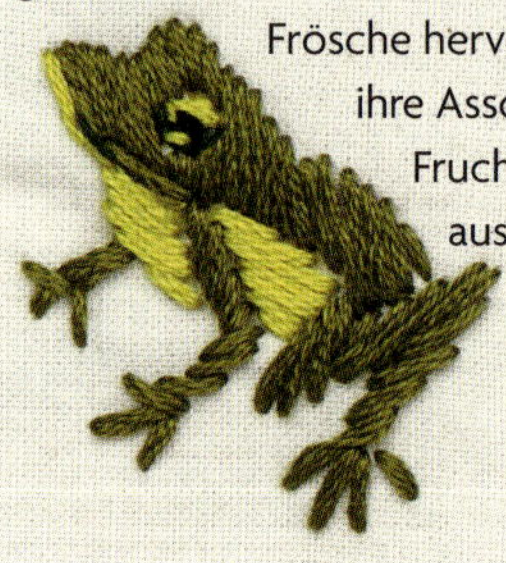

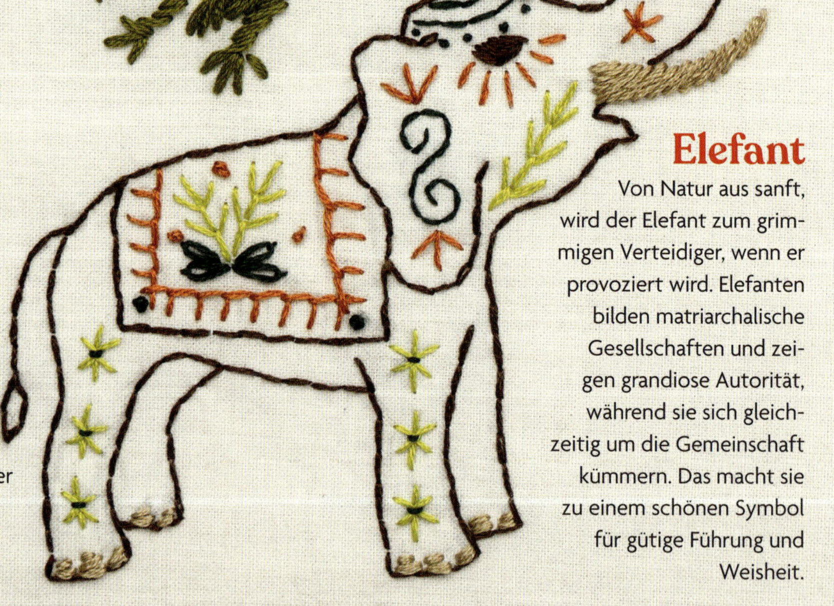

Elefant

Von Natur aus sanft, wird der Elefant zum grimmigen Verteidiger, wenn er provoziert wird. Elefanten bilden matriarchalische Gesellschaften und zeigen grandiose Autorität, während sie sich gleichzeitig um die Gemeinschaft kümmern. Das macht sie zu einem schönen Symbol für gütige Führung und Weisheit.

Mythische Tierwesen

Visionen von Fell- und Federtieren mit übermächtigen Kräften sind vor Jahrtausenden aus den Tiefen der menschlichen Psyche aufgetaucht und haben uns seither fasziniert. Viele dieser Kreaturen sind durch mündliche Überlieferungen und gemeinsame Mythologien um den Globus gereist und haben die Kulturen durchquert. Oft verschmelzen dabei reale Kreaturen zu mythischen Tierwesen, die auf bekannte Tiere Bezug nehmen und dann auf fantasievolle Weise neu erfunden werden, die uns sowohl erfreuen als auch erschrecken können. Öffne dich diesen übernatürlichen Wesen und erzähle eine grandiose Geschichte aus einer anderen Welt.

Siehe für die wichtigsten Stickstiche dieser Formen Kapitel 7, Seite 171.

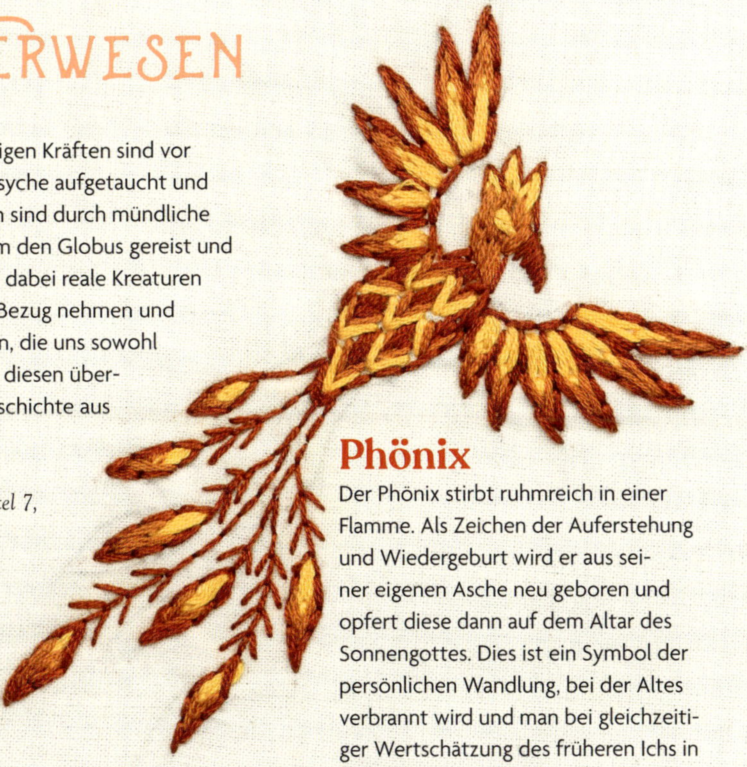

Phönix

Der Phönix stirbt ruhmreich in einer Flamme. Als Zeichen der Auferstehung und Wiedergeburt wird er aus seiner eigenen Asche neu geboren und opfert diese dann auf dem Altar des Sonnengottes. Dies ist ein Symbol der persönlichen Wandlung, bei der Altes verbrannt wird und man bei gleichzeitiger Wertschätzung des früheren Ichs in eine neue Form übergeht.

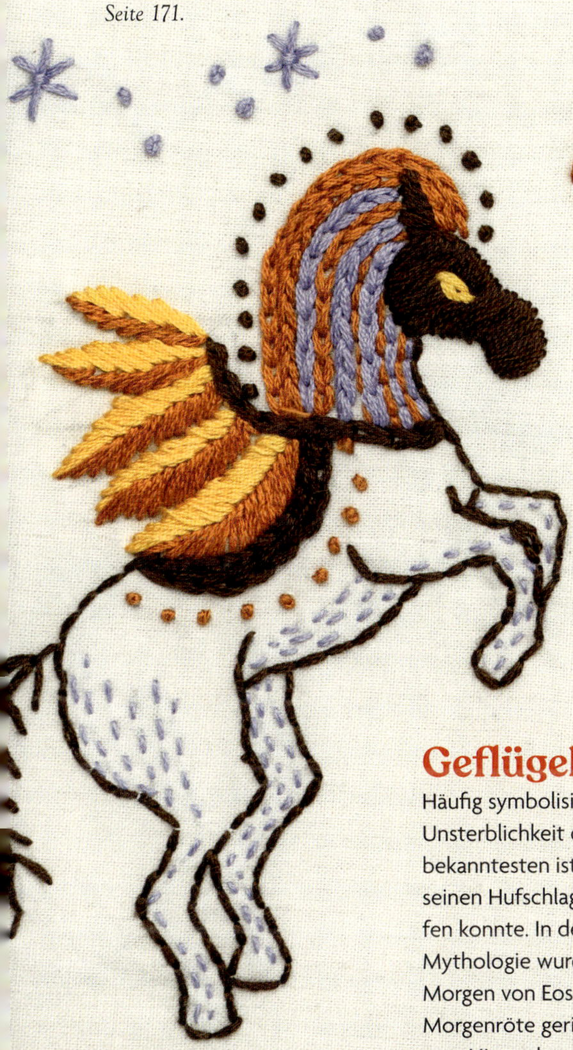

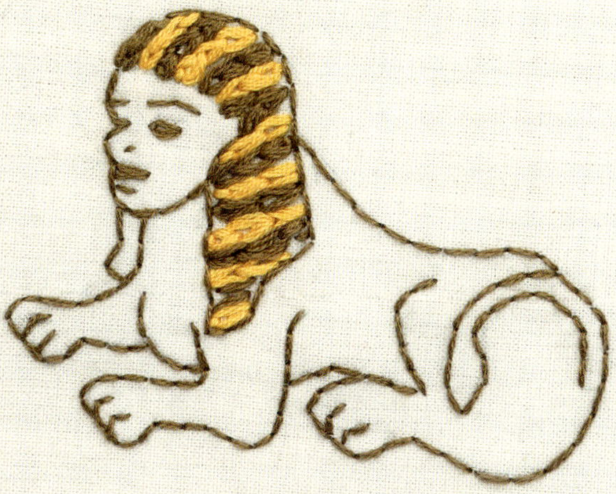

Geflügeltes Pferd

Häufig symbolisiert es die Unsterblichkeit der Seele. Am bekanntesten ist Pegasus, der durch seinen Hufschlag Brunnen erschaffen konnte. In der griechischen Mythologie wurde Pegasus jeden Morgen von Eos, der Göttin der Morgenröte geritten, um die Sonne zum Himmel zu bringen. Bringe mit dem geflügelten Pferd das Licht der Morgenröte in dein Leben.

Sphinx

Hüterin eines Geheimnisses; die ägyptische Sphinx war in der Regel männlich und ein Zeichen für Königtum und Weisheit, während die griechische Sphinx weiblich dargestellt wurde und von vielschichtigerer Bedeutung war, die Reisende oft rätselnd hinterfragten. Beide sind Wächter, bekannt für ihre Stärke und Intelligenz. Was soll die Sphinx für dich beschützen?

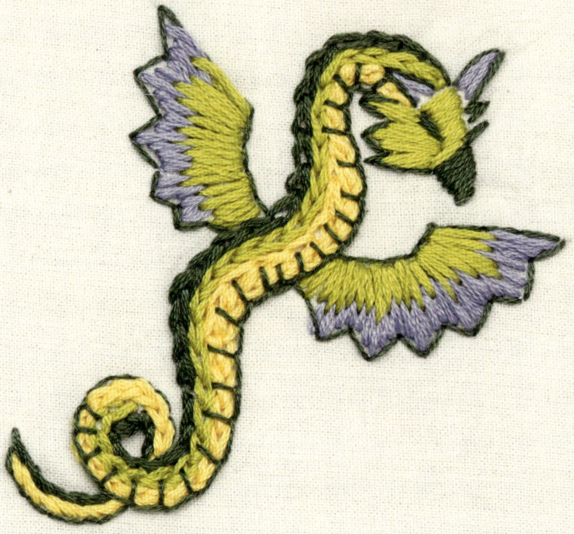

Drache

Im Schlund der Drachenhöhle trifft Vogel auf Schlange und Stärke auf Weisheit. Die westliche Geschichte verlangt, dass Drachen erschlagen werden, aber die östliche Kultur sieht sie als Vermittler zwischen Göttern und Menschen. Wie wird diese fliegende Form das verborgene Wissen offenbaren, nach dem du suchst?

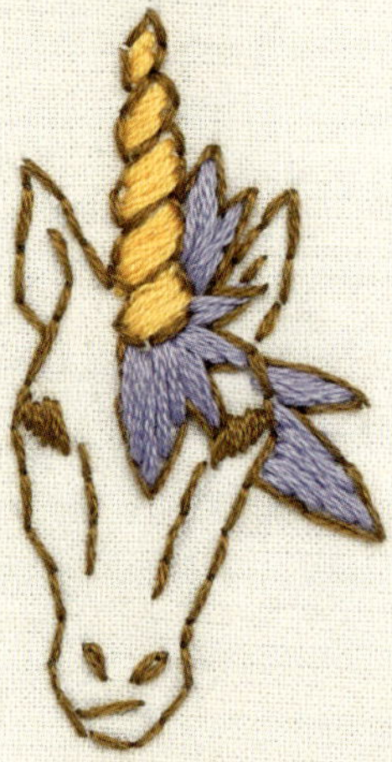

Einhorn

Die Geschichte des Einhorns, ein modernes Symbol für das Einzigartige und Seltene, ist in Wirklichkeit vielschichtig. Das Horn galt als Allheilmittel, während das Tier ein Zeichen für Reinheit war, insbesondere für eine reine Jungfrau.

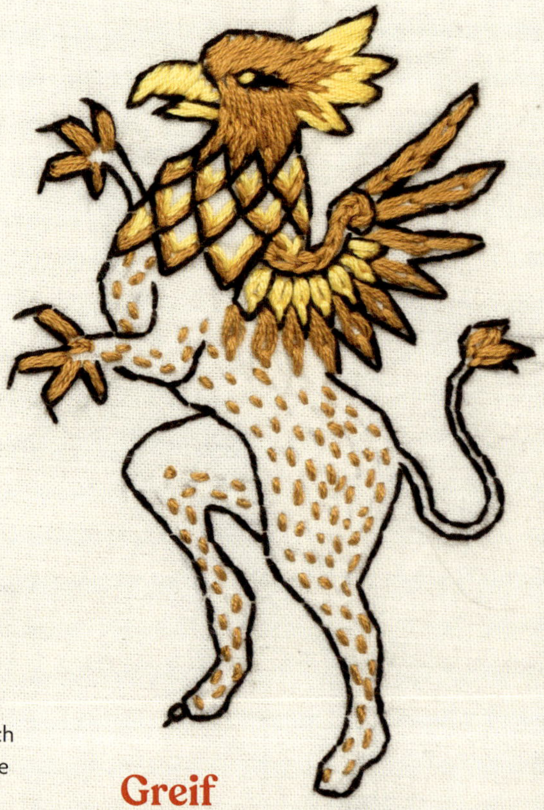

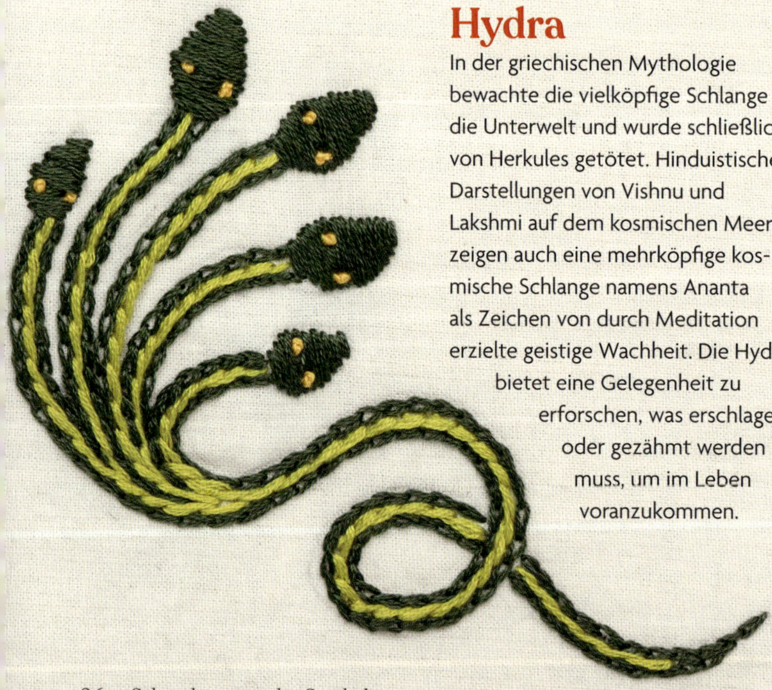

Hydra

In der griechischen Mythologie bewachte die vielköpfige Schlange die Unterwelt und wurde schließlich von Herkules getötet. Hinduistische Darstellungen von Vishnu und Lakshmi auf dem kosmischen Meer zeigen auch eine mehrköpfige kosmische Schlange namens Ananta als Zeichen von durch Meditation erzielte geistige Wachheit. Die Hydra bietet eine Gelegenheit zu erforschen, was erschlagen oder gezähmt werden muss, um im Leben voranzukommen.

Greif

Der Greif hat den Mut des Löwen und das wache Auge des Adlers und dient als mächtiger Beschützer und Wächter über Schätze. In Europa galt er als Symbol militärischer Stärke, obwohl diese Assoziation aus dem antiken Persien stammt. Kann der grimmige Beschützer helfen, deine unbezahlbaren Schätze zu verteidigen?

PFLANZENREICH

Die Möglichkeit, mit Pflanzen zu arbeiten, reicht über die physische Welt hinaus in das energetische Feld, und viele Pflanzen wurden historisch genau auf diese Weise in die Stickerei integriert. Im Mittelalter stickte man Borretschblüten in die Unterlage der Ritterkleidung, um die Fasern mit Mut zu belegen. Wenn wir unseren Geist und unser Herz für die starken Energien öffnen, die Pflanzen jenseits ihrer chemischen Zusammensetzung besitzen, können wir mit diesen Verbündeten zusammenarbeiten und ihre Essenz in unsere Stickereien einfließen lassen (ohne die Pflanzen ausreißen zu müssen!). Die botanische Welt ist reich an schönen und nützlichen Kräutern. Ich habe einige ausgewählt, um dir den Einstieg zu erleichtern, aber ich empfehle dir, dich darüber hinaus mit Kräutern zu befassen und diejenigen zu erforschen, zu denen du sich hingezogen fühlst.

Siehe für die wichtigsten Stickstiche dieser Formen Kapitel 7, Seite 173.

Wurzel

Wurzeln geben uns Halt und Struktur beim Wachstum, sie erinnern uns auch daran, woher wir kommen. Da sie auf der Suche nach Nährstoffen und Wasser tief in den Boden wachsen, können wir uns vorstellen, in dieser Form die Verbindungen zu unseren Vorfahren und tieferen Schichten der Weisheit für weiteres Wachstum aufzunehmen.

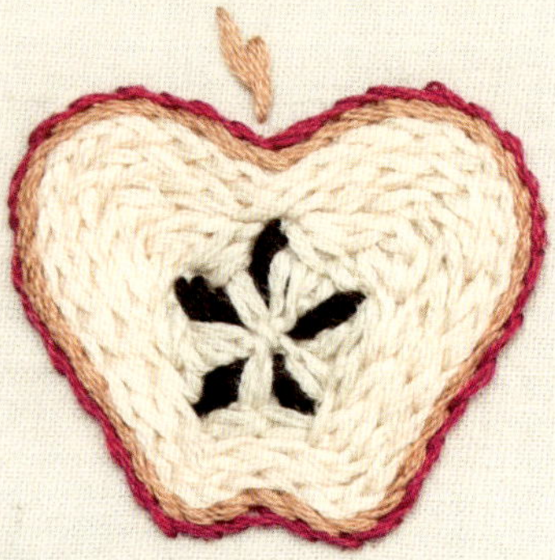

Apfel

Diese saftige rote Frucht, die rechtzeitig zu Herbstbeginn reif wird, ist ein Zeichen für den Wechsel der Jahreszeiten und bereitet uns auf den Abstieg in die winterliche Dunkelheit vor. Der Apfel kann als Einladung betrachtet werden, Süße in dunklen Schatten zu erkennen oder, im Fall von Adam und Eva, durch das Wissen um Gut und Böse in Not zu geraten. Du hast die Wahl.

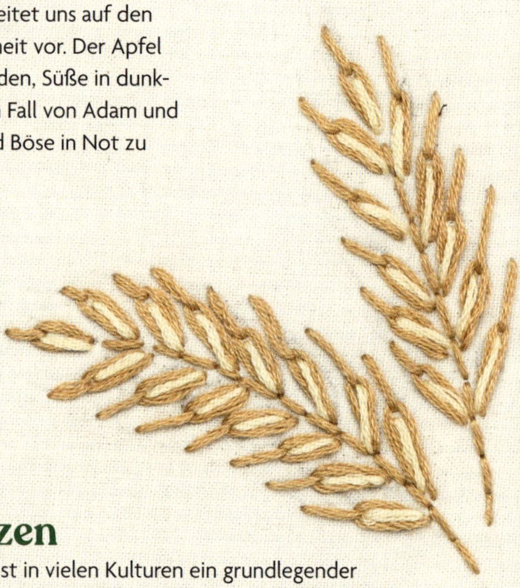

Samen

Jeder Samen beinhaltet die Grundlage für unzählige neue Pflanzen. Dieses grenzenlose Wachstumspotenzial eines solch kleinen Teiles ermahnt uns zu bedenken, welche Auswirkungen etwas ganz Kleines haben kann.

Weizen

Weizen ist in vielen Kulturen ein grundlegender Bestandteil der menschlichen Ernährung, so wurde eine Fülle an Weizen zum Symbol von Wohlstand und Fertilität in allen Lebensbereichen.

Salbei

Sowohl Garten- als auch weißer Salbei gelten als Kräuter des Schutzes und der Weisheit und werden als reinigendes Räucherwerk verbrannt. Dafür bekannt, den Geist zu reinigen und den Magen zu beruhigen, können Salbeiblätter gestickt werden, wenn man Ruhe braucht.

Pilze

Unterirdisch verläuft das geheimnisvolle Netzwerk der Pilze, das Myzel, das alle Pflanzen in der Umgebung miteinander verbindet. Die mystischen und schönen Formen, die sich oberirdisch in Form von Ansammlungen anmutiger Fliegenpilze zeigen, sind Teil dieses Systems. Indem sie in der Zersetzung Leben finden und zulassen, dass der Tod des einen den anderen nährt, unterstützen sie die gesamte Gemeinschaft und erinnern uns daran, dass alles miteinander verbunden ist.

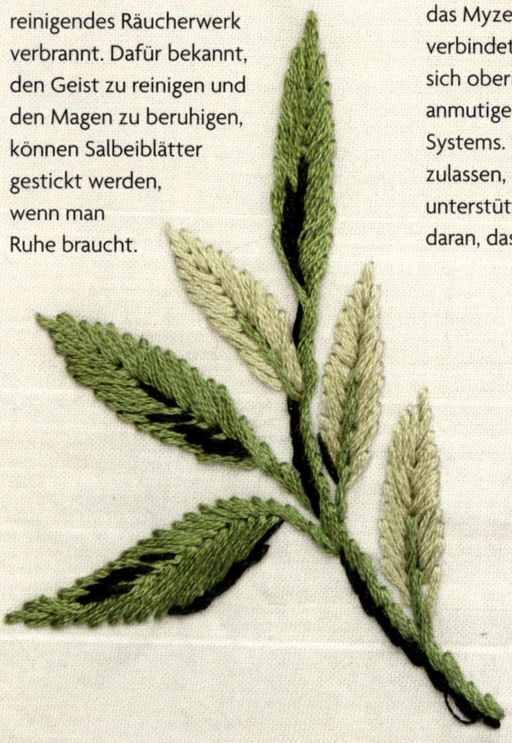

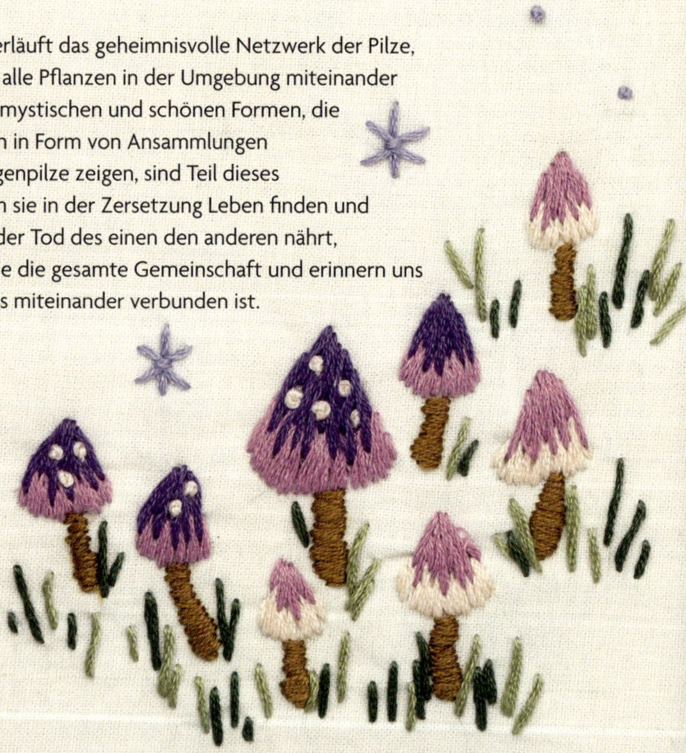

Ringelblume

Dieses Sonnenkraut wirkt, äußerlich angewendet, sehr heilend. Arbeite mit der Ringelblume (Calendula) für Wohlstand in der materiellen und geistigen Welt, denn sie gilt als visionäres Kraut. Erhelle dein Leben mit der heilenden Kraft dieser Blüte.

Tagetes

In Hochzeitsgirlanden in Indien bis hin für Grabschmuck in Mexiko, die leuchtenden Blüten der Tagetes sind für Momente großer Lebensübergänge beliebt. Erlaube dieser klassischen Gartenblume, den Formenwandel zu unterstützen, den wir im Laufe unseres Lebens regelmäßig erleben.

Löwenzahn

Keine andere Pflanze ist so produktiv wie der gemeine Löwenzahn, der als Unkraut verurteilt wird und dennoch immer wieder seine leuchtenden Blüten in den Himmel streckt. Diese Ausdauer macht den Löwenzahn zu einer wunderbaren Wahl, um Wohlstand und Glück zu manifestieren.

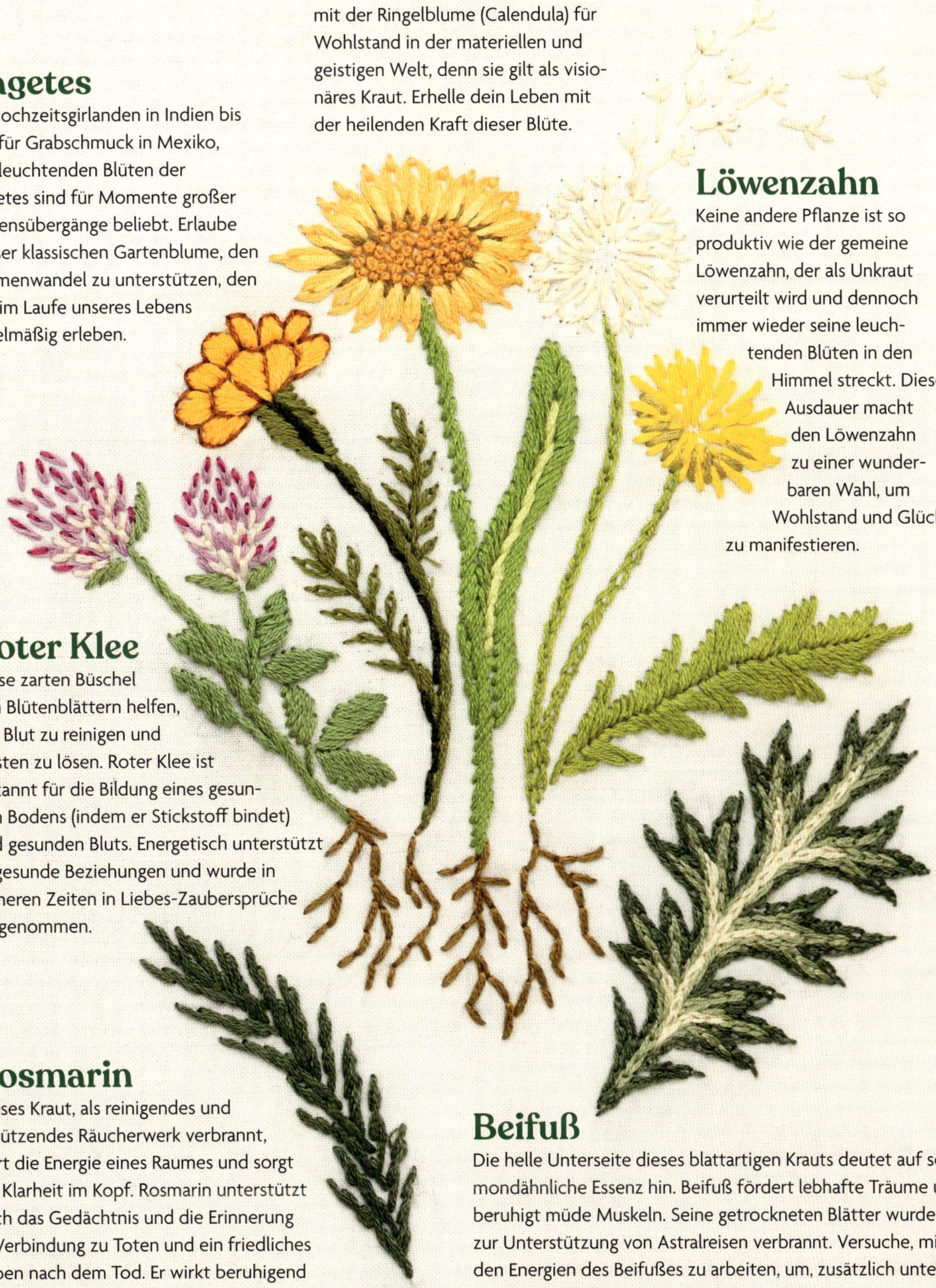

Roter Klee

Diese zarten Büschel von Blütenblättern helfen, das Blut zu reinigen und Husten zu lösen. Roter Klee ist bekannt für die Bildung eines gesunden Bodens (indem er Stickstoff bindet) und gesunden Bluts. Energetisch unterstützt er gesunde Beziehungen und wurde in früheren Zeiten in Liebes-Zaubersprüche aufgenommen.

Rosmarin

Dieses Kraut, als reinigendes und schützendes Räucherwerk verbrannt, klärt die Energie eines Raumes und sorgt für Klarheit im Kopf. Rosmarin unterstützt auch das Gedächtnis und die Erinnerung in Verbindung zu Toten und ein friedliches Leben nach dem Tod. Er wirkt beruhigend auf das Nervensystem und kommt oft in Liebes-Zaubersprüchen vor.

Beifuß

Die helle Unterseite dieses blattartigen Krauts deutet auf seine mondähnliche Essenz hin. Beifuß fördert lebhafte Träume und beruhigt müde Muskeln. Seine getrockneten Blätter wurden zur Unterstützung von Astralreisen verbrannt. Versuche, mit den Energien des Beifußes zu arbeiten, um, zusätzlich unterstützt von den Mondphasen, aktiv zu träumen.

Lilie

Die Lilie stand für Unschuld und Reinheit und wurde früher mit Müttern und Kindern in Verbindung gebracht. Im Christentum symbolisiert sie die tugendhafte Natur der Jungfrau Maria und gilt auch als Blume des Schutzes und der Harmonie. Bringe mit dieser Blüte den Glanz der Arglosigkeit in deine Arbeiten.

Goldrute

Die Fähigkeit, sich durch verbreitende Samen und wuchernde Wurzeln zu vermehren, macht diese Ähren mit den leuchtend gelben Funken zum Inbegriff des Überflusses; man sagt, sie helfen, das Glück zu finden. Sticke ein paar davon, um Zufriedenheit und Wohlstand zu erlangen.

Schafgarbe

Diese üppige Blüte, die aus der verwundeten Ferse des Achilles gewachsen sein soll, wurde in Liebesamuletten und für magische Zwecke verwendet. Sie spielt sowohl bei Wundheilung als auch in der Liebe eine Rolle. Lasse dir von dieser wohltuenden Medizin bei Liebesangelegenheiten helfen und damit eventuelle Wunden heilen, die du in diesen Angelegenheiten vielleicht zugefügt bekommst.

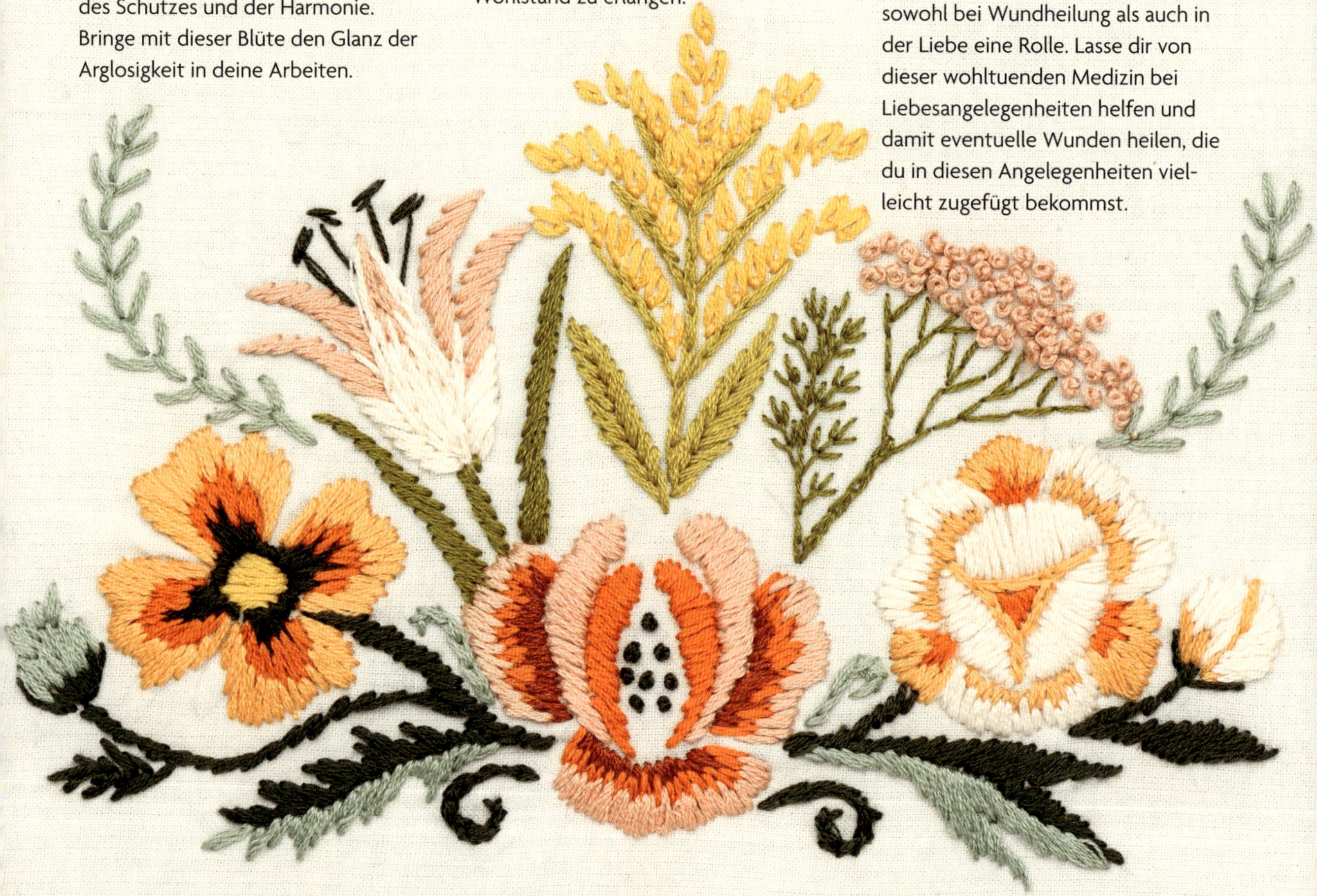

Mohn

Der Mohn blüht, bevor er zum Opiumsamen wird, er wird mit der Nacht und dem Tiefschlaf in Verbindung gebracht. Er dient als Zeichen des Gedenkens an die Toten; außerdem wird das Kraut als sanftes Beruhigungsmittel verwendet. Energetisch gesehen, kann das Bild seiner Blüte das Loslassen und die Hingabe unterstützen.

Rose

Mit ihrer kraftvollen Schönheit und ihrem Duft, sorgfältig von Dornen geschützt, symbolisiert diese heilige Blüte in den meisten Kulturen die Liebe und Hingabe, aber auch die Prophezeiung. Nimm die Wildrose als Symbol für Harmonie in der Liebe oder für die Orientierung auf dem Weg zur Liebe.

Pfingstrose

Ihre prächtige Blüte ist nur von kurzer Dauer; die Pfingstrose wächst zeitig im Frühjahr aus dem Boden und signalisiert Glück und Fülle. Die Samen und Wurzeln wurden historisch zum Schutz vor dem Bösen verwendet, zu Perlen aufgereiht und ähnlich wie ein Rosenkranz getragen.

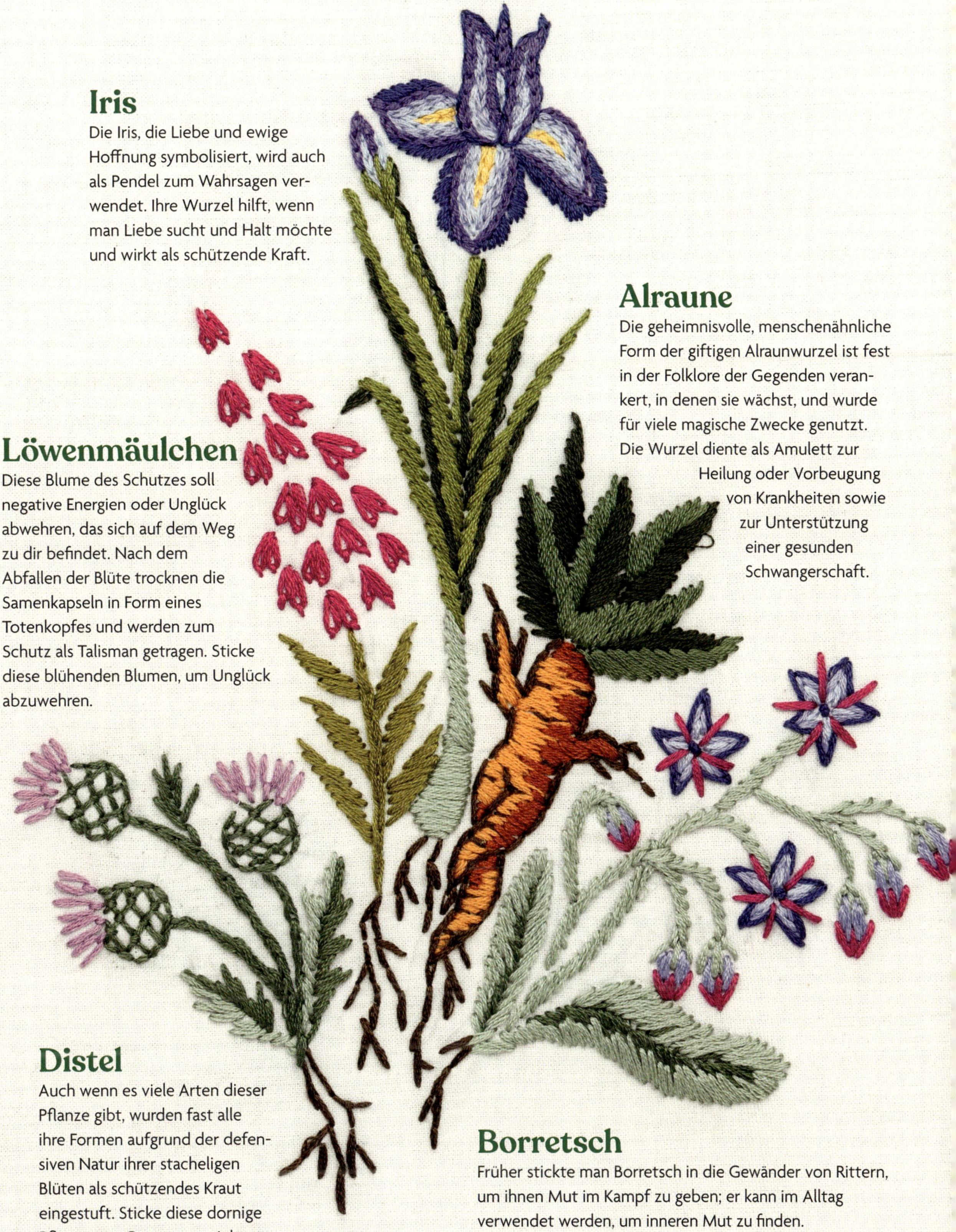

Iris

Die Iris, die Liebe und ewige Hoffnung symbolisiert, wird auch als Pendel zum Wahrsagen verwendet. Ihre Wurzel hilft, wenn man Liebe sucht und Halt möchte und wirkt als schützende Kraft.

Alraune

Die geheimnisvolle, menschenähnliche Form der giftigen Alraunwurzel ist fest in der Folklore der Gegenden verankert, in denen sie wächst, und wurde für viele magische Zwecke genutzt. Die Wurzel diente als Amulett zur Heilung oder Vorbeugung von Krankheiten sowie zur Unterstützung einer gesunden Schwangerschaft.

Löwenmäulchen

Diese Blume des Schutzes soll negative Energien oder Unglück abwehren, das sich auf dem Weg zu dir befindet. Nach dem Abfallen der Blüte trocknen die Samenkapseln in Form eines Totenkopfes und werden zum Schutz als Talisman getragen. Sticke diese blühenden Blumen, um Unglück abzuwehren.

Distel

Auch wenn es viele Arten dieser Pflanze gibt, wurden fast alle ihre Formen aufgrund der defensiven Natur ihrer stacheligen Blüten als schützendes Kraut eingestuft. Sticke diese dornige Pflanze, um Grenzen zu ziehen und Schutz zu bieten.

Borretsch

Früher stickte man Borretsch in die Gewänder von Rittern, um ihnen Mut im Kampf zu geben; er kann im Alltag verwendet werden, um inneren Mut zu finden.

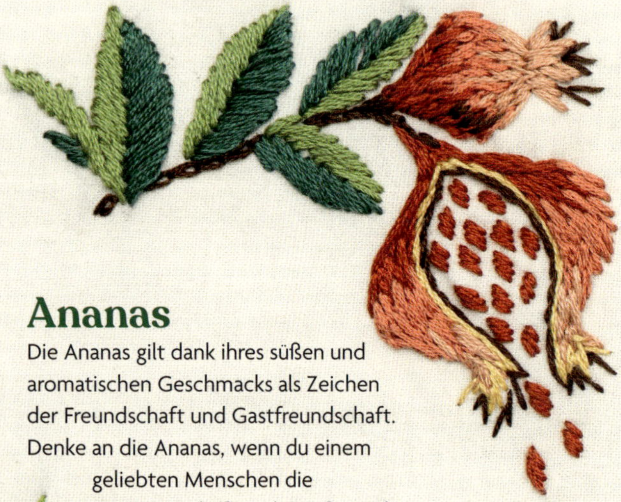

Granatapfel

Die zahlreichen, saftigen Samen des Granatapfels sind der Göttin der Liebe und Fruchtbarkeit geweiht. Die unzähligen Samen dienen als Symbol der Unsterblichkeit und größten Kraft.

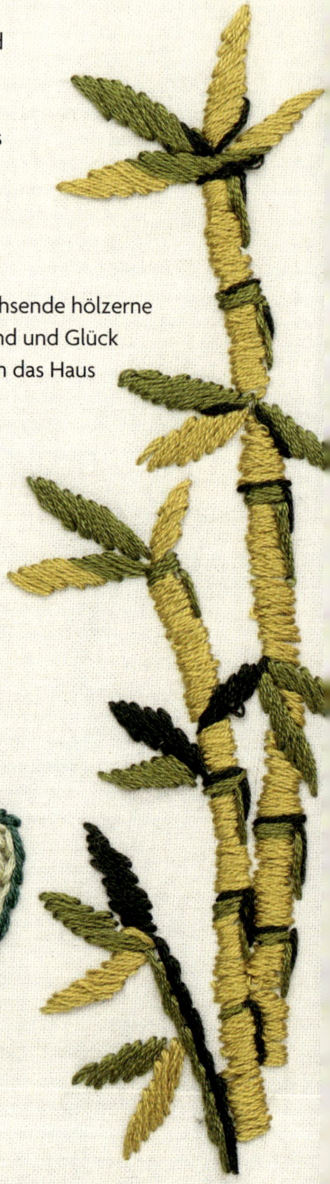

Bambus

Dieses schnell wachsende hölzerne Grün soll Wohlstand und Glück bringen und zudem das Haus schützen.

Ananas

Die Ananas gilt dank ihres süßen und aromatischen Geschmacks als Zeichen der Freundschaft und Gastfreundschaft. Denke an die Ananas, wenn du einem geliebten Menschen die Eigenschaften der Süße und Freude senden möchtest.

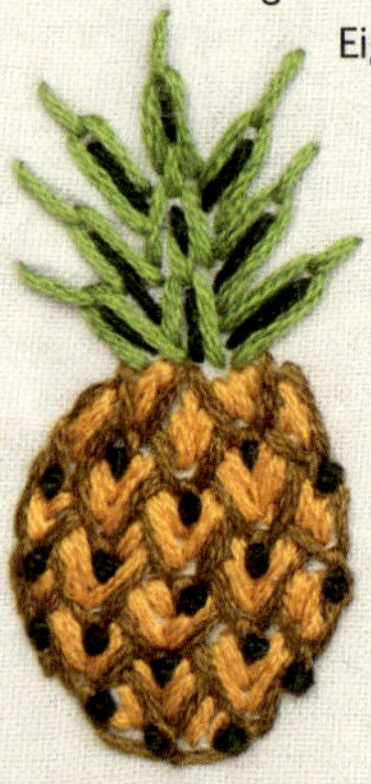

Riesenkaktus

Da dieser Kaktus auch in rauem Klima wächst, wurde er zum Symbol des Gedeihens unter jeglichen Umständen. Arbeite mit diesem stacheligen Freund, um Unterstützung in harten Zeiten zu erhalten.

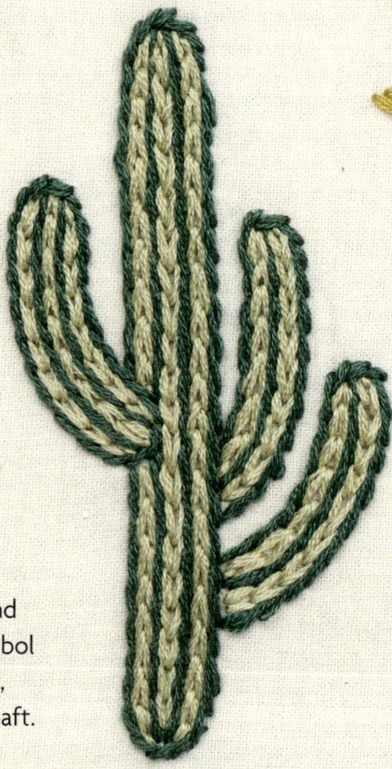

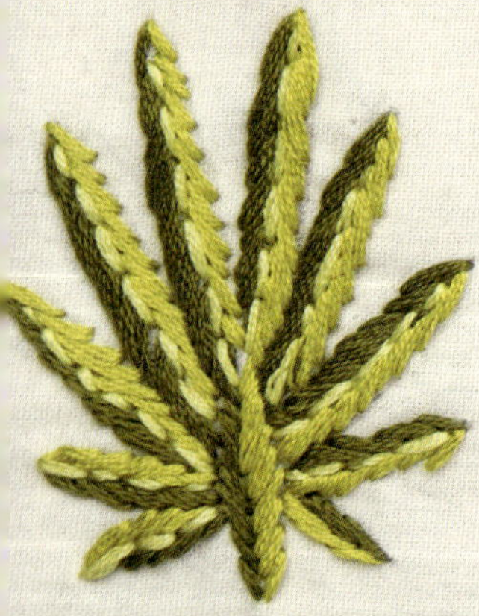

Palme

Die aufragende Früchte tragende und leuchtend grüne Palme war ein Symbol der Fruchtbarkeit und reichen Ernte, später im Christentum der Pilgerschaft. Arbeite mit diesem Symbol, um Reichtum zu erlangen.

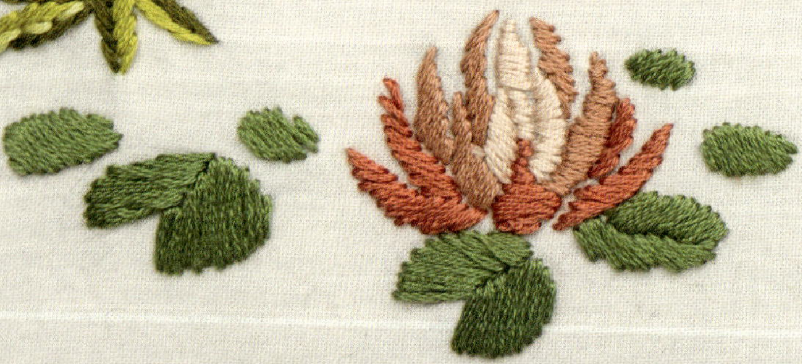

Lotosblume

In der indischen Philosophie dienen die vielen Blütenblätter der Lotosblume der Darstellung der Chakren und offenbaren sanft deren vielschichtige Symbolik. Die anmutige Eleganz der Lotosblume, die in schlammigem Wasser wächst, dient als Zeichen für unser eigenes menschliches Potenzial für Schönheit in einer chaotischen Welt.

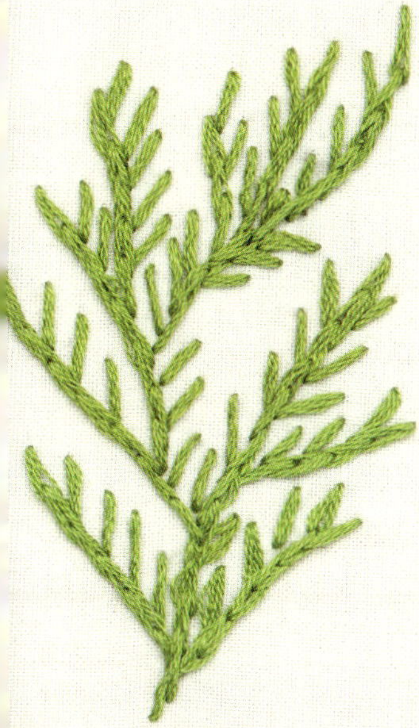

Lorbeer

Als Kraut der Weisheit, die man durch Bildung und auch durch Hellsichtigkeit erlangt, hat der Lorbeer mindestens seit der griechischen Antike seinen Platz in der Symbolik. Lorbeerkränze werden auch heute noch als Siegeskranz in der Leichtathletik verwendet. Die ätherischen Öle des Lorbeers entfalten bei der Verbrennung eine magische Wirkung und wurden als reinigendes und visionäres Räucherwerk eingesetzt.

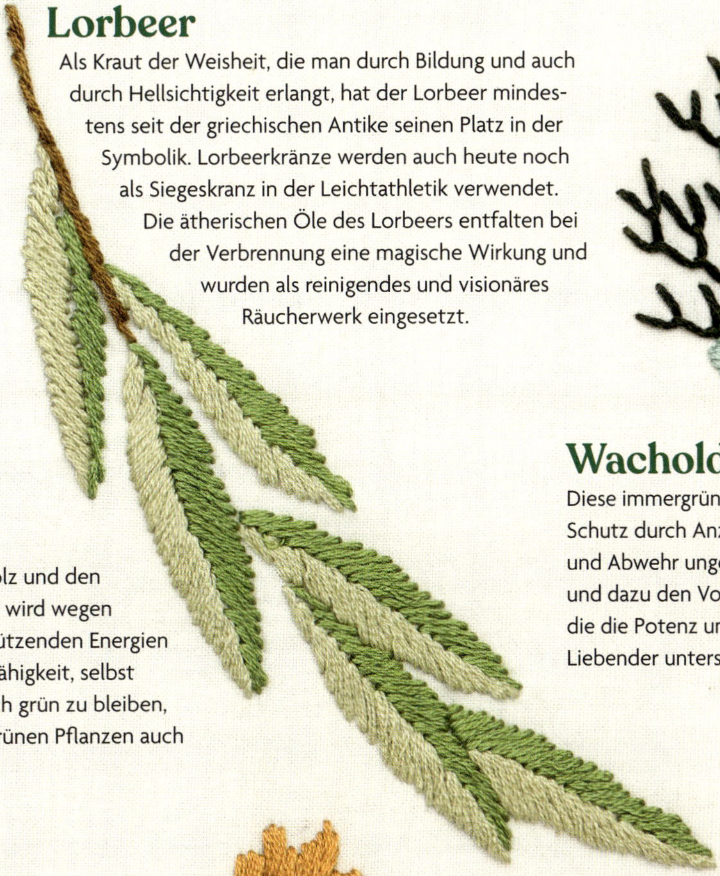

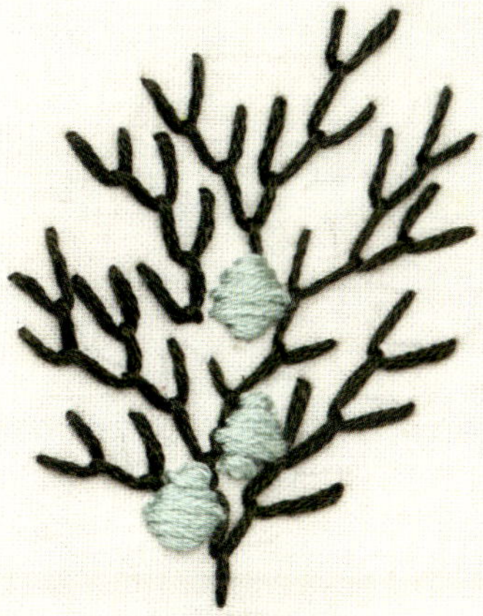

Wacholder

Diese immergrüne Pflanze bietet Schutz durch Anziehung positiver und Abwehr ungesunder Energien und dazu den Vorteil der Beeren, die die Potenz und die Anziehung Liebender unterstützen.

Zeder

Der Weihrauch aus dem Holz und den Blättern dieses Immergrüns wird wegen seiner reinigenden und schützenden Energien geschätzt. Aufgrund ihrer Fähigkeit, selbst durch harte Winter hindurch grün zu bleiben, gelten die meisten immergrünen Pflanzen auch als Quelle der Fülle.

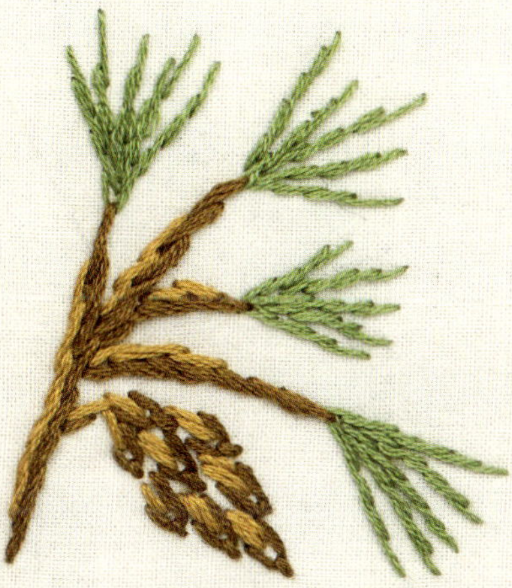

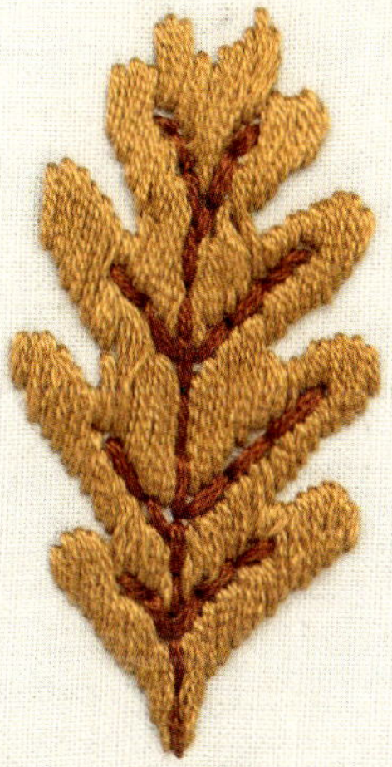

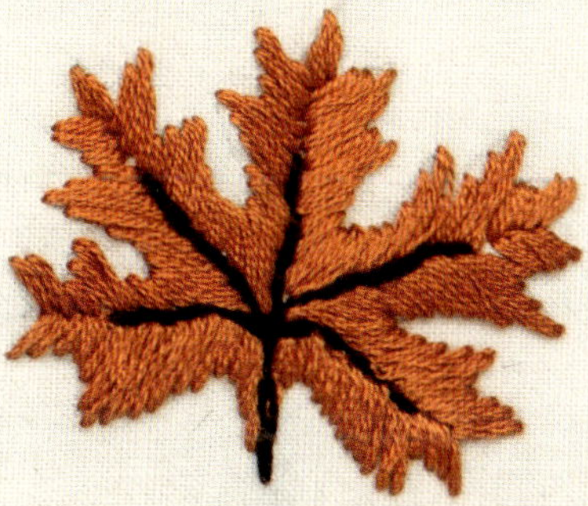

Seidenkiefer

Die Seidenkiefer gilt als „Friedensbaum“, sie wächst nur in Nordamerika und war für die indigenen Völker immens wichtig. Sie verwendeten die nährende und heilende innere Rinde als Mehl, zu Zeiten, als Lebensmittel knapp waren, und das Harz zum Versiegeln und Heilen von Wunden.

Eiche

Die Eiche, die sowohl bei den indigenen Amerikanern als auch in keltischen Traditionen von großer Bedeutung war, ist ein Zeichen für Langlebigkeit, Dauerhaftigkeit und Fertilität. Eicheln sind eine wichtige Nahrungsquelle und waren in vielen Kulturen ein Grundnahrungsmittel.

Ahorn

Es gibt eine ganze Reihe von Unterarten dieses robusten Baumes und die Süße seines Saftes sowie seine Anspruchslosigkeit, aufgrund derer er vielerorts gedeiht, machen ihn zu einem großartigen Symbol für beständiges Wachstum.

Naturerscheinungen

Die Natur ist der eigentliche Urheber und Schöpfer der besten Dinge, unsere Quelle von allem, was wir wissen und was wir uns vorstellen können. Die majestätischen Formen der Natur dienen als Quelle der Inspiration, so lange es uns gibt. Wir sind nichts ohne die Natur, denn wir sind im Grunde ein Teil der Natur. Die Bewegungen des Himmels, die stabile Erde unter unseren Füßen und alles dazwischen, haben unerschöpfliche Weisheit, von der wir lernen können.

Siehe für die wichtigsten Stickstiche dieser Formen Kapitel 7, Seite 177.

Gebirge

Der Gipfel, der sich in den Kosmos erhebt, gilt seit jeher als Quelle göttlicher Inspiration. Der Aufstieg auf einen Berg bietet Gelegenheit zu spirituellem Wachstum und dient als Zeichen für die monumentale Natur der irdischen Kräfte. Stelle mit diesen Formen die Transzendenz dar, die Bewegung jenseits der Alltäglichkeiten des menschlichen Lebens.

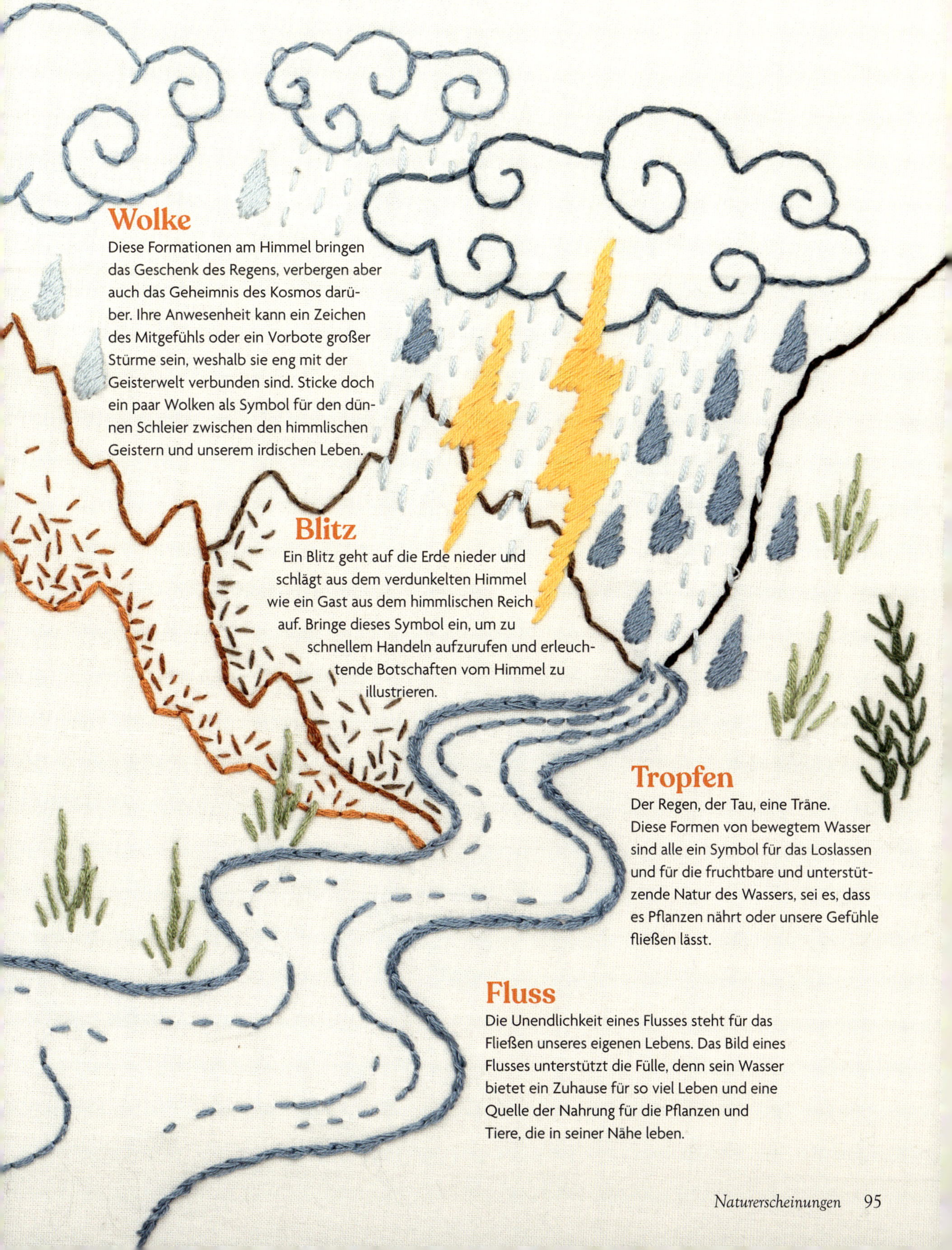

Wolke

Diese Formationen am Himmel bringen das Geschenk des Regens, verbergen aber auch das Geheimnis des Kosmos darüber. Ihre Anwesenheit kann ein Zeichen des Mitgefühls oder ein Vorbote großer Stürme sein, weshalb sie eng mit der Geisterwelt verbunden sind. Sticke doch ein paar Wolken als Symbol für den dünnen Schleier zwischen den himmlischen Geistern und unserem irdischen Leben.

Blitz

Ein Blitz geht auf die Erde nieder und schlägt aus dem verdunkelten Himmel wie ein Gast aus dem himmlischen Reich auf. Bringe dieses Symbol ein, um zu schnellem Handeln aufzurufen und erleuchtende Botschaften vom Himmel zu illustrieren.

Tropfen

Der Regen, der Tau, eine Träne. Diese Formen von bewegtem Wasser sind alle ein Symbol für das Loslassen und für die fruchtbare und unterstützende Natur des Wassers, sei es, dass es Pflanzen nährt oder unsere Gefühle fließen lässt.

Fluss

Die Unendlichkeit eines Flusses steht für das Fließen unseres eigenen Lebens. Das Bild eines Flusses unterstützt die Fülle, denn sein Wasser bietet ein Zuhause für so viel Leben und eine Quelle der Nahrung für die Pflanzen und Tiere, die in seiner Nähe leben.

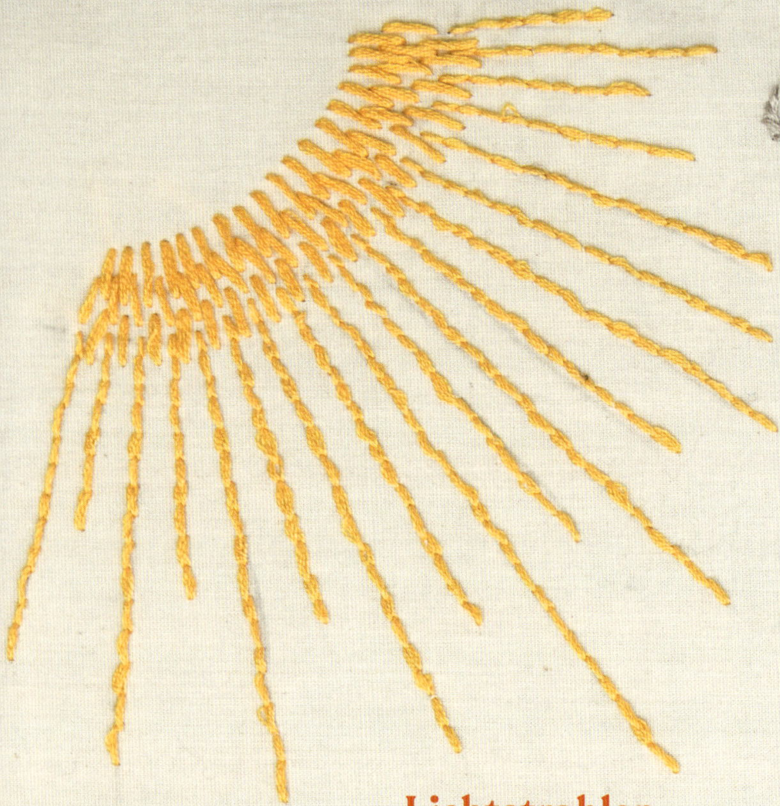

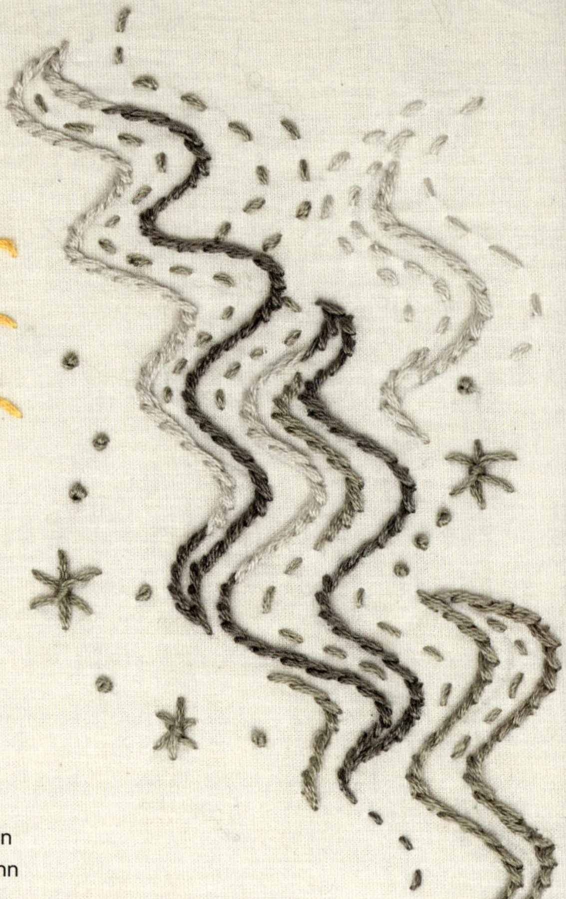

Lichtstrahlen

Das Betrachten der hellen Lichtstrahlen weckt ein Gefühl der Göttlichkeit, denn die heilige Energie bewegt sich in alle Richtungen. Füge dieses Detail in dein Werk ein, um die göttliche Natur dessen zu unterstreichen, was dir lieb und teuer ist.

Rauch

Das Feuer ist die Natur der heiligen Transformation, die Bewegung seines Rauchs hinauf zum Kosmos wird zu einer symbolischen Opfergabe an den Himmel. In vielen Kulturen wurden den Göttern Opfergaben in Form von Rauch dargebracht; dieser, in gestickter Form, kann ein Zeichen für deine eigene Metamorphose sein.

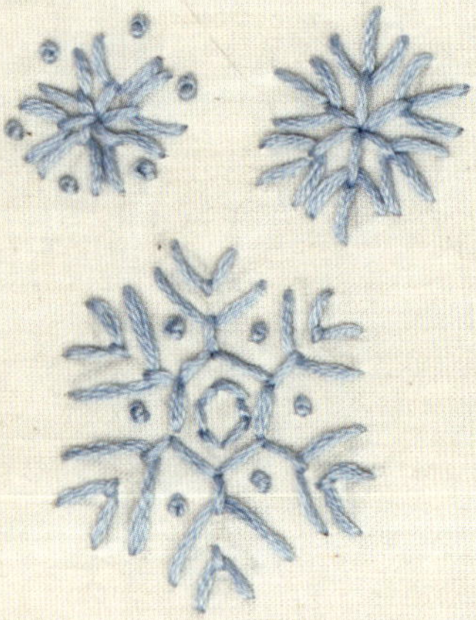

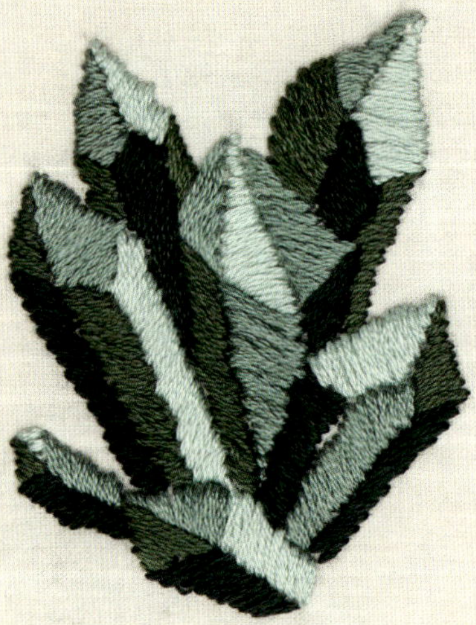

Schneeflockee

Im tiefen, harten Winter dient die perfekt geometrische Form jeder einzelnen Schneeflocke als kreative Inspiration, die direkt aus dem Oberirdischen zu kommen scheint.

Kristall

Diese leuchtenden und geheimnisvollen Formen der magischen Geometrie symbolisieren die göttlichen Kräfte im Ursprung der Erde. Kristalle gibt es in vielen Formen und Größen, aber sie verblüffen immer wieder und inspirieren mit ihrer auffälligen Struktur und dem glitzernden Licht.

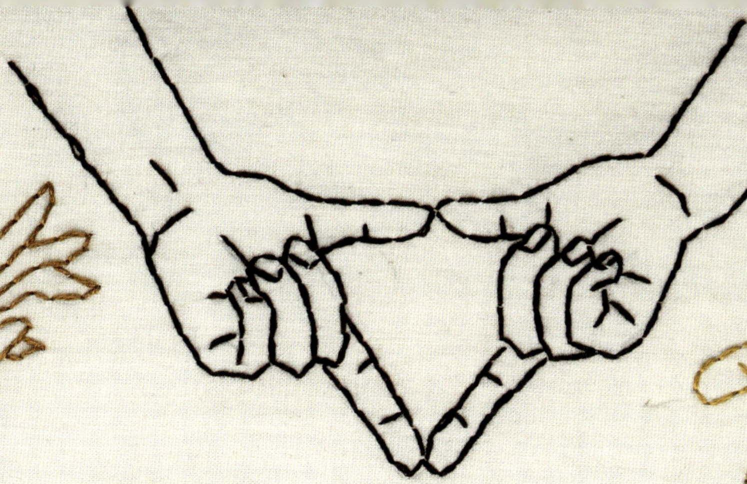
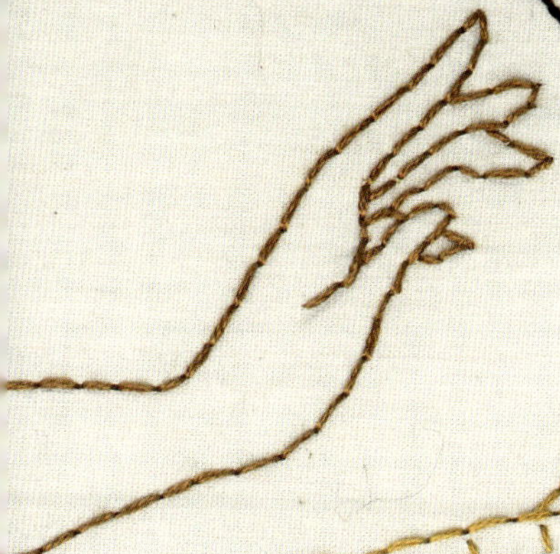
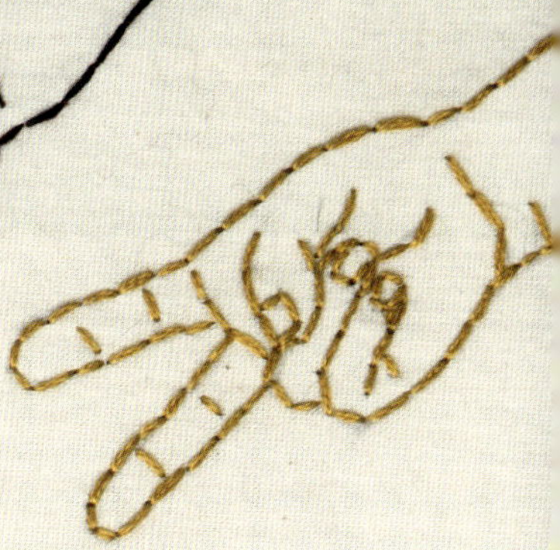

KÖRPERTEILE

Die einzelnen Teile, aus denen sich unser Körper zusammensetzt, faszinieren uns immer wieder und bilden die Grundlage vieler Schöpfungsgeschichten in der Mythologie. Die filigrane Organisation von Haut, Knochen und Muskeln, die uns so gut am Leben hält, scheint auch eine perfekte Metapher für die Schöpfung der Welt zu sein. Auch wenn nicht nur Menschen die hier gezeigten Körperteile zu eigen sind, so sind sie doch zu vertrauten Symbolen für uns geworden, weil wir durch sie die Welt um uns herum wahrnehmen und interpretieren.

Siehe für die wichtigsten Stickstiche dieser Formen Kapitel 7, Seite 178.

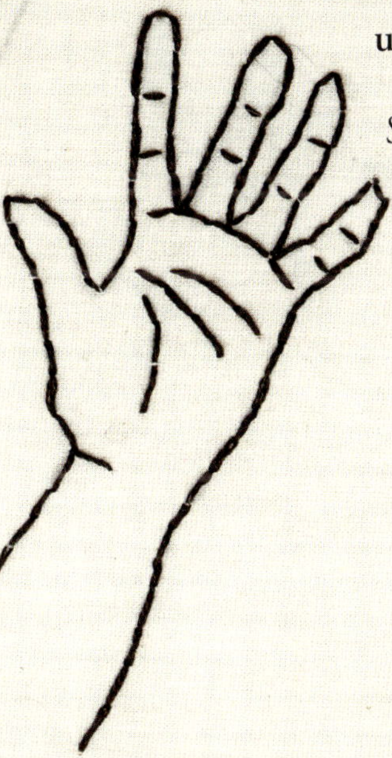
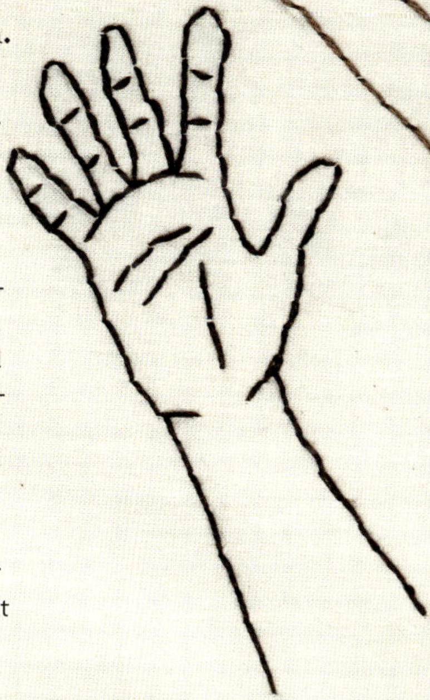

Hand

Unsere Hände versetzen uns in die Lage, Werkzeug anzufertigen, Essen zu kochen, uns selbst zu verteidigen und unsere Lieben fest zu halten. Sie sind das perfekte Mittel der Manifestation, mit dem wir unsere Umgebung gestalten und unseren Visionen Ausdruck verleihen können. Daher steht die Hand für positives Potenzial und Glück. Dank einer hohen Konzentration von Nervenenden sind unsere Hände auch die Quelle intimer Kenntnisse über die Welt um uns herum. Die Hand der Fatima, eine in der Kunst des Nahen Ostens weit verbreitete Darstellung, gilt als Zeichen für Schutz und Segen.

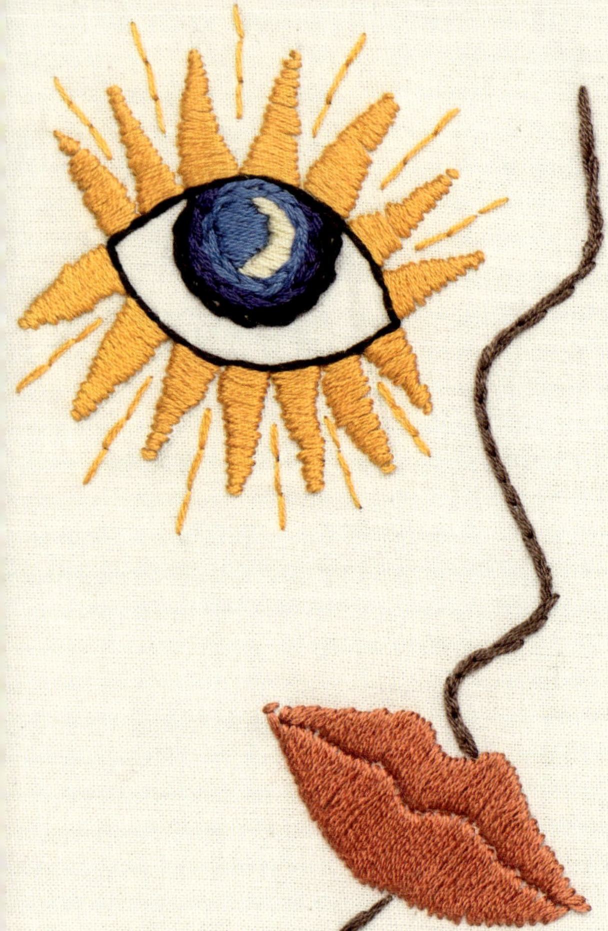

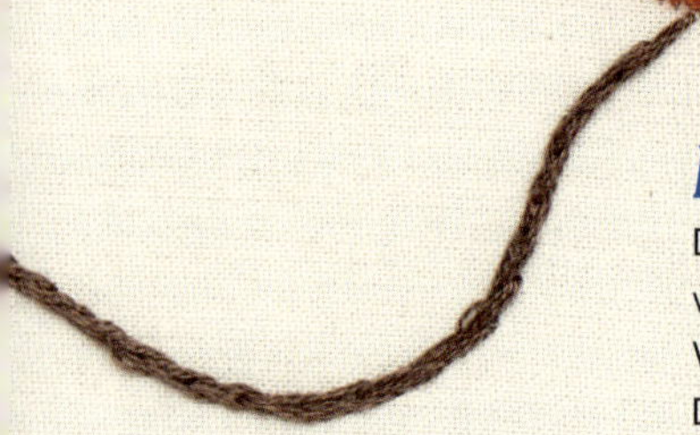

Auge

Das Auge ist der Raum, den wir öffnen, um das Licht des Kosmos‘ zu empfangen. Es symbolisiert die alles sehende und alles erkennende Weisheit sowie Erleuchtung durch Intuition. Integriere dieses Bild als Einladung für weitsichtige Führung und Vertrauen in das größere Ganze.

Ohr

Das menschliche Ohr fängt mit seiner spiralförmigen Muschelform Schallwellen auf, aus denen wir Informationen über unsere Umgebung filtern. Mit Hilfe der Flüssigkeit in den Gehörgängen finden wir unser Gleichgewicht. Durch die Verbindung von Wasser und Muschelform ist das Ohr von Natur aus zur Aufnahme bestimmt, es nimmt die Eindrücke der Umgebung auf magische Weise wahr und absorbiert sie.

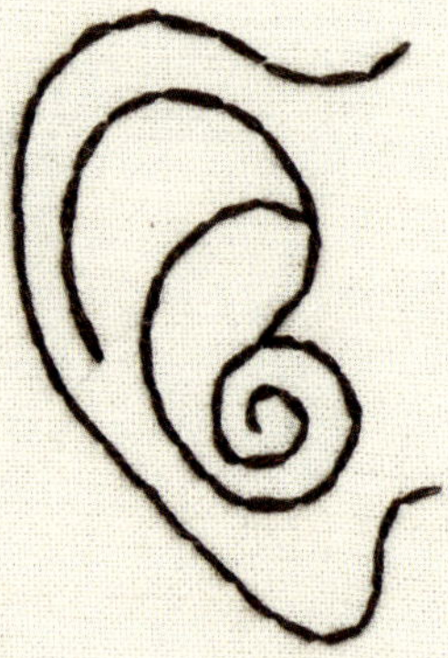

Mund

Der Mund ist ein Organ des Verzehrs wie auch des Ausdrucks, er generiert Wörter und schafft Kommunikation. Durch geflüsterte Laute und natürlich durch Küsse lässt er Intimität zu. Wie auch die Liebe verschlingt und verzehrt der Mund und hält uns dadurch am Leben.

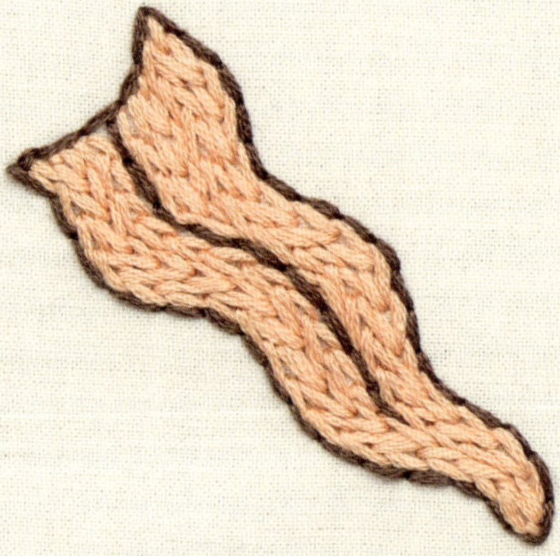

Zähne

Die Zähne sind die härtesten Körperteile des Menschen, sie pressen und zerkleinern die Nahrung in verdaubare Stücke und symbolisieren unsere Fähigkeit, Substanzen zu verändern, sei es Nahrung oder geistige und spirituelle Konstrukte. Einen Traum von einem Zahnverlust kann man als Gefühl des Kontrollverlusts oder als Unfähigkeit, sich festzuhalten oder Lebenssituationen zu verarbeiten, interpretieren.

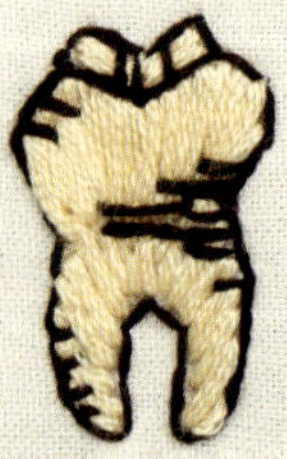

Zunge

Sie verleiht uns die Fähigkeit, Geschmäcker zu unterscheiden und eine Vielfalt an Klängen zu erzeugen, aus denen sich die Sprache zusammensetzt. Die Zunge besitzt Unterscheidungsvermögen. Vielleicht werden einer ausgestreckten Zunge wegen ihrer schlangenähnlichen Form in vielen christlichen Darstellungen böse Kräfte zugeschrieben. Im Gegensatz dazu wird die hinduistische Göttin Kali mit ausgestreckter Zunge gezeigt, möglicherweise als Symbol dafür, dass die Natur alles verschlingt.

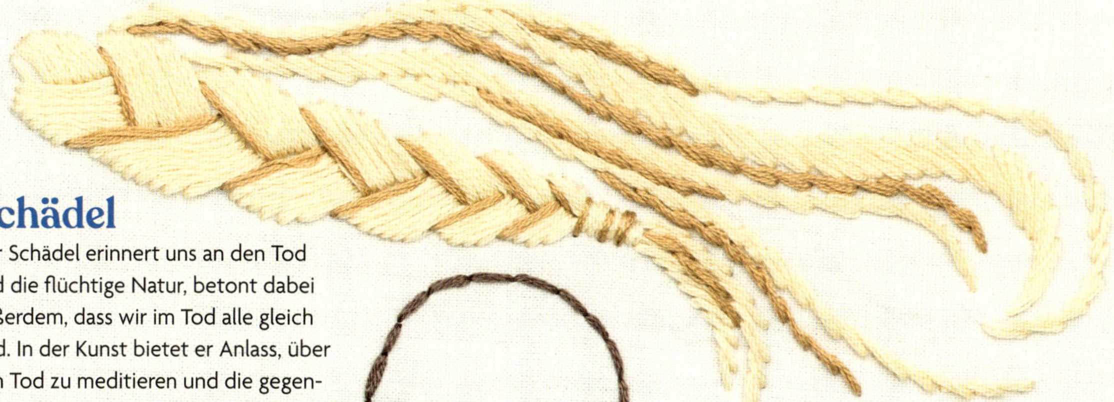

Schädel

Der Schädel erinnert uns an den Tod und die flüchtige Natur, betont dabei außerdem, dass wir im Tod alle gleich sind. In der Kunst bietet er Anlass, über den Tod zu meditieren und die gegenwärtige Existenz mit mehr Bedeutung zu versehen. Diese Ansicht wird auch als „Memento mori" bezeichnet, lateinisch für „Bedenke, dass du sterben wirst".
In vielen Mythologien, etwa der aztekischen, hinduistischen, altnordischen und ostasiatischen, ist der Schädel die Personifizierung des Todes.

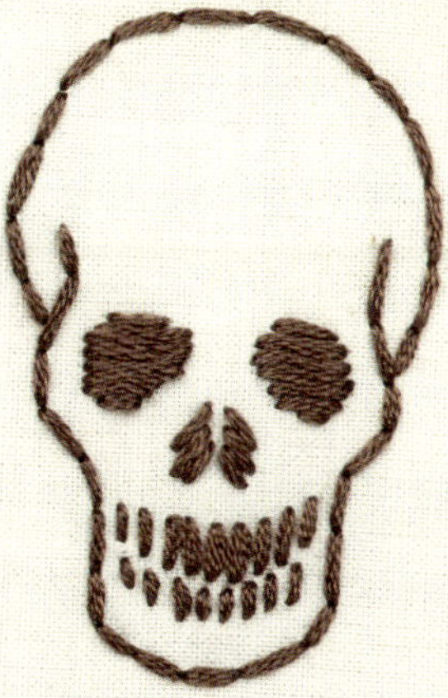

Haar

Eine Haarlocke wurde einem Geliebten als Zeichen der Hingabe geschenkt, in anderen Fällen im Verlangen nach Kraft entrissen oder als Andenken an einen Verstorbenen aufbewahrt. Ob in losen Strähnen oder festen Zöpfen, farbenprächtig oder funkelnd mit Silbersträhnen, unser Haar ist ein fester Bestandteil unserer persönlichen Identität.

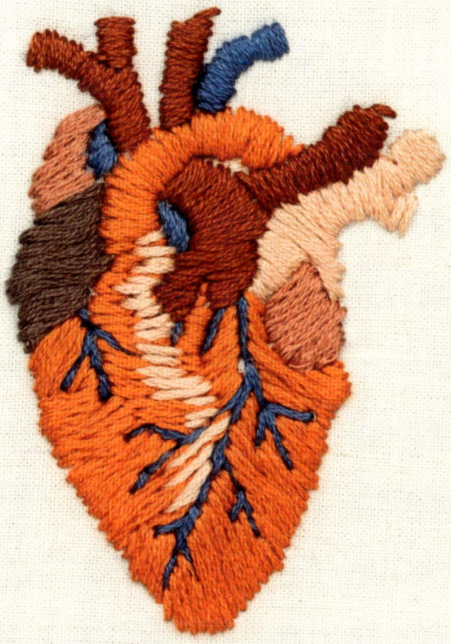

Herz

Dieses pulsierende Organ in der Mitte unseres physischen Körpers hat einen eigenen lebenserhaltenden Takt. Es ist erwiesen, dass das Herz mehr Nachrichten an das Gehirn sendet als das Gehirn an das Herz. Wenn wir bestimmte Dinge „innerlich" wissen, ist es so, als kämen sie direkt aus dem Herzen. Arbeite mit diesem Symbol, um Zugang zu deinem inneren Wissen zu erlangen und dich auf die persönlichen Rhythmen des Körpers einzustellen.

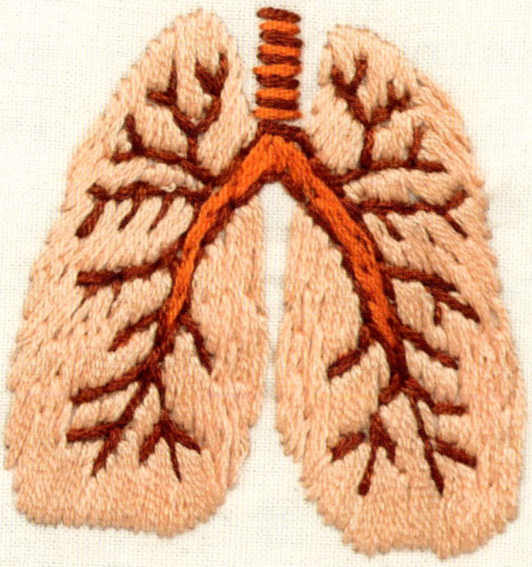

Lungen

Ein anderes Wort für inhalieren ist *inspirieren*. Dies ist nur möglich, wenn wir richtig ausgeatmet und das, was nicht gebraucht wird, ausgeschieden haben und dabei unser System durch den Atem reinigen. Die Atemarbeit ist eine uralte Technik zur Auflösung von Blockaden im Körper. Eine einfache Folge tiefer Atemzüge kann Wunder für den Körper bewirken. Arbeite mit dem Symbol der Lunge als Zeichen des Unterscheidungsvermögens und zur Unterstützung der Klarheit. Nimm jetzt einen tiefen Atemzug!

Fuß

Zwar werden in der modernen Kultur Füße als niedere oder schmutzige Formen dargestellt, aber ihre Nähe zur Erde ist ein Zeichen für eine erdende Verbindung mit der Natur selbst, ähnlich wie der bescheidene und fleißige Regenwurm. Das Konzept des „festen Stands" und der „Bodenhaftung" hebt das Symbol des Fußes als Zeichen für die Stärkung der persönlichen Wurzeln in der Welt hervor.

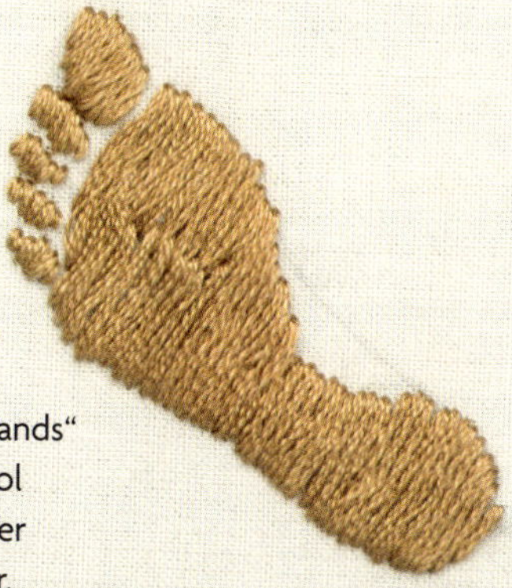

Werkzeuge und Gegenstände

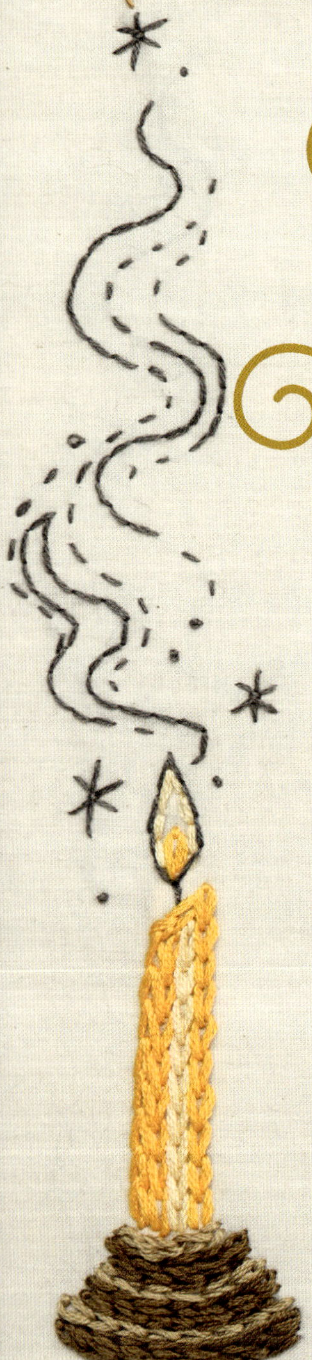

Die Formen dieser Alltagswerkzeuge und -gegenstände haben für uns eine symbolische Bedeutung, die über ihren funktionalen Nutzen hinausgeht. Die hier gezeigten Werkzeuge sind beständig und universell; sie tauchen in fast allen alten Gemeinschaften auf und werden auch in unserer modernen Welt noch benutzt. Sie mögen äußerlich leicht verschieden sein, aber in ihrer Bedeutung gibt es Parallelen zwischen den Kulturen.

Siehe für die wichtigsten Stickstiche dieser Formen Kapitel 7, Seite 180.

Kerze

Die Kerze, die mit einer einzigen Flamme einen ganzen Raum erleuchten kann, ist ein Symbol der Göttlichkeit, Weisheit und Reinigung. Dabei verweist die Möglichkeit, dass sie ausgelöscht wird oder vollständig abbrennt, auf die sterbliche Natur unseres Daseins.

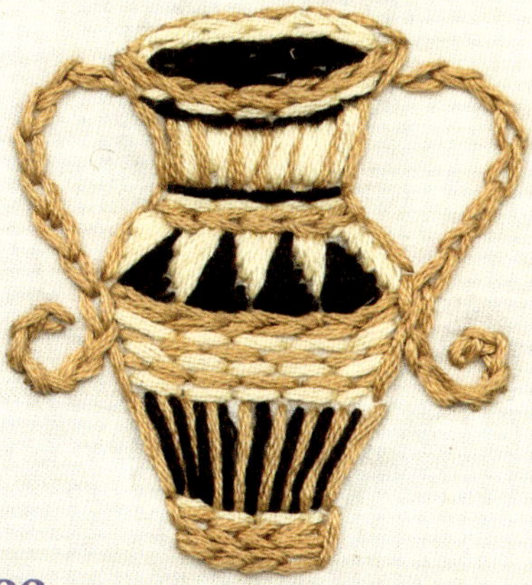

Vase

Die Vase als Gefäß des göttlichen Wassers ist der symbolische Schoß, der Ort, an dem die große Mutter das fruchtbare Wasser der Existenz aufbewahrt. Lasse die Vase deine stets fließende Quelle der Nahrung sein. Du kannst sie mit Symbolen besticken, die für dich diese Absicht unterstützen.

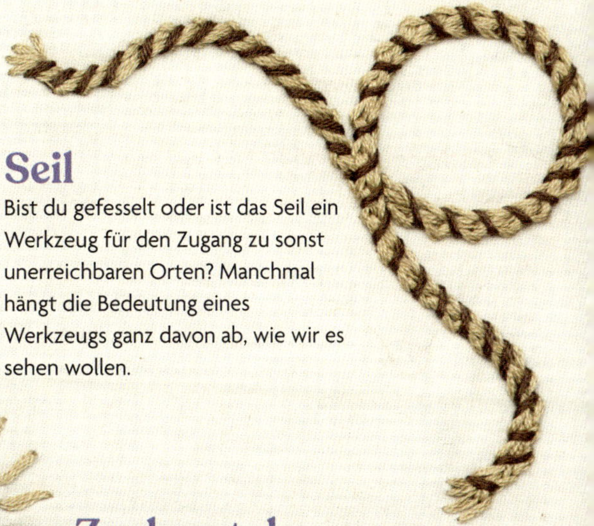

Seil

Bist du gefesselt oder ist das Seil ein Werkzeug für den Zugang zu sonst unerreichbaren Orten? Manchmal hängt die Bedeutung eines Werkzeugs ganz davon ab, wie wir es sehen wollen.

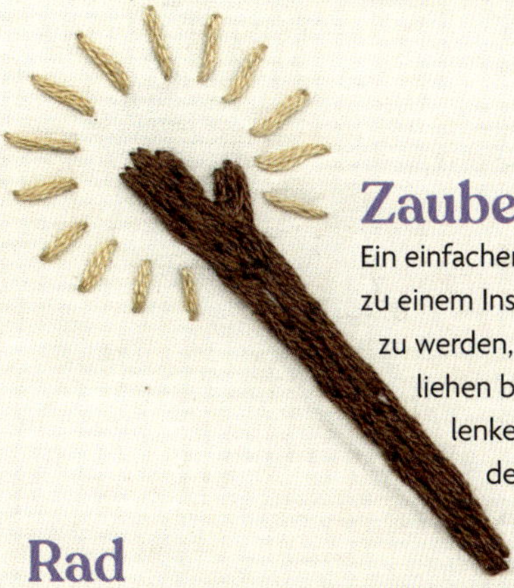

Zauberstab

Ein einfacher Zweig birgt die Möglichkeit in sich, zu einem Instrument der persönlichen Macht zu werden, wenn er übernatürliche Kräfte verliehen bekommt. Wie wirst du deine Kräfte lenken? Im Tarot ist der Zauberstab mit dem Element des Feuers verbunden, mit der Flamme des Handelns, mit Wandlung und Kraft.

Kamm

Der Akt des Kämmens impliziert das Ordnen und Organisieren von chaotischen Gegebenheiten. Gleichzeitig symbolisiert er als ein Werkzeug der Unterteilung mit seinen Zähnen, die den Sonnenstrahlen ähneln, die Vielzahl der Wege zur Erleuchtung. Er gehört auch zum Webstuhl, wo er die Fäden trennt, damit in sie das Geflecht unseres Lebens gewebt werden kann.

Rad

Das sich in ständiger Bewegung befindliche Rad fordert uns auf, die unaufhörliche, sich wandelnde Realität unserer Existenz zu akzeptieren. Können wir Trost im Unbekannten und in der Vergänglichkeit finden? Alles ist vergänglich. Im Buddhismus werden damit die acht Pfade des rechten Lebens dargestellt – während alles in Bewegung ist, bleibt das Zentrum still.

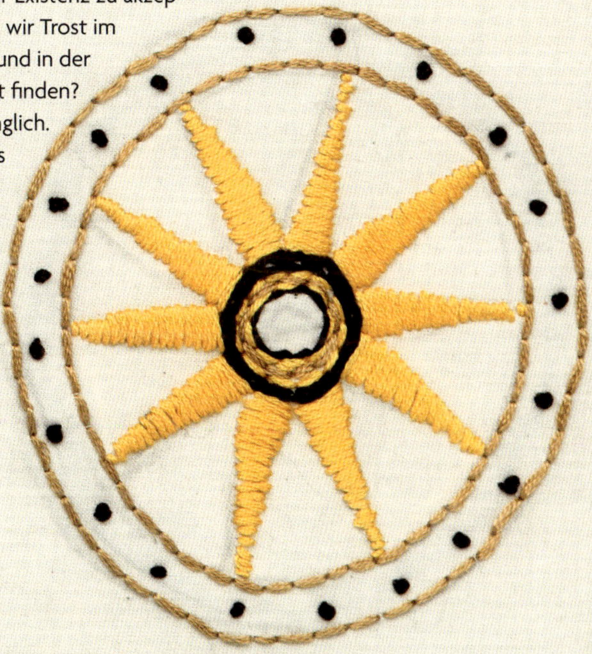

Tür

Als Eingang zu Unbekanntem lockt die Tür zum Eintritt in neue Welten. Sie ist zudem ein ganz funktioneller, Schutz bietender Durchgang zu deinem Zuhause. Gestaltungen von Türöffnungen zeugen oft von Aberglauben: Aufgehängte Kräuter und verstreutes Pulver schützen das Haus, heilige Symbole an der Tür sollen Wohlstand heraufbeschwören. Offene Türen bieten eine Gelegenheit für Entdeckung und Transzendenz; eine geschlossene Tür dient dem Schutz und der Sicherheit.

Schlüssel

In solch einem kleinen Metallstück liegt der Zugang zu großen Mysterien und tiefem Wissen. Der Schlüssel kann eine Quelle der Befreiung sein, wenn du entdeckst, in welches Schlüsselloch er passt. Er beinhaltet die Energie zum Eintritt in noch unbekannte Dimensionen.

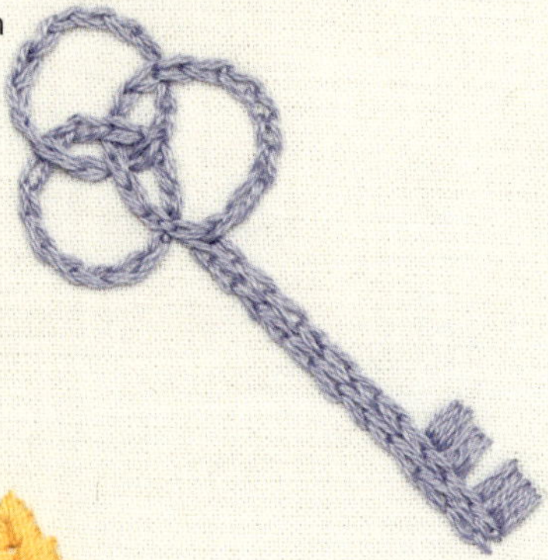

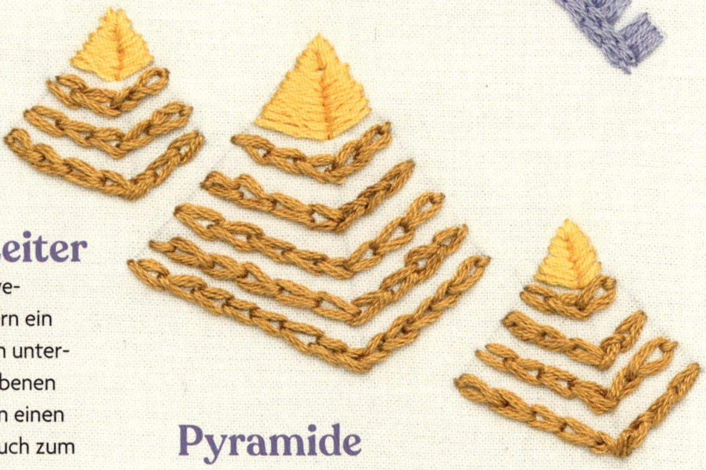

Treppe oder Leiter

Wenn wir uns im Raum bewegen, sind Treppen und Leitern ein Verbindungsmittel zwischen unterschiedlichen Bewusstseinsebenen und dem Kosmos. Sie bieten einen Weg sowohl zum Auf- als auch zum Abstieg sowie die Möglichkeit, uns mit der Gottheit oder mit unseren eigenen verborgenen Mysterien zu verbinden.

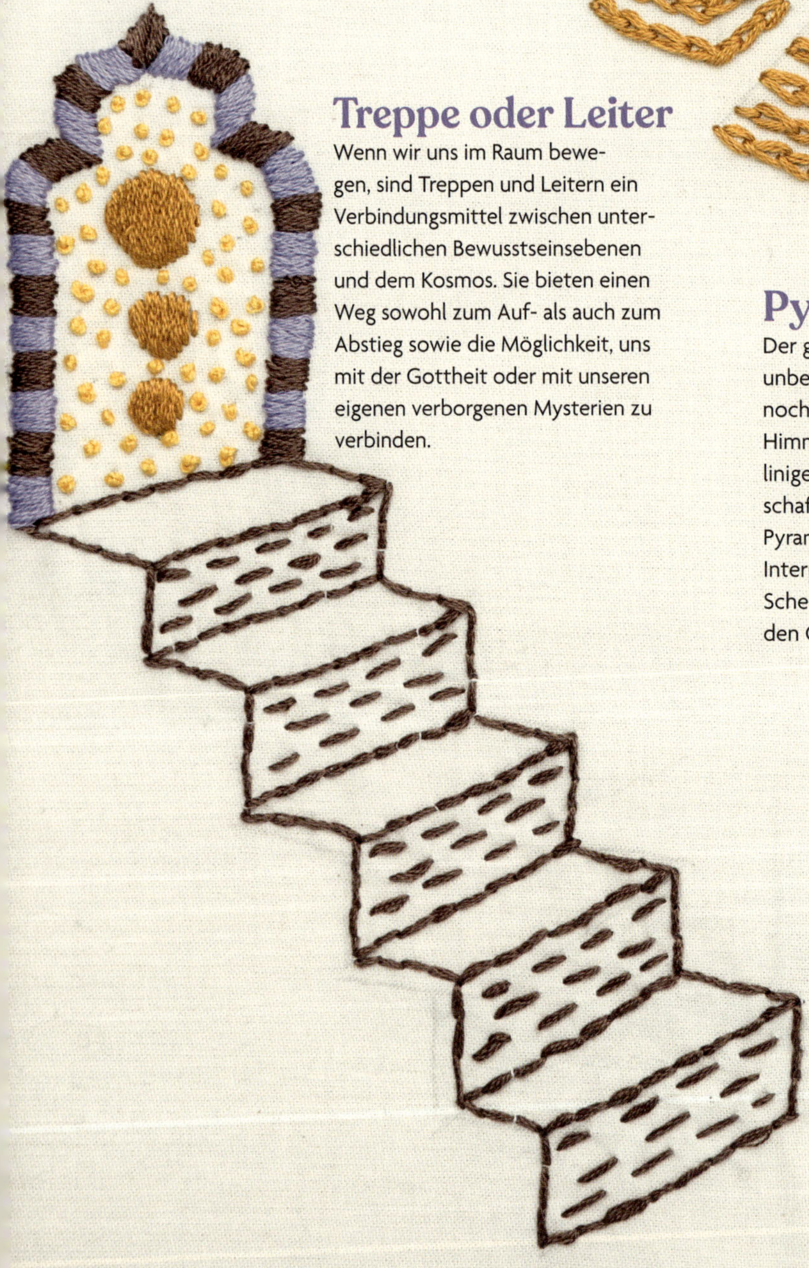

Pyramide

Der genaue Zweck von Pyramiden ist immer noch unbekannt, was das sie umfassende Geheimnis noch verstärkt. Mit Ecken, die genau auf den vier Himmelsrichtungen liegen, und Linien, die geradliniger sind, als man sie mit modernen Werkzeugen schaffen könnte, verblüfft und inspiriert die Pyramide. Man nimmt an, dass ihre Form eine Interpretation der Sonnenstrahlen ist, wobei der Scheitelpunkt das höchste erreichbare Wissen und den Gipfel aller Möglichkeiten darstellt.

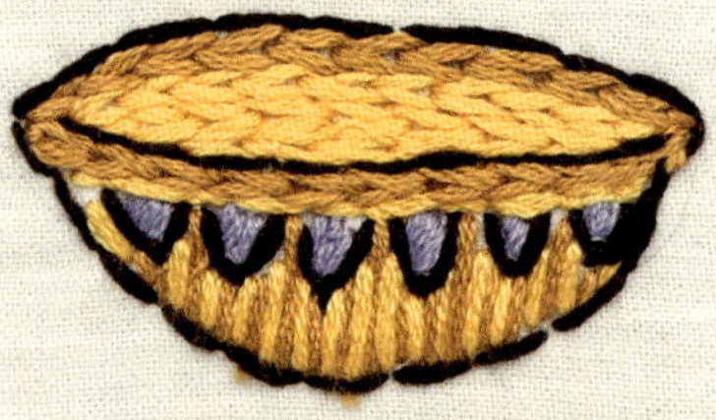

Schale

Dieses bescheidene Gefäß ist ein Zeichen der Empfänglichkeit, ein Ort, in dem gesammelt wird, was wir brauchen. Verwende die Schale als Symbol für das wohltuende Zurücklehnen und Empfangen. Wir müssen nicht immer nach außen hin aktiv sein.

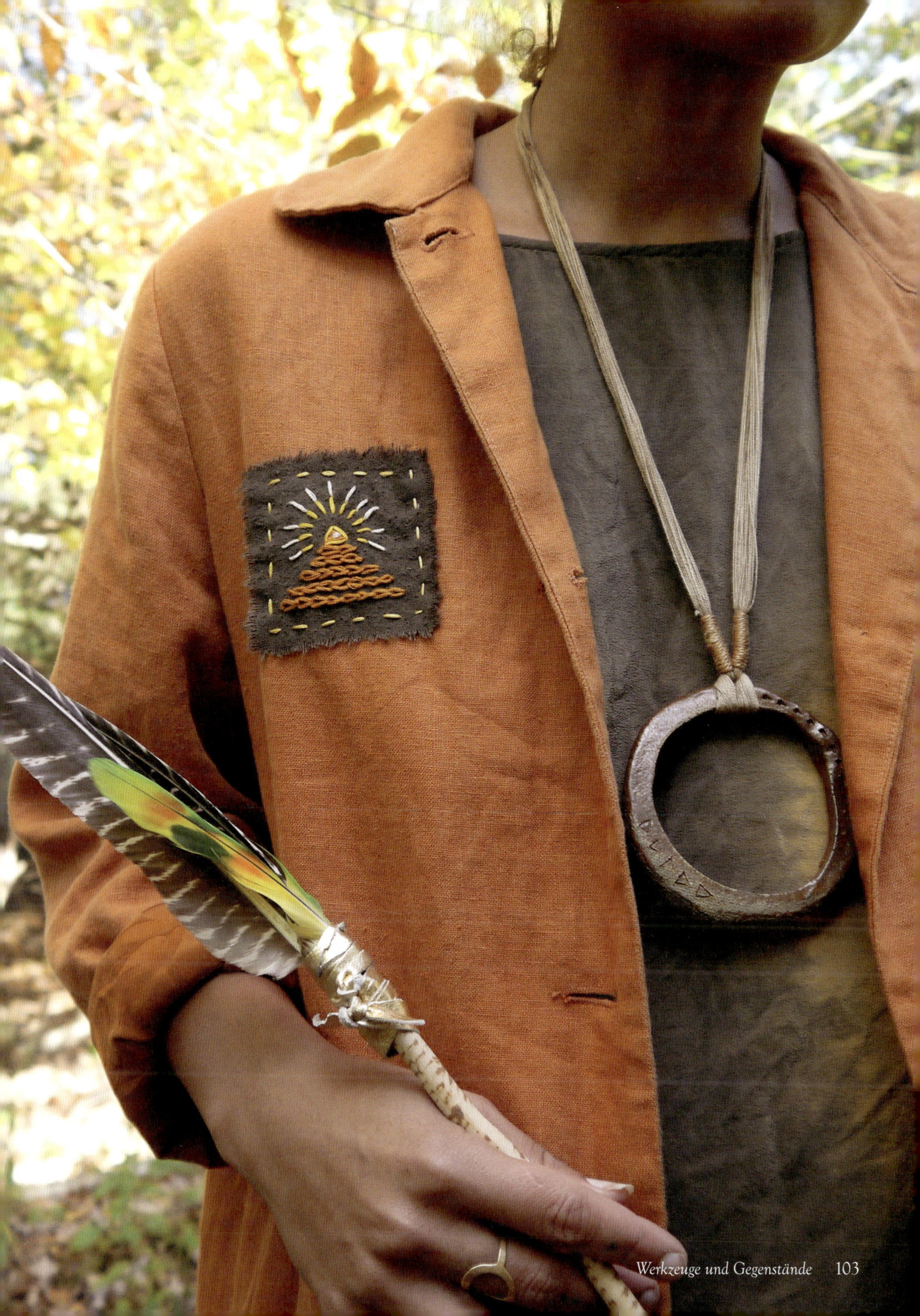

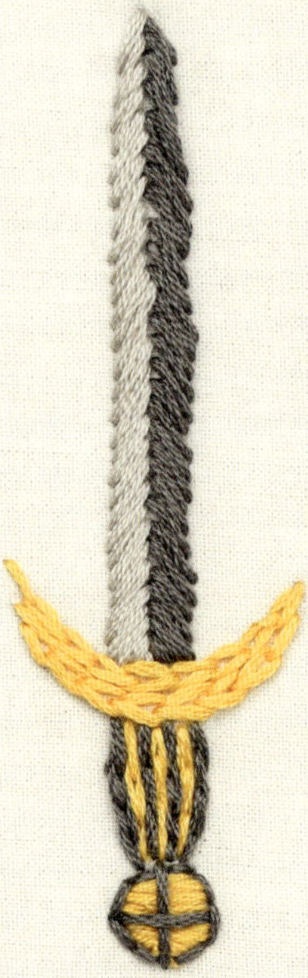

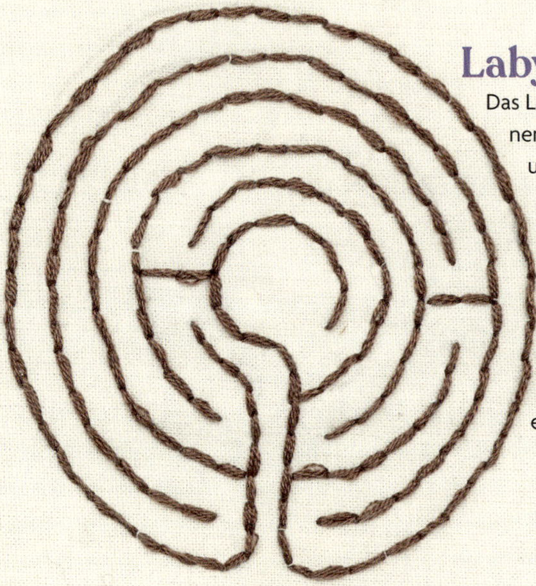

Labyrinth

Das Labyrinth illustriert die verschlungenen Pfade zu unserer Mitte. Wenn wir uns zur Mitte hin bewegen, verlieren wir vielleicht die Orientierung, in welche Richtung wir gehen, und unsere Realität gerät aus dem Gleichgewicht. Dabei können wir die rationale Perspektive überschreiten und Zugang zu tieferem spirituellem Wissen erlangen.

Besen

Beim Reinigen eines Raums fegt der Besen und verbannt so zusammen mit Staub und Schmutz böse Energien. Historisch wird er mit Hexen in Verbindung gebracht und verweist auf den Ausdruck weiblicher Kräfte im Alltag des häuslichen Bereichs.

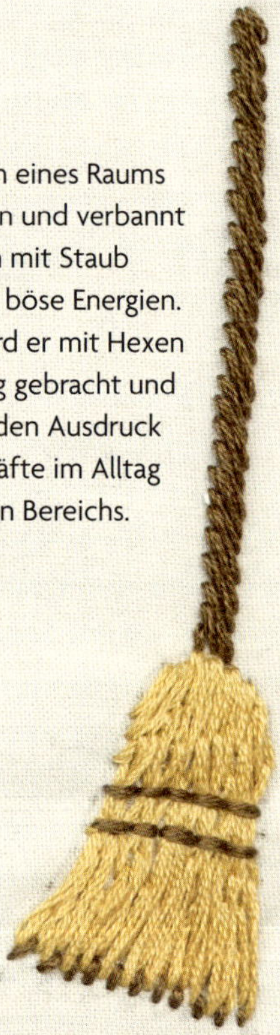

Schwert

Je nachdem, für welche Seite man sich entscheidet, kann das Schwert ein Zeichen für Entschlossenheit und Geistesstärke oder ein Symbol des Konflikts sein. Sowohl in einem friedlichen als auch gewalttätigen Akt repräsentiert es den aktiven Intellekt. Wählst du Schöpfung oder Zerstörung? Ist das eine ohne das andere möglich? Im Tarot symbolisiert es das Element Luft, das mit unseren Gedanken und intellektuellem Unterscheidungsvermögen in Verbindung gebracht wird.

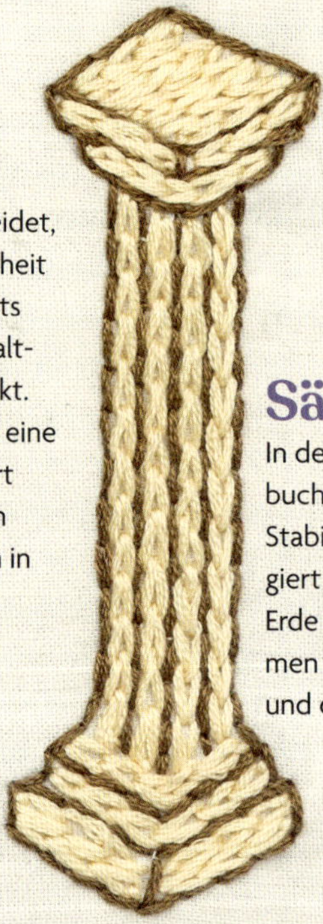

Säule

In der Architektur ist die Säule buchstäblich ein Symbol der Stabilität und Weisheit, sie fungiert als vertikale Achse von der Erde zum Himmel. Säulen umrahmen oft Institutionen der Macht und des Wissens.

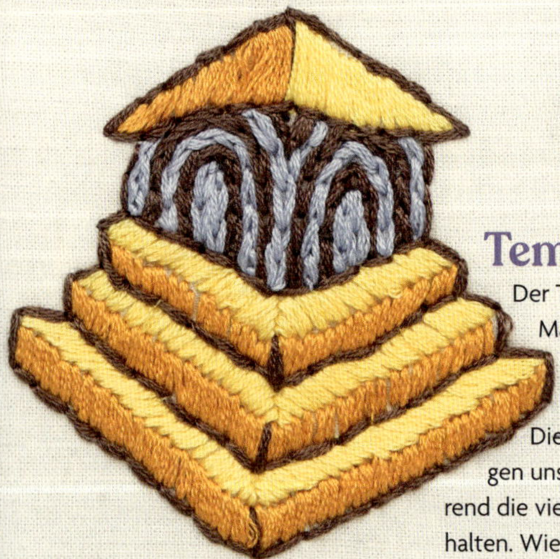

Tempel

Der Tempel ist die irdische Manifestation des Palastes, in dem man mit dem Göttlichen kommuniziert. Die aufsteigenden Stufen bringen uns hoch in den Kosmos, während die vier Ecken uns im Irdischen halten. Wie sieht der Ort aus, in dem deine Gottheit ihren Platz hat?

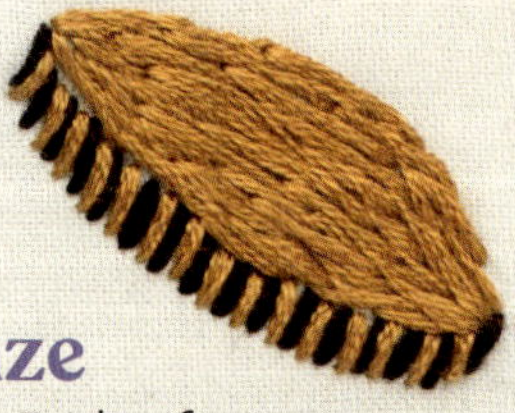

Münze

Sie ist ein Zeichen für Wohlstand, Wert und Möglichkeiten in weltlichen Belangen. Sie kann auch als Erinnerung daran dienen, seine Werte nicht zu sehr auf materielle Ziele auszurichten. Im Tarot steht das Ass der Münzen, auch Pentakel genannt, für das Element der Erde, für die greifbaren Dinge des Lebens.

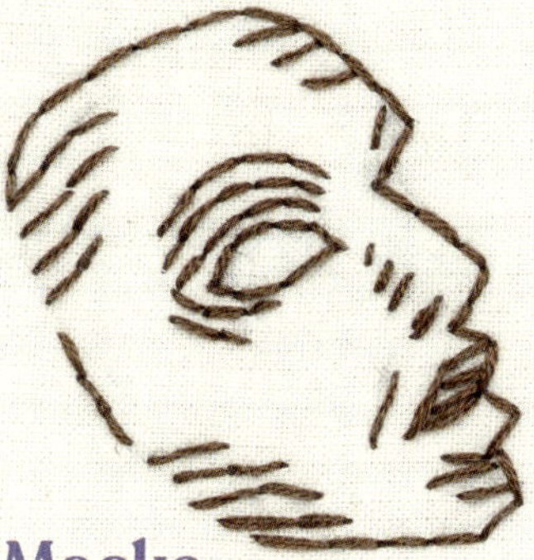

Maske

Als rituelles Erzählwerkzeug gibt uns die Maske die Möglichkeit, verschiedene Formen anzunehmen und so die eigene Persönlichkeit vor der Gesellschaft zu verstecken. Die Maske birgt ihre eigene Macht, indem sie einfach das Aussehen des Trägers verändert – oder indem sie sein Ich völlig umgestaltet. Versteckt die Maske dein wahres Wesen oder erlaubt sie dir, es für alle sichtbar zu machen?

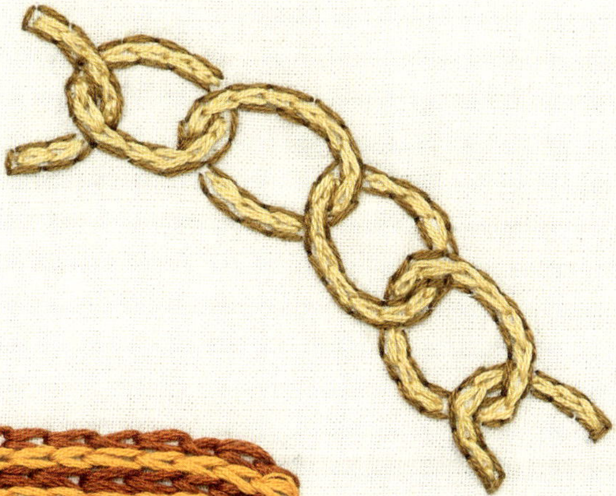

Kette

Die Kette, ein sichtbares Zeichen physischer Zwänge, kann man brechen (etwa bei Unterdrückung) oder wählen (bei Beziehungen). Du kannst entscheiden, wie du dich zu Ketten verhältst, ob sie anketten oder verbinden.

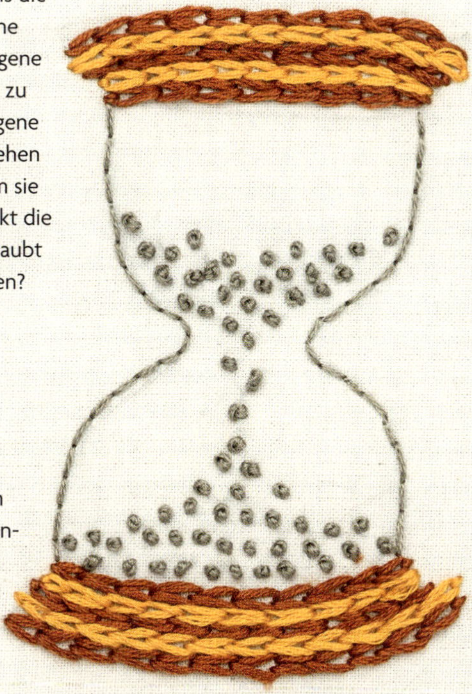

Sanduhr

Der fließende Sand in einem geschwungenen Stundenglas ist ein Symbol der Vergänglichkeit und erinnert uns an unser endliches Dasein.

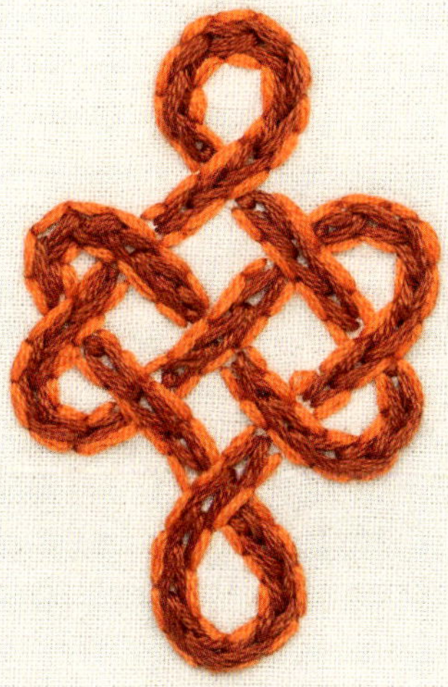

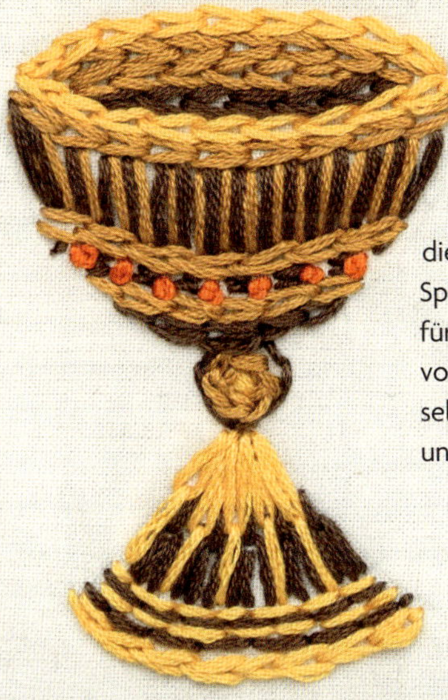

Kelch

Als Gefäß für geweihtes Wasser wird er oft aufwendig dekoriert. In der Religion symbolisiert der Kelch die Suche nach einer Quelle, die die Seele von weltlichen in spirituelle Sphären erhebt. Im Tarot stehen Kelche für das Wasser und für unseren Ausdruck von Beziehungen zu anderen, zu uns selbst und zu den tieferen Schichten unseres Unterbewusstseins.

Knoten

Der ewige Knoten, ein sichtbares Zeichen der Verbindung und Einheit, steht für Kontinuität und Integration. Der Knoten verweist auch auf alles, was uns fesselt. Fühlst du dich durch deinen eigenen Willen eingeengt oder freiwillig an bestimmte Situationen gebunden?

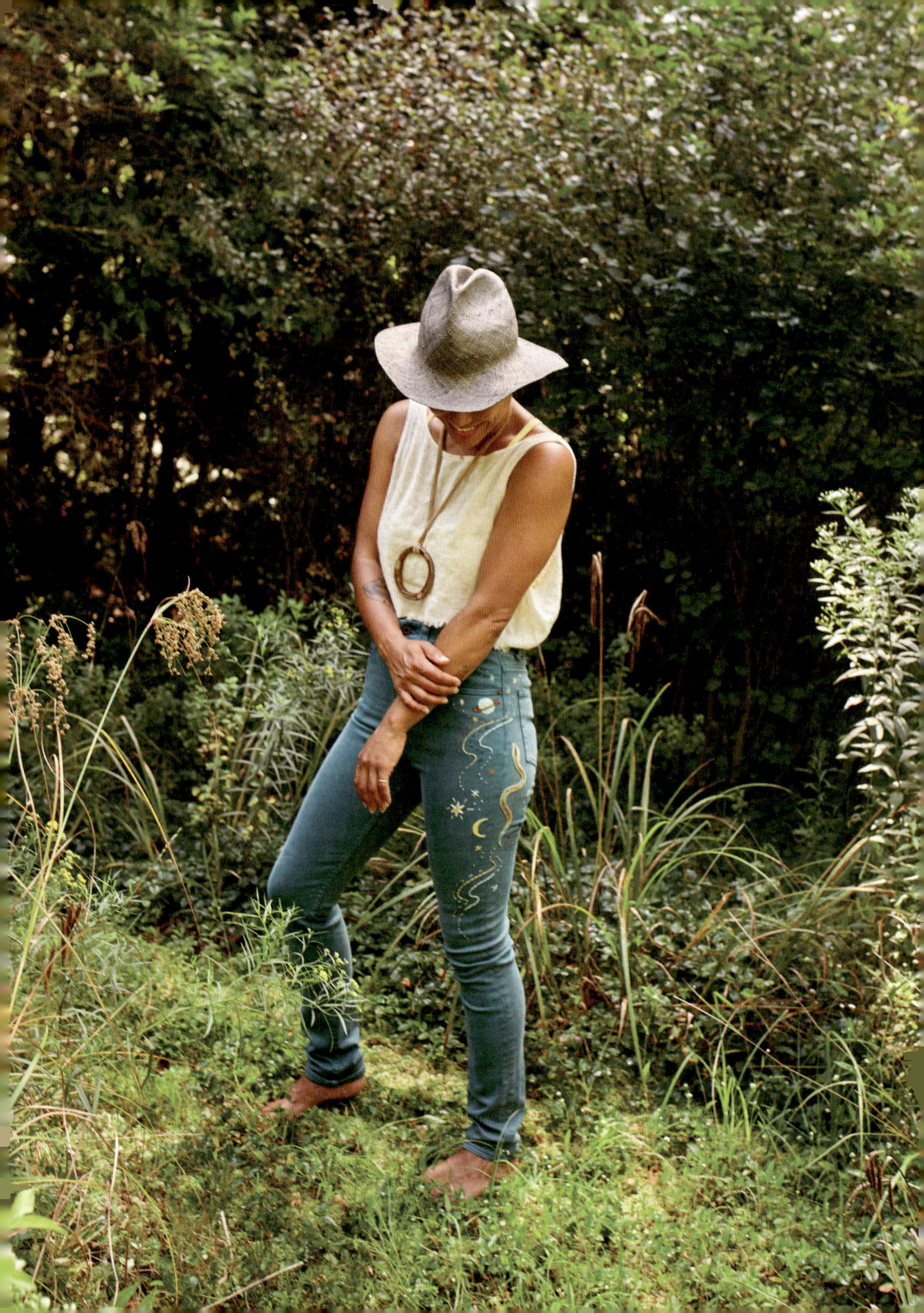

5

Einen Talisman anfertigen

Jetzt ist es an der Zeit, dass du dein ganzes Wissen über Stickstiche und Symbole nimmst, in einen Topf gibst und etwas Magisches daraus kochst! Wenn du es dir leicht machen möchtest, nimm einfach ein Bild aus der Schatzkammer der Symbole (Kapitel 4) und sticke es auf ein Kleidungsstück. Ich zeige hier einige meiner Talismane, die ich für bestimmte Zwecke angefertigt habe. Wenn du ganz kreativ sein möchtest, kannst du mehrere Symbole kombinieren und dein eigenes Design entwerfen. Konnte ich dich zu deinem eigenen Talisman-Abenteuer inspirieren? Los geht's!

Farbharmonie

Die Lichtwellen, die wir als Farbe kennen, sind eigentlich visuelle Phänomene, die das Innenleben unserer Augen dem Gehirn mitteilen. Eine einzelne Farbe hängt ganz von dem sie umgebenden Licht und der Art und Weise, wie sie im Auge des Betrachters aufgenommen wird, ab. Ganz wie bei unserem persönlichen Verhältnis zu Symbolen, kann die Sprache der Farbe über Worte hinaus Gefühle und Energien ausdrücken, die von der Seele verstanden werden. Dieses Element der Kreativität ist sehr persönlich – wir verbinden alle unterschiedliche Gefühle mit Farben und messen ihnen unterschiedliche Bedeutungen zu – und es kann uns helfen, unser Vorhaben zu konkretisieren.

Der Farbglobus

Für dieses persönliche Designelement gibt es keine festen Regeln oder eine ausgefeilte Theorie, aber der Farbglobus kann dir helfen, mit mehr Grundwissen über Farben deren Variationsmöglichkeiten zu entdecken. So wie du beim Kochen deine Fertigkeiten durch das Verständnis für die chemischen Reaktionen im Topf erweitern kannst, kannst du deine Fähigkeit, Kunstwerke zu erschaffen, erweitern, wenn du verstehst, wie sich Farben zusammensetzen. Der Farbglobus ist dafür nicht zwingend notwendig – Wissen über Farbe kann intuitiv sein, wie beim Kochen –, aber er hilft dir, ohne eine Vorlage Stickereien viel schneller zu entwerfen, so wie du eine Mahlzeit ohne Rezept kochen kannst. Betrachte mein Modell des Farbglobus‘ auf nebenstehender Seite. Stelle dir vor, du könntest in diesen dreidimensionalen Globus hineinklettern – darin sind unendlich viele Farben und du kannst dir eine Scheibe davon nehmen, um mögliche Farbabstufungen zu betrachten.

Farbton

Ein Farbton ist eine reine Farbe ohne Zugabe von Weiß, Grau oder Schwarz. Wenn wir von Ost nach West über die Oberfläche dieses Globus‘ reisen, sehen wir, dass die Farben sich im Farbton verändern. Auf dem Äquator finden wir die reine Farbe, ohne Weiß oder Schwarz. Wenn du also auf dem reinen Gelb stehst und den Äquator entlang wanderst, reist du über Orange zum Rot und weiter zum Violett und so fort, bis du zum Gelb zurückkommst.

Farbwert

Der Wert ist der Wechsel einer Farbe zu heller oder dunkler. Der zentrale Pol des Globus‘ hat die Farbwerte Weiß, Schwarz und Grau. Reist man an dieser Achse nach oben und nach unten, kann man hellere oder dunklere Farbwerte einer Farbe sehen. Am Nordpol liegen die Pastellfarben, am Südpol Schwarz und die dunklen Farben. In der Mitte des Globus‘ befindet sich Mittelgrau.

Sättigung

Sättigung ist die Veränderung einer Farbe bezüglich ihrer Helligkeit oder Stumpfheit. Wenn du zum Mittelpunkt des Globus' reist, wirst du feststellen, dass sich die Farben von voller Sättigung – leuchtend an der Oberfläche – bis hin zu stumpf verändern, je mehr du dich dem grauen Zentrum näherst.

Warme, kalte und Komplementärfarben

Als warm beschriebene Farben (Rot, Orange, Gelb) befinden sich auf einer Hälfte des Globus', kalte Farben (Violett, Blau, Grün) auf der anderen Hälfte. Komplementärfarben liegen sich auf dem Globus gegenüber. So sind etwa Blau und Orange Komplementärfarben. Grün ist die Komplementärfarbe zu Rot, Gelb zu Violett. Dies gilt jeweils für die gesamte Palette der Farbtöne: So liegt ein Orangegelb gegenüber von Blauviolett und verhält sich komplementär dazu.

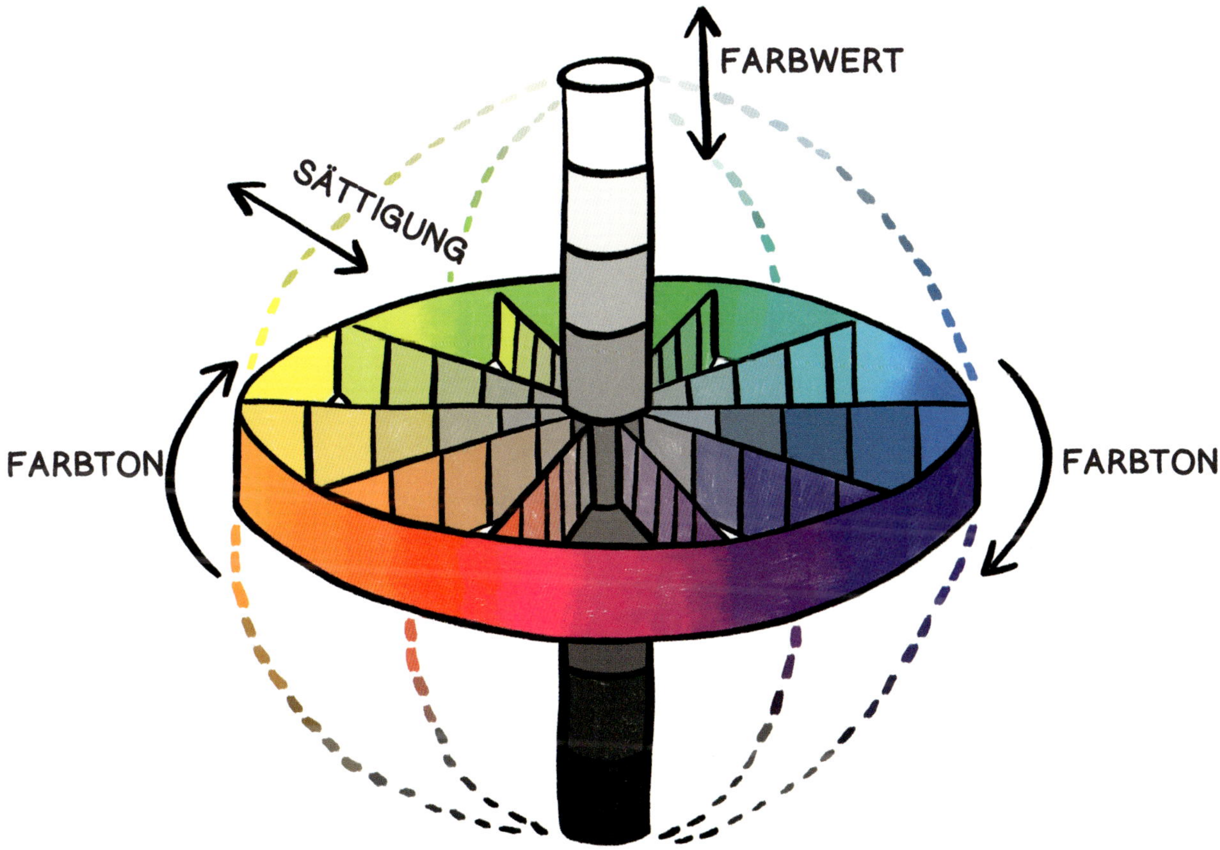

Farben auswählen

Die Farbe hat einen enormen Einfluss auf dein fertiges Kunstwerk. Wenn man einfach den Farbton eines Elements oder die Tiefe des Farbwerts austauscht, kann das das Kunstwerk völlig verändern.
Es gibt traditionelle Methoden, um zu lernen und auszuprobieren, wie unterschiedlich Farben innerhalb eines Stücks wirken können. Diese Konzepte basieren auf dem Farbkreis, den man sehen würde, wenn man den Farbglobus quer über den Äquator ausschneiden und diesen Ausschnitt betrachten würde. Der Farbkreis beinhaltet alle Farbtöne, jedoch nicht alle Farb- und Sättigungswerte.

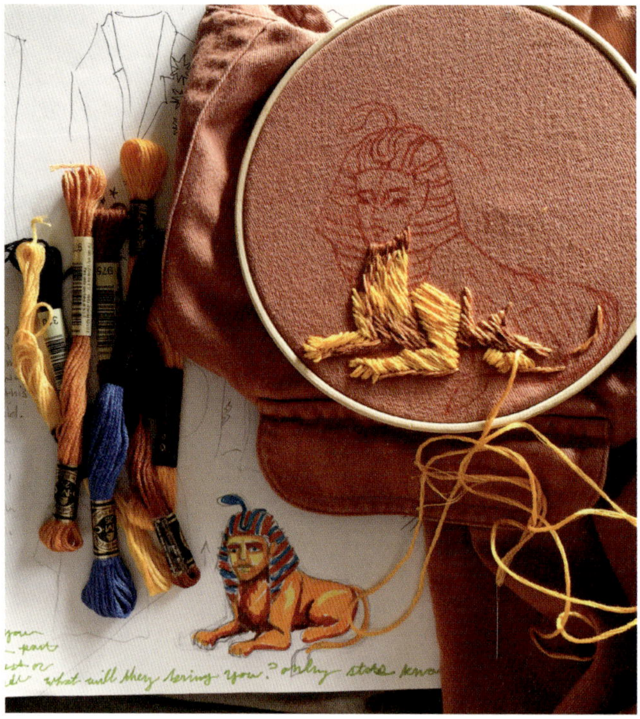

- **Analogfarben** liegen auf dem Farbkreis nebeneinander (zum Beispiel Gelb und Grün oder Gelb und Orange). Zusammen verwendet, entsteht ein Fließen, das Harmonie und ein Gefühl von Einheit ausdrückt.
- **Monochrome Farben** haben denselben Farbton, aber verschiedene Farbwerte, zum Beispiel ein Dunkelgrün und ein sehr helles Grün. Zusammen verwendet entsteht ein beruhigender Effekt, der zugleich sehr in die Tiefe geht. Dies ist perfekt für Schattierungen innerhalb eines Werks.
- **Triadische Farben** bilden auf dem Farbkreis ein gleichseitiges Dreieck (zum Beispiel Rot, Blau und Gelb). Diese unerwartete Kombination erzeugt einen lebendigen und aufregenden Farbkontrast.

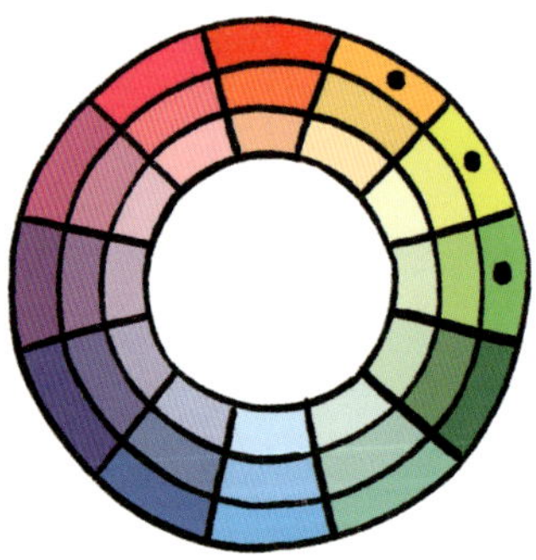

ANALOGFARBEN

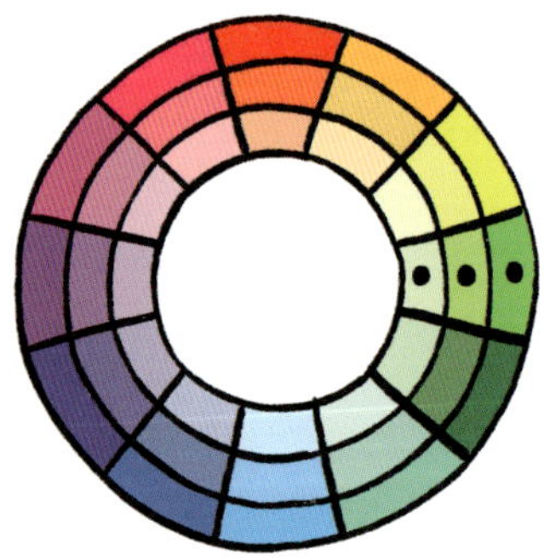

MONOCHROME FARBEN

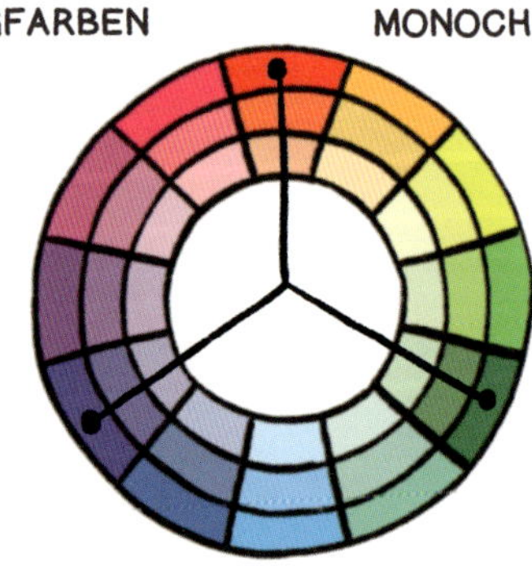

TRIADISCHE FARBEN

- **Split-Komplementärfarben.** Indem man die Harmonie von Analogfarben mit dem Reiz der Komplementärfarbe kombiniert, erhält man eine anregende, aber doch harmonische Palette aus vier Farbtönen mit den beiden Analogfarben einer Komplementärfarbe.

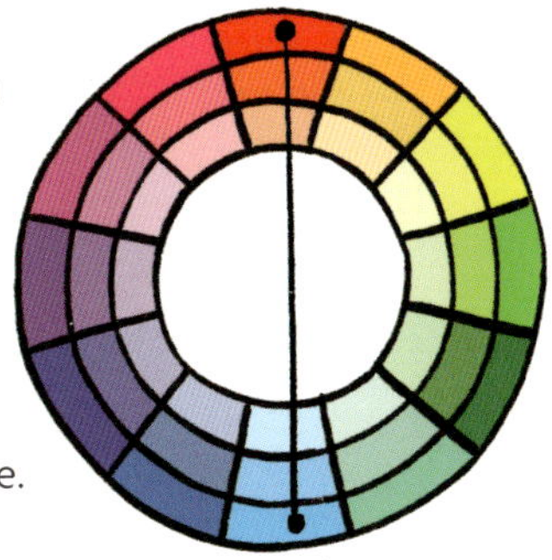

KOMPLEMENTÄRFARBEN

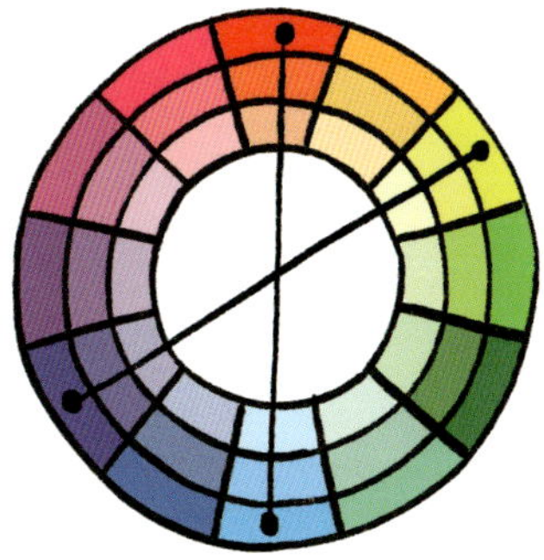

ZWEIFACH KOMPLEMENTÄRFARBEN

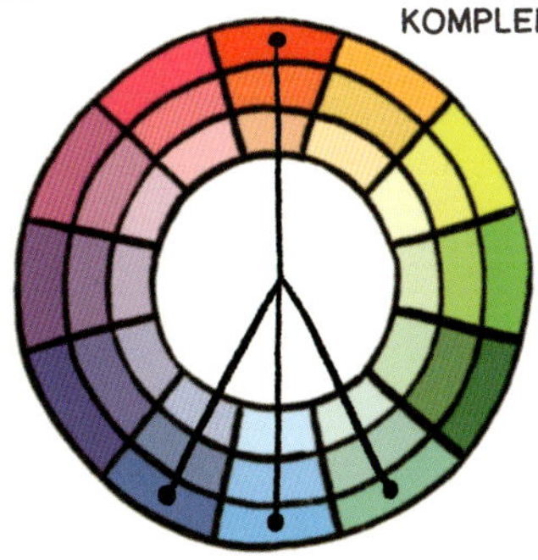

SPLIT-KOMPLEMENTÄRFARBEN

- **Schwellenraum.** Die Zwischenfarben sind die schönsten. Sie sind schwer klar zu beschreiben, wenn man einen Farbkreis betrachtet. Farben wie Kamelbraun, staubiges Pfirsich und Denimblau liegen außerhalb der klaren Primär- und Sekundärfarben, die uns am meisten vertraut sind. Am liebsten treffe ich meine Farbauswahl, indem ich in einem Bogen über den Globus reise, sodass die Farbe dunkler wird und gleichzeitig ihren Farbton ändert.

TIPPS UND TRICKS

- Beginne mit einer begrenzten Farbauswahl. Wenn du etwa fünf Farben nimmst, hast du viele Möglichkeiten und kannst gleichzeitig Harmonie im gesamten Design herstellen, selbst bei Gegensätzen.
- Lege nicht den ganzen Garnstrang auf den Stoff, wenn du die Farben auswählst. Ziehe ein paar Zentimeter des Fadens heraus, um zu sehen, wie er auf dem Stoff wirkt. So kannst du deine Farbpalette besser zusammenstellen.
- Achte auf einen Kontrast zwischen Garn und Stoff. Probiere ein paar Stiche aus und betrachte sie aus der Entfernung, um sicherzugehen, dass man die Stickarbeit richtig sehen kann.

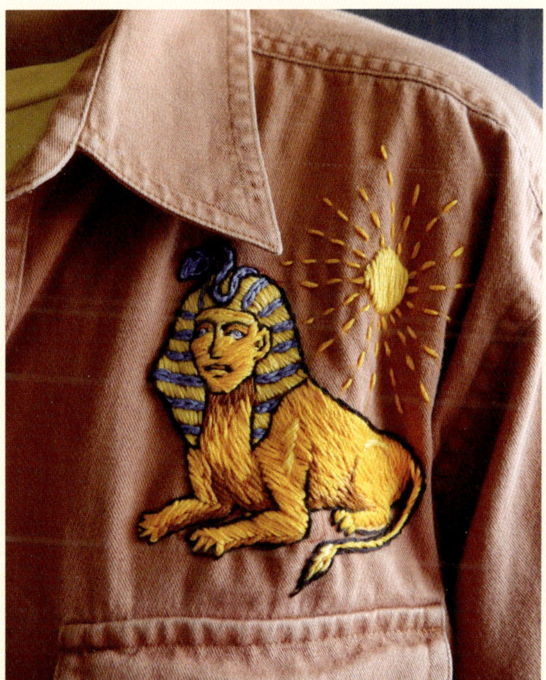

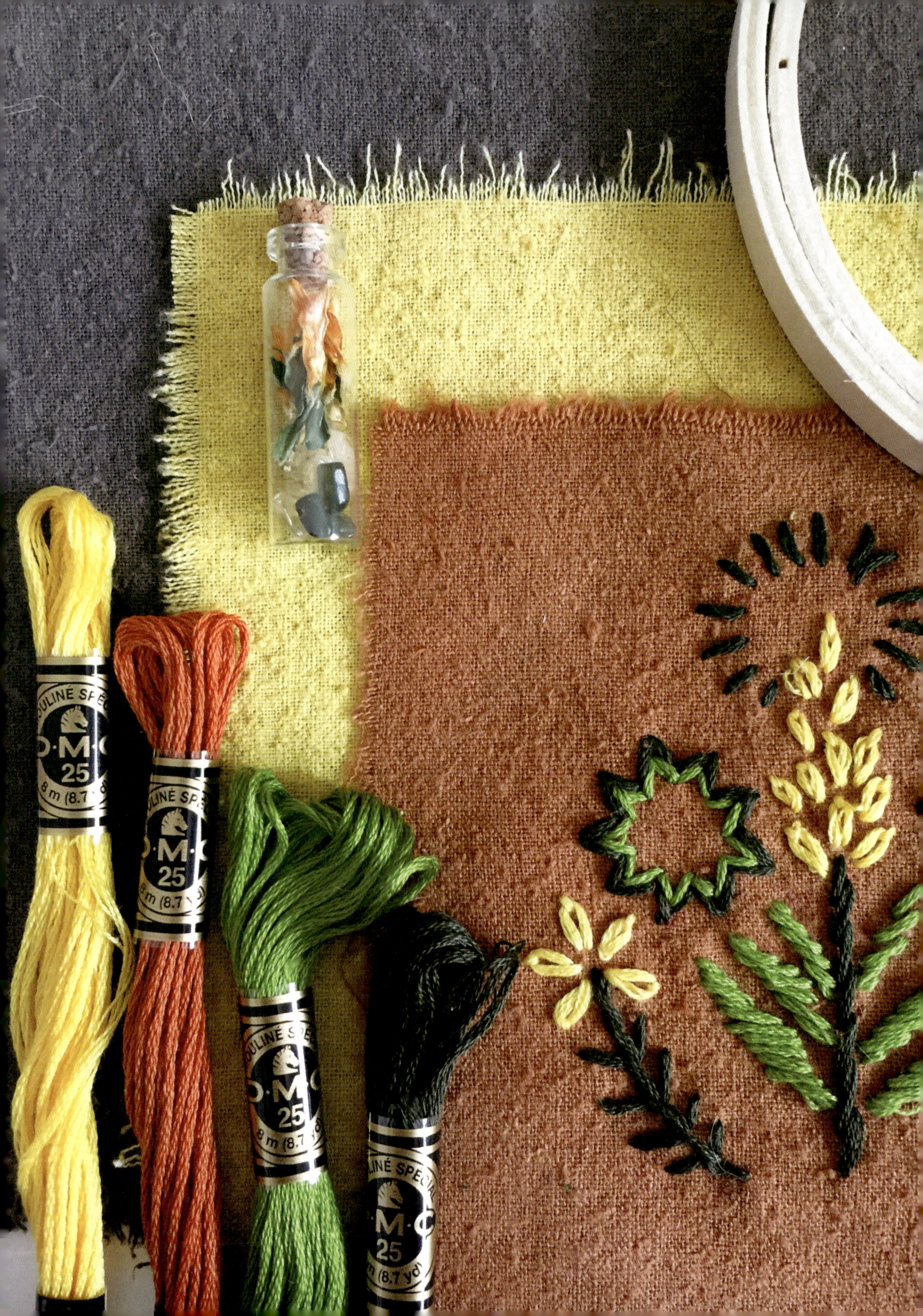
25

Mystische Farben

Was wir als Farbe bezeichnen, ist eigentlich Energie. Farbe entsteht durch unterschiedliche Lichtwellen, die auf unsere Netzhaut treffen und die die innere Mechanik unserer Augen in eine Information übersetzt, sodass unser Gehirn unsere Umgebung erfassen kann. Jeder Farbton des Regenbogens kann unsere Gefühle, unsere Stimmungen und unsere Wahrnehmung beeinflussen. Da jeder anders auf Farben reagiert, habe ich hier einige Assoziationen mit Farben aufgelistet, die dir bei der Farbwahl für deine Kunstwerke helfen können, damit sie die gewünschten Absichten vermitteln.

ROT. Der intensive Farbton der Leidenschaft, wie das Blut, das durch unsere Adern fließt, und der geschmolzene Kern unserer Erde, verwurzelt uns im Körperlichen. In Verbindung mit dem Planeten Mars kann Rot die Romantik verstärken und dir helfen, Willenskraft zu finden, auch wenn die Farbe ein wenig aggressiv wirken kann. Dieser feurige Farbton kann weiterhin dabei helfen, sich von Fesseln zu lösen und von etwas zu trennen, das dich nicht mehr wirklich interessiert.

ORANGE. Ein anregender Farbton, der die Lebendigkeit von Rot mit der Fröhlichkeit von Gelb verbindet und eine lebendige und spielerische Energie vermittelt. Er kann eingesetzt werden, um Widerstände gegen Veränderungen abzubauen, zu neuen Ideen anzuregen und die Kommunikation zu öffnen. Er steht in Verbindung mit dem Planeten Merkur.

GELB. Dieser helle Farbton, der mit der Sonne assoziiert wird, lenkt unseren leuchtenden Stern, um die Konzentration zu verbessern und Fülle und Freude herbeizurufen. Gelb gilt auch als Farbe der Heilung, da sie den Energiefluss im Körper anregt.

GRÜN. Grün steht für Wachstum und Ausdehnung, bringt Harmonie und erleichtert den Gemeinschaftssinn. Dieser Farbton, der mit der Venus in Zusammenhang gebracht wird, führt zu Gefühlen von Liebe und Fülle in der natürlichen Welt.

BLAU. Dieser erdende Farbton kann uns helfen, Klarheit zu finden und die Kommunikation in dieser Welt und mit anderen Dimensionen auf eine beruhigende und friedliche Weise zu unterstützen. In Verbindung mit dem Mond kann Blau einbezogen werden, wenn es darum geht, Zugang zur Intuition zu finden und das Unbekannte anzuzapfen.

VIOLETT. Violett ist eine Farbe des Gleichgewichts und der Schönheit, die durch spirituelle Energie Orientierung bietet. Sie wird häufig in der spirituellen Arbeit verwendet. Violett wird mit dem Planeten Jupiter assoziiert und kann dir helfen, die Verbindung zu göttlichen Bereichen zu erweitern.

BRAUN. Die Farbe Braun verbindet uns mit den tiefen Gründen von Kompost und Erdreich und bezieht sich folglich auch auf unsere Erde. Sie fordert uns auf, über das Wachstum nachzudenken, das unterirdisch stattfindet und nicht sofort sichtbar ist, aber dennoch entscheidend dazu beiträgt, uns zu unterstützen.

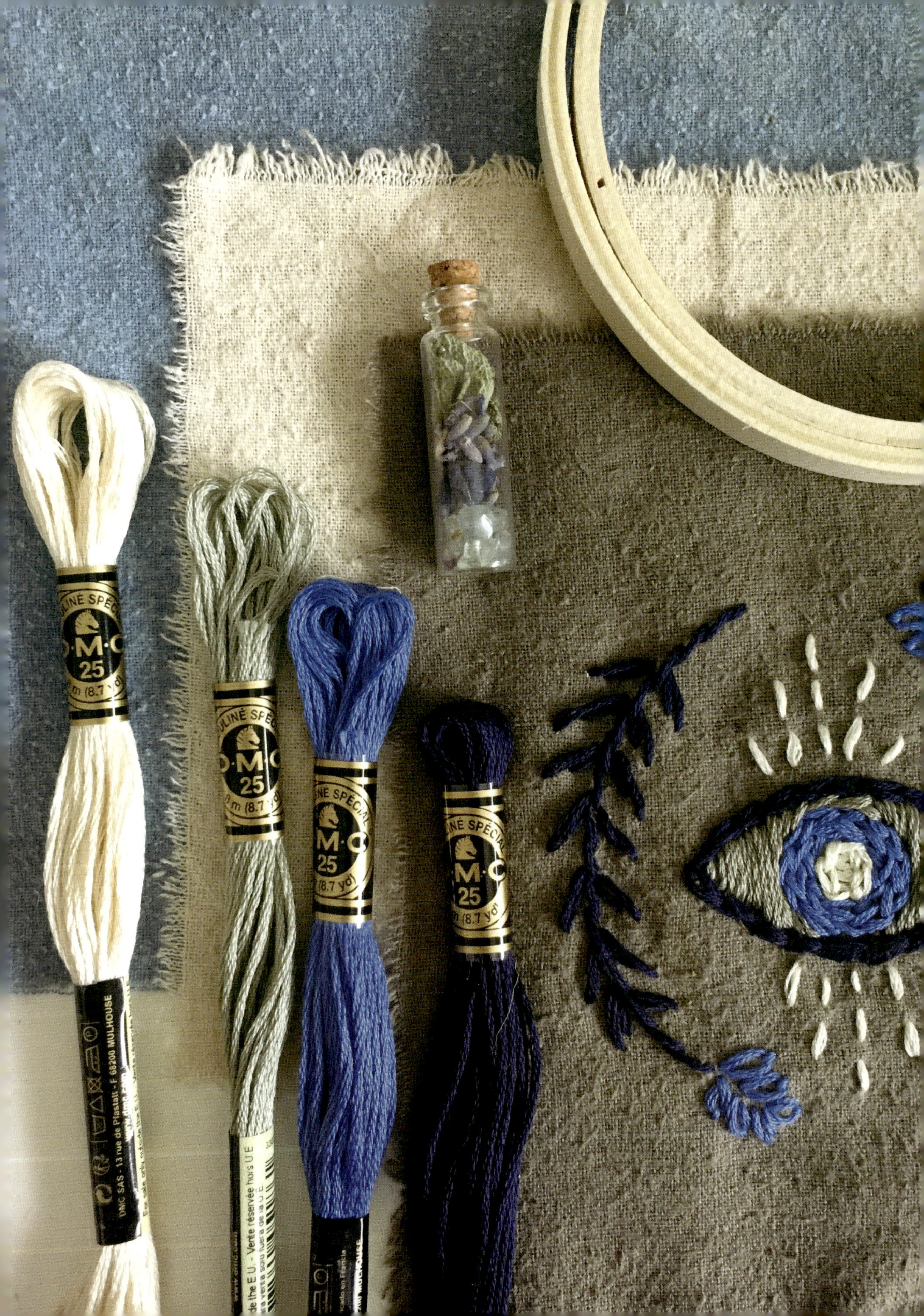
D·M·C
25
8 m (8.7 yd)

Eine Muster entwerfen

Um deinen Talisman zu entwerfen, wählst du am besten Symbole aus, die zu der Intention passen, die du ihm verleihen willst, damit deine Botschaft mit klaren und schlüssigen Bildern vermittelt wird. Wenn du die Symbole so anlegst, dass sich ihre Aussage darin verdichtet, wird das Muster so ausdrucksstark wie die einzelnen Symbole selbst. Um deinen eigenen Talisman anzufertigen, solltest du mehrere Symbole wählen und diese in ansprechender und energetisch ausdrucksstarker Weise anordnen. Du kannst deine Intention mit der Anordnung und dem gewählten Maßstab unterstreichen. Wähle zunächst die Symbole aus, die dich ansprechen, und schreibe eine Intention auf, die diese Bilder verbindet und ihren Zweck beschreibt. Das wird dir später helfen. Es gibt nichts Aufregenderes und Dankbareres, als auf die eigene Intention zurückzublicken und festzustellen, wie schön man sie umgesetzt hat.

Keine Idee, welche Symbole du kombinieren sollst? Hier ist ein Vorschlag: Nimm ein Grundsymbol, ein ergänzendes aus dem Pflanzenreich und ein anderes ergänzendes Symbol, das man in kleinem Maßstab sticken kann und das sich vervielfältigen lässt – zum Beispiel fünf Sterne, um spirituelles Wachstum zu steigern, drei Kreise, um Einheit zu fördern, und vier Pfeile für Stabilität in Aktion. Kopiere die Symbole und spiele mit der Anordnung, indem du sie auf den Stoff steckst. Das kann dir helfen, das Endergebnis zu visualisieren. Wenn dich die Möglichkeiten überfordern oder du nicht sicher bist, ob dir dein Muster gefällt, gehe etwas spazieren. Atme tief durch, streichele eine Katze oder einen Hund, sprich mit einem Vogel, setze dich unter einen Baum. Ein Tapetenwechsel kann dir helfen, danach mit mehr Klarheit an die Arbeit zu gehen. Was auch immer du tust, erzwinge es nicht. Manchmal verstecken sich Ideen hartnäckig oder sind einfach noch nicht bereit sich zu zeigen.

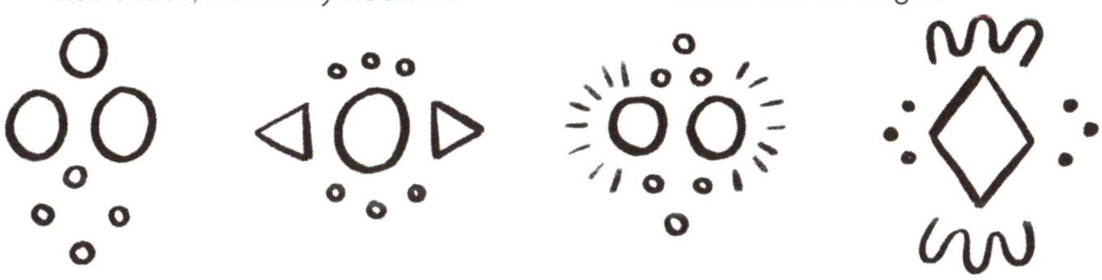

In Anordnungen mit unterschiedlich großen Elementen kann sich die Energie freier verteilen.

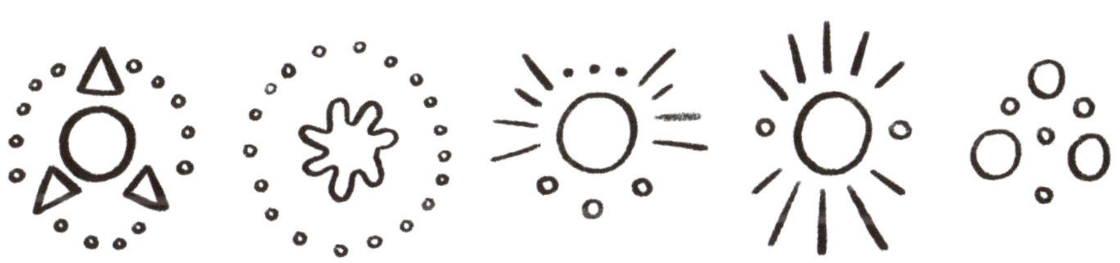

Eine kreisförmige Anordnung, bei der Dinge wie Strahlen angeordnet sind, die von einem Zentrum ausgehen, unterstreicht das zentrale Symbol, während die umgebenden Elemente eine unterstützende Rolle spielen.

Bei einem klassischen Kranz können die unterstützenden Kräuter hervorragend glänzen.

Übersinnlicher Talisman

Für deinen eigenen Talisman kannst du Symbole aus der Schatzkammer in Kapitel 4 miteinander kombinieren. Wähle eins aus, das dich besonders anspricht, und fertige eine Stickarbeit an, die du auf deinen Altar stellst, auf deine Kleidung nähst oder mit der du deinen Kissenbezug schmückst. Lege sie an einen Ort, an dem du sie häufig siehst, damit sie dich an deine Absichten für deine persönliche Entwicklung erinnert.

Siehe für die Stickstiche dieser Projekte auf Seite 183

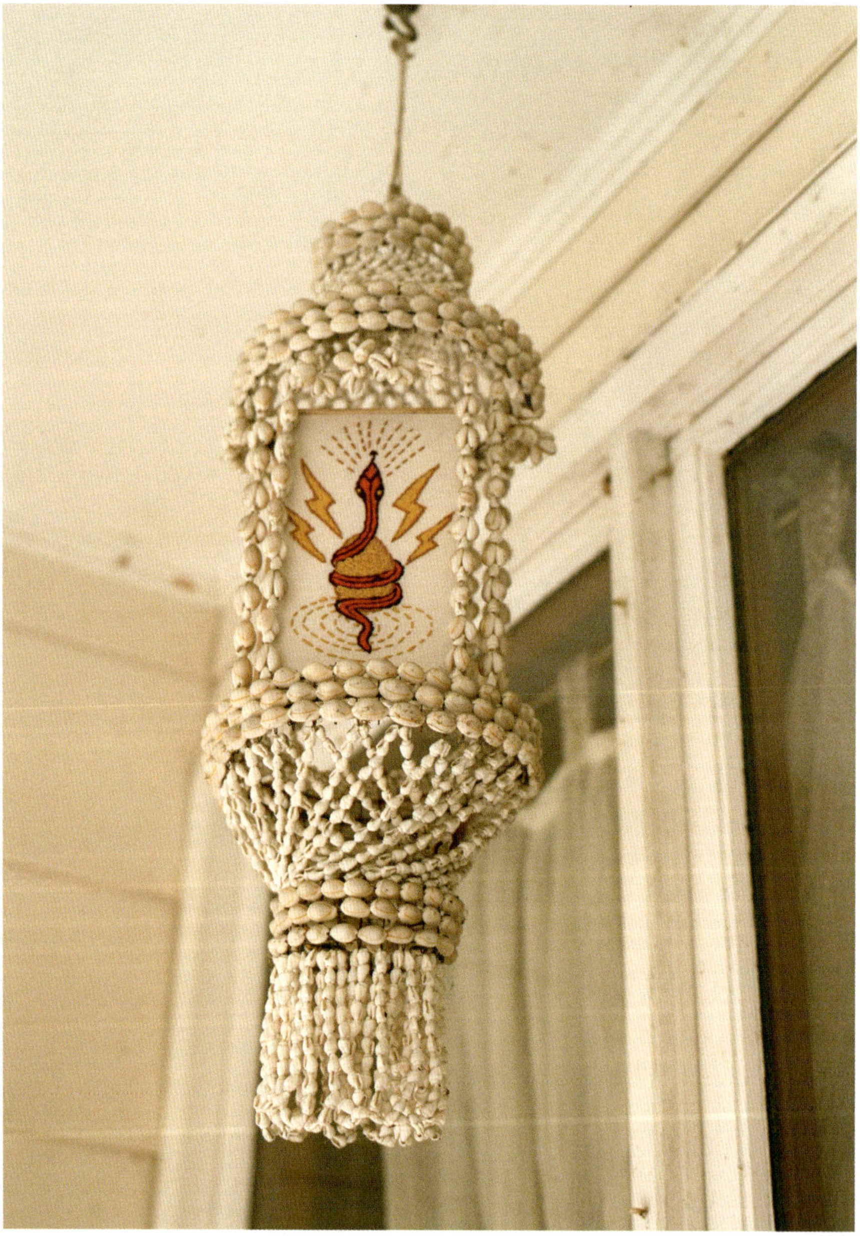

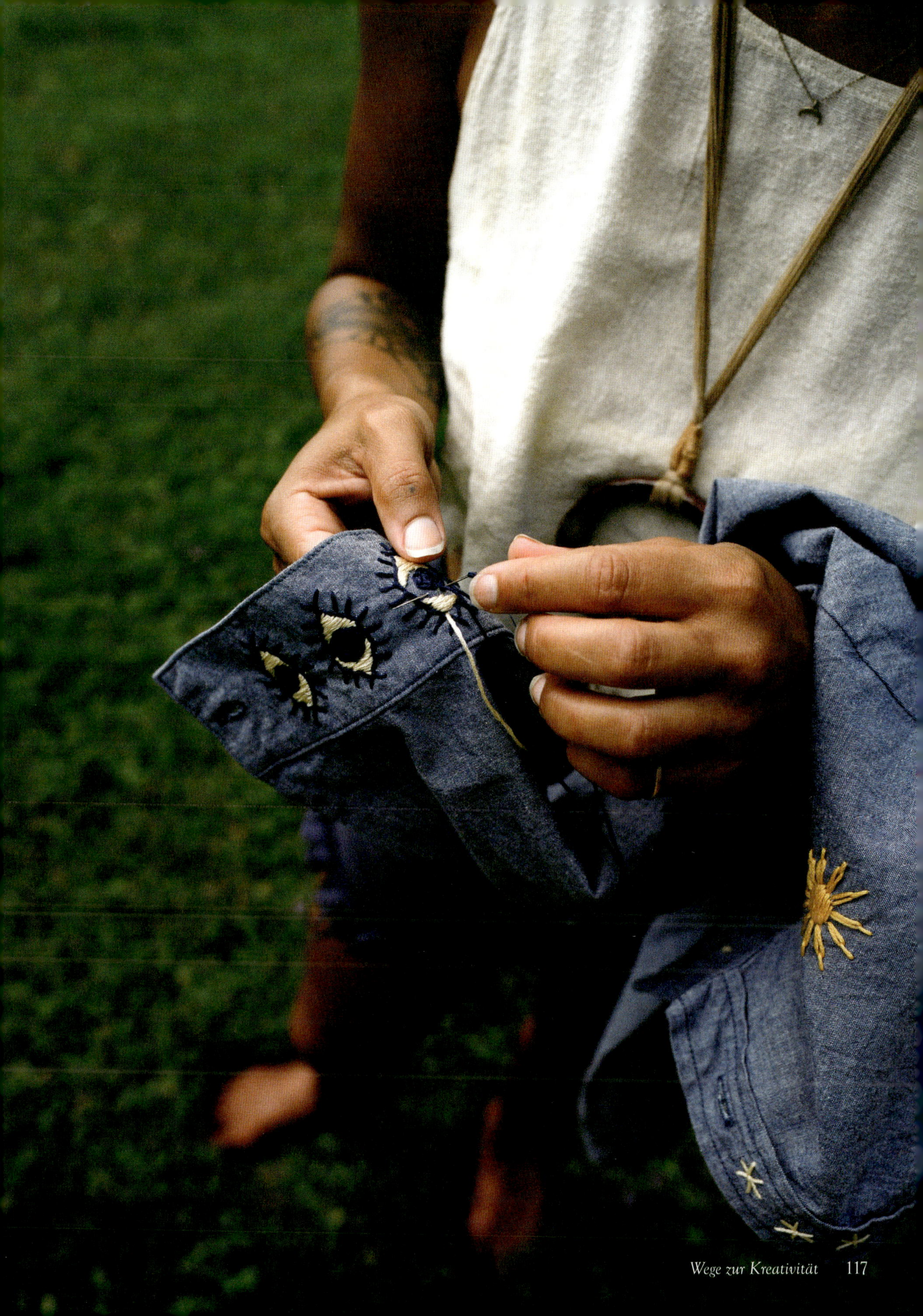

Ouroboros – Ewige Transformation

Der Ouroboros, die ihren eigenen Schwanz verzehrende Schlage, ist ein Symbol der zyklischen Natur und unbegrenzten Möglichkeiten zur Erneuerung. Die Flamme der Transformation verschlingt hurtig die Pfade der Vergangenheit und löscht sie aus, mit der Absicht, neue Möglichkeiten zu eröffnen. Dies ist ein Talisman für die Loslösung aus einer Umklammerung und für die Besinnung auf deine ureigenen Kräfte.

Siehe das Muster auf Seite 183 und 184.

1. Die Konturen der Schlange in Silber sticken, dabei die Bauchseite mit dem Langettenstich und die Umrisse und den Kopf mit dem Rückstich arbeiten.

2. In Silber die Kreuze am äußeren Rand des Schlangenkörpers sticken. Dabei mit diagonalen Stichen in eine Richtung arbeiten und an den Stielen des Langettenstichs beginnen. Dann diese diagonalen Stiche mit Stichen in die andere Richtung kreuzen.

3. Das Feuer mit dem Kettenstich von innen nach außen arbeiten. Zunächst eine Reihe in Kupfer arbeiten, diese mit einer Reihe in Gold und zum Schluss in Gelb umrunden.

4. Die Sterne mit dem Knötchenstich und Sternstich in Elfenbein arbeiten. Die Augen der Schlange mit zwei nebeneinander aufgestickten Margeritenstichen in Elfenbein ausführen und einen Knötchenstich in Kupfer daraufsetzen.

5. Am unteren Kreisrand die Kreuze in Kupfer mit Geradstichen arbeiten und diese an den Kreuzungspunkten mit jeweils einem kleinen Stich fixieren. Zum Schluss am oberen Kreisrand für die Punkte um die Schlange herum Knötchenstiche sticken.

Schlange, Seite 80
Sterne, Seite 57
Kreuz, Seite 58

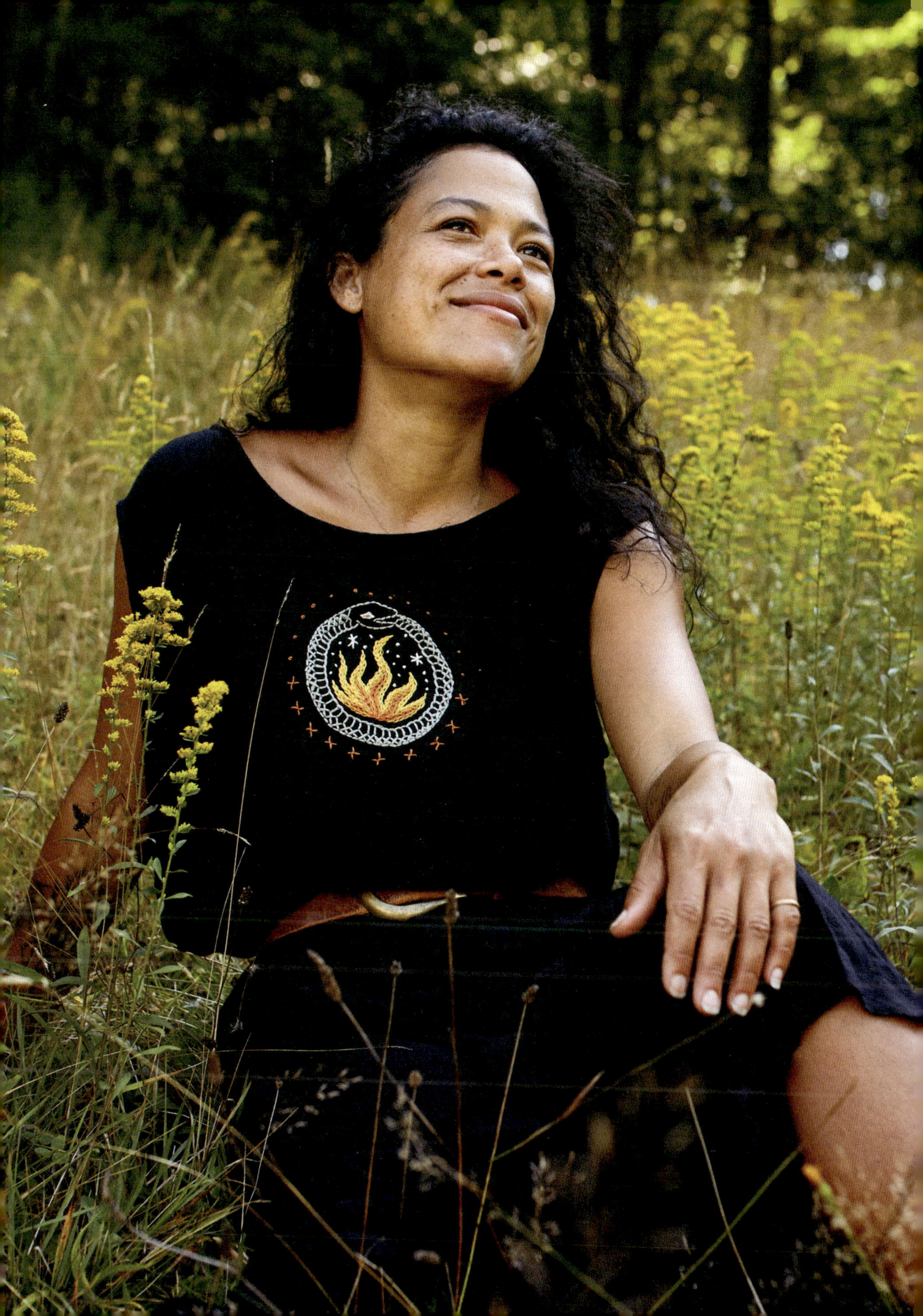

Skarabäus – Überfluss

Zwei funkelnde Goldmünzen dienen als Flügel und erheben diesen Sonnenanbeter in eine strahlende und blühende Zukunft. Der harte Körper des Skarabäus ist mit Weinreben geschmückt, als Zeichen für Wachstum und Überfluss. Dies ist ein Talisman für Wohlstand, der reichlich irdische Freuden bringen soll.

Siehe das Muster auf Seite 183 und 185.

1. Die Weinreben auf den Flügeln in Blaugrün mit dem Plattstich (Blätter) und Stielstich (Stiel) sticken. Die übrige Fläche der Flügel und Münzen in Gelb mit dem Versetzten Plattstich arbeiten.

2. Den oberen, rautenförmigen Rücken des Skarabäus mit dem Plattstich in Elfenbein sticken, dann Streifen mit dem Steppstich bis zum Rand arbeiten.

3. Die Strahlen unterhalb der Münzen mit dem Fächerstich in Elfenbein sticken. Dann mit dem Geradstich auf beiden Seiten des Skarabäus jeweils einen Stern hinzufügen.

4. Den oberen Stern im Kettenstich arbeiten.

5. Den Kopf mit dem Versetzten Plattstich in Olive anfertigen. Dann die Konturen des Skarabäus und der Münzen dreifädig mit Rückstichen in Dunkelbraun sticken.

6. Den übrigen Körper mit dem Plattstich in Dunkelbraun ausfüllen.

7. Zum Schluss mit Geradstichen abwechselnd in Gelb und Dunkelbraun die Streifen auf den Münzen sticken.

Skarabäus, Seite 80
Münzen, Seite 104
Sterne, Seite 57

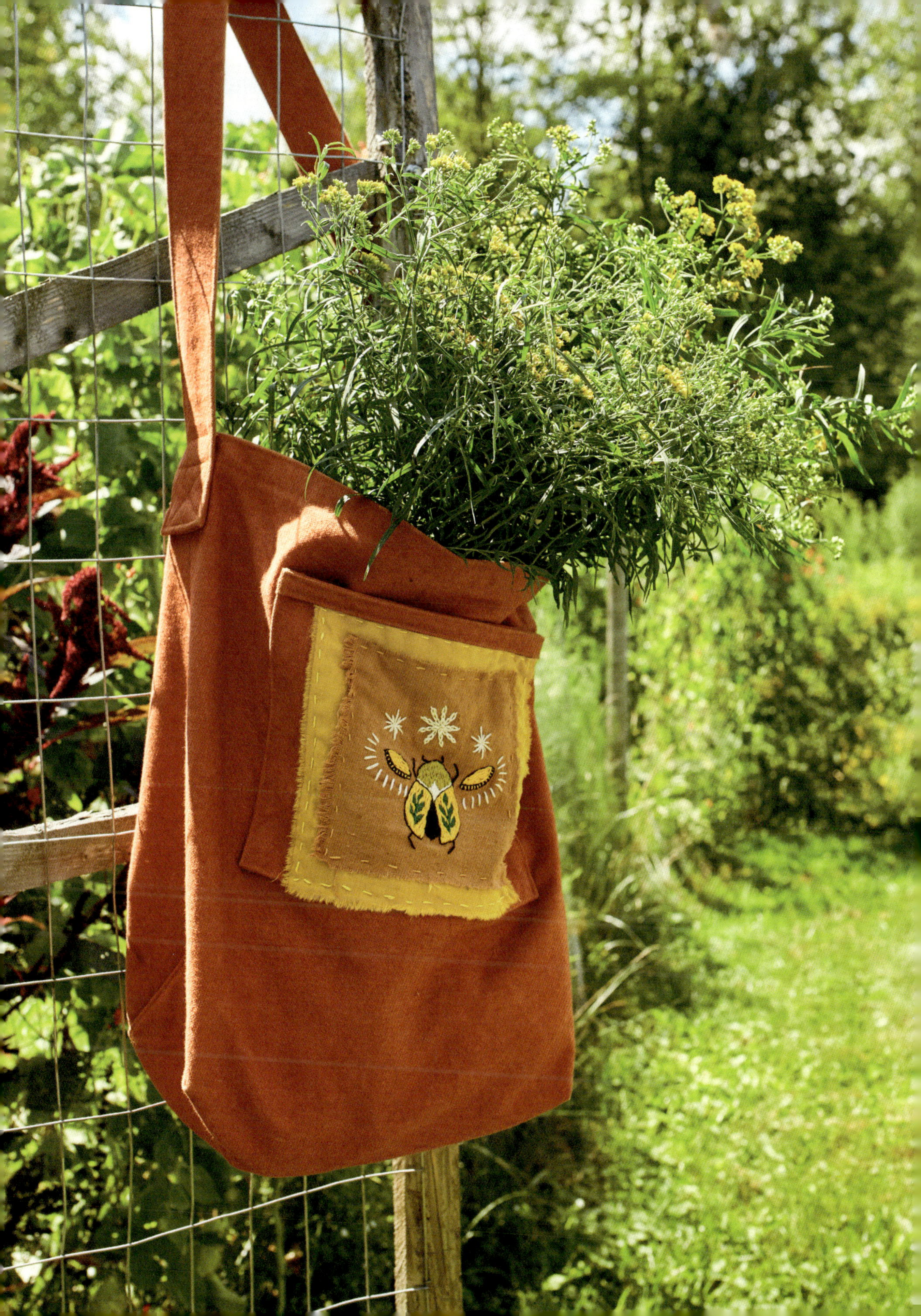

Tor zum Unbekannten

Über dem glitzernden Meer taucht ein Tor auf, flankiert von satten olivgrünen Gräsern und den sich ständig ändernden Mondphasen. Wir wissen nicht, was der Stern in der Öffnung verspricht, aber wir sind aufgefordert, es herauszufinden. Dieser Talisman ermutigt zur persönlichen Entfaltung, indem man einen Schritt ins Unbekannte macht.

Siehe das Muster auf Seite 183 und 186.

1. Das Tor mit dem Plattstich in abwechselnden Blöcken in Hellgold und Lavendel sticken. Die Punkte um das Tor herum mit dem Knötchenstich in Hellgold anfertigen.

2. Die Wellen mit dem Kettenstich in Hellblau arbeiten, dann oben die Sterne mit dem Sternstich.

3. Die Grashalme in Olive mit dem Stielstich hinzufügen.

4. Anschließend die Monde und die Zacken des inneren Sterns mit dem Plattstich in Elfenbein sticken.

5. Um die Übergänge dieser Plattstiche im Stern zu kaschieren, einen Sternstich mittig daraufsetzen. Dabei zeigen die Spitzen des inneren Sterns auf die nach innen zeigenden Vertiefungen des äußeren, im Plattstich gefertigten Sterns.

Tor, Seite 102
Wellen, Seite 58
Mond, Seite 70
Sterne, Seite 57

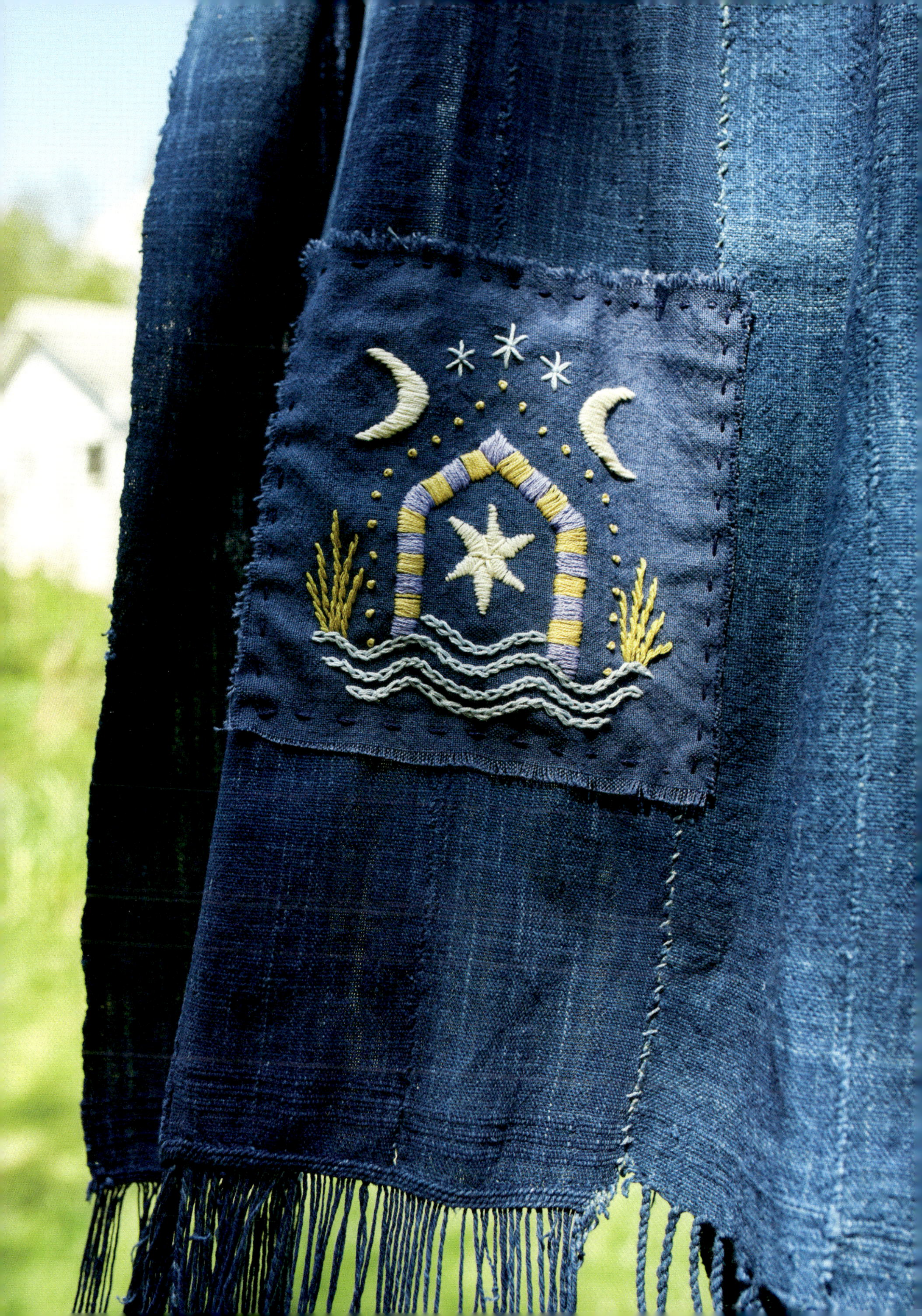

Fließende Liebe

Ein goldener Kelch erhebt sich über einer blühenden Lotusblüte. Das Wasser unserer Gefühlswelt fließt ungehindert aus dem Kelch und nährt die Erde mit dem Geschenk unserer voll zum Ausdruck gebrachten Leidenschaft. Dies ist ein Talisman, der dabei hilft, sich so weit zu entspannen, dass man seine Gefühle voll und ganz spüren kann.

Siehe das Muster auf Seite 187.

1. Den Stiel des Kelchs mit dem Plattstich in Braun sticken. Die Seiten der Kelchschale mit dem Versetzten Plattstich in Braun arbeiten, dann die Fläche zur Mitte hin in Kupfer und in Gelb sticken.

2. Mit abwechselnden Linien mit Kettenstichen in Hellblau und Dunkelblau die Wellen anfertigen. Die Tropfen oben mit einem diagonalen Plattstich in Hellblau hinzufügen.

3. Die Lotusblüte unten in Hellrosa mit einem diagonalen Plattstich und die Korallen auf den Seiten mit einem Federstich sticken.

Kelch, Seite 105
Wellen, Seite 58
Tropfen, Seite 95
Lotusblüte, Seite 92
Koralle, Seite 77

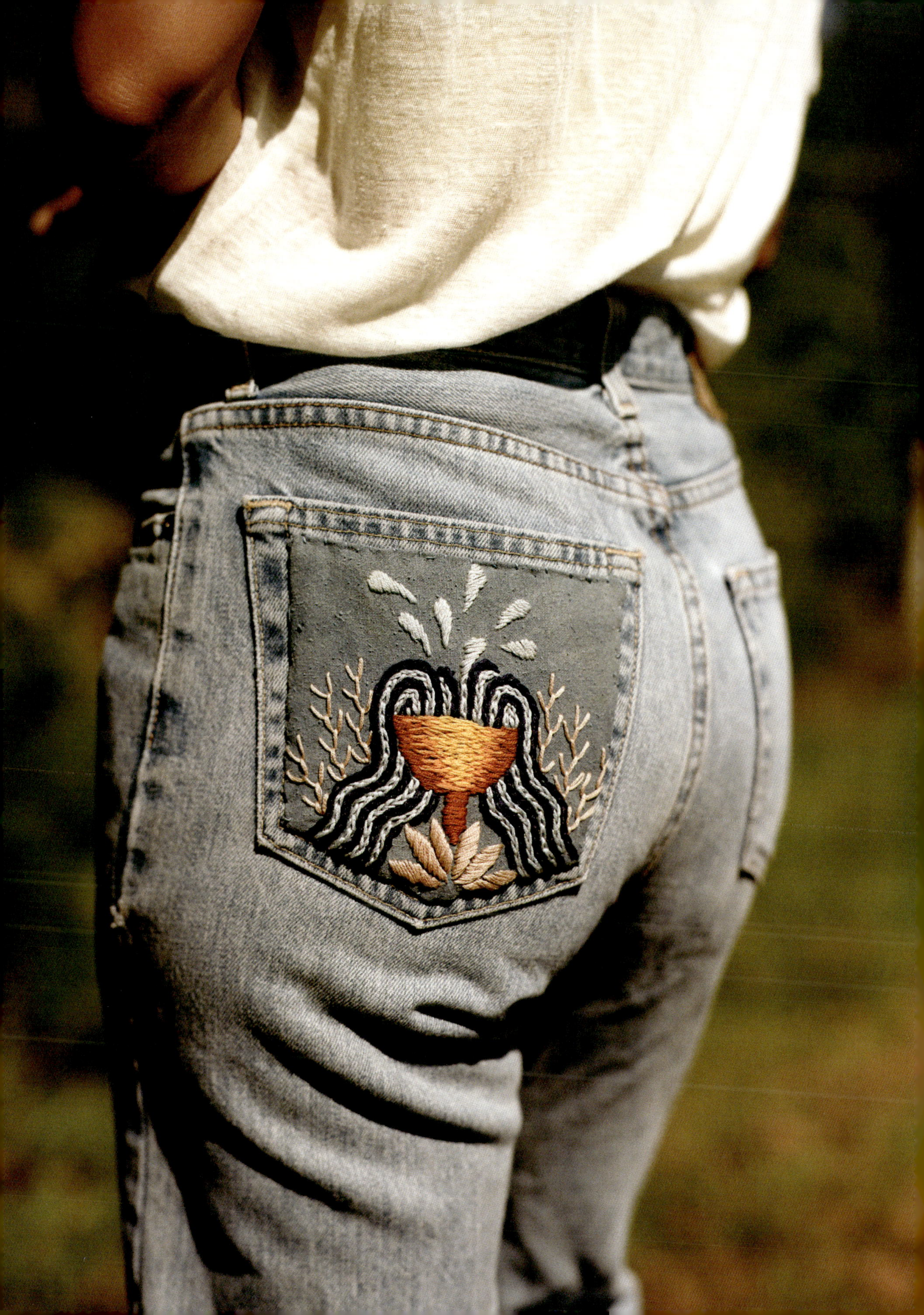

Wachsendes Herz

Aus einem herzförmigen Gefäß ragt Rosmarin heraus. Mit seinen in die Tiefe wachsenden Wurzeln erinnert dich dieses Kraut daran, woher du kommst, während das schimmernde Auge deine größten Träume im Blick behält. Dieser Talisman soll die tiefsten, weitreichendsten Wahrheiten deines Herzens mit deiner erhofften Zukunft verbinden.

Siehe das Muster auf Seite 183 und 188.

1. Mit dem Rückstich in Dunkelrot die Wurzeln unterhalb des Herzes/der Vase sticken.

2. Das Herz mit dem Versetzten Plattstich ausfüllen, außen in Dunkelrot, dann zur Mitte hin und am Hals in Rot. Die übrigen Flächen, außer das Auge, in Staubigem Rot sticken.

3. Die Konturen des Herzes und des Auges mit dem Rückstich in Schwarz arbeiten. Die Mitte des Auges mit dem Plattstich in Schwarz sticken.

4. Die Kräuter oben in Olivgrün mit dem Stielstich sticken und die Strahlen mit dem Plattstich in Gelb.

5. Die Iris des Auges mit zwei dichten Runden im Kettenstich in Blau sticken.

Wurzel, Seite 87
Herz, Seite 99
Vase, Seite 101
Auge, Seite 98
Rosmarin, Seite 89

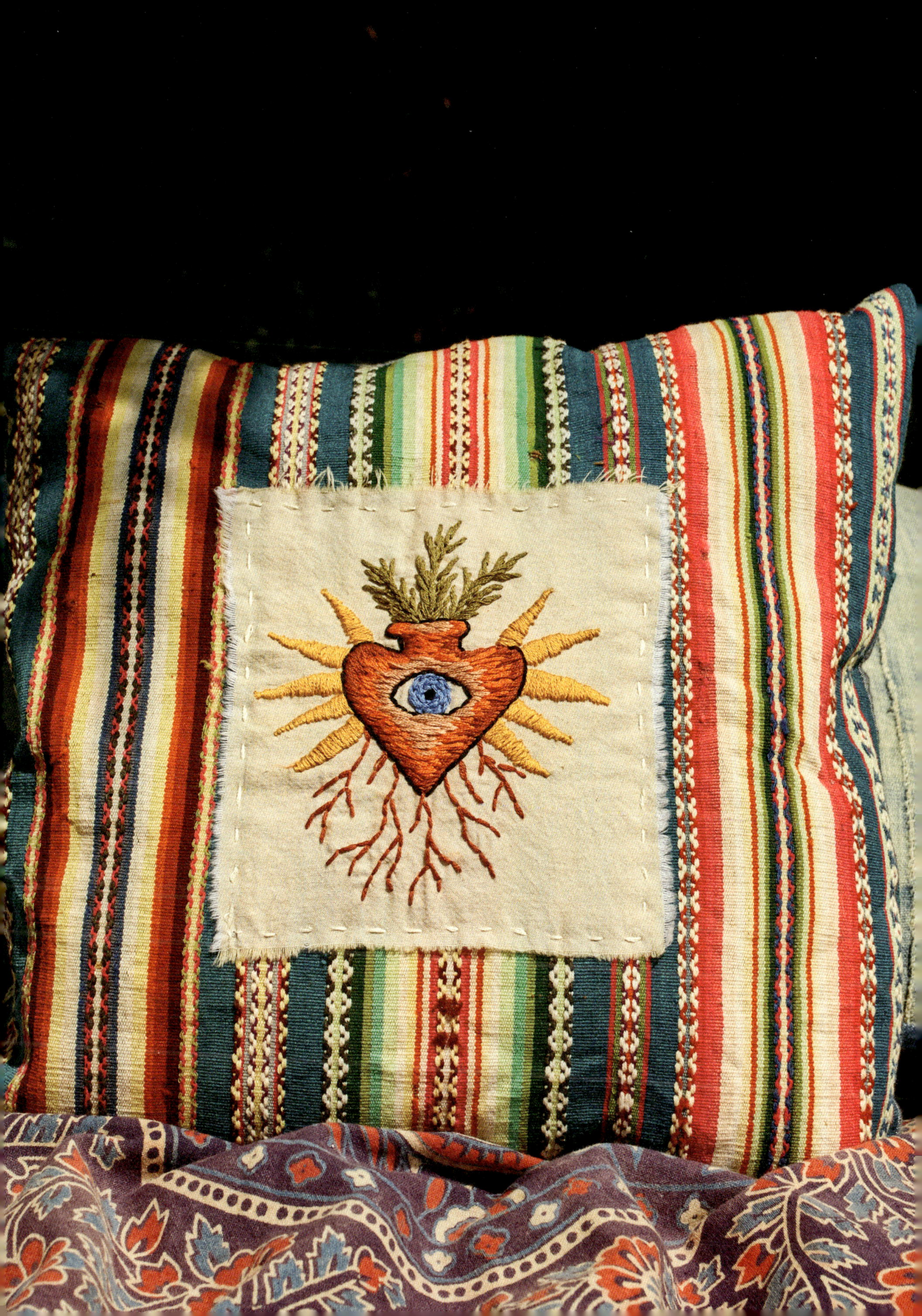

Kleidung besticken

Unsere Kleidungsstücke sind unsere zweite Haut. Wir mögen sie oftmals als unwichtig oder selbstverständlich ansehen, dabei erfüllen sie mehr Aufgaben als gedacht, vom Schutz bis zur Selbstdarstellung, und sie gehören mit zu den wichtigsten physischen Dingen, die wir besitzen. Wenn du einen Talisman auf ein Kleidungsstück stickst, lässt du mit den Fäden deine höchsten Vorsätze für dein tägliches Leben einfließen und verschönerst zugleich deine Garderobe auf wundervolle Weise. Hauche deinen Kleidungsstücken mit den Stichen neues Leben – und Bedeutung – ein.

Wenn du ein Kleidungsstück bestickst, tue dies an einer Fläche, die glatt am Körper anliegt: die Vorder- oder Rückseite der Schulter, oben an der Außenseite des Ärmels, an der Außenseite eines Hosenbeins und an Taschen. Das sieht schöner aus, weil sich an diesen Stellen keine Falten bilden und die Stickereien beim Tragen nicht verzerrt werden. Vermeide dichte Stickereien an dicken Nähten, insbesondere bei Jeansstoffen. Auch an voluminösen Bereichen, wie z. B. Rocktaillen mit Falten oder Raffungen, gehen sie leicht verloren.

Tipps zum Besticken von Kleidungsstücken

- Manche Stellen an Button-down-Hemden, vor allem die Kanten, kann man nur schwer mithilfe eines Stickrahmens besticken. Dort musst du die Stiche etwas lockerer als sonst arbeiten, damit sie sich nicht verziehen. Wenn du das Bedürfnis hast, den Stoff straff zu halten, gibt es ein paar kleine Tricks, die ich gerne anwende: Zum einen halte ich eine Kante des Kleidungsstücks zwischen den Knien fest und ziehe leicht mit der Hand, die den Stoff hält. Oder ich stecke das Kleidungsstück an meine Jeans, um beim Sticken Spannung erzeugen zu können. Das ist etwas weniger anstrengend für die Oberschenkel als bei der vorherigen Technik. Achte nur darauf, dass du dein Projekt nicht an deine eigene Kleidung nähst!

- Wenn man am Kragen, an einer Blende oder an einer anderen Stelle stickt, wo der Stoff doppelt liegt, sieht es am besten aus, wenn nur die obere Stofflage bestickt wird (das Kleidungsstück liegt dann weiterhin flach). So wird auch die Rückseite der Stickerei zwischen den beiden Stofflagen versteckt. Wenn du die Hand an die Unterseite der Lagen hältst, kannst du spüren, wenn du die Nadel zu tief eingestochen hast.

- An diesen Kragen- oder Blendenbereichen mit doppelter Stofflage kannst du den Trick mit dem Doppelstich anwenden, um die Fadenenden zwischen den Stofflagen zu verstecken. Stich dafür die Nadel etwa 2,5 cm von der Stelle entfernt, an der die Naht beginnen soll (vorzugsweise an einer Nahtkante) zwischen den beiden Stofflagen ein. Führe sie dann an einer Stelle, an der du zwei kleine Stiche machen kannst, die später von der Stickerei überdeckt werden, wieder heraus (siehe Doppelstich,

Seite 27). Schneide anschließend das verbleibende Fadenende dicht am Stoff ab. Wiederhole diesen Vorgang, wenn ein Faden verarbeitet ist, und sichere den Faden mit zwei kleinen Stichen, bevor du mit der Nadel etwa 2,5 cm neben diesem versteckten Ende wieder ausstichst. Schneide den verbleibenden Faden so dicht am Stoff ab, dass er nicht mehr sichtbar ist.

- Nähe nicht mit einer Stickerei eine aufgesetzte Tasche zu ! Ich stecke normalerweise meine Hand in die Tasche, um den Stoff straff zu halten und um sicher zu sein, dass ich nicht durch beide Lagen nähe – ein doppelter Vorteil!

- Bestickte Manschetten sehen wirklich toll aus, aber bevor du damit beginnst, solltest du überlegen, ob du gerne die Ärmel hochkrempelst, wenn du das Hemd trägst. Die Überlegung klingt vielleicht überflüssig, aber ich habe schon zu oft den Fehler gemacht, eine Stelle zu besticken, die man später gar nicht sieht!

- Probiere das Kleidungsstück immer an, wenn du das Muster darauf übertragen hast. Stelle dir das so vor: Wenn du dir ein Tattoo stechen lässt, möchtest du die Zeichnung auf deiner Haut vor der Tätowierung im Spiegel betrachten, bevor der Künstler an die Arbeit geht. Das dauert vielleicht etwas länger; eventuell musst du sogar die Übertragung ausradieren und neu zeichnen, aber das ist besser als ein Tattoo, von dem du dir später wünschst, dass es vielleicht etwas kleiner wäre oder weiter rechts sitzen würde (wie zum Beispiel das zu schnell gestochene Tattoo auf meinem Unterarm).

- Die vordere Knopflochleiste eignet sich hervorragend für eine Stickerei, aber viele Hemden werden nicht komplett geschlossen getragen, sodass man die Stickerei dann evtl. nicht sehen kann. Probiere das Hemd an und sieh, wie die Knopfleiste liegt, bevor du sie bestickst. In der Regel besticke ich das Stück zwischen dem Kragen und dem ersten Knopfloch nicht.

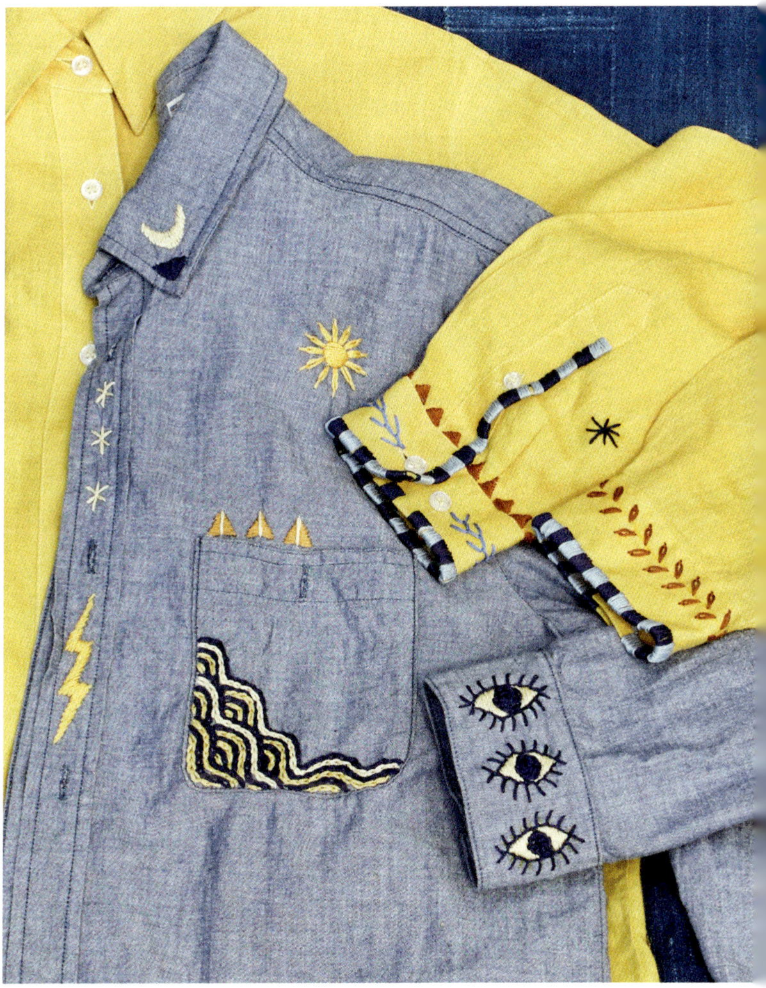

Halskette mit Amulett

Damit kannst du deine Intentionen unterwegs immer nah am Herzen halten. Nimm dafür getrocknete Kräuter, die zu deinen Wünschen passen, und lege einen kleinen Quarz oder einen anderen Kristall dazu, um die positiven Qualitäten zu verstärken, die du in deine Stiche eingearbeitet hast.

Bei diesem Projekt stickst du zuerst dein Muster auf den Stoff (Anleitung hier) und fertigst danach die Ketten an (Seite 132).

1. Die größeren Wellen mit zwei Kettenstich-Reihen in Elfenbein ausfüllen, die kleine Welle mit einer Reihe Kettenstiche mit spitzem Ende.

2. Mit dem Rückstich die Wellen in Braun umranden.

3. In Gelb mit dem Sternstich und Knötchenstich Akzente hinzufügen.

KRISTALLE UND KRÄUTER FÜR DIE FÜLLUNG

Fülle dein Amulett für reinigende Energie mit einem Quarz und Lavendel. Verwende für Unterstützung in der Liebe Granat oder Rosenquarz mit Zitronenmelisse, Rose oder Schafgarbe und für Wohlstand Böhmischen Quarz mit Goldrute oder Ringelblume.

Wellen, Seite 58
Sterne, Seite 57

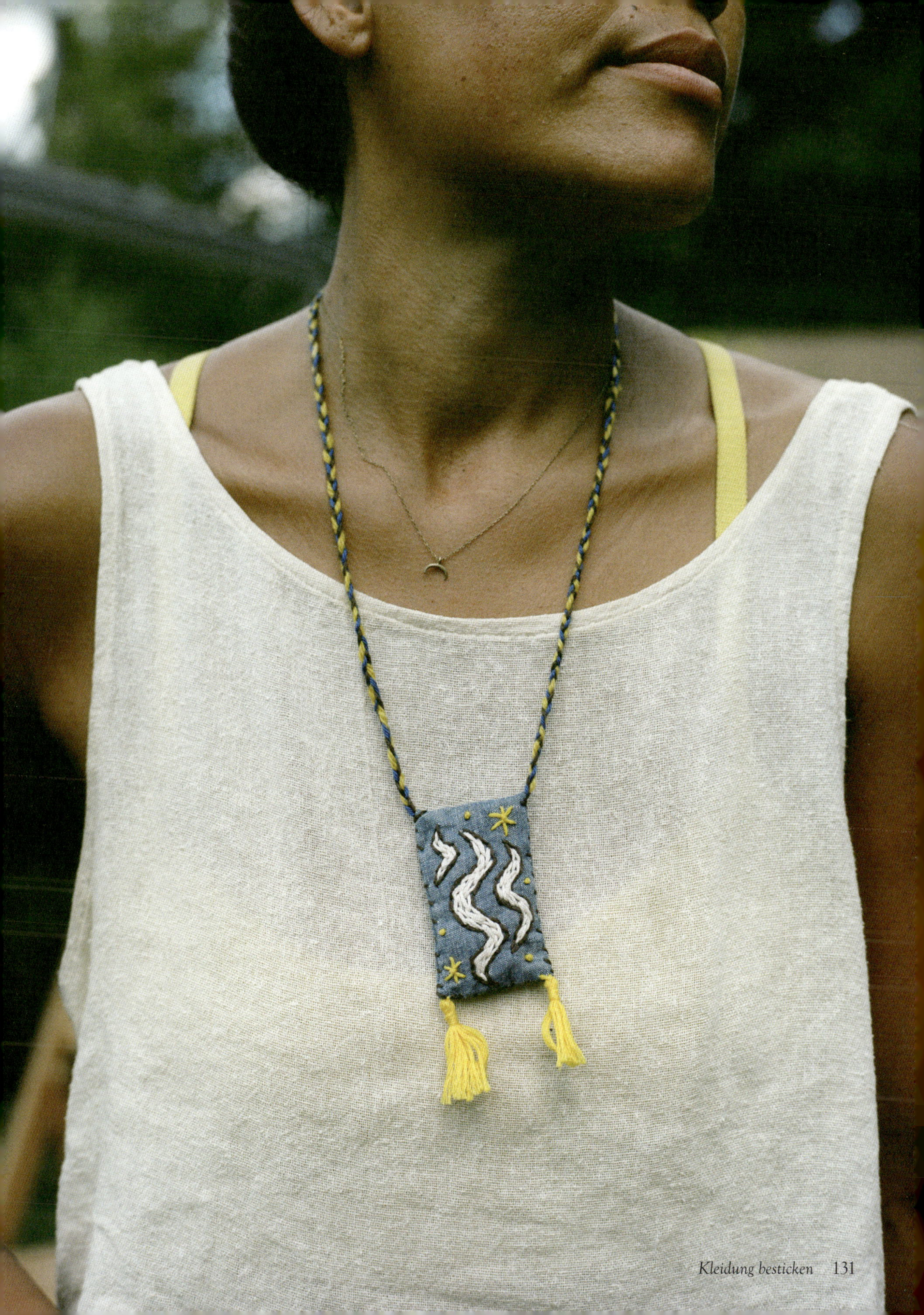

HALSKETTE MIT AMULETT ANFERTIGEN

STOFFGRÖSSE:
5 cm breit* x 15 cm hoch für einen Stickring mit 10 cm Durchmesser; wenn ein größerer Stickring verwendet wird, muss der Stoff größer sein

FERTIGE GRÖSSE:
4 cm breit x 5 cm lang

*Wenn ein festerer Stoff verwendet wird, etwas mehr Nahtzugabe berechnen und den Stoff größer zuschneiden.

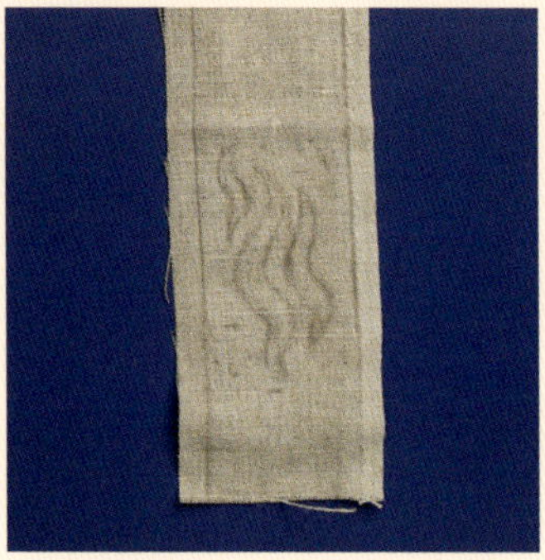

1. Die Nahtzugaben und den Mittelpunkt auf dem Stoff einzeichnen, letzterer bildet die Oberkante des Amuletts. Für die Unterkante 5 cm darunter eine weitere Markierung anbringen. Dann das Muster in diesem Feld aufzeichnen.

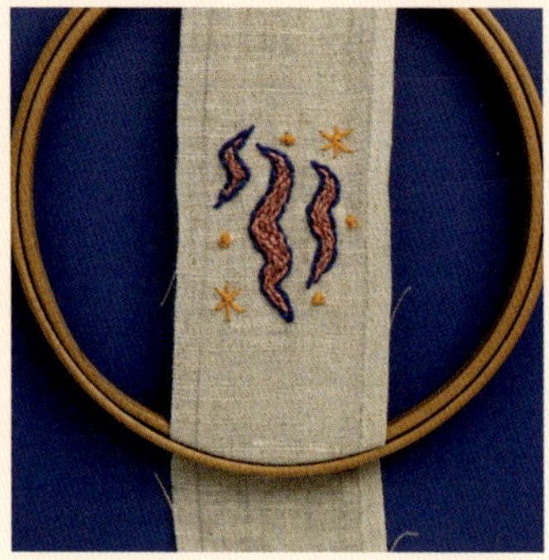

2. Den Stoff in den Stickring legen und das Muster aufsticken. Anschließend den Stoff auf die fertigen Maße zuschneiden, dabei an beiden kurzen Kanten eine Nahtzugabe einberechnen. Die Nahtzugaben der langen Kanten nach links bügeln.

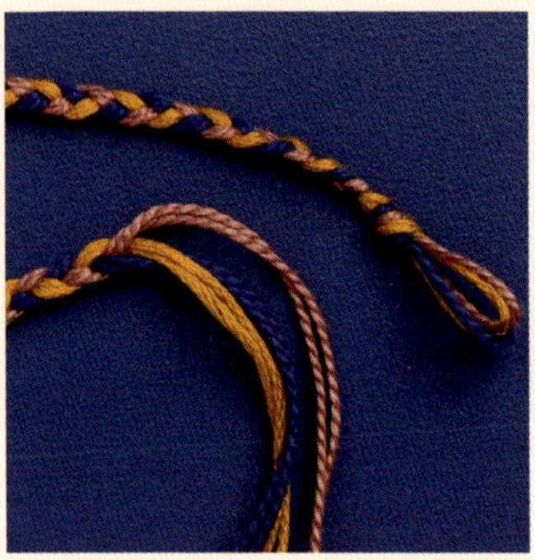

3. Vom Stickgarn in drei unterschiedlichen Farben jeweils 160 cm abschneiden. Die drei Fäden zusammennehmen, mittig umlegen und einen Knoten in das Ende mit der Schlaufe machen. Eine Schnur anfertigen und dafür die drei Farben miteinander verflechten, dabei jeweils zwei Fäden einer Farbe zusammennehmen. Am Ende mit einem Knoten sichern.

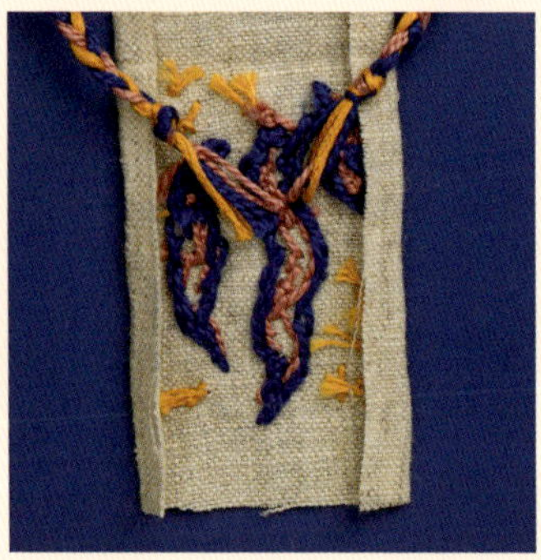

4. Die verknoteten Enden der Schnur auf beiden Seiten auf die markierte Mitte des Stoffs legen. Den Stoff links auf links aufeinanderfalten und feststecken, sodass die Schnurenden fest im Inneren liegen.

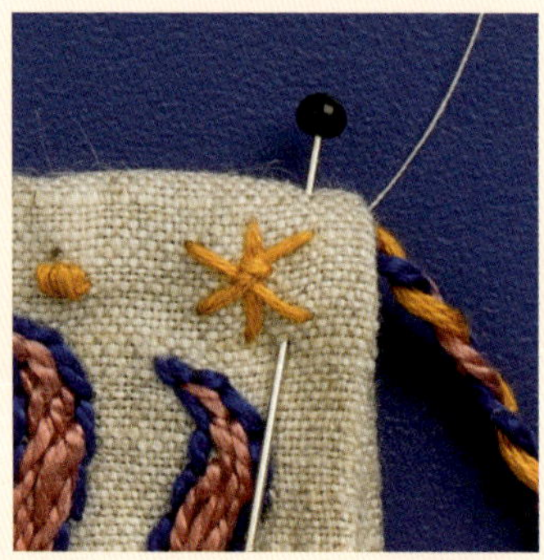

5. Die Außenkanten mit kleinen, etwa 3 mm großen Überwendlingsstichen zusammennähen und dabei darauf achten, dass die geflochtene Schnur an den Ecken mitgefasst wird. Die untere Kante zum Füllen offen lassen.

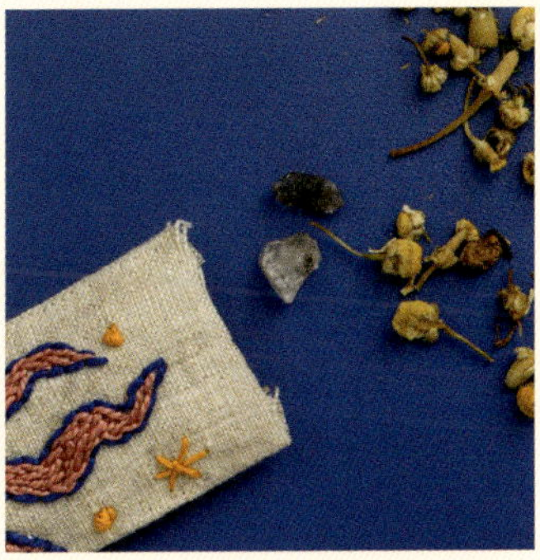

6. Den Anhänger zu etwa drei Vierteln mit Kräutern und Steinen füllen. Er sollte nicht gänzlich gefüllt werden. Die unteren Nahtzugaben nach innen falten und die Kante mit Überwendlingsstichen schließen.

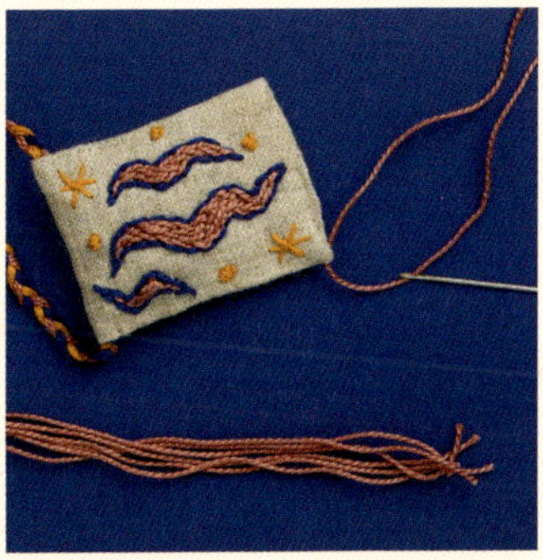

7. Sechs 15 cm lange Fäden vom Stickgarn abschneiden. Eine Nadel mit einem etwa 25 cm langen Faden aus passendem Garn in die untere Ecke des Amuletts stecken. Den Faden zur Hälfte durchziehen, sodass zwei 7,5 cm lange Fäden aus der Ecke hängen.

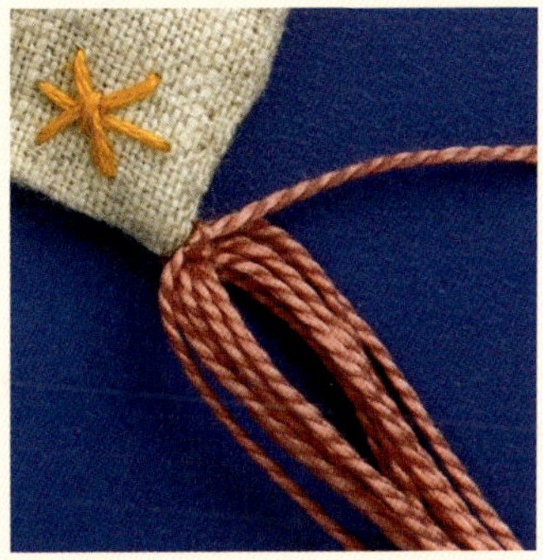

8. Diese um die Mitte der sechs Fäden knoten, dann alle Fäden bis auf einen der beiden langen zu einer Quaste zusammenlegen. Das verbliebene lange Fadenende ein paar Mal darumwickeln und so das obere Ende der Quaste abbinden (etwa 6 mm unter dem oberen Ende).

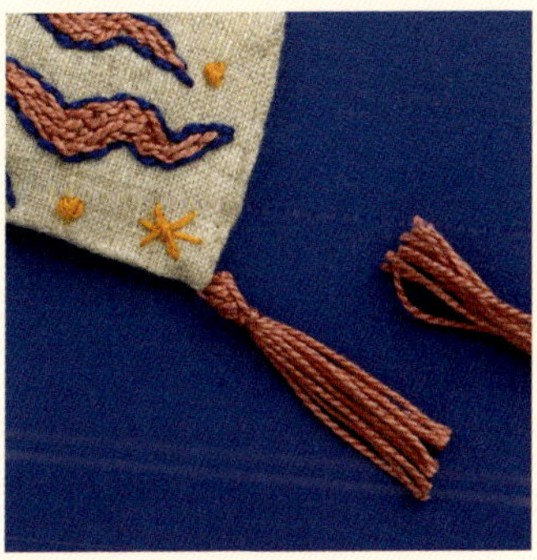

9. Den Faden verknoten und mit einer Nadel das lose Ende in die Ecke des Amuletts ziehen und so in dessen Innerem verwahren. Die Enden gleichmäßig zurückschneiden. Dasselbe auf der anderen Seite wiederholen.

Galaktische Jeans

Schmücke deine Jeans mit Motiven des Universums. Das bringt dich mit der Weite des Kosmos' in Einklang.

Siehe das Muster auf Seite 183 und 189.

1. Zuerst mit Garn in Hellgold den großen Stern im Margeritenstich und den Mond im Plattstich aufsticken.

2. Von oben nach unten den kosmischen Sternenstaub mit Stern- und Knötchenstichen hinzufügen. Wenn zwischen den Motiven mehr als 2,5 cm liegen, den Faden auf der Stoffrückseite am Ende eines Motivs verknoten und abschneiden. Mit einem neuen Faden weiterarbeiten. So verzieht sich der Faden auf der Rückseite nicht und du bleibst nicht daran hängen, wenn du die Jeans anziehst.

3. Die geschwungenen Linien des galaktischen Nebels zunächst mit Knötchen- oder Vorstichen beginnen, dann in den dickeren Stielstich übergehen und wieder mit Knötchen- oder Vorstichen auslaufen lassen.

4. Den übrigen kosmischen Sternenstaub in Elfenbein, Mint und Dunkelgrün sticken.

5. Den oberen und unteren Bereich des Planeten mit dem Versetzten Plattstich in Mintgrün ausfüllen. Der Ring wird mit einem Kettenstich in Kupfer gearbeitet und dann mit einem Rückstich in Dunkelgrün umrahmt.

6. Die Mitte der Schlange mit Stielstich in Dunkelgrün sticken, für den dickeren Bereich am Kopf vom Stiel- in einen Plattstich übergehen. Dann wieder mit einem normalen Stielstich nach unten zur Körpermitte arbeiten.

7. Die grüne Mittellinie der Schlange mit einem Stielstich in Hellgold umranden. Darauf achten, dass alle Stiche im selben Winkel angesetzt werden (zur S-Z-Regel beim Stielstich siehe Seite 35). Etwa 2,5 cm vor dem Schwanzende den Stielstich mit einem spitzen Ende beenden.

8. Dasselbe mit einem Faden in Kupfer wiederholen, dabei etwa 1,2 cm vor dem Schwanzende den Stielstich mit einem spitzen Ende beenden.

9. Zum Schluss die Schlange in Mintgrün umranden. Am Kopf vom Stiel- in den Plattstich übergehen, wie anfangs mit dem dunkelgrünen Stich.

Sterne, Seite 57
Mond, Seite 70
Planeten, Seite 67
Schlange, Seite 80

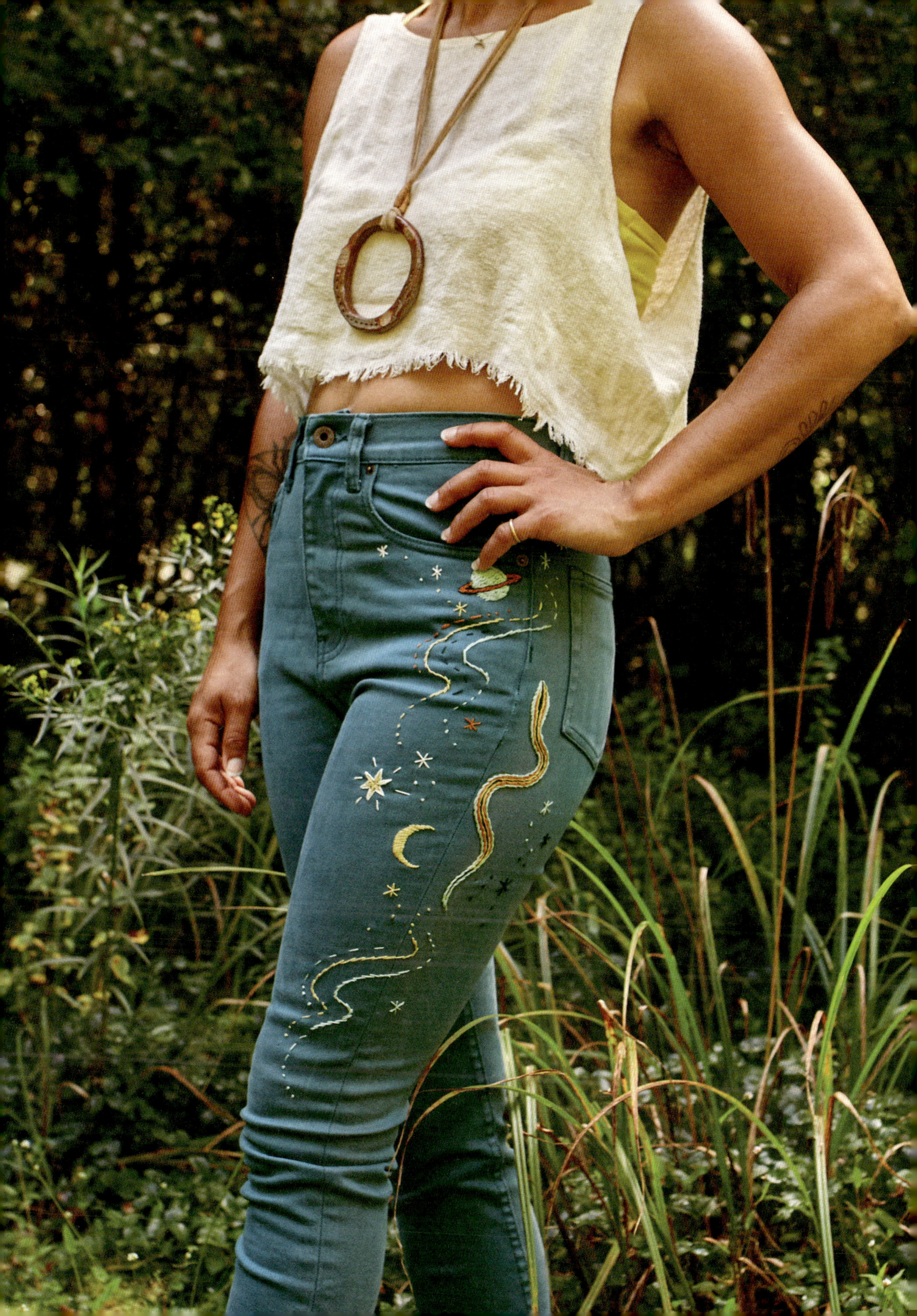

Tor auf der fünften Hosentasche

Dieses kleine Tor erinnert uns an die Möglichkeiten, die selbst der kleinste Ort eröffnet. Es macht Spaß zu sehen, wie dieses Projekt Form annimmt.

1. Die Breite der Tasche von der linken inneren Steppnaht zur rechten ausmessen und durch 7 teilen. Das muss nicht superexakt sein, dies ist ja kein Mathetest.

2. Mithilfe der ermittelten Zahl die Tasche zwischen den Nähten in sieben gleich große Abschnitte teilen und diese anzeichnen. Ich verspreche, dass es niemand merkt, wenn du dich dabei um 1 oder 2 Millimeter vertust! Anschließend dasselbe mit der Höhe wiederholen (in meinem Beispiel sind es 8,5 mm) und drei Querstreifen aufzeichnen, sodass für jede Farbe eine quadratische Form entsteht.

3. Jeweils eine diagonale Linie von den äußeren Taschenecken zu den äußeren Ecken der inneren Streifen ziehen.

4. Mit Garn in Braun die Nadel von der unteren Außenkante der fünften Tasche nach oben führen und den äußeren Randstreifen im Plattstich sticken. Dabei mit den Fingern in die Tasche greifen und den Stoff straff halten, damit die Tasche nicht versehentlich zugenäht wird. An den Ecken die Stiche entlang der diagonalen Linie zur Spitze hin verjüngen. Für das folgende Streifenstück die Stiche passend zur diagonalen Linie wieder vergrößern, dann den Streifen weitersticken.

5. Mit Garn in Gold wie zuvor unten beginnen und den zweiten Streifen sticken.

6. Den Vorgang mit den übrigen Streifen wiederholen. Wenn ein Faden beendet ist und du ihn nur schwer in der Tasche verknoten kannst (in manchen Bereichen ist das nahezu unmöglich), sichere ihn mit einem Doppelstich (siehe Seite 27).

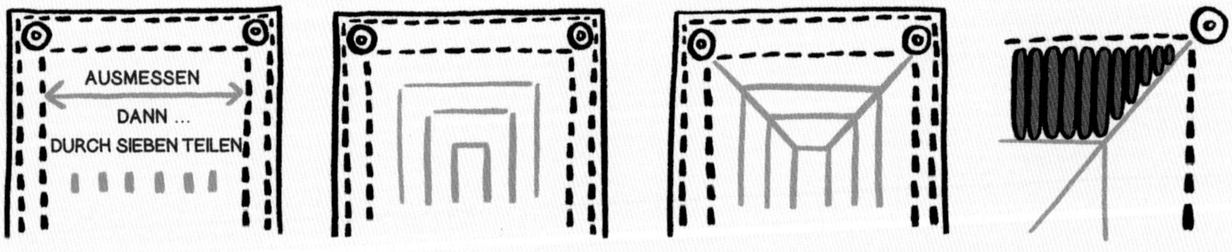

Schritt 1 Schritt 2 Schritt 3 Schritt 4

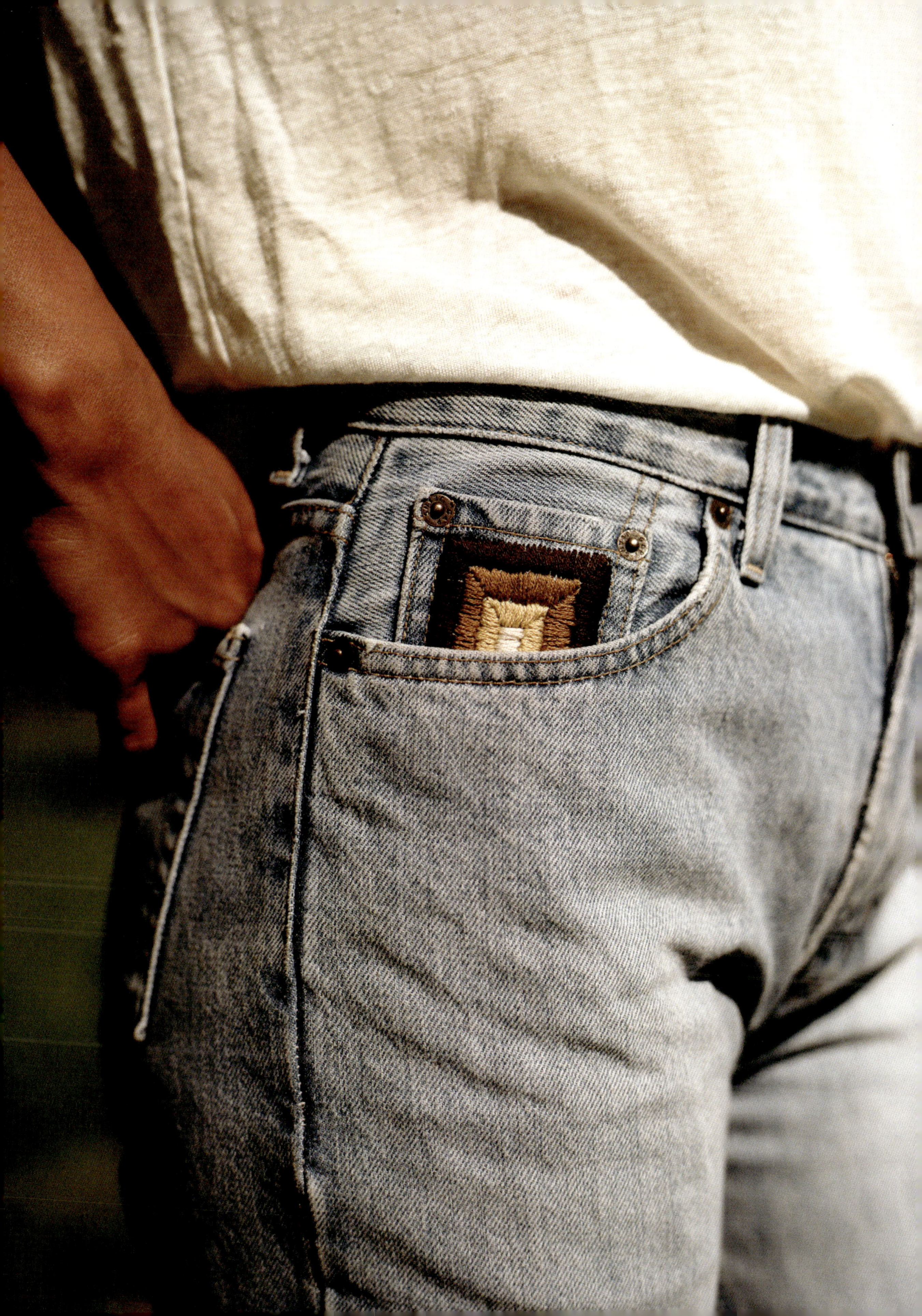

Visionäres Jeanshemd

Mit diesem visionären Muster kannst du in alle Richtungen blicken. Das Muster ist perfekt für den rückwärtigen Schulterbereich deines Lieblings-Jeanshemds.

Siehe das Muster auf Seite 183 und 190.

1. Die Mitte am rückwärtigen Schulterbereich des Hemds bestimmen, dieses dafür mittig falten, sodass die Schulternähte aufeinanderliegen. Die Bruchkante mit Stecknadeln oder mit einem löslichen Markierstift markieren.

2. Die Konturen des Auges mit einem Kettenstich in Dunkelblau sticken, ebenso jeweils den ersten Bereich der Strahlen. Den letzten Kettenstich dabei jeweils mit einem langen Stich fixieren. Dann geht der Weg zurück zum Rand des Auges mit einem Kettenstich, der etwa auf drei Viertel hinter dem letzten Stich beginnt (siehe in der Anleitung zum Kettenstich auf Seite 41, wie versetzte Enden gestickt werden).

3. Weiterhin mit Garn in Dunkelblau mit Kettenstichen die äußere Kontur und die Fläche der Iris mit vier dichten Reihen sticken.

4. Das äußere Weiß des Auges in Elfenbein mit dem Kettenstich arbeiten, dabei außen beginnen und mit dichten Stichen nach innen gehen.

5. Den kleinen Kreis in der Augenmitte mit einem Ketten- oder Plattstich füllen.

6. In Kobaltblau die äußeren Bereiche der Strahlen arbeiten. Darauf achten, dass die Enden ein paar Stiche neben den dunkelblauen Strahlen gestickt werden. Die Spitzen mit einem langen Stich am letzten Kettenstich beenden.

7. Mit Leuchtend Blau fortfahren und die Zwischenräume zwischen den Stichen mit Stielstichen ausfüllen, sodass die Spitzen schön gerade werden. Dasselbe mit Hellblau und Elfenbein wiederholen.

Auge, Seite 98

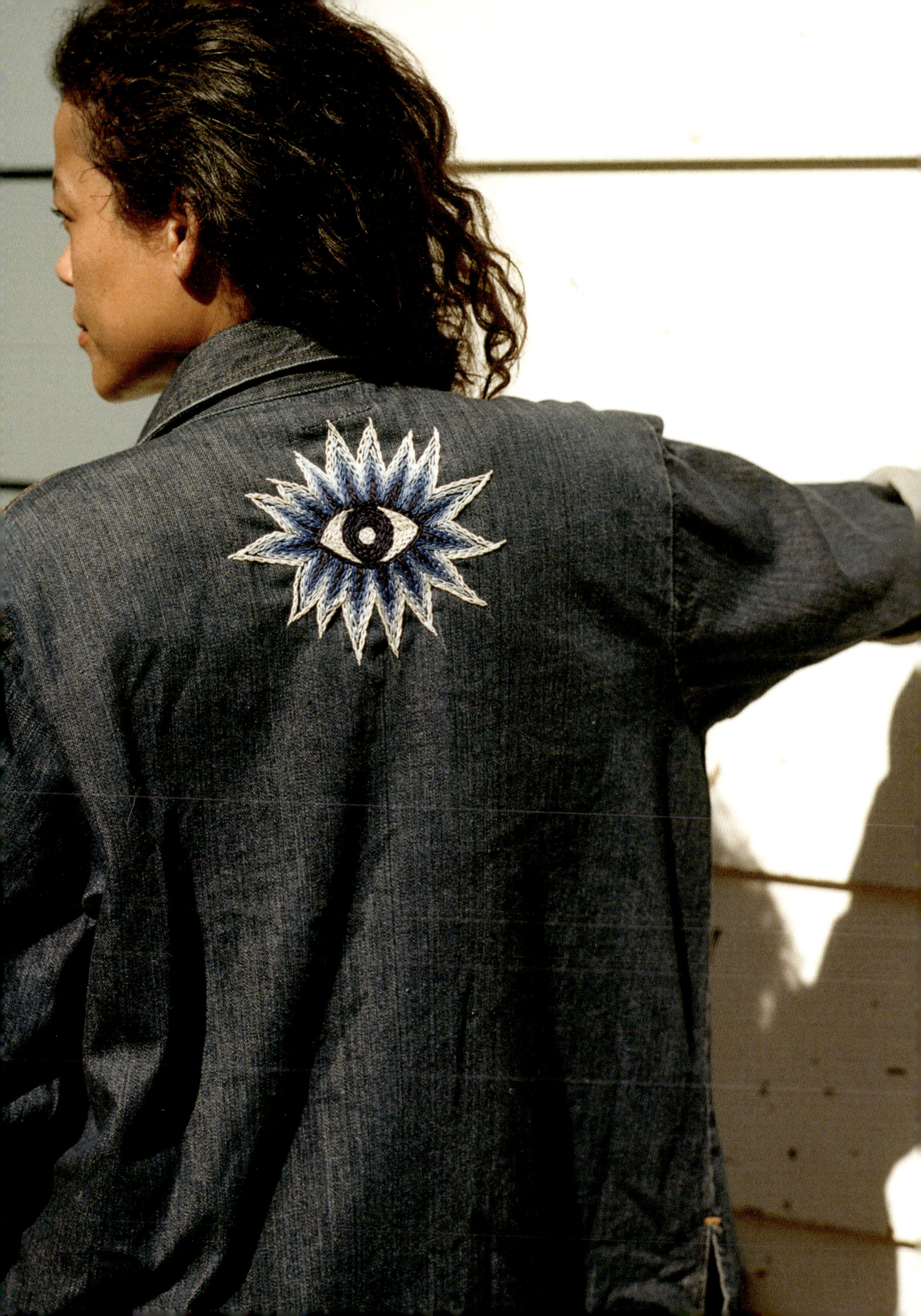

Schicksals-Jacke

Die Hand, in der unsere grundlegende Fähigkeit zur Manifestation liegt, ist hier mit dem Schwert der raschen Entscheidung und dem Lorbeerzweig des Sieges gepaart, um das zu anzurufen, was immer wir für uns beschwören wollen. Dies ist ein zeitaufwendigeres Muster, aber dennoch auch für Anfänger geeignet.

Siehe das Muster auf Seite 183 und 191.

1. Hier wird nur in die äußere Stofflage gestickt, sodass man die Stickerei später von der Innenseite nicht sieht. Wenn deine Jacke gefüttert ist, die Futternaht mit einem Nahttrenner an der Naht der rückwärtigen Mitte oder an der Seite öffnen. Beim Sticken darauf achten, die Nadel zwischen die Stofflagen zu führen, dafür die Hand in die geöffnete Nahtkante schieben, um zu verhindern, dass auf dem Futter gestickt wird.

2. Die rückwärtige Längsmitte der Jacke bestimmen, diese dafür mittig falten, sodass die Schulter- und Seitennähte aufeinanderliegen. Die Bruchkante mit Stecknadeln oder mit einem löslichen Markierstift markieren und dann das Muster übertragen.

3. Mit einem diagonalen Plattstich die Lorbeerblätter in Salbeigrün und Olivgrün ausfüllen.

4. Die Blitze mit dem Plattstich in Goldgelb sticken.

5. Die Schwertklinge mit dem Plattstich in zwei Grautönen besticken. Den Griff mit zwei Reihen Kettenstich in Dunkelgrau arbeiten und mit einem Rückstich in Hellgrau umranden. Die Parierstange über dem Griff mit zwei Reihen im Kettenstich in Goldgelb sticken. Zum Schluss den Knauf ebenfalls in Goldgelb mit dem Plattstich ausfüllen.

6. Die Pyramiden mit dem Plattstich in Gold und in Goldgelb ausfüllen, die unteren größeren Bereiche mit dem Versetzten Plattstich.

7. Die Konturen der Hand mit dem Kettenstich in Blassgelb arbeiten. Die Details auf der Handfläche mit dem Rückstich in derselben Farbe sticken.

8. Die Zacken des Sterns mit dem Kettenstich in Hellgelb zur Mitte hin arbeiten. Die Strahlen um den Stern jeweils mit vier Stielstichen sticken.

9. Die Hand in Dunkelbraun mit dem Stielstich umranden, dann den Stiel und die Schatten am Lorbeer ebenfalls mit dem Stielstich sticken.

10. Die Konturen der Pyramiden und die Details auf dem Schwert mit dem Rückstich in Dunkelbraun anfertigen.

11. Mit einem kleinen Überwendlingsstich die Öffnung im Futter schließen.

Lorbeer, Seite 93
Blitz, Seite 95
Schwert, Seite 104
Pyramide, Seite 102
Hand, Seite 97
Sterne, Seite 57
Strahlen, Seite 96

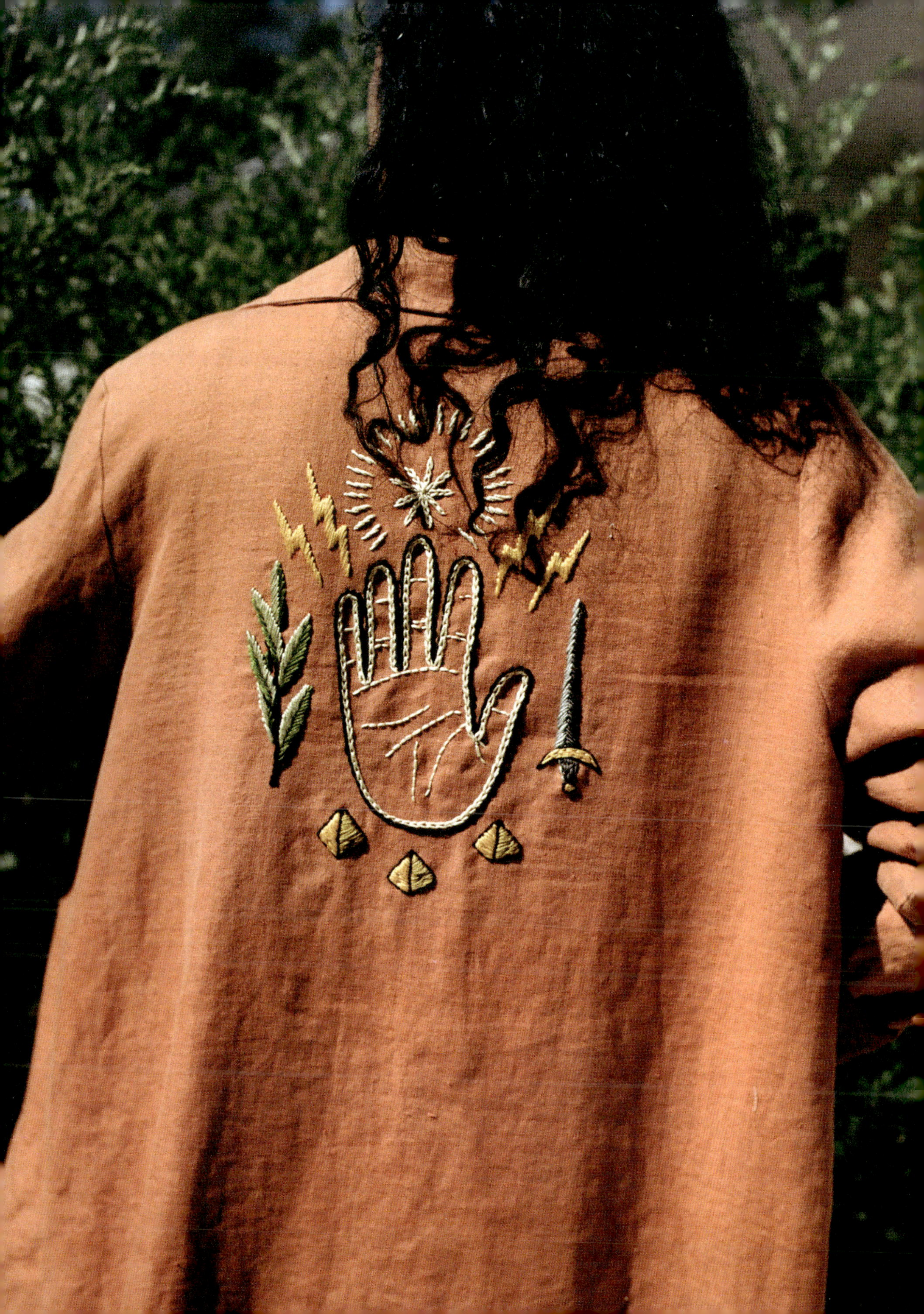

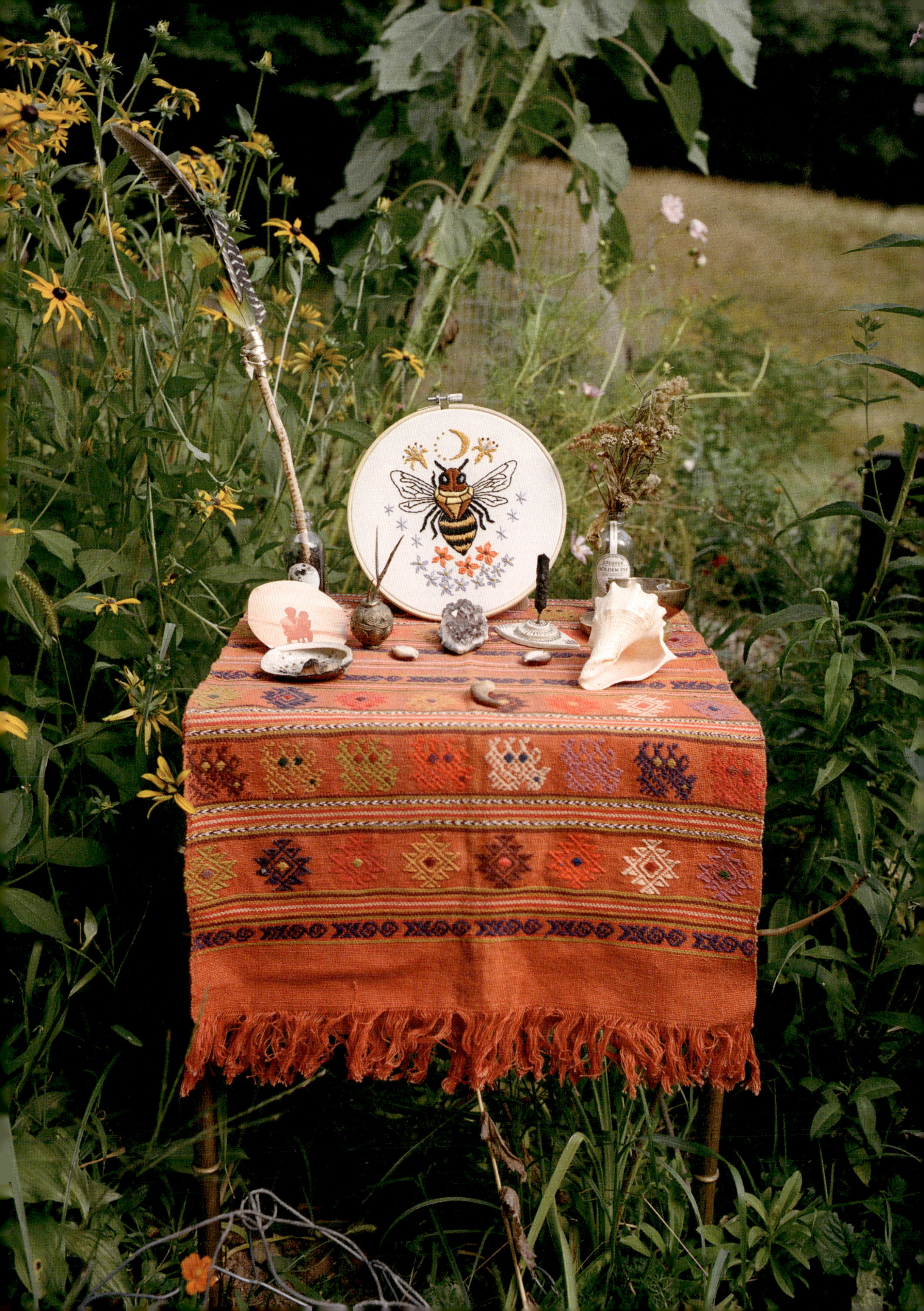

6

Die Kunst des Rituals

Eine magische Handlung soll eine Veränderung im Leben zum Wohle aller herbeiführen. Was eine magische Handlung von einer alltäglichen unterscheidet, sind nicht die verwendeten physischen Gegenstände oder die genauen Bewegungen. Vielmehr wird eine Handlung durch die von dir festgelegte Intention magisch. Diese kann durch ein Ritual noch verstärkt werden. Religionen und Gesellschaften haben im Laufe der Zeit spezifische Rituale entwickelt, die bestimmte Handlungen und Materialien erfordern. Doch auch wer sich diesen Traditionen nicht verbunden fühlt, aber dennoch eine persönliche Verbindung mit göttlichen Energien sucht, kann seine eigenen Rituale entwickeln. Wenn zwar manche Traditionen den Eindruck erwecken, dass nur die Heiligsten der Heiligen ein Ritual durchführen können, so gibt es eigentlich keinen falschen Weg, ein Ritual zu gestalten. Aus mystischer Sicht sind wir alle in der Lage, mit göttlichen Kräften in Verbindung zu treten. Das Göttliche existiert bereits in uns.

Eine Intention festlegen

Um deine Stickereien mit einem Ritual zu verknüpfen, kannst du einen Talisman anfertigen und diesen dann mithilfe eines Rituals aufladen. Oder du kannst den Akt der Anfertigung des Talismans selbst zu einem Ritual machen. Wenn du weißt, dass du deinen Talisman in der U-Bahn sticken wirst, ist es vielleicht nicht ideal, ein künstlerisches Ritual dafür zu entwickeln. Dann solltest du vielleicht besser deinen Talisman nach der Fertigstellung in einem Ritual mit einer Intention aufladen. Es gibt keinen Königsweg für Rituale, ebenso wenig wie für das Sticken selbst – beides beruht auf persönlicher Erfahrung. In diesem Kapitel findest du ein paar Ideen dafür, wie du deine Kreativität entfachen kannst. Zuerst: Lege eine Intention fest.

- Du solltest einen Beweggrund für dein Ritual benennen, eine Absicht, die du in der Welt manifestieren möchtest, ohne jemandem zu schaden. Ich betone mit „ohne jemandem zu schaden“ ausdrücklich, dass die Ethik bei der Ausübung der Magie von großer Bedeutung ist!
- Eine Intention funktioniert am besten mit einem einfachen Spruch. Dabei macht es Spaß, wenn man mit Alliterationen oder Reimen arbeitet und den Worten damit etwas Zauber verleiht. Wenn du zum Beispiel in ein neues Haus ziehst, könntest du singen: „In dies zauberhafte Haus zieh ich nun ein, ich freu mich, dass es bald mein Heim wird sein!“

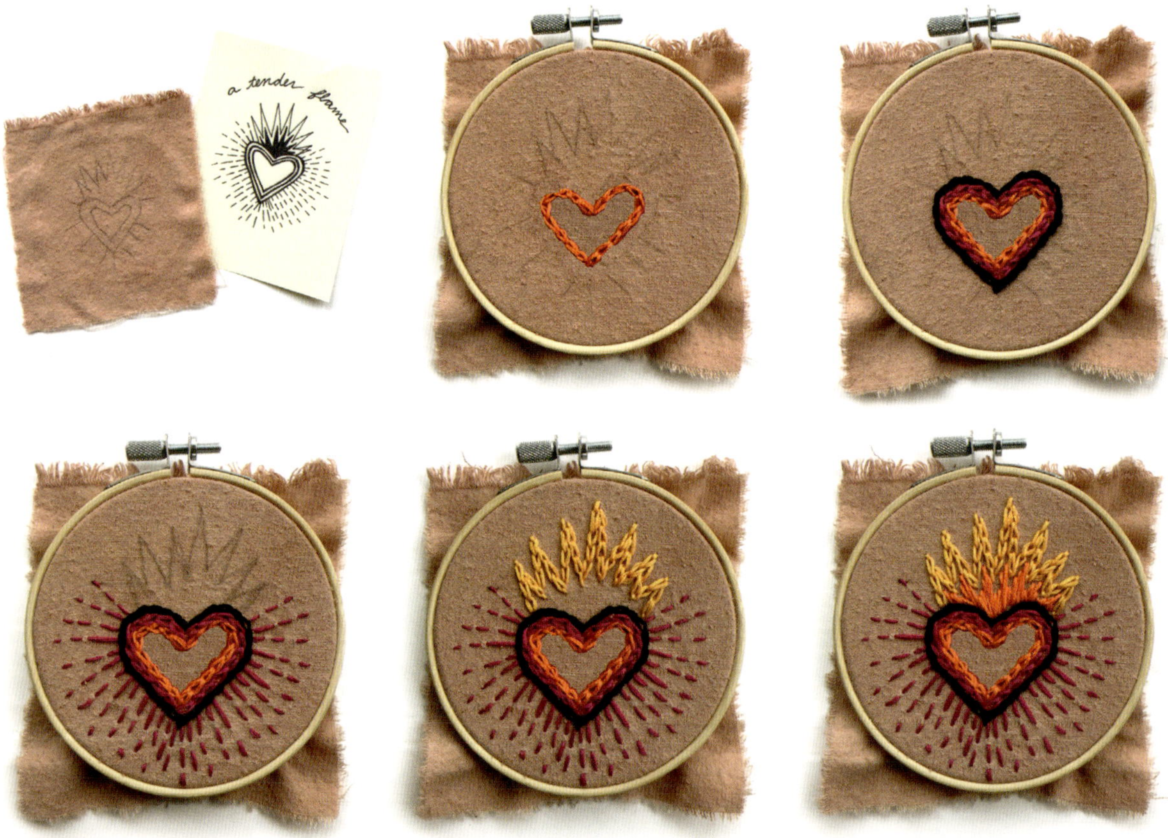

- Teste einmal, wie sich ein einfacher Satz zum magischen Zauberspruch entwickeln kann, wenn man ein paar Wörter aneinanderreiht und diese laut und pathetisch ausspricht. Das kann die Wirkung deiner Arbeit vertiefen!
- Betrachte deine Intention als Worte der Stärkung und Tor zu neuen Möglichkeiten. Eine klar definierte Intention ist zwar großartig, aber wenn du göttlichen Kräften Raum zur Entfaltung lässt, ist das Zusammenwirken noch spannender.
- Wenn du eine Intention formuliert hast, nimm dir ein wenig Zeit, um die gewünschten Veränderungen zu visualisieren, als ob sie bereits stattgefunden hätten. Wie sieht dieses neue Element in deinem Leben aus, wenn es sich vollständig manifestiert hat? Wie fühlt es sich an? Von was oder wem bist du umgeben? Welche Gerüche liegen in der Luft? Ein lebendiges und inspiriertes Bild, auf das du zurückgreifen kannst, verleiht deiner Intention zusätzlichen Funken! Achte auf alle inneren Widerstände, die du vielleicht hast. Wenn du diese Zweifel an die Oberfläche bringst und dich ihnen stellst, kannst du sie leichter überwinden.

Einen Altar bauen

Dein Altar beherbergt deine magische Arbeit. Dies ist ein heiliger Ort, den du erschaffst, um mit höheren Mächten – in dir selbst sowie in der Natur und im Kosmos – in Verbindung zu treten. Indem du symbolische Gegenstände mit deinen eigenen Energien verbindest, erschaffst du ein gut ausbalanciertes energetisches Gehäuse für dein Ritual. Wenn du die fünf Naturelemente (Luft, Feuer, Wasser, Erde, Geist) hinzunimmst, kannst du deine Intentionen an den Energien der Natur ausrichten. Für diese Symbole kannst du verschiedene Gegenstände, Materialien, geistige Bilder und physische Handlungen verwenden.

Luft

Federn, Glocken, Rauch. Stell dir vor, wie der Wind über dein Gesicht streicht. Spüre die Eigenschaften der Luft, die deine Haut berührt. Konzentriere dich auf deinen Atem und vertiefe ihn.

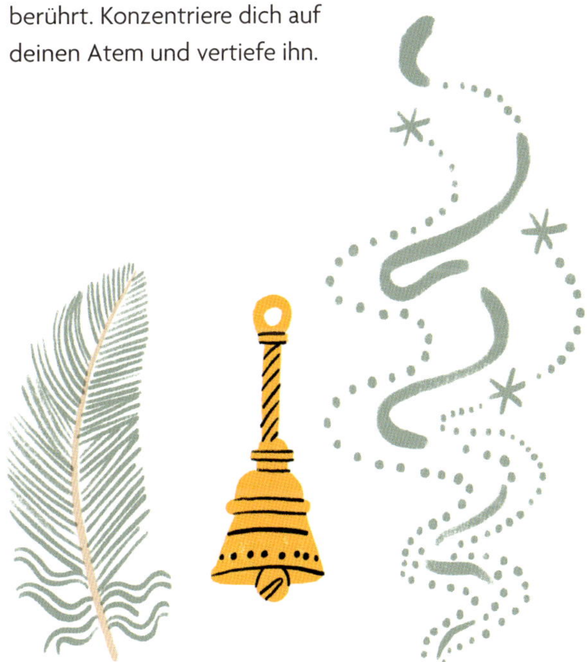

Feuer

Kerzen, Weihrauch. Stell dir die Wärme und das Knistern vor einem Lagerfeuer vor. Spüre die Wärme im Inneren deines Körpers, die als leuchtende Flamme nach außen strahlt.

Wasser

Muscheln, Korallen, ein kleines Fläschchen mit Wasser von einem besonderen Ort in der Natur. Lasse zu, dass dein Körper wie Wasser fließt und sanft in den Wellen schaukelt. Oder trinke einfach Wasser.

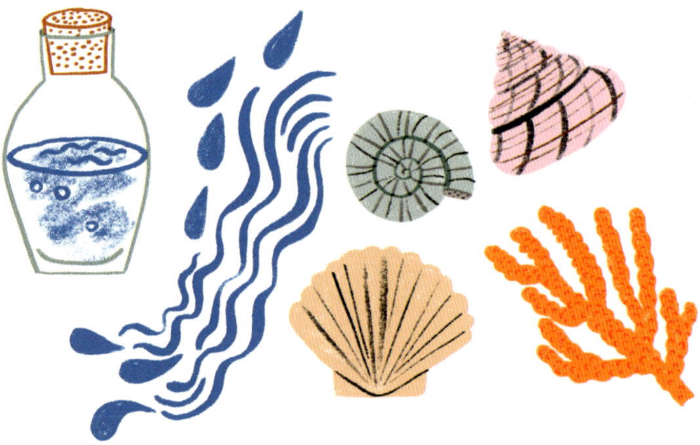

RÄUCHERWERK

Suchst du eine einfache Möglichkeit, alle fünf Elemente darzustellen? Das geht wunderbar mit einem Räucherwerk aus Kräutern in einer Muschel. Weihrauch repräsentiert Erde, die Muschel Wasser, das Anzünden das Feuer, der Rauch die Luft und das Aufsteigen des Rauchs ist die Essenz des Geistes. Du kannst auch noch Materialien hinzufügen, die an die Energien der Planeten appellieren, die du einschließen möchtest (siehe zu diesen kosmischen Archteypen den Abschnitt Zauber der Planeten auf Seite 67), oder andere Assoziationen, um deine Intentionen anzureichern.

Erde

Salz, Dreck, Steine, Kräuter, Zimmerpflanzen. Lege dich auf den Boden und stell dir vor, wie die Wurzeln in den Boden wachsen; spüre das Gewicht deines Körpers auf der Erde.

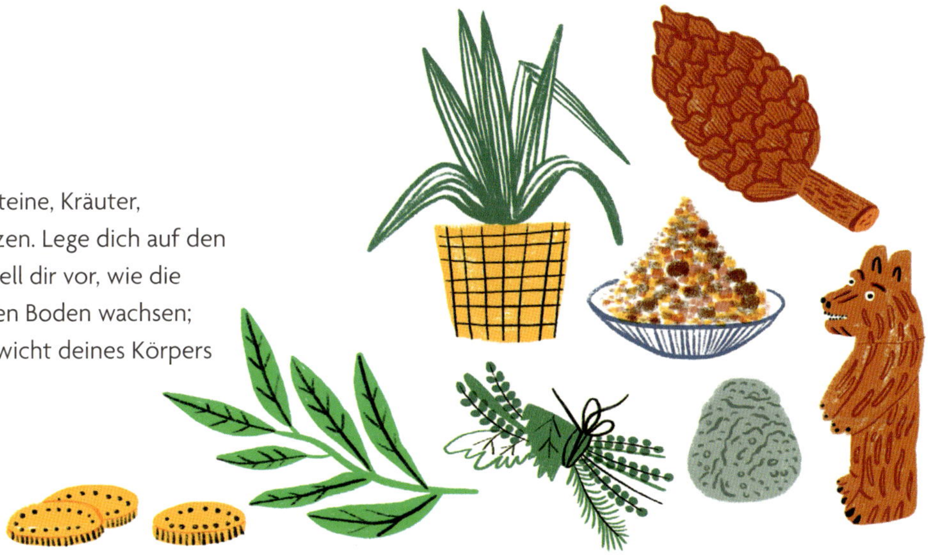

Geist

Mandalas, Sterne, Kristalle, bevorzugte Gottheiten. Richte dein Bewusstsein auf die gewaltige Natur des Kosmos', die Billionen von kosmischen Körpern, die neben uns glühen, und die winzigen Mikroorganismen, die den Raum mit uns teilen.

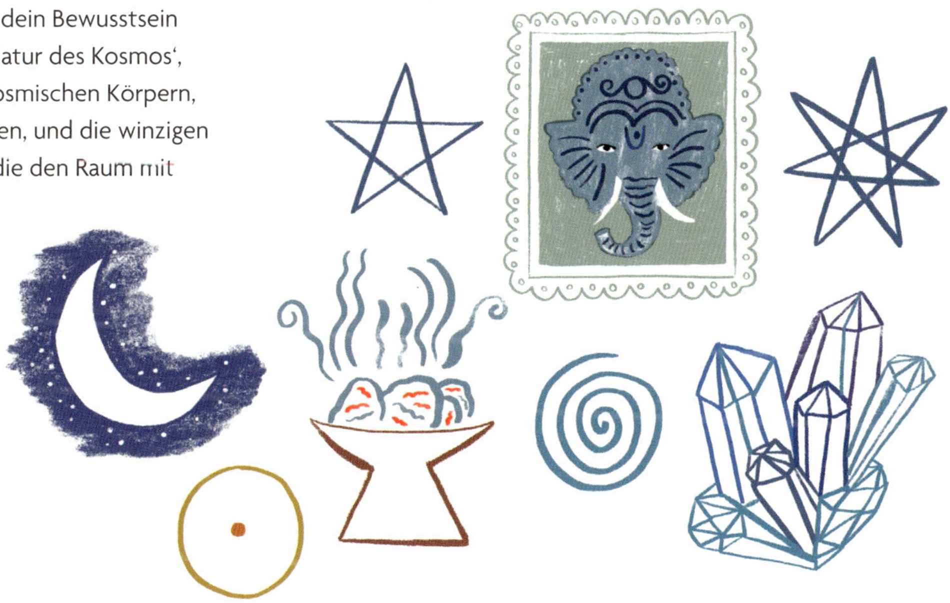

Das Ritual vorbereiten

Reinige zunächst den Ort in einer Weise, die dir passend erscheint – mit einem Besen, einem feuchten Tuch, mit Rauch oder auch mit Licht. Erkläre diesen Ort dann als geheiligten Platz. Es gibt viele Möglichkeiten, wie du einen Ort als geheiligt bestimmen kannst. Du kannst etwa mit deinen Fingerspitzen oder mit einem Stab einen Kreis ziehen. Beginne damit im Osten (Luft) und fahre in Richtung Süden (Feuer) nach Westen (Wasser) und Norden (Erde) zurück zum Osten fort. Diese Methode zur Festlegung eines geheiligten Raumes findet man in allen Zeiten und überall auf der Erde.

Den Talisman aufladen

Die Energie, die in eine Stickarbeit eingeflossen ist, verwandelt diese in Kombination mit den von dir gewählten visuellen Symbolen in einen Talisman. Führe zunächst eine energetische Reinigung durch, um deinen Talisman mit persönlicher Kraft aufzuladen. Führe ihn dafür durch eine Rauchwolke oder vernebele ihn mit Räucherstäbchen. Halte dann die Stickerei zwischen den Handflächen und spüre die Energien, die sie durchströmen – dies sind deine Energien der Transformation, die Erdenergien der Regeneration, und alle göttlichen kosmischen Energien, die du einbeziehen möchtest. Spüre, wie sich diese Energien ausbreiten und den von dir festgelegten geheiligten Raum ausfüllen. Rufe dir die Visualisierung der Kräfte, die du herbeirufen möchtest, in Erinnerung. Lies dann deine Intention mit Überzeugung und Gewissheit laut vor, um die Energie der Ermächtigung zu festigen. Das wichtigste dabei ist, deine geistige Energie auf die Visualisierung der gewünschten Intention zu konzentrieren.

Wenn das Sticken selbst Teil deines Rituals sein soll, versuche, dir diese Intention beim Sticken vor Augen zu halten.

- Stelle dir beim Sticken eine Reise zwischen den Welten vor; sieh, wie die Symbole, die du stickst, aus deinem Unterbewusstsein hervorsteigen.
- Lass zu, dass du beim Sticken zur Ruhe kommst und du sehen kannst, was du in der Eile bisher übersehen hast.
- Lass zu, dass die verschiedenen Elemente deiner Persönlichkeit – deine äußeren Wünsche und inneren Blockaden – an die Oberfläche kommen können.
- Visualisiere deine Intentionen, indem du mit der Nadel in den Stoff auf dessen Rückseite und wieder nach oben stichst.

Jetzt hast du deinen Talisman mit deinen Intentionen aufgeladen. Das kann zwar die negativen Aspekte unserer menschlichen Erfahrung nicht aufheben, aber es kann dir helfen, dich für neue Lebensweisen und neue Erfahrungen zu öffnen, für die du vorher nicht zugänglich warst. Lass deinen Talisman als Anker fungieren – als Symbol für deine Macht, Veränderungen in deinem Leben zu erwirken.

Den Raum schließen

Wenn dein Talisman fertig ist und du das Gefühl hast, dass du deine Wünsche und alle zurückgehaltenen Aspekte deines Selbst vollständig zum Ausdruck gebracht hast, indem du das, was über und was unter der Oberfläche sitzt, vereint hast, nimm dir einige Augenblicke Zeit, um das Bewusste und das Unterbewusste zusammenzubringen. Danke allen Elementen für ihre Heilungskräfte. Atme ein paar Mal tief durch. Beschließe das Ritual, indem du den Kreis nachfährst, in die Hände klatschst, einen Freudentanz machst, wenn du möchtest, und laut sprichst: „Und so ist es!“

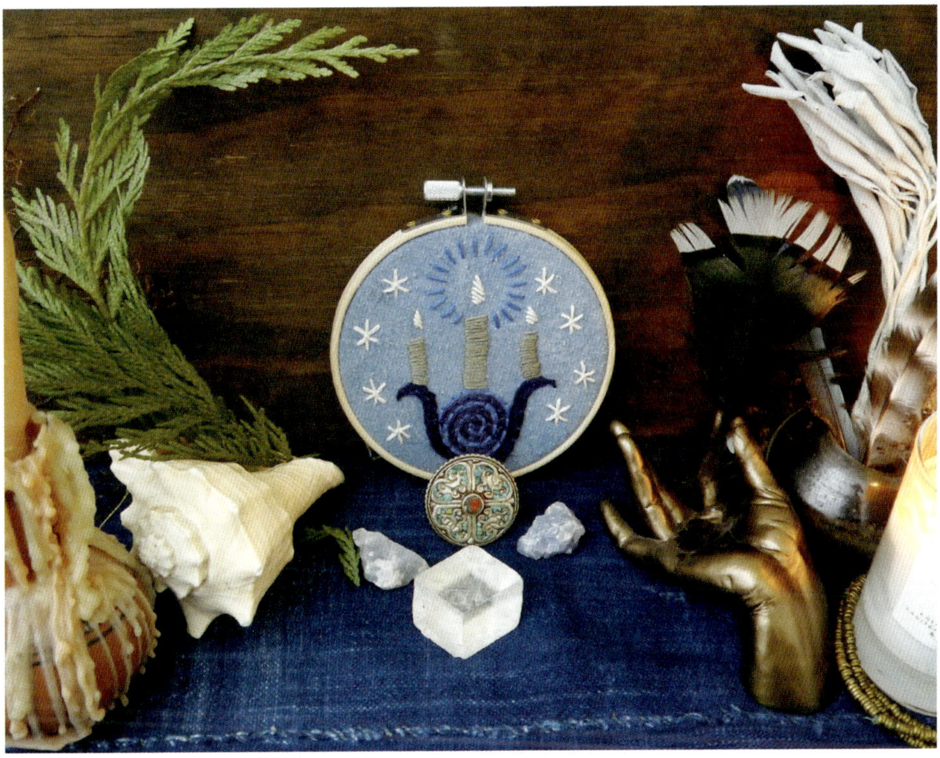

Das kreative Ritual entwickeln

Es gibt unendlich viele Möglichkeiten, das Gebäude deines kreativen Handelns zu errichten. Das Ritual eines kreativen Prozesses kommt von einem Ort tief im Inneren und erfordert nichts anderes als deine Konzentration und Intention. Meditation, tiefes Atmen und körperliche Bewegung kosten nichts und können oft mehr zur Vertiefung deines künstlerischen Rituals beitragen als die feinen Kristalle, Kerzen oder Altartücher.

Du brauchst nur eine Nadel, etwas Garn und Zeit, um für dich selbst ein künstlerisches Ritual zu entwickeln. Manchmal mache ich es mir auf dem Sofa gemütlich und die einzige Vorbereitung, die ich vor dem Sticken treffe, ist, dass ich mir vorstelle, wie sich das Licht ausbreitet und eine Kugel um den Raum bildet, in dem ich arbeite. Manchmal zünde ich auch Kerzen an und lege Muscheln, Steine, Federn und Wurzeln aus, um eine kunstvolle Szene um meine Arbeitsmaterialien herum anzulegen und so meinen Arbeitsprozess zu unterstützen.

Dein Ritual kann zwischen diesen beiden Ansätzen liegen; es kommt ganz darauf an, was bei dir funktioniert. Versuche nicht, so viele Elemente einzubauen, dass übermäßige Vorbereitungen dein kreatives Schaffen überlagern und dich daran hindern loszulegen. Es ist völlig in Ordnung, wenn du nur mit der Kraft deines Geistes, der Stärke deiner Überzeugungen und der Wertschätzung für alles, was ist, antrittst. Ein Ritual darf nicht kompliziert sein. Mit wenigen, speziellen Objekten zu arbeiten, kann helfen, sich zu konzentrieren und diese Zeit als heilig zu betrachten; im Geiste die eigene Intention aufzusagen, kann eines der stärksten Werkzeuge sein.

Ritual in einer Tasche

Damit ein Ritual zu einer regelmäßigen Gewohnheit wird, sollte es einfach sein und mit deinem Leben in Einklang stehen. Ich finde es am effektivsten, alle meine Materialien an einem Ort und in einem Behälter aufzubewahren, den ich gerne anschaue und der eine Bedeutung für mich hat. Ich habe eine kleine bestickte Tasche, die ich vor langer Zeit auf einer Reise nach China bekommen habe. Aufgrund der leuchtenden Farben und handgefertigten Details betrachte ich sie auch nach all den Jahren immer noch gern.

Darin ist eine kleine Schere, ein Holzröhrchen für die Nadeln, Stickgarn in vielen Farben, ein kleiner Stickring und gefalteter Stoff in Schwarz, Weiß und Blau. Indem ich alles, was ich zum Sticken benötige, in dieser Tasche aufbewahre, kann ich leicht 20 bis 30 Minuten sticken, ohne jedes Mal alle Utensilien dafür zusammentragen zu müssen. Ich liebe es auch, diese Tasche zu betrachten, wenn sie auf meinem Schreibtisch liegt, dann denke ich eher daran, mir Zeit für kreative Erkundung zu nehmen.

Dem Körper Gutes tun

Jede konzentrierte Tätigkeit im Sitzen kann den Körper stark belasten, insbesondere den Nacken und die Schultern. Sanfte Dehnungen zusammen mit tiefer Atmung helfen, Verspannungen sowohl im Körper als auch im Geist zu lösen. Ich mache während des Stickens oft ein paar vom Yoga inspirierte Dehnübungen. Gönne dir eine Pause und versuche es mit den folgenden Vorschlägen. Und sei sanft zu dir selbst. Betrachte diese Übungen als Aufwärmübungen. Denn wahrscheinlich sind deine Muskeln kalt, daher solltest du dich nicht überanstrengen, sondern diese Bewegungen mit Besonnenheit ausführen.

Cat-Cow-Übung

Auf Hände und Knie stützen, die Schultern über den Handgelenken und die Hüften über den Knien ausrichten. Beim Einatmen sanft den Kopf heben und den Bauch nach unten sinken lassen. Beim Ausatmen den Kopf nach unten senken, den Rücken runden und die Wirbelsäule nach oben ziehen. Die Übung so oft wie nötig wiederholen.

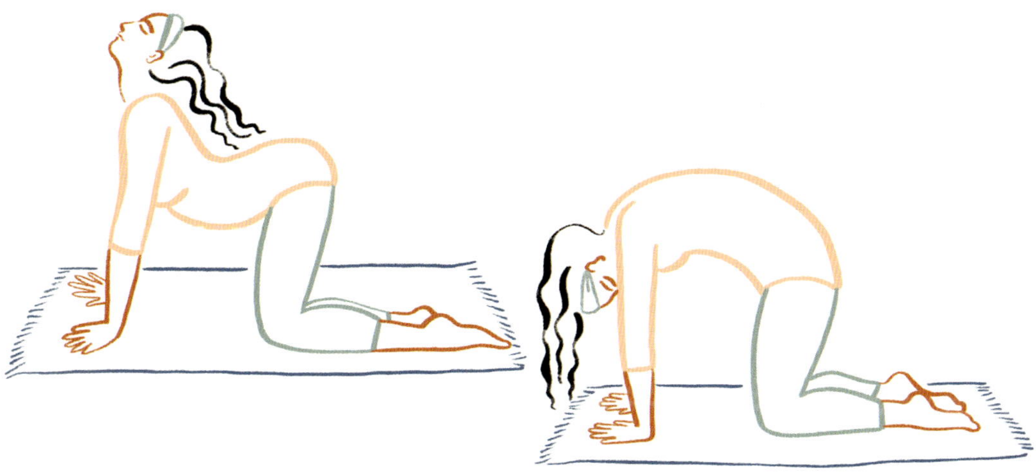

Stehende Kopf-Knie-Stellung

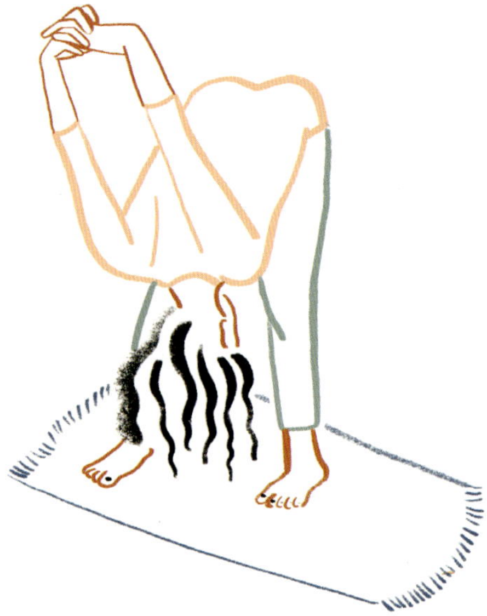

Gerade und aufrecht hinstellen, mit den Füßen hüftbreit auseinander. Die Hände auf dem Rücken verschränken, dabei zeigen die Handflächen zueinander. Die Hände nach unten ziehen und die vorderen Schultern öffnen. Die Wirbelsäule verlängern und sich aus der Hüfte nach vorne beugen, dabei den Rücken gerade halten. Die Beine falls nötig ein wenig beugen, und darauf achten, dass die Knie nicht durchgedrückt sind. Mit den Armen nach hinten zeigend den Kopf vor den Beinen hängen lassen, sodass die Schwerkraft die Arme gerade so weit nach unten zieht, dass eine Dehnung spürbar wird.

Schultern kreisen

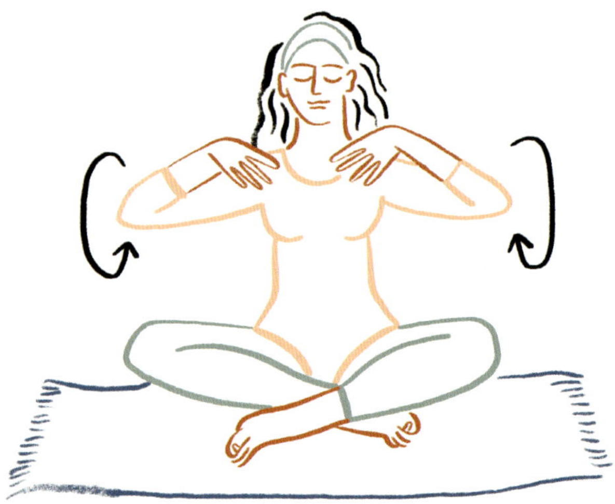

Mit gekreuzten Beinen auf den Boden oder auf ein Kissen setzen und die Hände an die Schultern legen.
Dabei zeigen die Finger nach vorne.
Mit den Ellenbogen Kreise beschreiben, sodass die Schultern rotieren.
Dabei einatmen, wenn sich die Arme nach oben bewegen, und ausatmen, wenn sie sich nach unten bewegen.

Seiten dehnen

Mit gekreuzten Beinen auf den Boden oder auf ein Kissen setzen. Mit dem Einatmen den rechten Arm nach oben nehmen und mit dem Ausatmen sanft über den Kopf und zur linken Seite führen, dabei mit der Körpermitte das Gleichgewicht halten. Dann wieder einatmen und dabei aufrichten, den Arm zurückführen und ausatmen. Auf der anderen Seite wiederholen.

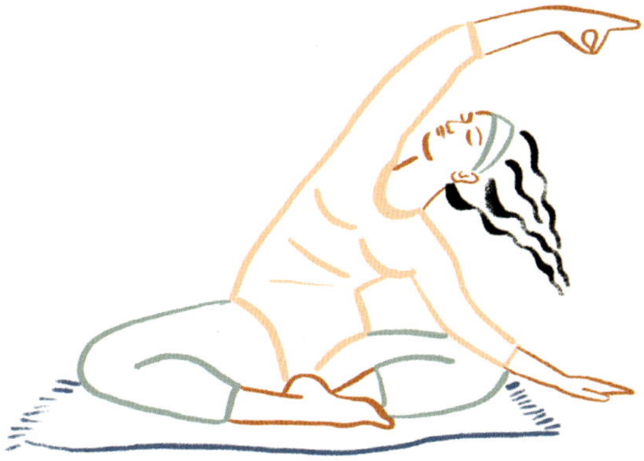

Schmetterlingspose

Im Yoga ist diese Pose als Supta Baddha Konasana bekannt; ich nehme sie gerne am Ende einer Arbeit ein, als Zeichen dafür, dass diese erledigt ist. Dafür auf den Rücken legen, die Arme seitlich ablegen. Die Knie anziehen und die Füße auf den Boden stellen, dann die Knie öffnen und dabei die Fußsohlen zusammenführen. Bei Bedarf die Knie mit Kissen abstützen. Tief durchatmen und spüren, wie sich die Innenseiten der Beine dehnen und sich der Brustkorb sanft öffnet.

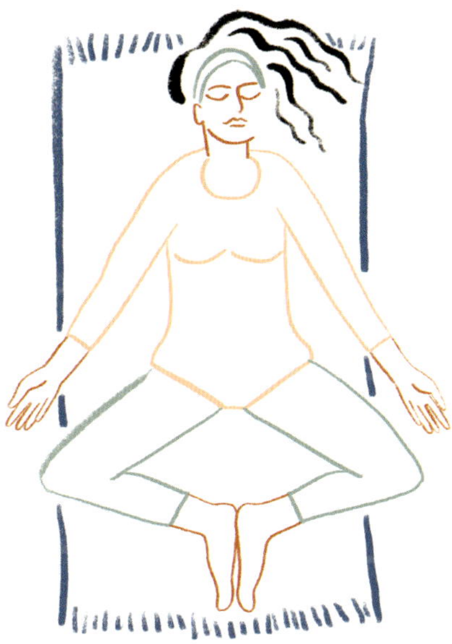

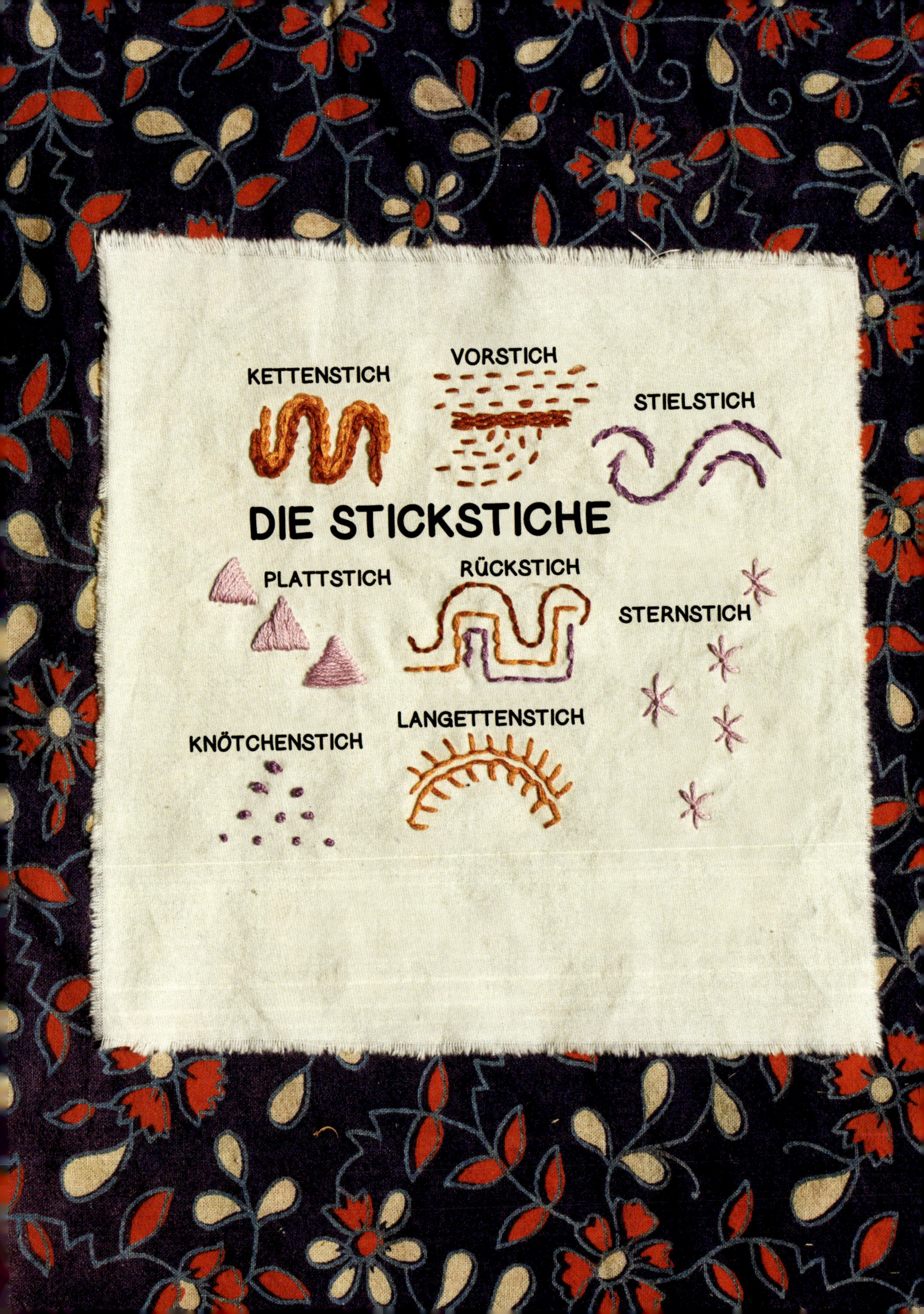
KETTENSTICH
VORSTICH
STIELSTICH
DIE STICKSTICHE
PLATTSTICH
RÜCKSTICH
STERNSTICH
KNÖTCHENSTICH
LANGETTENSTICH

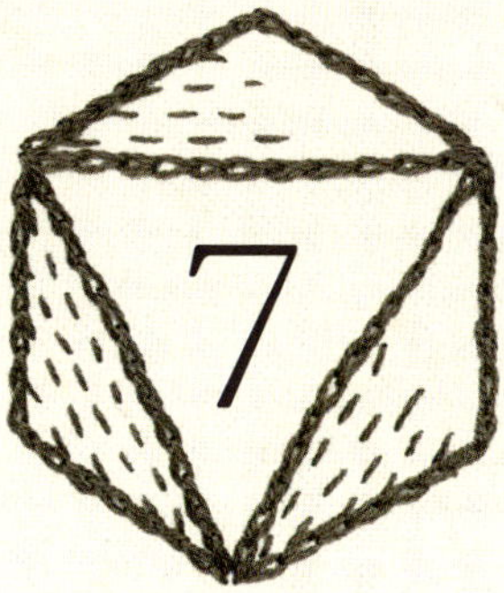

7 STICKSTICHE

Hier findest du die Zeichenerklärungen und Vorlagen für die Schatzkammer der Symbole (Kapitel 4) zum Nacharbeiten. Du kannst die Symbole zu einem Talisman kombinieren oder für eigene kreative Entwürfe verwenden. Die Zahlen entsprechen den Farben des Stickgarns von DMC, das ich verwendet habe. Wenn ich „dreifädig“ angebe, bedeutet das, dass ich das sechsfädige Stickgarn in zwei Teile aufgeteilt habe. Muster zum Abpausen für alle Symbole und Projekte in diesem Buch können unter www.storey.com/symbol-patterns/ heruntergeladen werden.

ZEICHENERKLÄRUNG FÜR DIE STICKSTICHE

- Geradstich
- Rückstich
- Spaltstich
- Stielstich
- Vorstich
- Kettenstich
- umwickelter Kettenstich
- Margeritenstich
- Fliegenstich
- Federstich
- Langettenstich
- Knötchenstich
- Hexenstich

- Reisstich
- Fächerstich
- Sternstich
- Plattstich
- Versetzter Plattstich
- vom Stiel- zum Plattstich

Geometrische Formen

Zu den Symbolen siehe Kapitel 4, Seite 56.

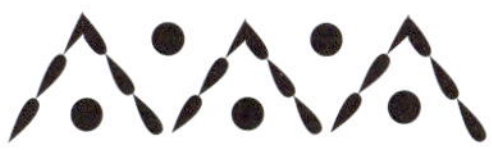

Zickzack
Kettenstich, Details im Knötchenstich (791, 720)

Sterne

alle in 791, 720, 832, 823

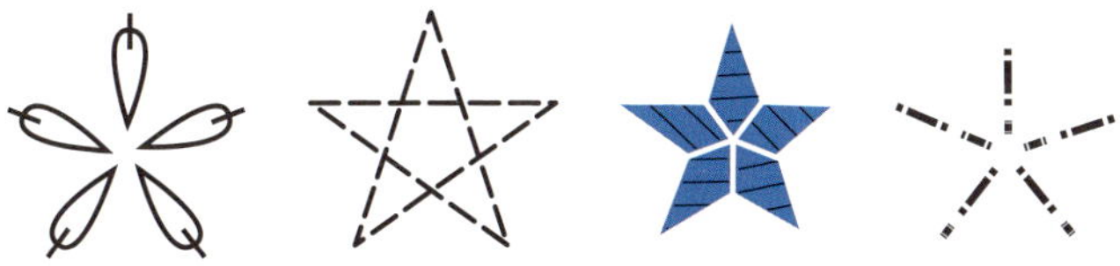

fünfzackig
von links: Margeritenstich; Rückstich; Plattstich; Geradstich

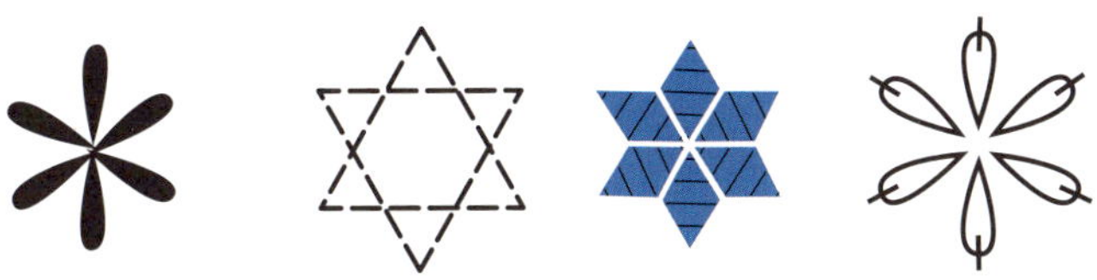

sechszackig
von links: Sternstich; Rückstich; Plattstich; Margeritenstich, mit kurzen Stichen in einer Kontrastfarbe darüber

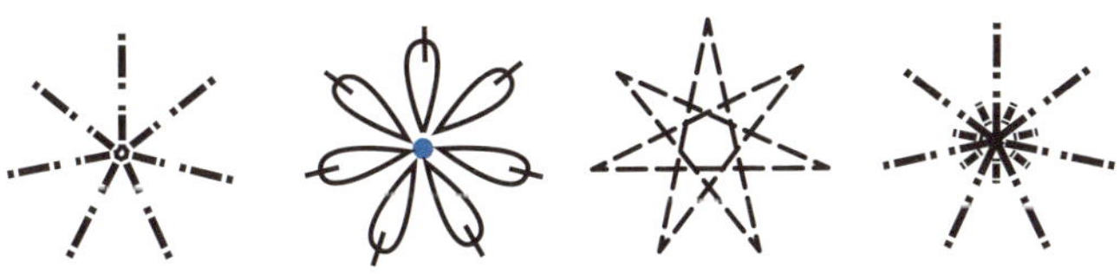

siebenzackig
von links: Geradstich; Margeritenstich; Rückstich; Geradstich

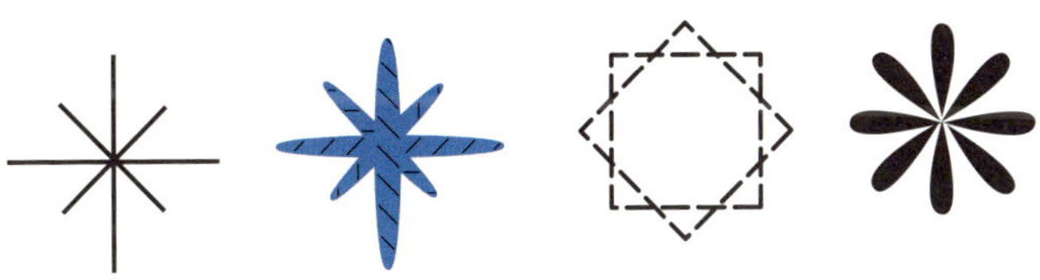

achtzackig
von links: Spaltstich; diagonaler Plattstich; Rückstich; Sternstich

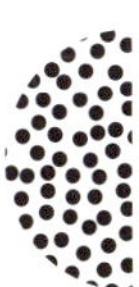

Halbkreis
Knötchenstich (646)

Quadrat
Plattstich in wechselnden Farben (3799, 645)

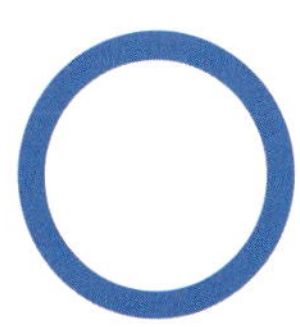

Kreis
Plattstich in wechselnden Farben (791, 680)

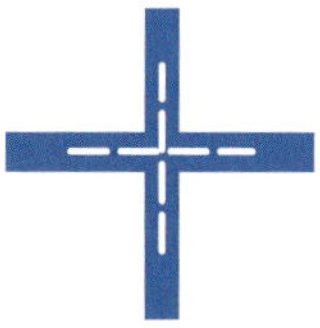

Kreuz
Plattstich mit Rückstich darüber (798, 712)

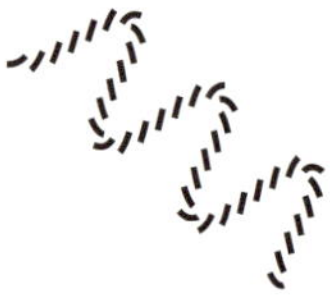

Welle
Stielstich (646)

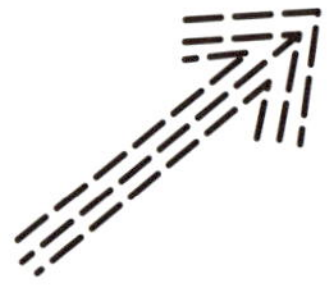

Pfeil
Rückstich (791)

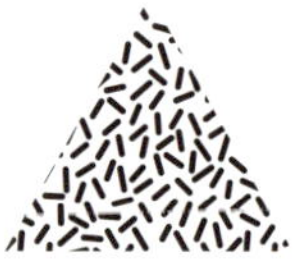

Dreieck
Reisstich (3799)

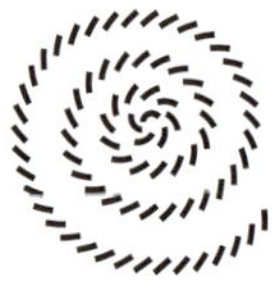

Spirale
Stielstich (798)

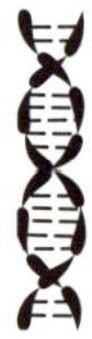

Doppelhelix
äußere Spiralen im dreifädigen Kettenstich; innere Streifen im Rückstich (830, 680, 798)

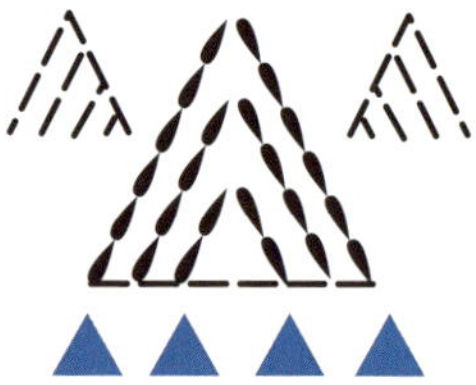

Hütte
Groß: Kettenstich; unten Rückstich; Details im Plattstich. *Klein:* Rückstich (823, 680)

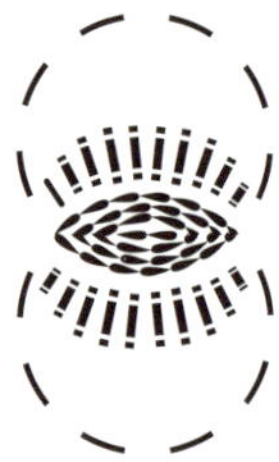

Mandorla
von der Mitte aus vier Reihen im dreifädigen Kettenstich mit aufeinanderfolgenden Farben zum Füllen des Inneren; Strahlen im Geradstich; außen im Vorstich (677, 728, 680, 830)

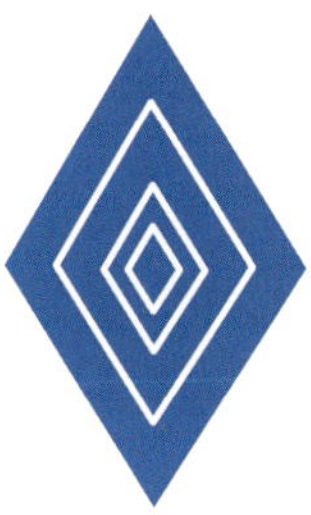

Rhombus
von der Mitte aus jede Reihe im Plattstich (680, 975, 791, 823)

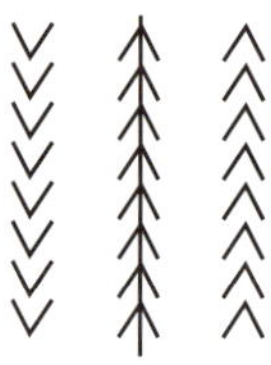

Fischgrätmuster
Fliegenstich (798, 823)

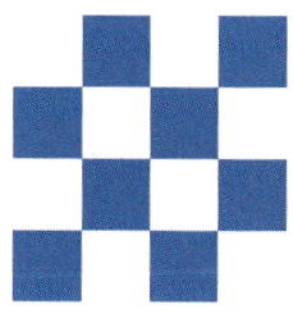

Schachbrettmuster
Plattstich (791, 798)

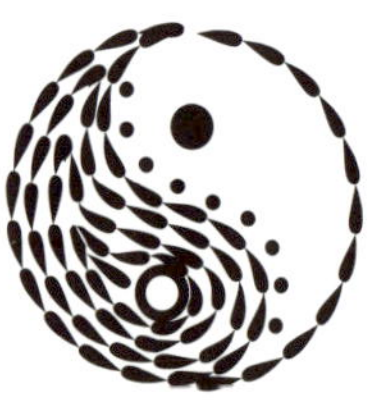

Yin und Yang
dreifädiger Kettenstich und Knötchenstich (310)

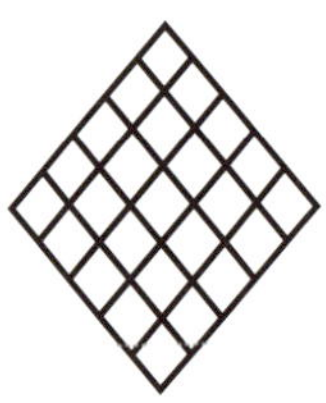

Netz
Langettenstich (823)

Koptisches Kreuz
dreifädiger Kettenstich, mit der hellsten Farbe innen beginnend; Strahlen im Rückstich (677, 3852, 830)

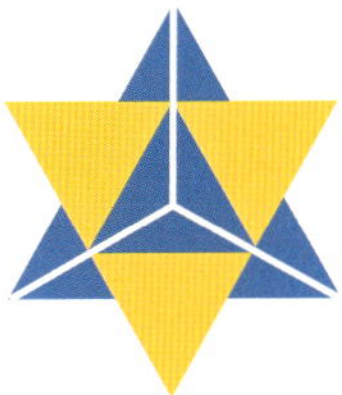

Merkaba

Versetzter Plattstich; Plattstich (3799, 645, 647, 648)

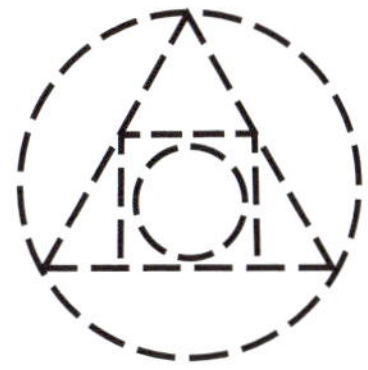

Stein der Weisen

dreifädiger Rückstich (830)

Triskele

dreifädiger Kettenstich (310)

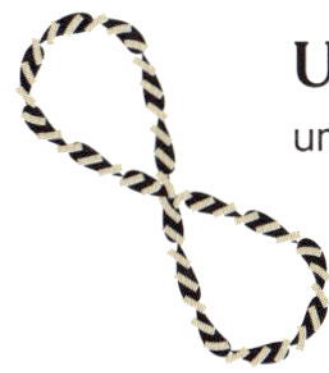

Unendlichkeit

umwickelter Kettenstich (310, 648)

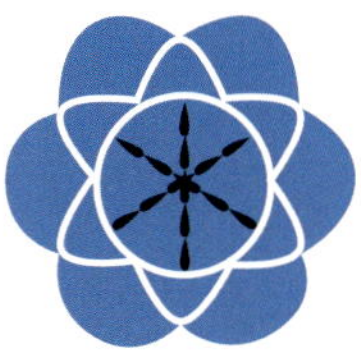

Blume des Lebens

Von innen nach außen arbeiten. Innerer Stern im Kettenstich, die äußeren Kreise im Plattstich (677, 3852, 830, 333)

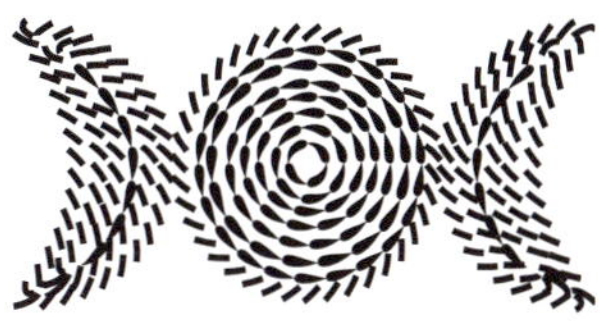

Dreifache Gottheit

Von innen nach außen arbeiten. Das Innere des mittleren Mondes mit fünf Reihen der hellsten Farbe im Kettenstich; die seitlichen Monde mit einer Reihe im Kettenstich; diese Linien mit der nächst dunkleren Farbe umranden: eine Reihe im Kettenstich beim mittleren Mond, eine Reihe im Stielstich bei den äußeren Monden; dasselbe mit der nächst dunkleren Farbe wiederholen; die Konturen aller drei Monde mit der dunkelsten Farbe im Stielstich (341, 340, 333, 791)

Platonische Körper

Mit dreifädigem Stickgarn arbeiten; die Konturen jeweils im Kettenstich, die Schraffuren in unterschiedlichen Stickstichen.

Zu den Symbolen siehe Kapitel 4, Seite 62.

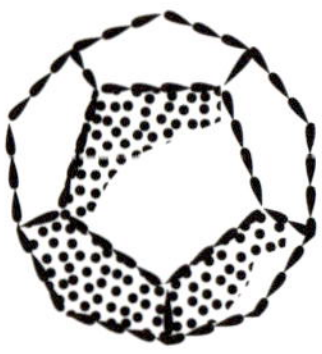

Dodekaeder
Schraffuren im Knötchenstich (340)

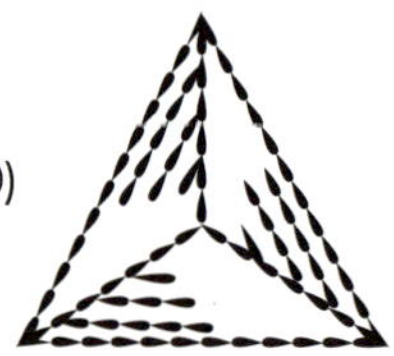

Tetraeder
Schraffuren im Kettenstich (975)

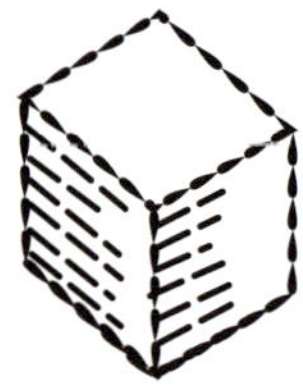

Würfel
Schraffuren im Rückstich (830)

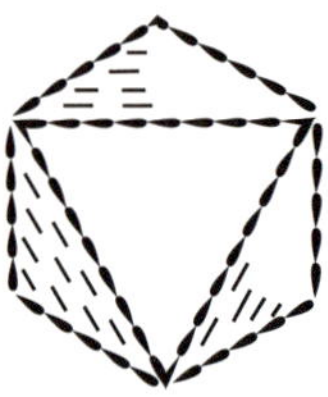

Oktaeder
Schraffuren im Vorstich (844)

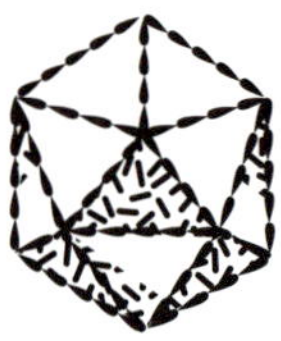

Ikosaeder
Schraffuren im Reisstich (930)

Zahlen

Zu den Symbolen siehe Kapitel 4, Seite 64.

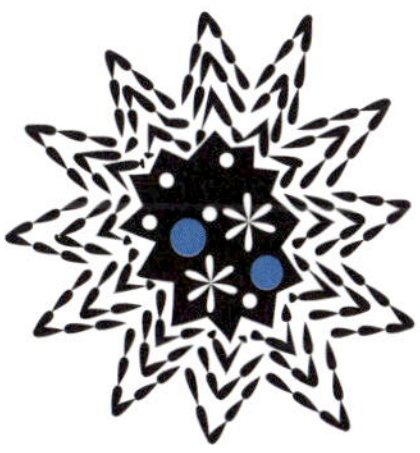

0
Kontur im Kettenstich, dann das Innere im Kettenstich; darüber Sternstich, Plattstich und Knötchenstich (310, 3817)

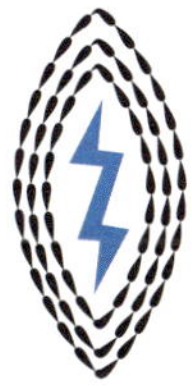

1
drei Reihen im Kettenstich, dabei mit der inneren Reihe beginnen; den Blitz im Plattstich (720, 561, 3817, 3852)

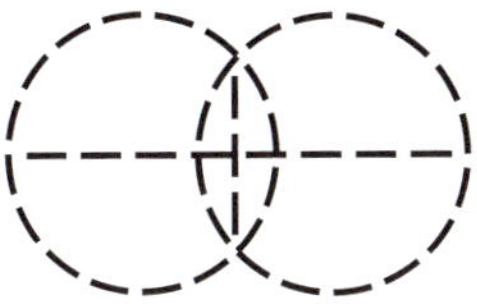

2
Rückstich (310, 918)

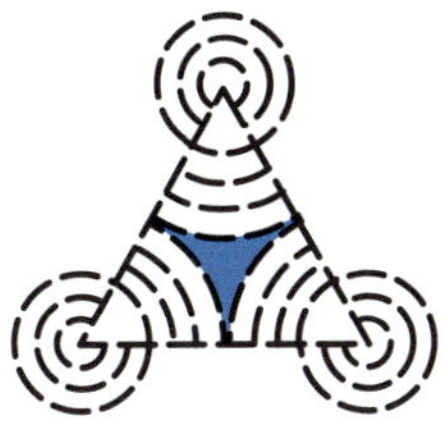

3
Rückstich; innen im Plattstich (918, 720)

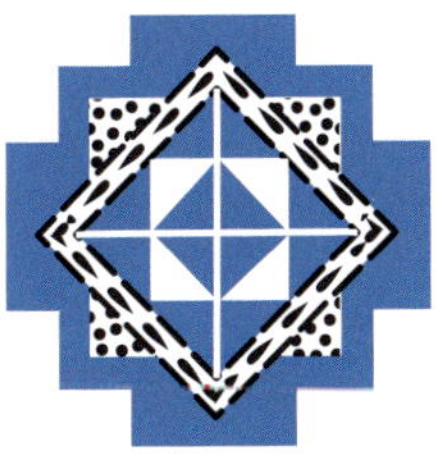

4
innere Dreiecke und äußerer Rand im Plattstich; goldene Raute im Kettenstich; Kontur der Raute im dreifädigen Rückstich; äußere Ecken im dreifädigen Knötchenstich
(561, 3817, 3852, 310)

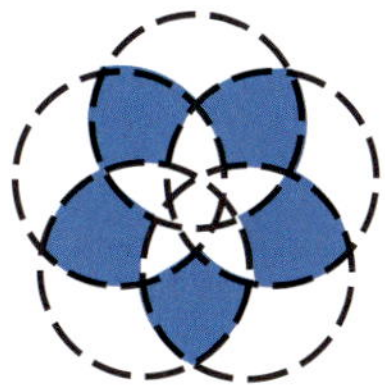

5
Konturen im Rückstich; innen im Plattstich (823, 720)

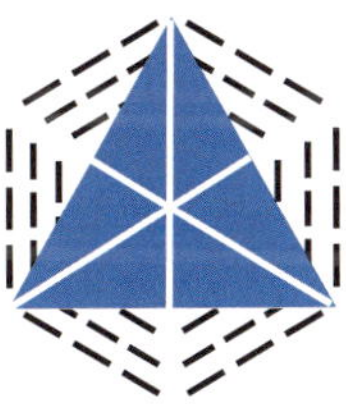

6
inneres Dreieck im Plattstich; äußere Reihen im dreifädigen Rückstich (832, 798, 3752)

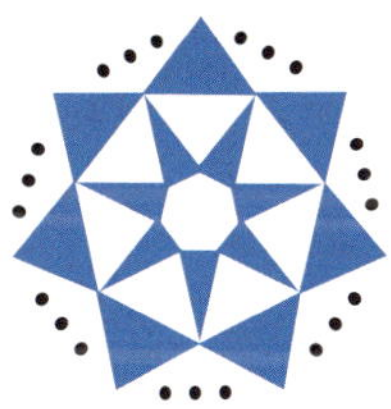

7
innere Sterne im Plattstich; äußerer Kreis im Knötchenstich (823, 798, 3752)

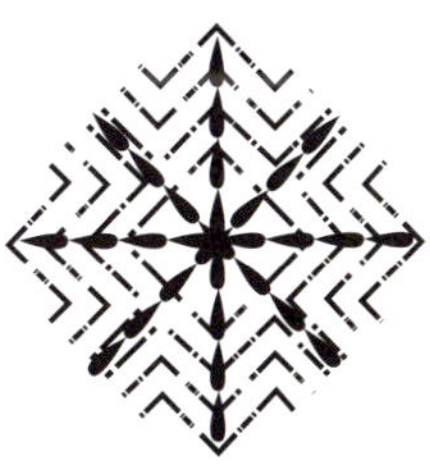

8
innerer Stern im Kettenstich; ausfüllende Streifen im Geradstich (720, 798)

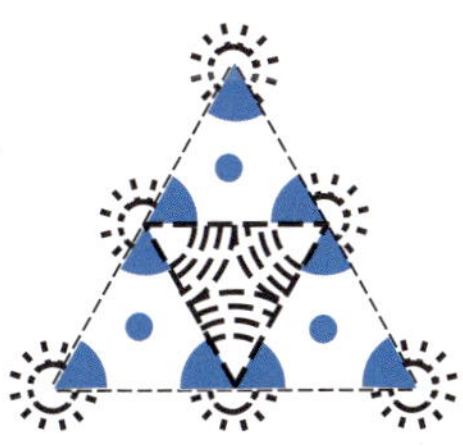

9
Dreiecksformen und innere Streifen im Rückstich; innere Kreise im Plattstich; äußere Strahlen im Geradstich (823, 832, 720)

Zauber der Planeten

Saturn, Jupiter und **Uranus** werden im Kettenstich gestickt, **alle anderen Planeten** im Plattstich und im Versetzten Plattstich. Die **Symbole** werden im Rückstich, die Umlaufbahnen im Vorstich gearbeitet.

Zu den Symbolen siehe Kapitel 4, Seite 67.

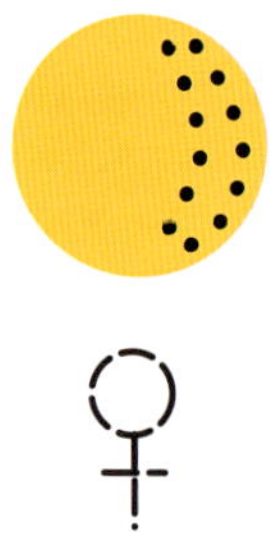

Venus
(976, 728)

Merkur
(522, 561, 798)

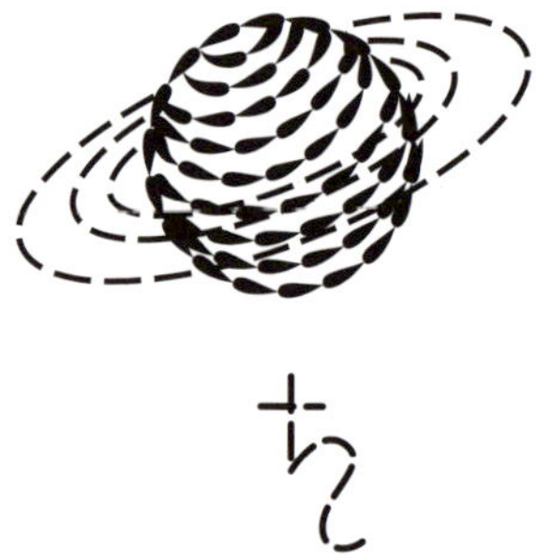

Saturn
(3033, 3864, 680)

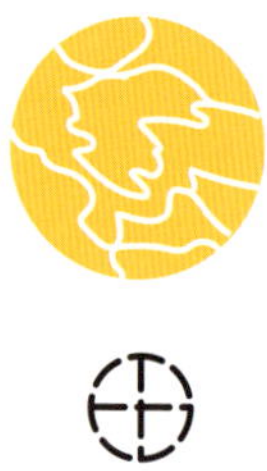

Erde
(798, 977, 730, 522)

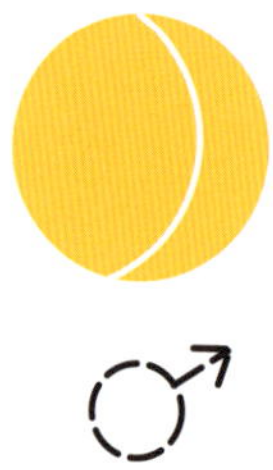

Mars
(918, 720)

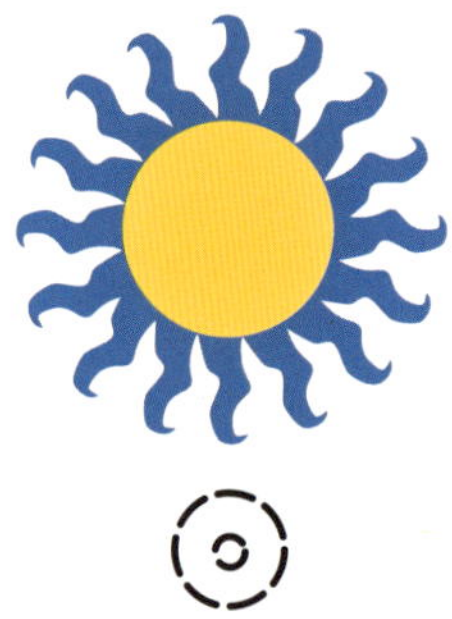

Sonne
(726, 728)

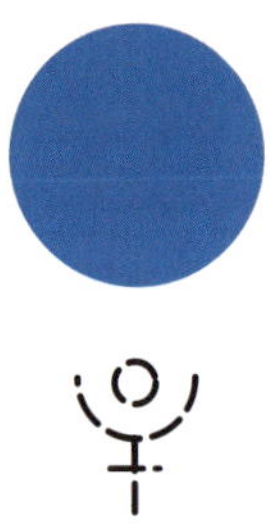

Pluto
(522)

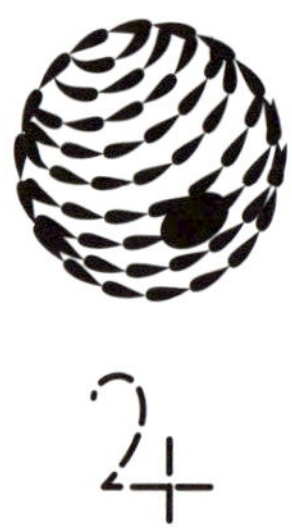

Jupiter
(3033, 3864, 3862, 680, 975)

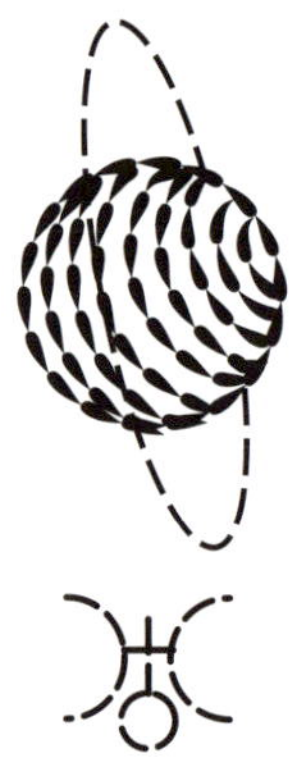

Uranus
(561, 798, 522)

Neptun
(791, 798)

Mondphasen

Alle Monde werden im Plattstich und im Knötchenstich oder im Vorstich gestickt. Für den großen Mond werden der Rückstich, der Vorstich, der Margeritenstich und der Reisstich kombiniert.

Zu den Symbolen siehe Kapitel 4, Seite 70.

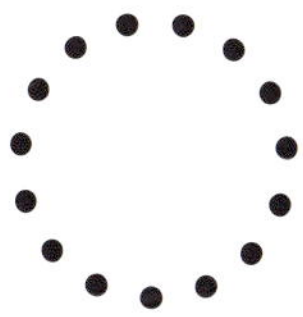

Neumond

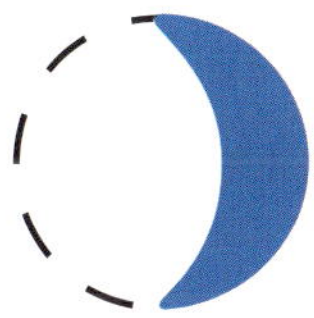

Zunehmender Sichelmond

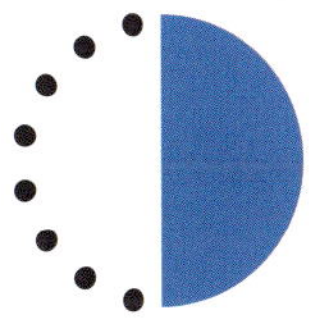

Zunehmender Mond

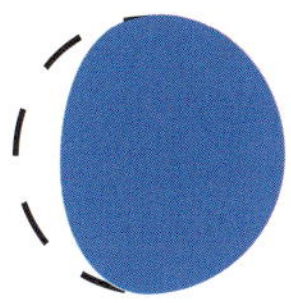

Zunehmender Dreiviertel-mond

Vollmond

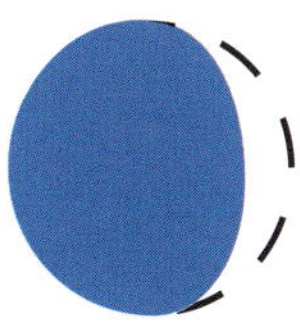

Abnehmender Dreiviertelmond

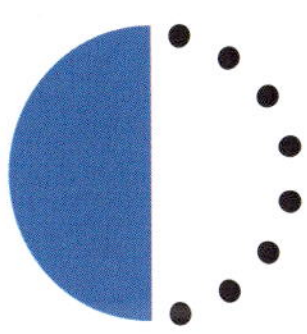

Abnehmender Halbmond

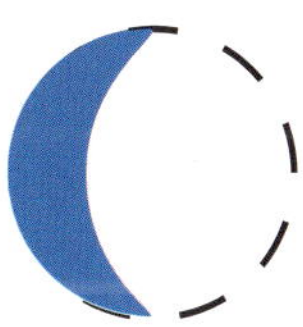

Abnehmender Sichelmond

Sternzeichen

Zu den Symbolen siehe Kapitel 4, Seite 72.

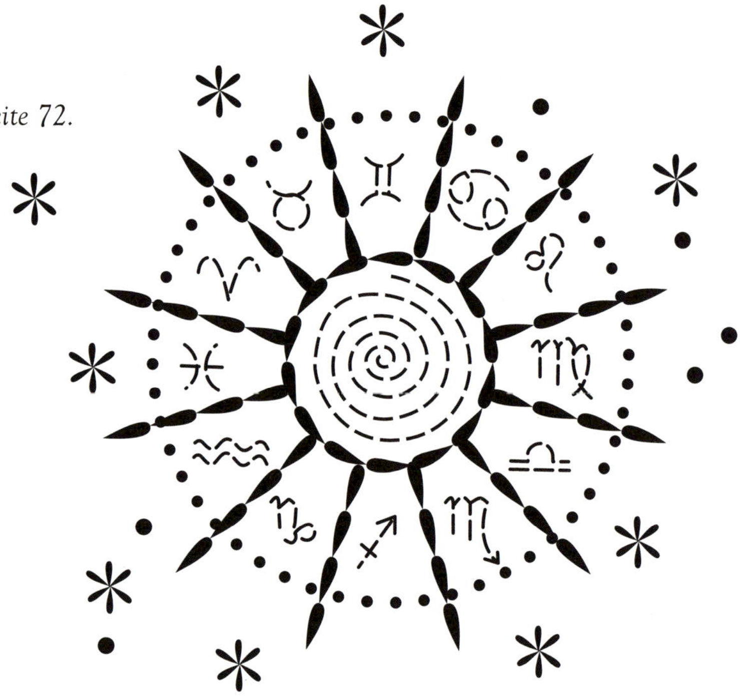

Der Tierkreis

Rad im Kettenstich; innere Spirale im Rückstich; Sternzeichen im dreifädigen Rückstich; äußerer Kreis und Galaxis im Knötchenstich; Details im Sternstich (779, 834, 3371, 3064, 647, 553)

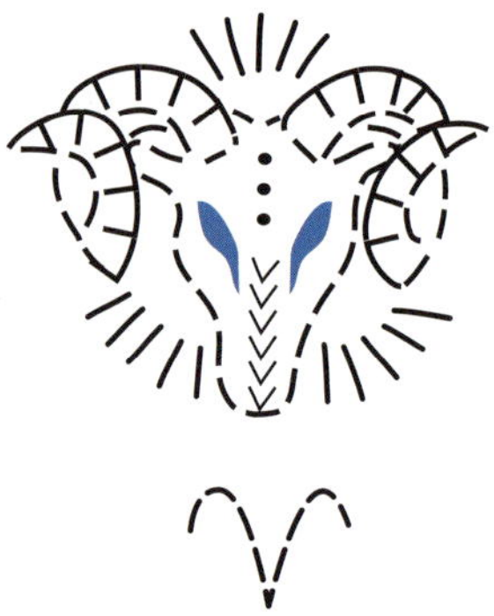

Widder

Konturen im Rückstich; Nase im Fliegenstich; Augen im Plattstich; Ränder der Hörner im Langettenstich und im Rückstich; Nasenrücken im Knötchenstich; außen Fächerstich (975, 3371, 834)

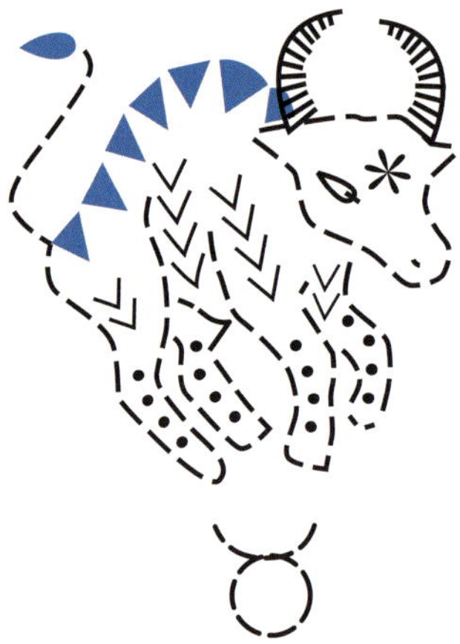

Stier

Konturen im dreifädigen Rückstich und Hörner im Langettenstich; innere V-Formen im Fliegenstich; Rücken-Dreiecke und Schwanzspitze im Plattstich; Knötchenstich auf den Beinen; Auge im Margeritenstich (779, 728, 553)

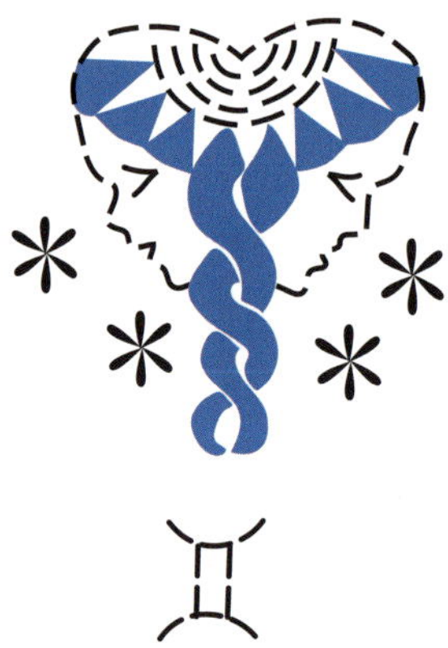

Zwillinge

Gesichter und obere Bögen im Rückstich; Augen im Fliegenstich; Haare im Plattstich; Details außen im Sternstich (553, 975, 728)

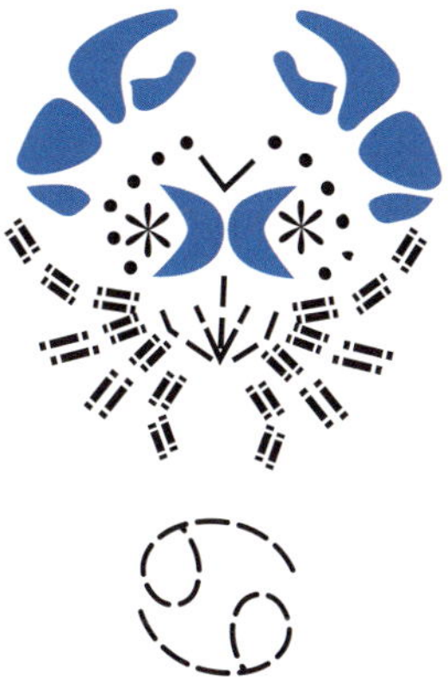

Krebs

Scheren im Plattstich; Augen im Sternstich; Augenhöhlen im Plattstich; Beine im doppelten Geradstich; unterer Bereich des Körpers im Rückstich; Details im Knötchenstich (3064, 779, 3371)

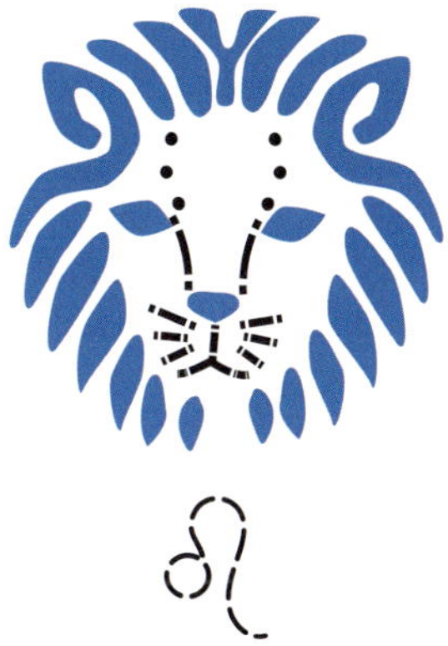

Löwe

Mähne, Augen, Nase und Ohren im Plattstich; Stirn im Knötchenstich; Schnurrhaare und Maul im Geradstich (680, 839, 3852)

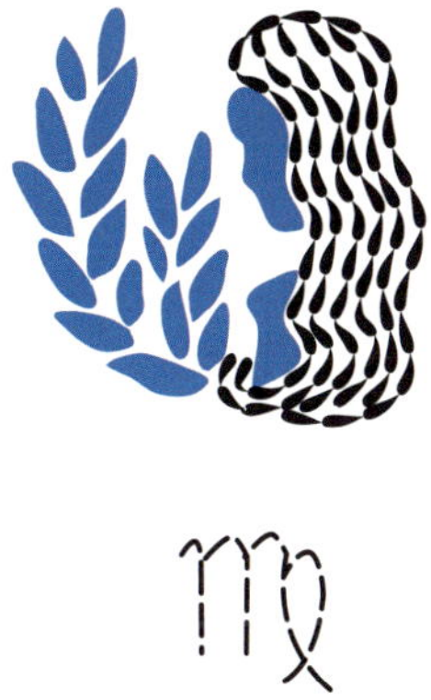

Jungfrau

Haare mit unterschiedlichen Farben im Kettenstich; Weizen und Körper im Plattstich (680, 931, 829, 3371)

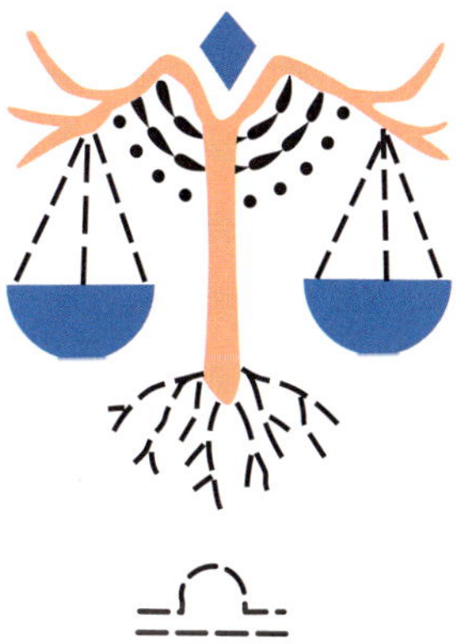

Waage

Baum im Stiel- und Plattstich; Bögen im Kettenstich; Waagschalen und Zeiger im Plattstich; Aufhängung und Wurzeln im dreifädigen Rückstich; Details im dreifädigen Knötchenstich (829, 3852, 931, 975)

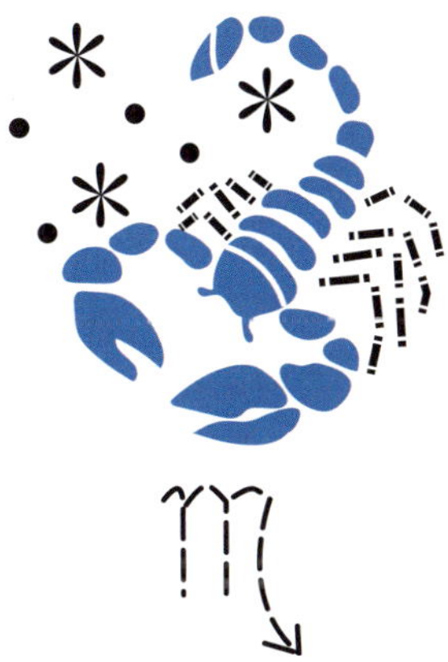

Skorpion

Körper im Plattstich; Beine im Geradstich; Details im Sternstich und Knötchenstich (975, 931, 976)

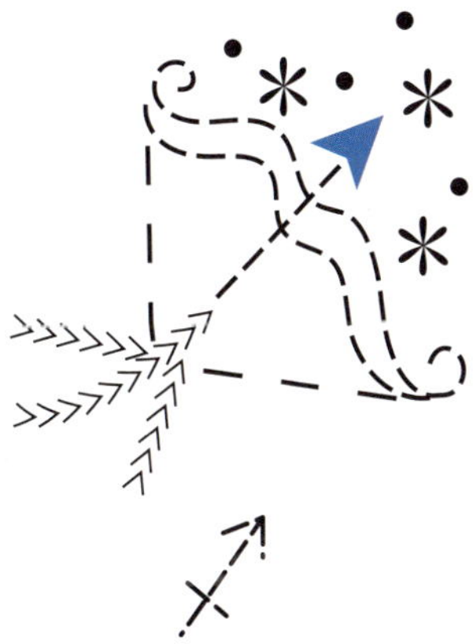

Schütze

Pfeil und Bogen im Rückstich; Pfeilspitze im Plattstich; Federn im Fliegenstich; Bogensehne im Vorstich; Details im Sternstich und Knötchenstich (931, 612, 779)

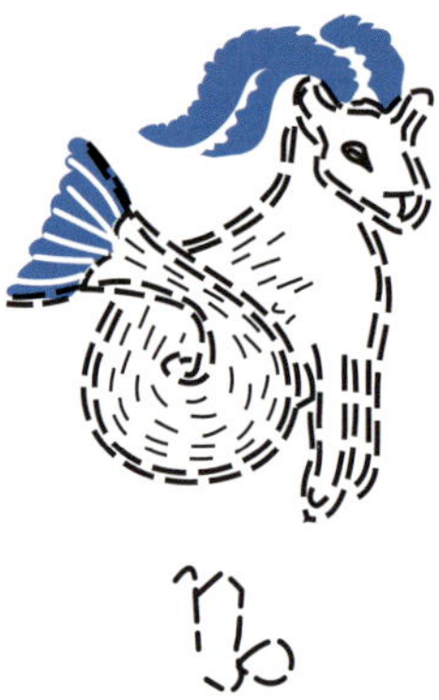

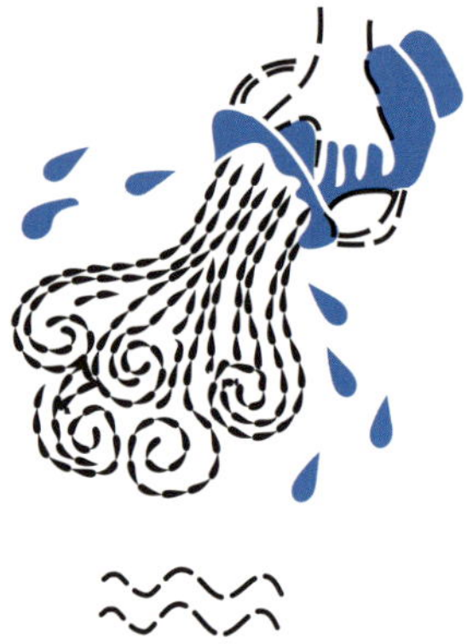

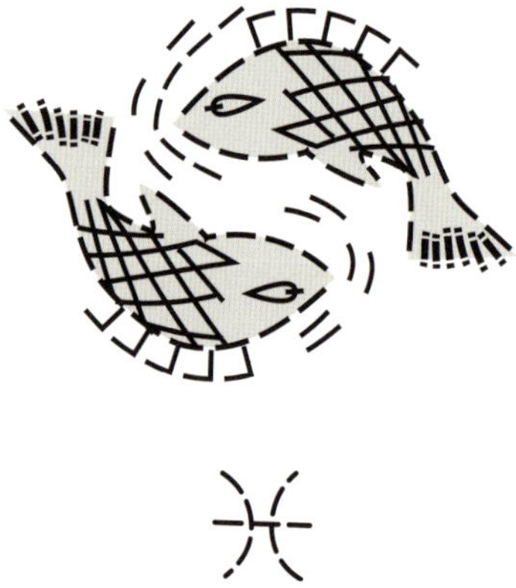

Steinbock

Konturen mit zwei Farben im Rückstich; Fell auf dem Schwanz im Vorstich; Hörner und Schwanzende im Plattstich; Auge im Margeritenstich (Mitte im kleinen Geradstich); Nase im Geradstich (976, 612, 3371)

Wassermann

Wasser im Kettenstich; Vase und Tropfen im Plattstich; obere Kontur der Hand im Rückstich; Griffe der Vase mit zwei Reihen im Rückstich (931, 3752, 976)

Fische

Kontur im dreifädigen Rückstich; Rückenflossen im Langettenstich; Augen im Margeritenstich; Körperfläche im Gitterstich; Schwanz im Geradstich; Wasser im Vorstich (779, 3371, 931)

TIERREICH

Zu den Symbolen siehe Kapitel 4, Seite 76.

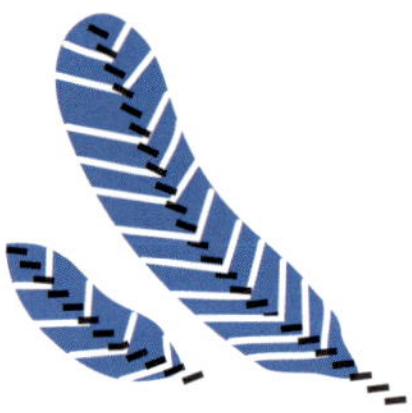

Feder

Plattstich; Federkiel im Stielstich

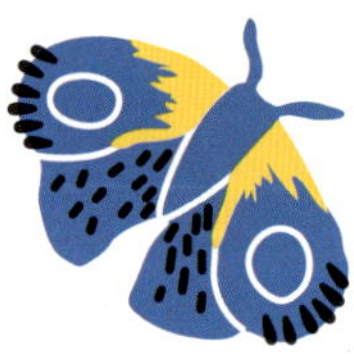

Falter oder Schmetterling

Körper und Flügel im Plattstich; mit dem Versetzten Plattstich in zwei Farben auf dem oberen Flügel; Punkte auf den oberen Flügeln und Striche auf den unteren mit kleinen Plattstichen (950, 3064, 3371, 830, 834)

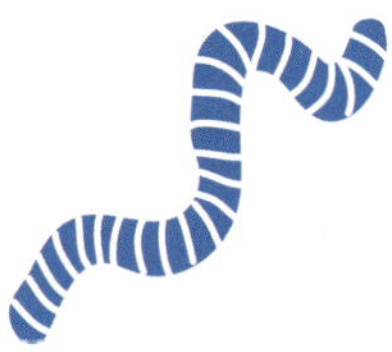

Regenwurm

Plattstich (3864, 3772, 844)

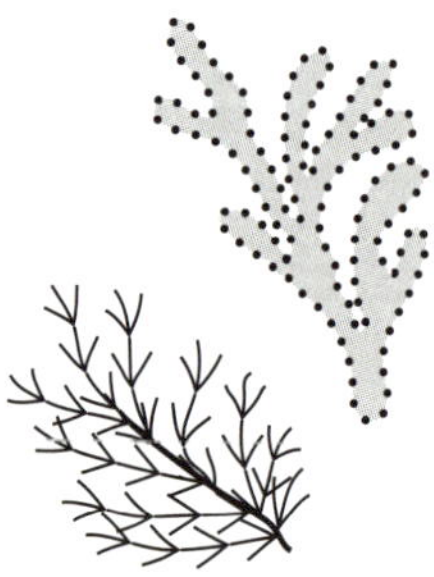

Koralle

obere im Knötchenstich; untere im Federstich (3864, 3772)

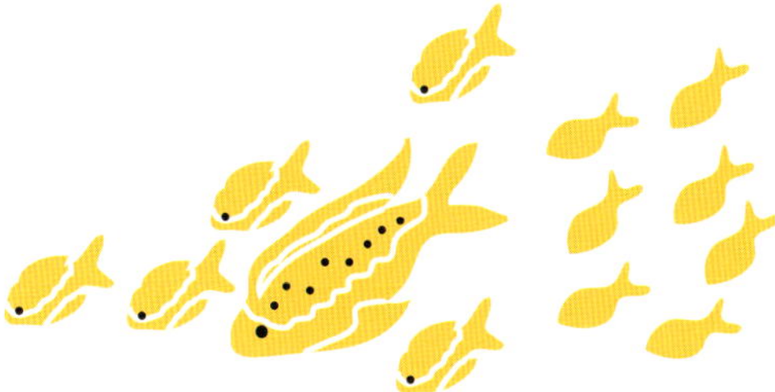

Fisch

Versetzter Plattstich, mit Knötchenstich darauf (3031, 451, 3852)

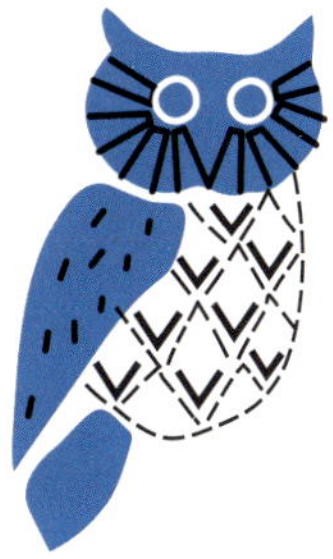

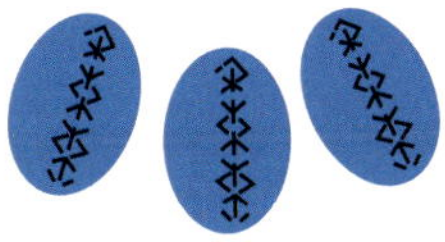

Kaurischnecke

Plattstich und Rückstich (3770, 3772, 844)

Eule

Kopf, Schwanz und Flügel im Plattstich; Körperkonturen im Rückstich; Körper mit Fliegenstichen füllen (677, 3045, 3031)

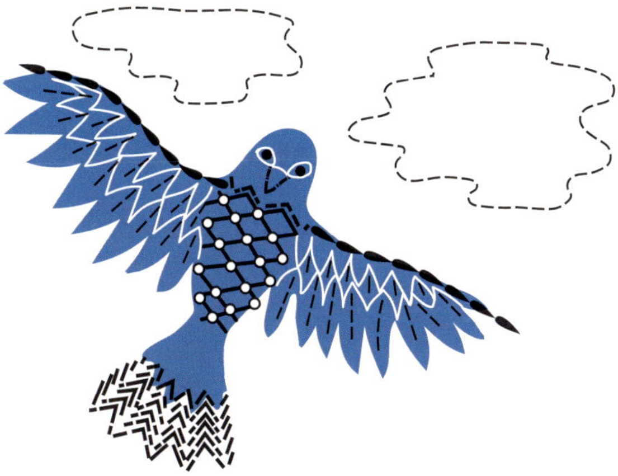

Falke

Körper und Kopf: mit dem Plattstich füllen; am Körper den Gitterstich daraufsticken; Augen im Plattstich und Kontur der Nase im Geradstich, Schnabel mit zwei kleinen Stichen füllen; Pupillen mit Knötchenstichen. *Flügel:* Federn im Plattstich; von der Mitte jeder Feder nach unten im dreifädigen Geradstich (jeweils mit derselben Farbe wie in der darüberliegenden Fläche); Oberkante der Flügel im Kettenstich. *Schwanz:* oberer Abschnitt mit Reihen im Plattstich; Zickzackmuster am Schwanzende im Rückstich, in verschiedenen Farben (728, 680 829, 3371)

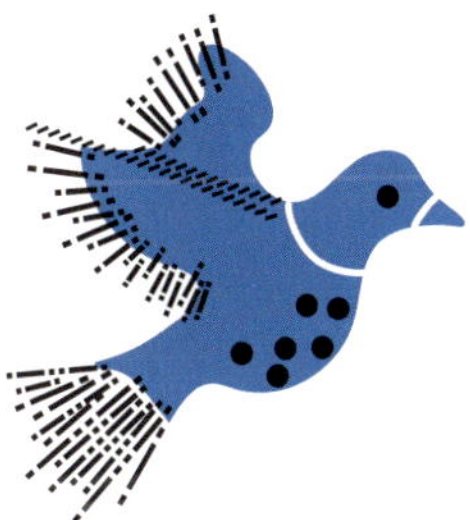

Möwe

Hellste Farbe: Kopf im Plattstich; Oberkante des Flügels im Stielstich; Enden von Flügeln und Schwanz im Geradstich. *Mittlere Farbe:* Körper und Flügel im Plattstich ausfüllen, überlappend mit den Stichen der hellsten Farbe. *Dunkelste Farbe:* Flügel und Schwanz in Geradstichen abwechselnd in der hellsten und dunkelsten Farbe; Brust und Auge in Knötchenstichen; Schnabel im Plattstich; obere Kontur am Flügel im Stielstich (3862, 3864, 3371)

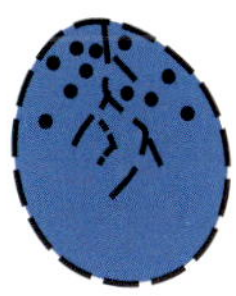

Ei

Kontur und Risse im dreifädigen Rückstich; innen im Plattstich; Details oben im Knötchenstich (3371, 677, 830)

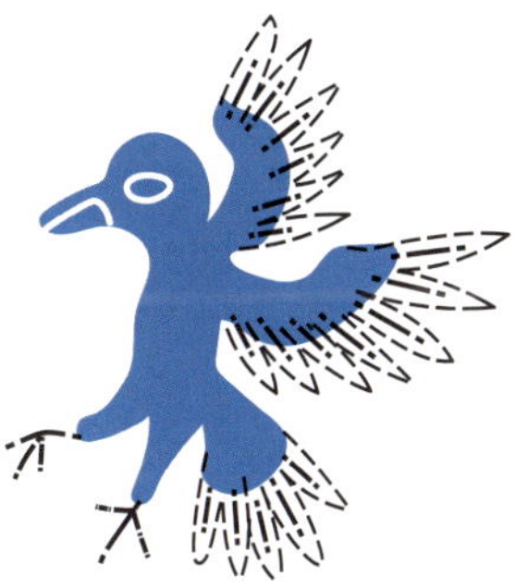

Rabe

Körper, Oberseite von Flügeln und Schwanz sowie Kopf im Plattstich; Konturen der Federn im Rückstich; Füße mit drei Geradstichen; Schnabel und Auge im Plattstich; Federn jeweils mit einem Geradstich, für den Farbübergang überlappend mit den oberen Plattstichen (310, 333)

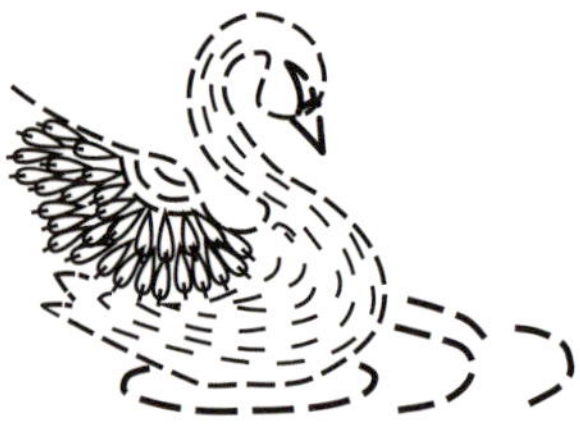

Schwan

Stets mit drei Fäden sticken. *Dunkelste Farbe:* Kontur im Rückstich; Schnabel und Auge im Geradstich. *Zweitdunkelste Farbe:* innere Federn am Flügel im Margeritenstich; Details am Körper im Vorstich. *Zweithellste Farbe:* nächste Reihe Federn im Margeritenstich; Kräuselung im Wasser im Rückstich. *Hellste Farbe:* nächste Reihe Federn im Margeritenstich (340, 341, 333, 791)

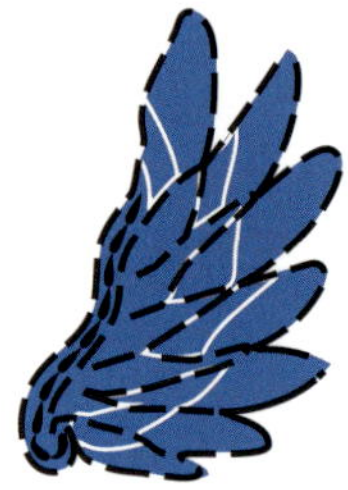

Flügel

Plattstich; darüber Kettenstich; Kontur im Rückstich (950, 3064, 918)

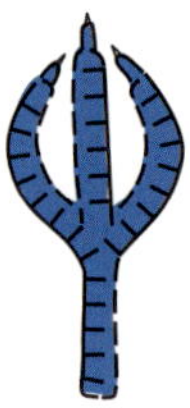

Vogelkralle

An einer Kante der Zehen jeweils im Langettenstich; auf der anderen Seite im Rückstich; Zwischenräume im Plattstich; Nägel im Fliegenstich (3371, 680)

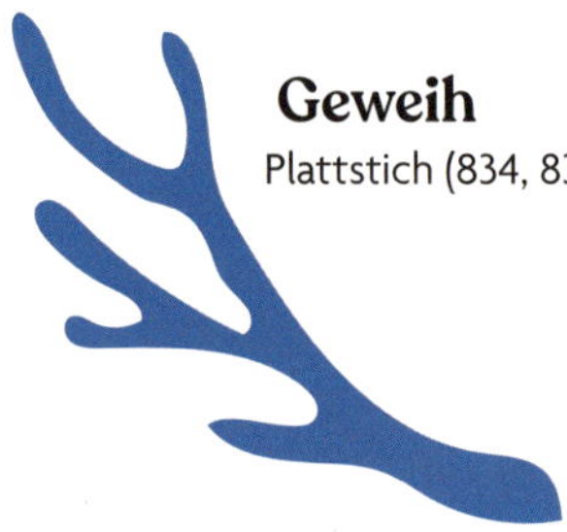

Geweih

Plattstich (834, 832)

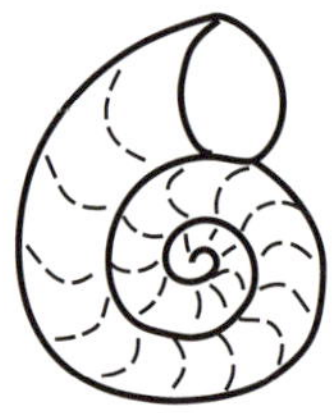

Nautilus

Kontur im dreifädigen Spaltstich; Linien für die Innenkammern im Rückstich (779)

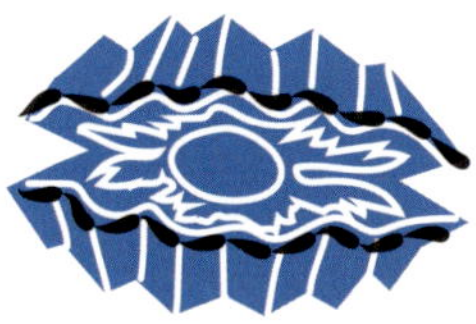

Auster und Perle

Muschel und Perle im Plattstich; Muschelrand im Kettenstich (3064, 451, 779, 453)

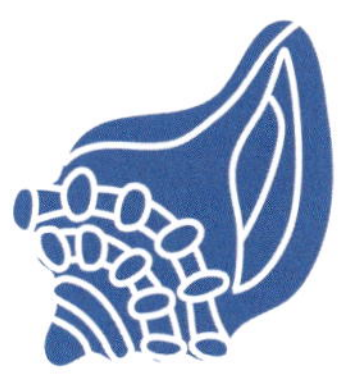

Muschel

Plattstich, dabei mit dem dunkelsten Bereich beginnen und zu den hellen hinarbeiten (3370, 950, 3064, 918)

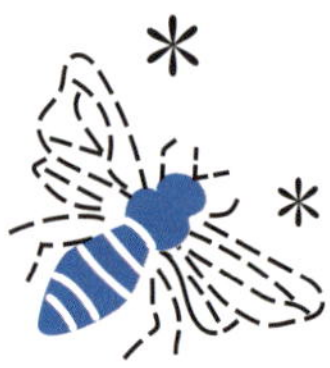

Biene

Flügel und Beine im dreifädigen Rückstich; Körper im Plattstich; Sterne im Sternstich (728, 310, 645)

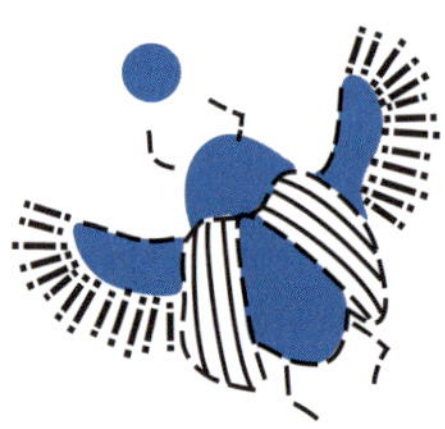

Skarabäus

Kontur, Beine und Fühler im Rückstich; Körper, Kopf, Flügel und Mistkugel im Plattstich; äußere Flügel im Geradstich; Streifen auf den Flügeln im Spaltstich (3371, 720, 830, 728)

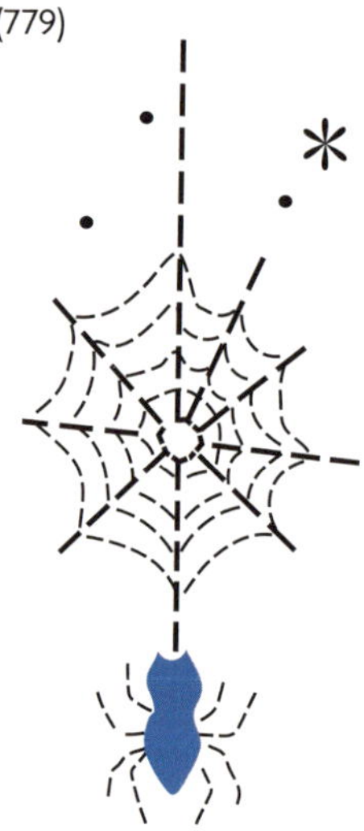

Spinne

Beine und Netz im dreifädigen Rückstich; Körper im Plattstich; Details im Sternstich und Knötchenstich (310)

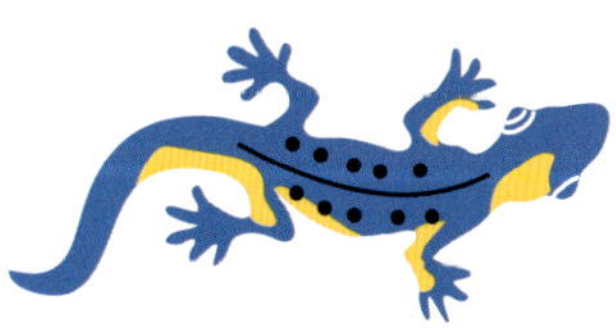

Salamander

Körper im Plattstich, Schraffuren im Versetzten Plattstich hinzufügen; seitlich Knötchenstiche und an der Wirbelsäule Spaltstiche aufsetzen (720, 918, 972)

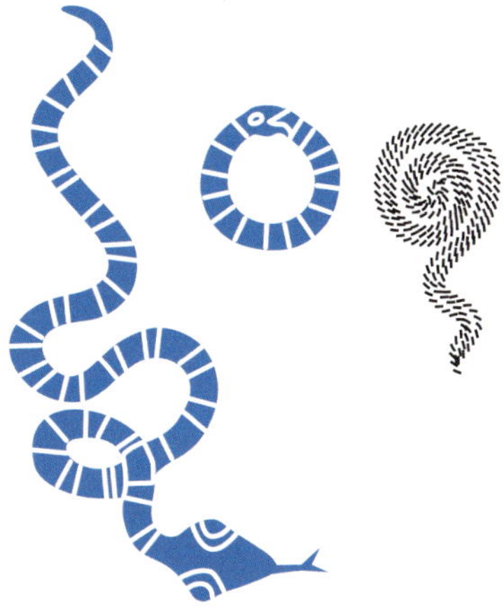

Schlange

Lange und kreisförmige Schlange im Plattstich; eingedrehte Schlange im Stielstich (720, 677, 830, 221, 758, 972)

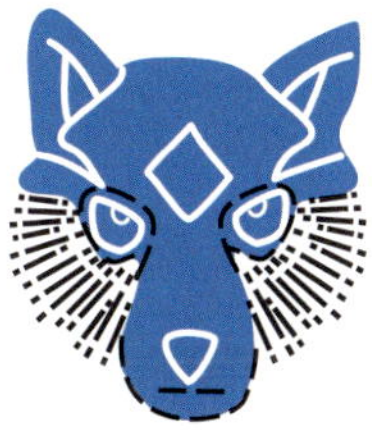

Wolf

Hellste Farbe: oberer Rand der Ohren, Kopf und Schnauze im Plattstich; Wangen im Geradstich. *Mittlere Farbe:* Rand der Augen, Raute an der Stirn und obere Augenbrauen im Plattstich; Zwischenräume zwischen den Geradstichen in der hellsten Farbe mit kleineren Geradstichen füllen; Kontur des Mauls im Rückstich. *Dunkelste Farbe:* Kontur der Augen und der oberen Nase sowie Schnauze im Rückstich; Ohren, Nase, Augenbrauen und Augenmitte im Plattstich; Iris mit kleinen Plattstichen ausfüllen (648, 645, 3799, 726)

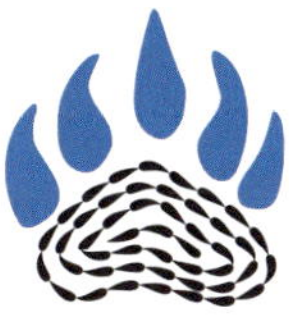

Bär

Krallen mit Plattstichen; Ballen der Tatze im dreifädigen Kettenstich in wechselnden Farbstreifen (975, 3371)

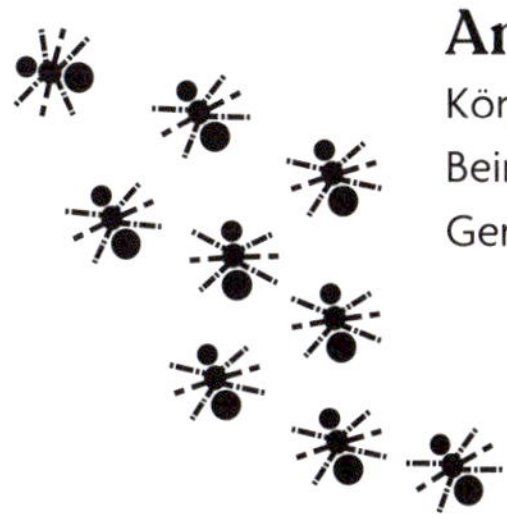

Ameise

Körper im Knötchenstich; Beine im zweifädigen Geradstich (3371)

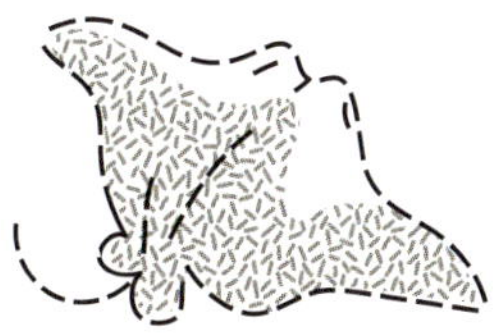

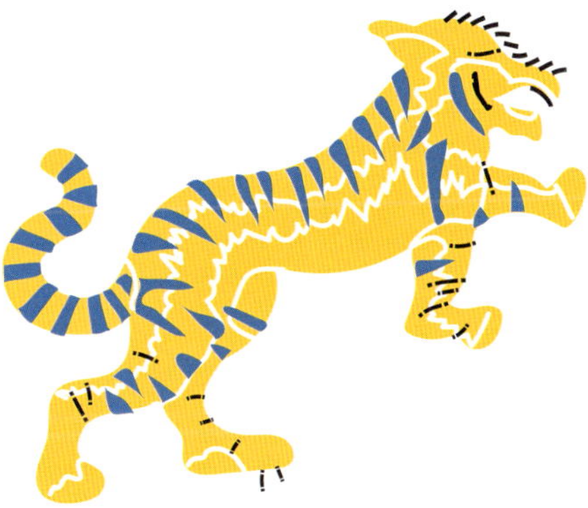

Großkatzen

Dunkle Streifen im Plattstich und Geradstich; Kontur am Vorderkopf im Stielstich; mit der dunkelsten Farbe beginnend die restlichen Flächen im Versetzten Plattstich füllen, dabei an den Trennlinien orientierend die Abschnitte in verschiedenen Farben sticken (834, 680, 830, 310)

Stachelrochen

Kontur, Wirbelsäule, Augen und Schwanz im dreifädigen Rückstich; Schraffuren im Reisstich (645)

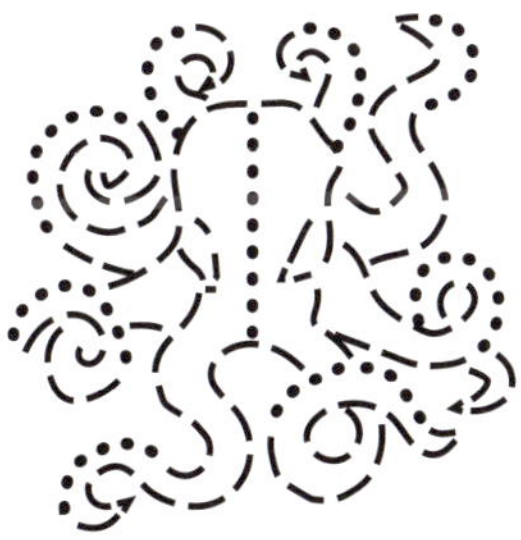

Oktopus

dreifädiger Rückstich und Knötchenstich (779)

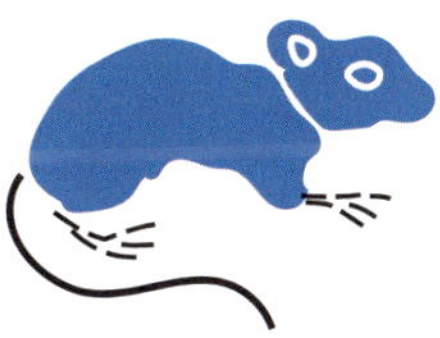

Maus

Körper und Kopf im Plattstich; Schwanz im Spaltstich; Beine und Zehen im dreifädigen Geradstich (610, 310)

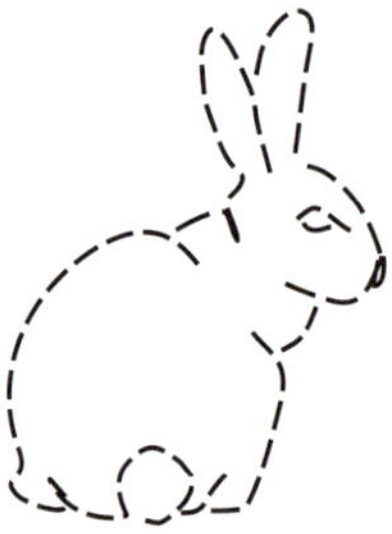

Kaninchen

dreifädiger Rückstich (303)

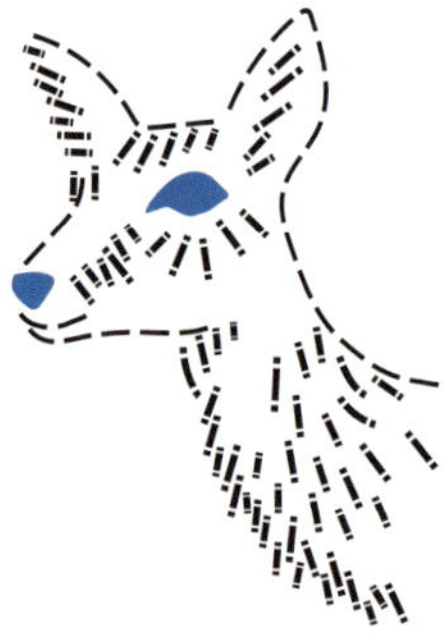

Hirschkuh

Alle Stiche dreifädig. *Dunkelste Farbe:* Auge im Plattstich. *Mittlere Farbe:* Kontur im Rückstich; Nase im Plattstich; Fell an der Brust und Schraffuren am Nacken im Geradstich: *Hellste Farbe:* Fell im Geradstich (610, 612, 3031)

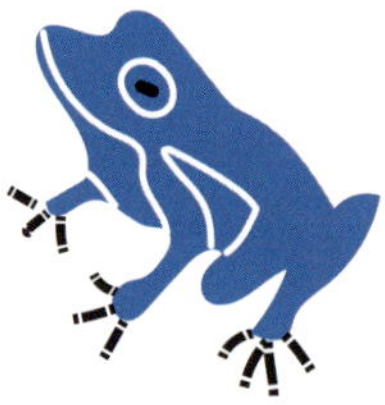

Frosch

Körper im Plattstich; Zehen im Geradstich; das Dunkel im Auge mit einem kleinen Vorstich (166, 469, 3031)

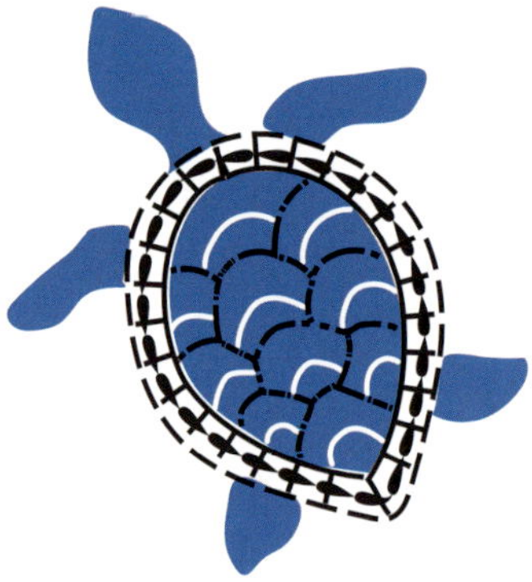

Wasserschildkröte

Hellste Farbe: Kontur um den Panzer im Kettenstich; Bögen auf dem Panzer im Plattstich. *Mittlere Farbe:* untere Bögen auf dem Panzer; Konturen der Bögen im Geradstich. *Dunkelste Farbe:* Kopf und Beine im Plattstich; Kontur außen um die hellen Kettenstiche im Rückstich; Kontur innen um die hellen Kettenstiche im Langettenstich, dabei führt der Stich über den Kettenstich und stößt an den Rückstich der anderen Kante (500, 520, 3013)

Elefant

Alle Stiche dreifädig. *Dunkelste Farbe:* äußere Kontur, Schwanz und Kontur des Sattels im Rückstich; Auge im Plattstich. *1. Akzentfarbe (Schlamm):* Muster auf dem Rüssel im Sternstich; Strahlen am Auge im Fächerstich; Muster auf dem Ohr im Geradstich; Muster auf dem Sattel im Langettenstich. *2. Akzentfarbe (Lime):* Sterne auf den Beinen im Sternstich; Muster auf Sattel und Gesicht im Fliegenstich. *3. Aktzentfarbe (Smaragd):* Muster auf dem Sattel im Knötchenstich und Margeritenstich; Schnörkel auf dem Ohr im Rückstich, am Oberkopf im Rückstich und Knötchenstich. *4. Aktzentfarbe (Hellbraun):* Stoßzahn und Fußnägel im Plattstich (3031, 301, 166, 500, 612)

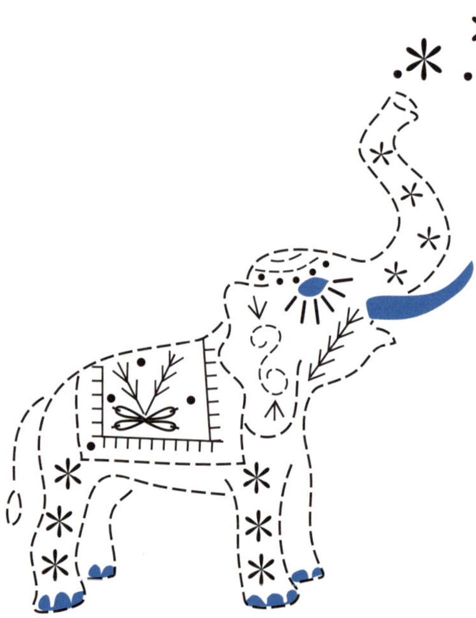

Mythische Tierwesen

Zu den Symbolen siehe Kapitel 4, Seite 85.

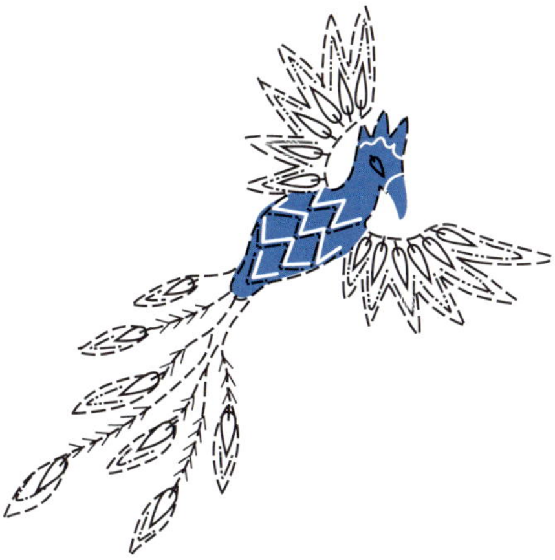

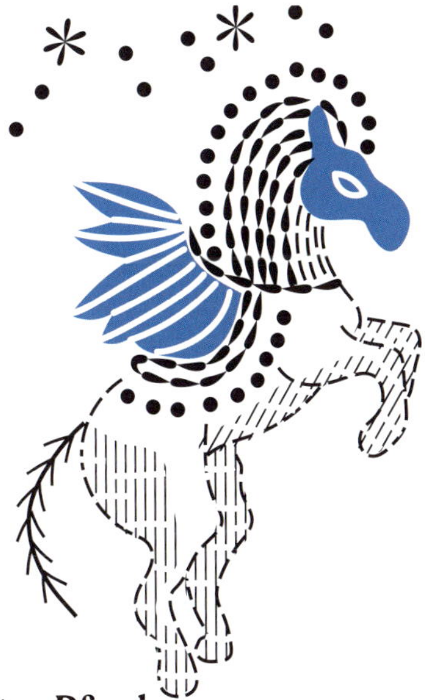

Phönix

Dunkelste Farbe: Konturen von Körper, Kopf, Flügeln und Federn (einschließlich Enden der Schwanzfedern) im Rückstich; Verbindungslinien zwischen Schwanzfedern und Körper im dreifädigen Fliegenstich und Rückstich; Schnabel im Plattstich. Wenn alle Stiche in den beiden nächsten Farben ausgeführt sind, wieder mit dieser Farbe fortfahren und die V-Formen auf dem Körper im Plattstich sticken. *Hellste Farbe:* oberer Bereich der Federn (auch der Schwanzfedern) im Margeritenstich; V-Formen auf dem Körper im Geradstich; Federn oben auf dem Kopf im Plattstich. Wenn die Stiche in der mittleren Farbe beendet sind, das Auge im Margeritenstich sticken. *Mittlere Farbe:* übrige Federn (eine auf jeder Seite des Margeritenstichs, V-förmig auslaufend) im Geradstich; innerhalb der V-Formen in der hellsten Farbe auf dem Körper im Geradstich, auf dem Kopf im Plattstich; jetzt mit der hellsten Farbe das Auge im Margeritenstich sticken und die V-Formen mit der dunkelsten Farbe füllen (918, 301, 726)

Sphinx

Konturen und Details im dreifädigen Rückstich; Kopfschmuck in wechselnden Farben im Kettenstich (610, 728)

Geflügeltes Pferd

Dunkelste Farbe: Konturen des Körpers im Rückstich; Schwanz im Fliegenstich; Sattel und Zügel im Kettenstich; Kopf im Plattstich; über dem Kopf im Knötchenstich. *1. Akzentfarbe (Rost):* äußere Mähne im Kettenstich; Hals im Rückstich; um den Sattel im Knötchenstich; Flügel im Plattstich. *2. Aktzentfarbe (Lavendel):* übrigen Bereich der Mähne und Nacken im Kettenstich und Rückstich; Schraffuren am Körper im Vorstich. *3. Akzentfarbe (Gelb):* Flügel im Plattstich; Auge im Margeritenstich (340, 301, 3031, 728)

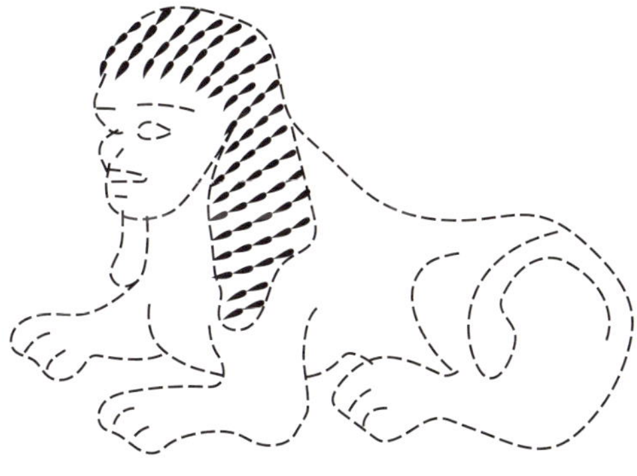

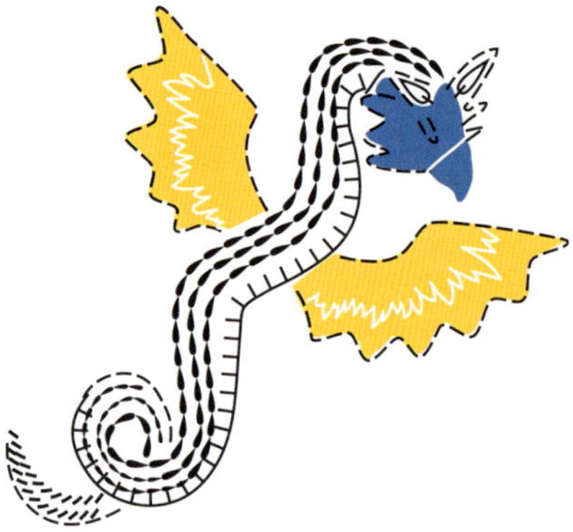

Drache

Hellste Farbe: Bauchseite des Körpers vom Nacken zum Schwanz im Kettenstich; Bereich von der Brust bis zum Bauchende mit einer weiteren Reihe im Kettenstich verbreitern, die Enden mit einem kleinen Stich fixieren; Schwanz im Stielstich. *Mittlere Farbe:* vom Kopf bis zur Schwanzrundung dicht an den vorherigen Kettenstichen im Kettenstich; Kopf im Plattstich, obere Flügelhälften mit Versetzten Plattstichen. *Dunkelste Farbe:* Schnabel im Plattstich; vom Kopf bis zur Schwanzrundung dicht an den vorherigen Kettenstichen im Kettenstich; Kontur des Schwanzes im Rückstich, zum Langettenstich wechseln und die Kontur der Körpervorderseite sticken; Konturen von Flügeln, Ohren und Gesicht im Rückstich. *Akzentfarbe (Lavendel):* restliche Bereiche der Flügel im Versetzten Plattstich; Ohren im Margeritenstich (340, 726, 166, 520)

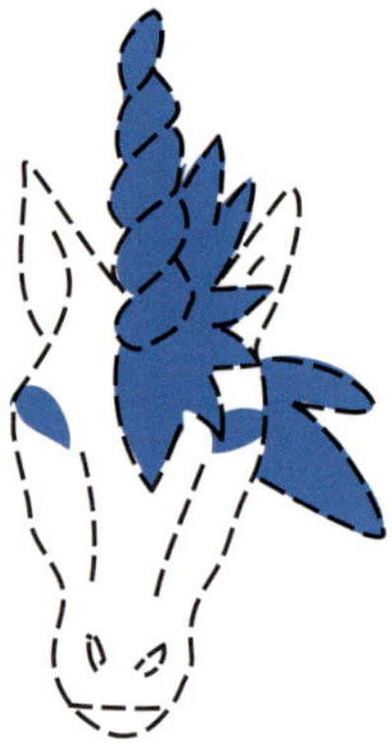

Einhorn

Konturen im dreifädigen Rückstich; Augen im Plattstich; Horn und Mähne im Plattstich (728, 340, 610)

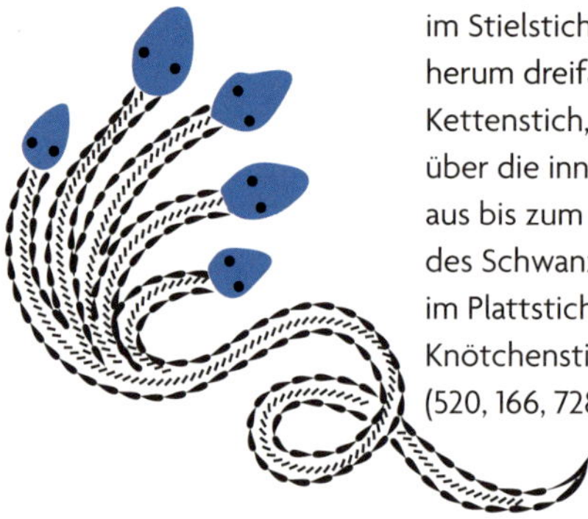

Hydra

Innere Linien von Schlangen und Schwanz im Stielstich; darum herum dreifädiger Kettenstich, etwa 1 cm über die innere Linie hinaus bis zum spitzen Ende des Schwanzes; Köpfe im Plattstich; Augen im Knötchenstich (520, 166, 728)

Greif

Dunkelste Farbe: Konturen von Körper, Flügeln, V-Formen auf dem Körper und Details im Gesicht mit dreifädigem Rückstich. *Mittlere Farbe:* Schraffuren am unteren Körper im Vorstich; Klauen mit zwei Geradstichen je Finger; in den V-Formen auf der Brust im Geradstich; Kopf und Schwanzbüschel im Plattstich; äußerer Flügelbereich und äußere Federn im Kettenstich, kleinere Federn dicht am Körper im Margeritenstich. *Helle Farbe:* Schnabel und Federn am Hinterkopf im Plattstich; in den V-Formen auf der Brust im Geradstich; kleine Flügelfedern im Margeritenstich (680, 726, 3371)

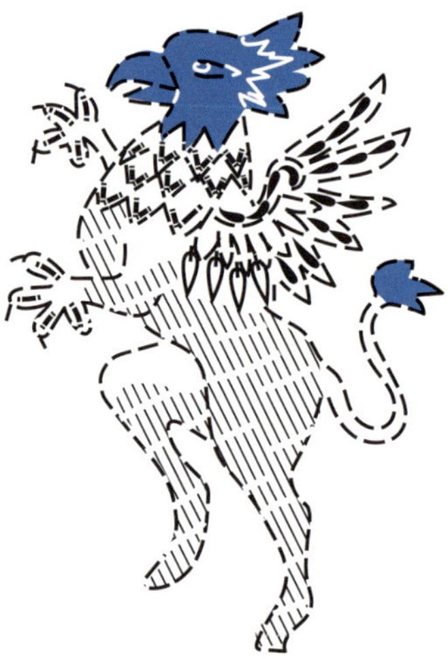

Pflanzenreich

Zu den Symbolen siehe Kapitel 4, Seite 87.

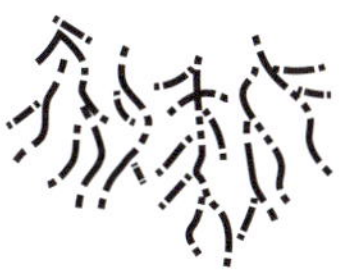

Wurzel
dreifädiger Rückstich (829)

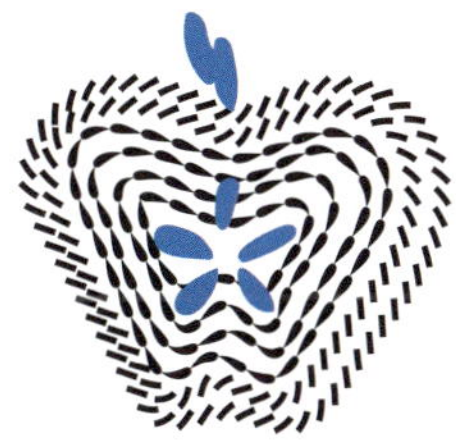

Apfel
Samen und Stiel im Plattstich; Fruchtfleisch im Kettenstich; Apfelschale in dunkler werdenden Farbtönen nach außen im Stielstich (3371, 3370, 758, 718)

Samen
Plattstich (3371)

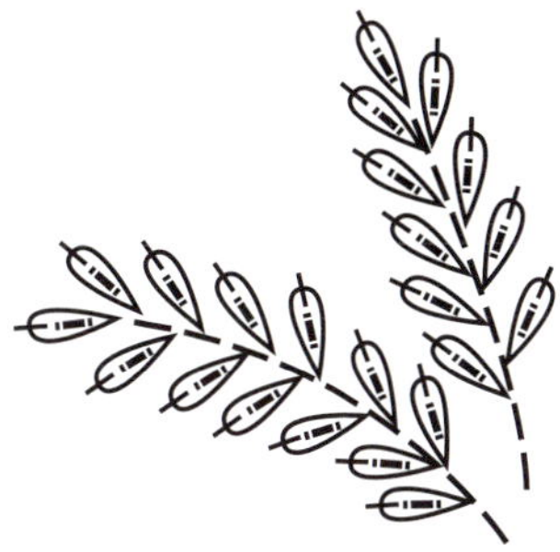

Weizen
Margeritenstich, gefüllt mit Geradstichen; Stiel im Rückstich (3045, 677)

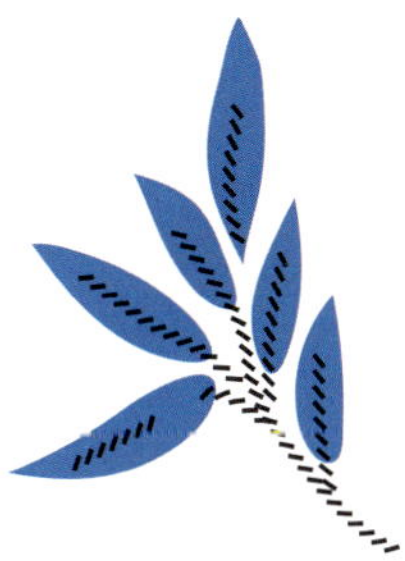

Salbei
Plattstich und Stielstich (3347, 3013, 934)

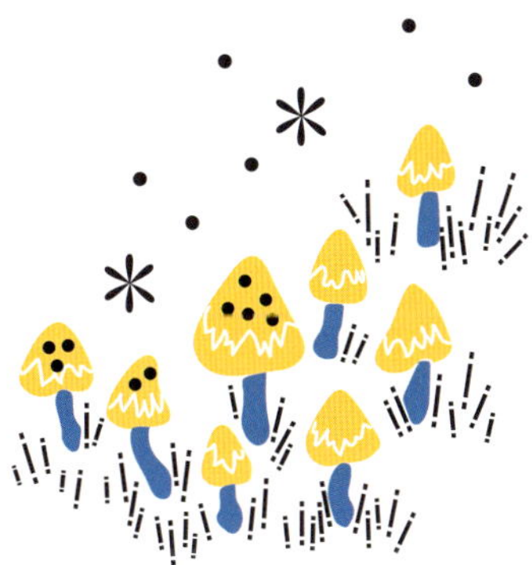

Pilze
Gras im Geradstich; Pilzköpfe im Versetzten Plattstich; Pilzfüße im Plattstich; Punkte auf den Köpfen im Knötchenstich (520, 552, 333, 553, 3770, 829)

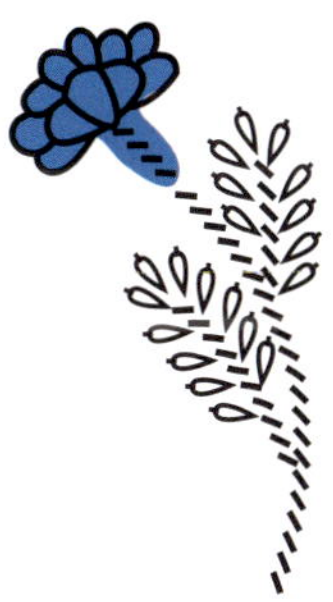

Tagetes
Blütenansatz im Plattstich; Stiel und Blattstängel im Stielstich; Blätter im dreifädigen Margeritenstich; Schatten am Stiel und am Blütenansatz im Stielstich; Blütenblätter im Plattstich; Konturen der Blütenblätter im Spaltstich (469, 934, 972, 975)

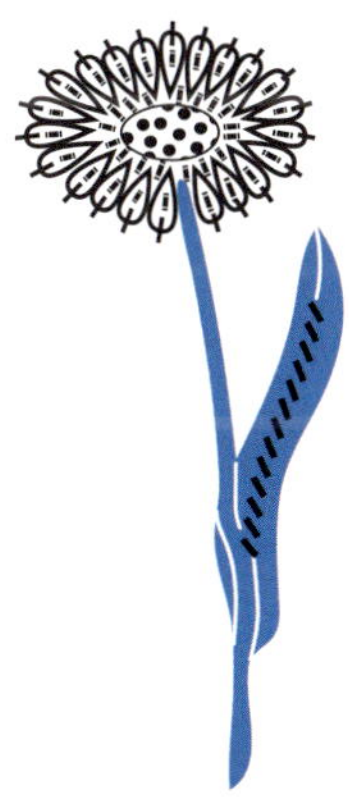

Ringelblume
Blütenblätter im Margeritenstich; helle Stellen in der Mitte der Blütenblätter jeweils mit einem Geradstich; Schatten zwischen den Blütenblättern (etwa in der Mitte der Blüte) mit einem Geradstich; Blütenmitte im Knötchenstich; Stiel und Blatt im diagonalen Plattstich, helle Stelle in der Blattmitte im Stielstich (728, 726, 830, 3852, 470)

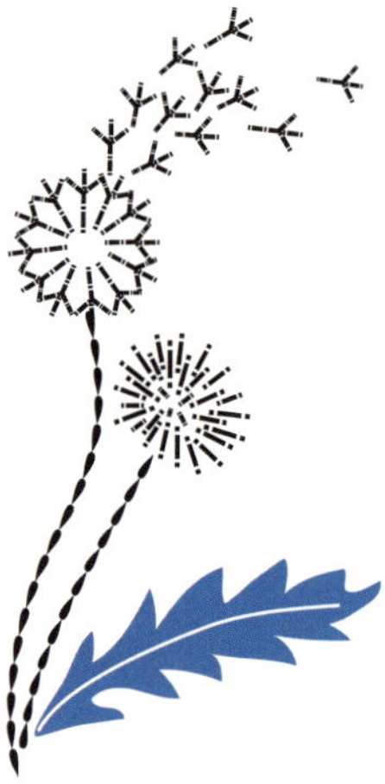

Löwenzahn

Blütenblätter und Samen im Geradstich; Stiel im Kettenstich; Blätter im Plattstich (444, 733, 581)

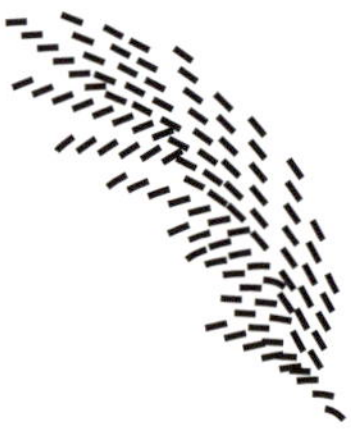

Rosmarin

Stielstich (3362)

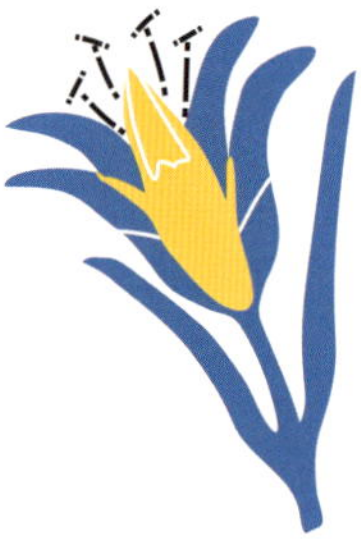

Lilie

äußere Blütenblätter im Plattstich; mittlere Blütenblätter im Versetzten Plattstich; Staubblätter im Geradstich; Blätter und Stiel im Plattstich (3770, 758, 934, 730)

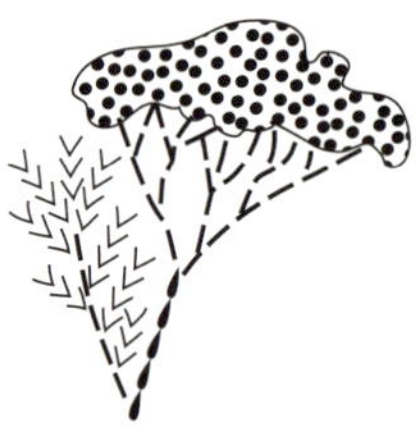

Schafgarbe

Blüten im Knötchenstich; obere Stängel im dreifädigen Rückstich; untere Stängel im dreifädigen Kettenstich; Blätter im dreifädigen Fliegenstich (758, 730)

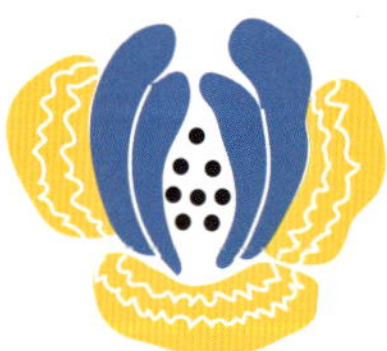

Rose

innere Blütenblätter im Plattstich; äußere Blütenblätter im Versetzten Plattstich; Blütenmitte im Knötchenstich (758, 720, 918, 934)

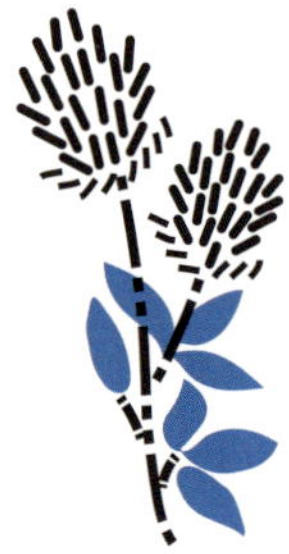

Roter Klee

Blütenblätter im Reisstich, mit kleinen, etwa 3 mm langen, dreifädigen Geradstichen darauf; Blütenansatz im Stielstich; Blätter im Plattstich (554, 3770, 718, 3347)

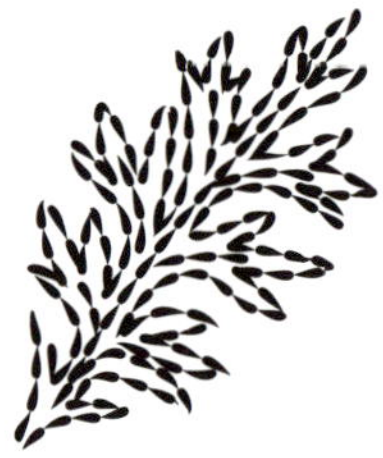

Beifuß

dreifädiger Kettenstich, mit der hellsten Farbe innen beginnend (677, 3363, 3362)

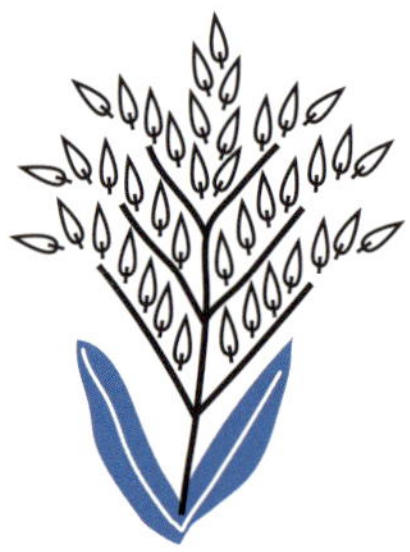

Goldrute

Blüte im Margeritenstich; Stängel im Spaltstich; Blätter im Plattstich (728, 733)

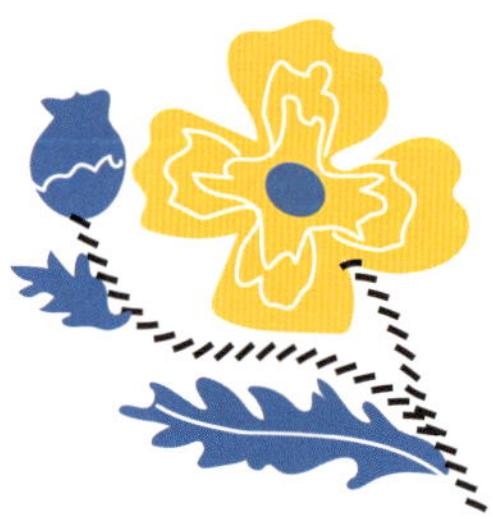

Mohn

Blütenblätter im Versetzten Plattstich; Blütenmitte im Plattstich; Stiel im Stielstich; Blätter und Samenkapseln im Plattstich (977, 720, 934, 728, 522)

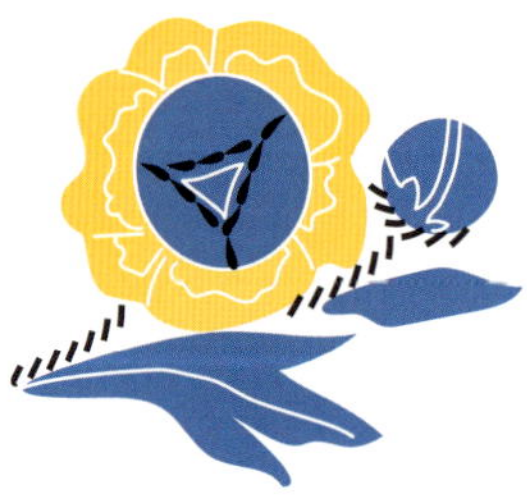

Pfingstrose

innere Blütenblätter im Plattstich; innere Kontur im Kettenstich; äußere Blütenblätter im Versetzten Plattstich; Stiele im Stielstich; Blätter im Plattstich (3770, 977, 720, 934, 522)

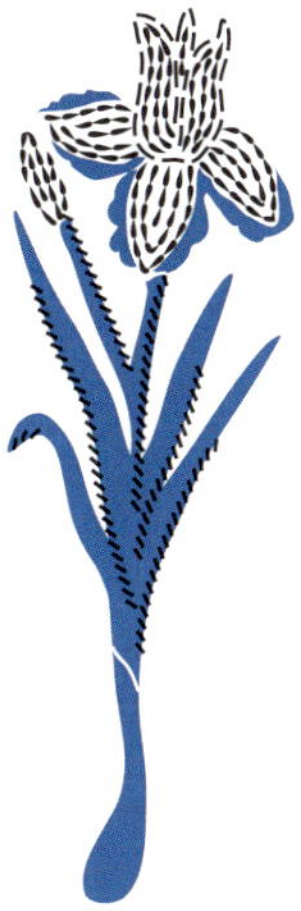

Iris
Blüte in Reihen von dreifädigem Kettenstich, beginnend mit einer Reihe in der Akzentfarbe in der Mitte der Blütenblätter; darum herum eine Reihe in der hellsten Farbe; mit den beiden nächst dunkleren Farben wiederholen; mit der dunkelsten Farbe im Plattstich das Blütenblatt beenden, damit auch die oberen Blütenblätter im Rückstich arbeiten; Blätter im Stielstich und Plattstich, Zwiebel im Plattstich (728, 341, 340, 333, 791, 469, 934, 522)

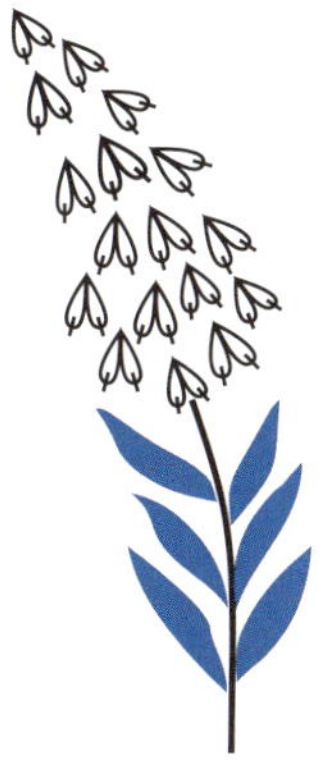

Löwenmäulchen
Blüten jeweils in zwei Margeritenstichen, am Stichbeginn dicht beieinanderliegend; Stiel im Spaltstich; Blätter im Plattstich (718, 730)

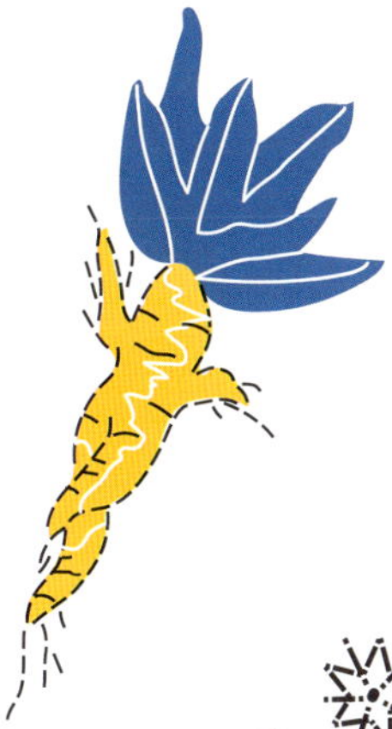

Alraune
Blätter im Plattstich; Wurzel im Versetzten Plattstich; Kontur im Rückstich (3362, 934, 976, 975, 3031)

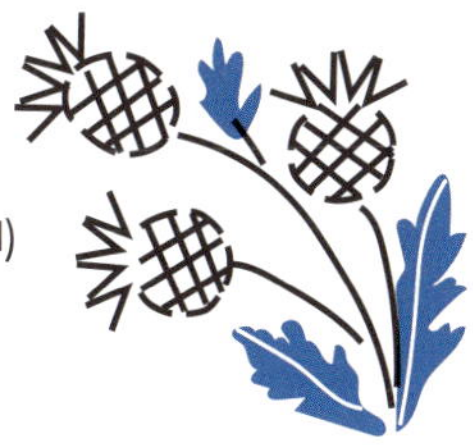

Distel
Blütenblätter aus je vier dichten Fliegenstichen; Blütenansatz im Gitterstich mit Kontur im Rückstich; Stiel im Spaltstich; Blätter im Plattstich (553, 3362, 522)

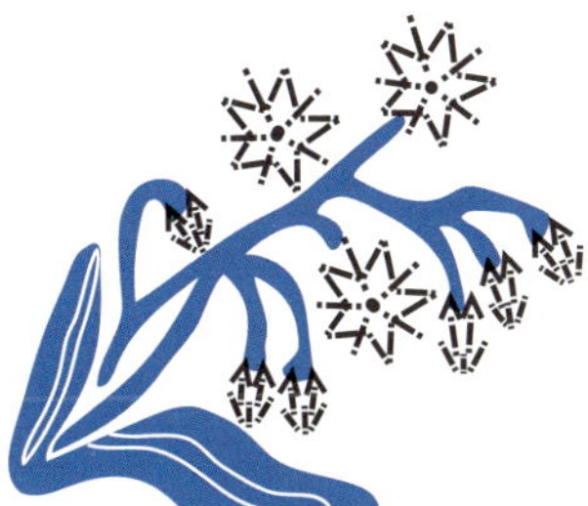

Borretsch
Blüten: Blütenmitte im Knötchenstich; V-Formen der Blütenblätter im Geradstich; die V-Formen nach und nach mit den helleren Formen füllen; zwischen die Blütenblätter Geradstiche in Akzentfarbe; *Stiele und Blätter*: in diagonalen Plattstichen, zwei Fliegenstiche am Knospenansatz. *Knospen*: zwischen die Fliegenstiche zwei Geradstiche in der Farbe der Blüten; in Akzentfarbe drei Geradstiche zur Spitze hin (333, 340, 341, 718, 522, 3362)

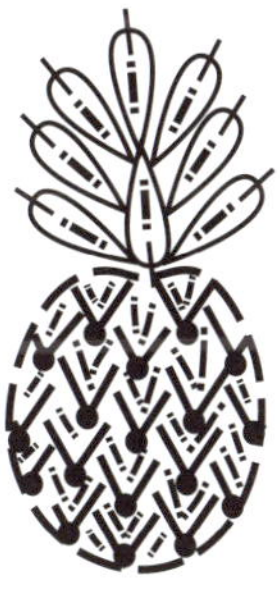

Ananas
Mittlere Farbe: V-Formen im Fliegenstich, Zwischenräume der Konturen im Rückstich. *Helle Farbe*: innerhalb der V-Formen zwei diagonale Reihen im Geradstich. *Grün*: Blattwerk oben in langen Margeritenstichen. *Dunkle Farbe*: Zwischenräume im Blattwerk in einzelnen Geradstichen; Punkte in den V-Formen im Knötchenstich (830, 3852, 470, 934)

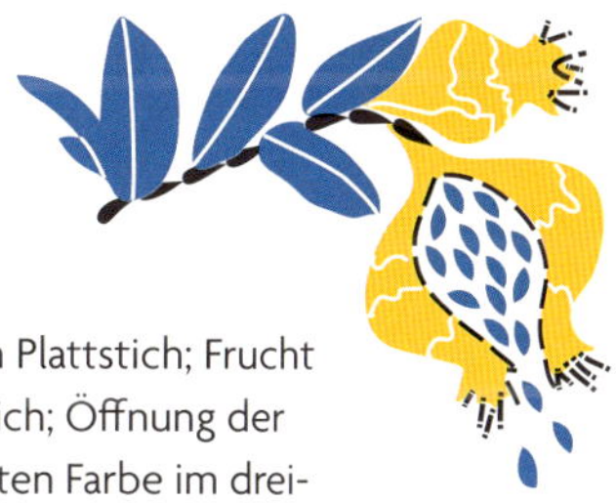

Granatapfel
Blätter und Samen im Plattstich; Frucht im Versetzten Plattstich; Öffnung der Frucht in der dunkelsten Farbe im dreifädigen Rückstich; Details oben an der Fruchtöffnung im dreifädigen Geradstich; Stiel im dreifädigen Kettenstich (561, 3347, 918, 356, 758, 677, 3031)

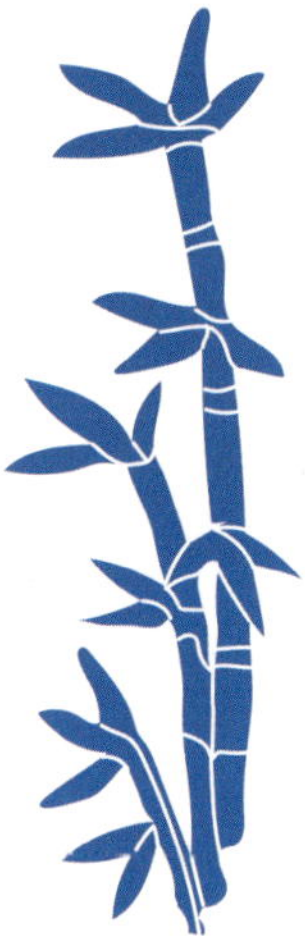

Bambus
Plattstich (733, 469, 934)

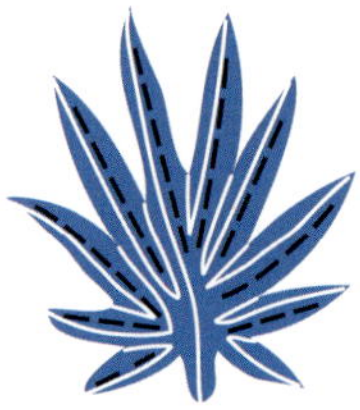

Palme
Blätter und Mitte im Plattstich; Blattadern im Rückstich (166, 469, 3819)

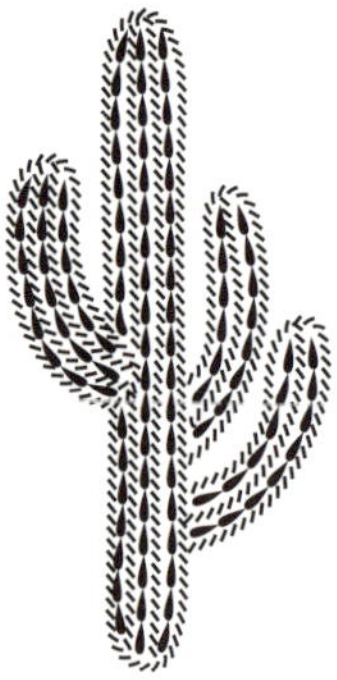

Riesenkaktus
Kontur und innere Streifen im Stielstich; Zwischenräume innen im Kettenstich (561, 3013)

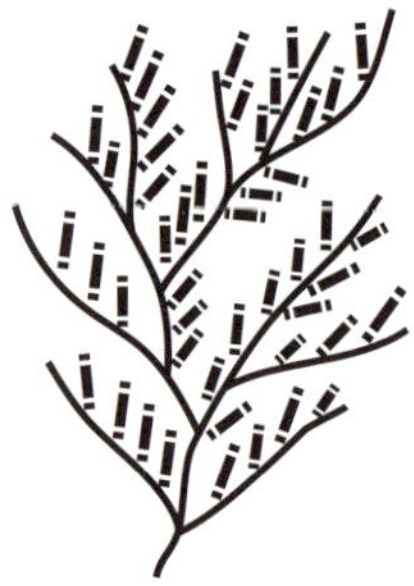

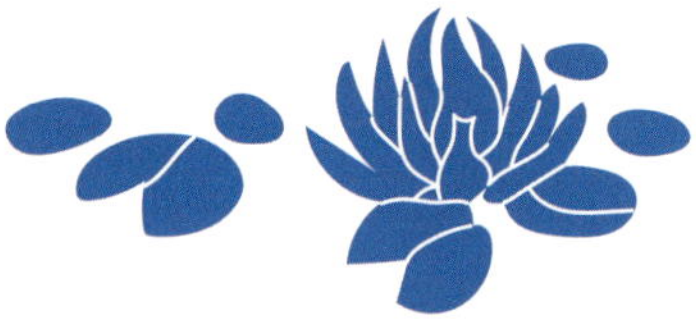

Lotosblume
Plattstich (948, 758, 356, 3347)

Zeder
Stiele im Spaltstich; Blätter im Geradstich (470)

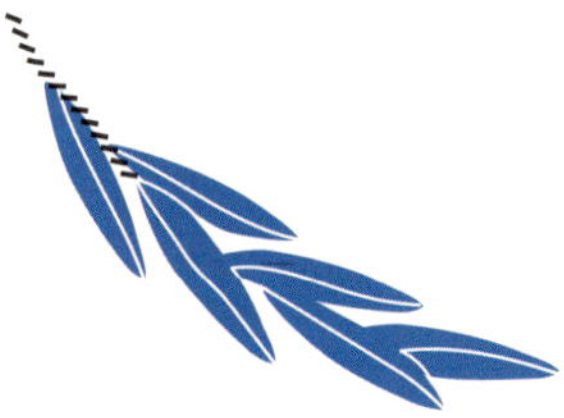

Lorbeer
Blätter im Plattstich; Stängel im Stielstich (3013, 3347, 830)

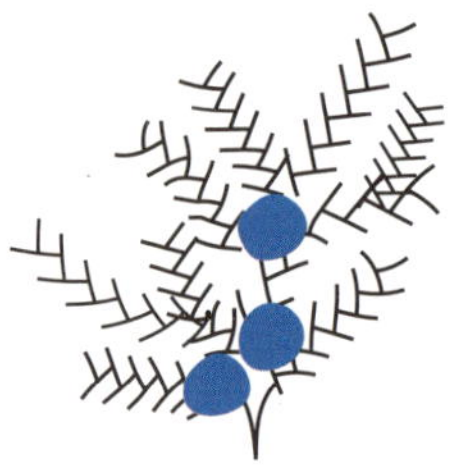

Wacholder
Blätter im Federstich; Beeren im Plattstich (500, 504)

Seidenkiefer
Zweige im Stielstich; Zapfen im Margeritenstich mit kleinen Geradstichen darüber; Nadeln im dreifädigen Stielstich (832, 830, 3347)

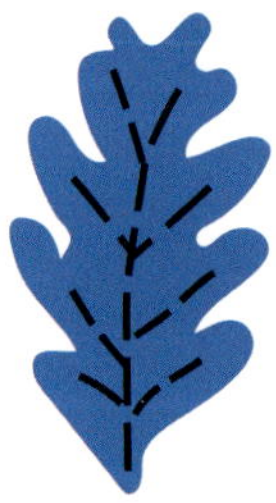

Eiche
Blattadern im Rückstich; Blatt im Plattstich (975, 680)

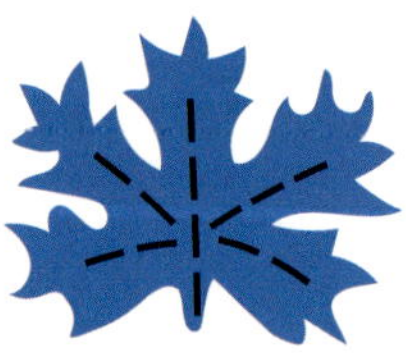

Ahorn
Blattader im Rückstich; Blatt im Plattstich (3371, 301)

Naturerscheinungen

Zu den Symbolen siehe Kapitel 4, Seite 94.

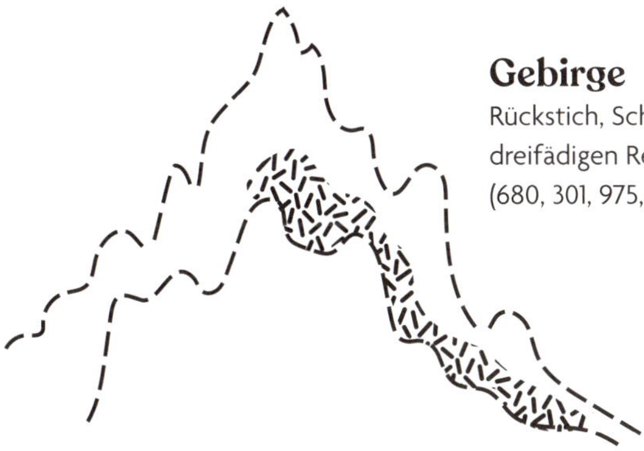

Gebirge
Rückstich, Schraffuren mit dreifädigen Reisstichen (680, 301, 975, 839, 3371)

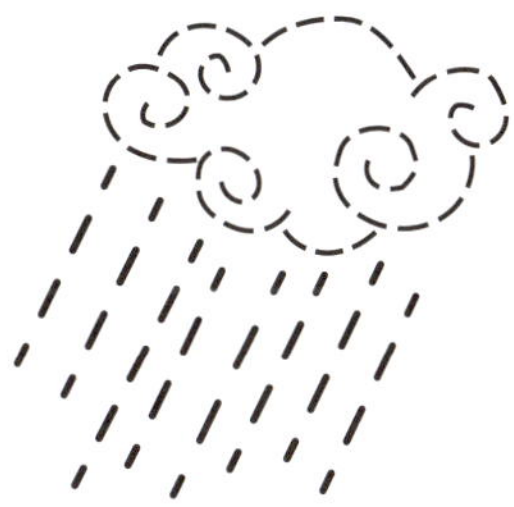

Wolke
Wolke im Rückstich, Regen im Vorstich (931)

Blitz
Plattstich (728)

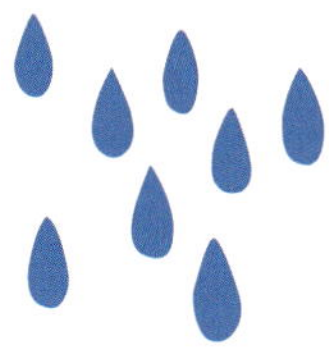

Tropfen
Plattstich (931, 3752)

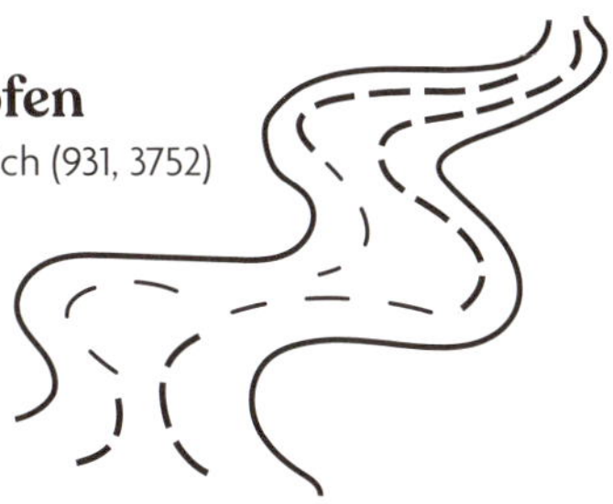

Fluss
äußere Kanten im Spaltstich; innen oben und unten im Rückstich, in der Mitte im Vorstich (931)

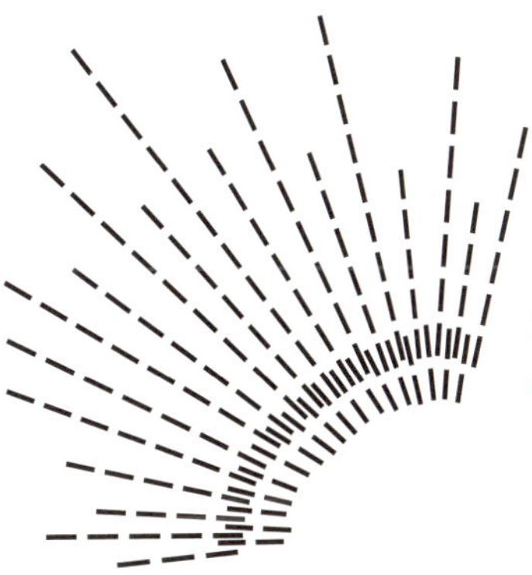

Lichtstrahlen
Rückstich (728)

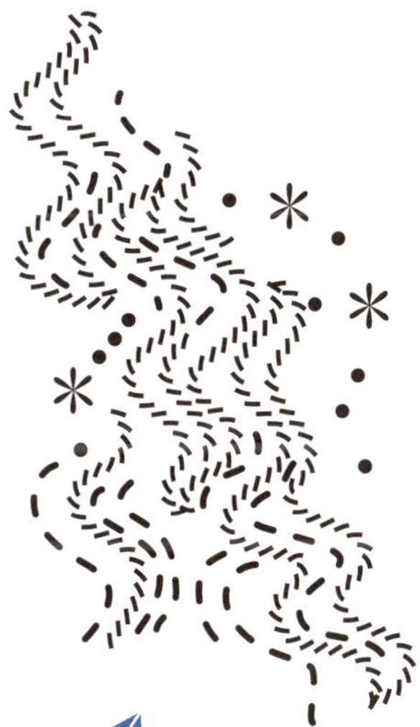

Rauch
Stielstich und Vorstich; Details im Knötchenstich und Sternstich (648, 647, 645)

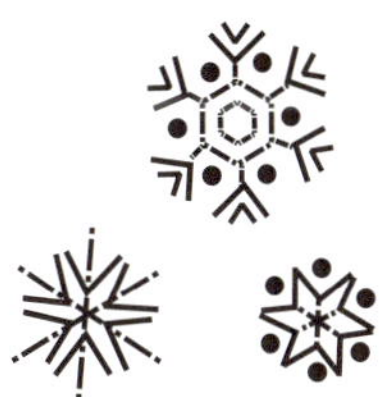

Schneeflocke
Fliegenstich; Knötchenstich Geradstich (3752)

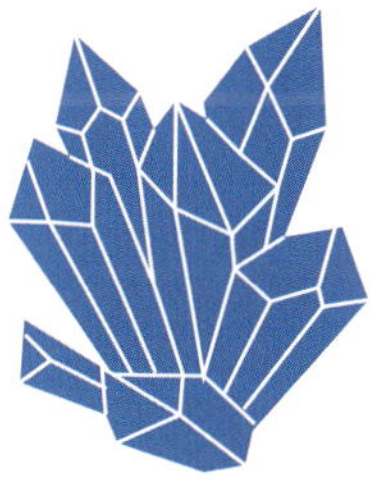

Kristall
Plattstich (500, 520, 502, 3817)

Körperteile

Zu den Symbolen siehe Kapitel 4, Seite 97.

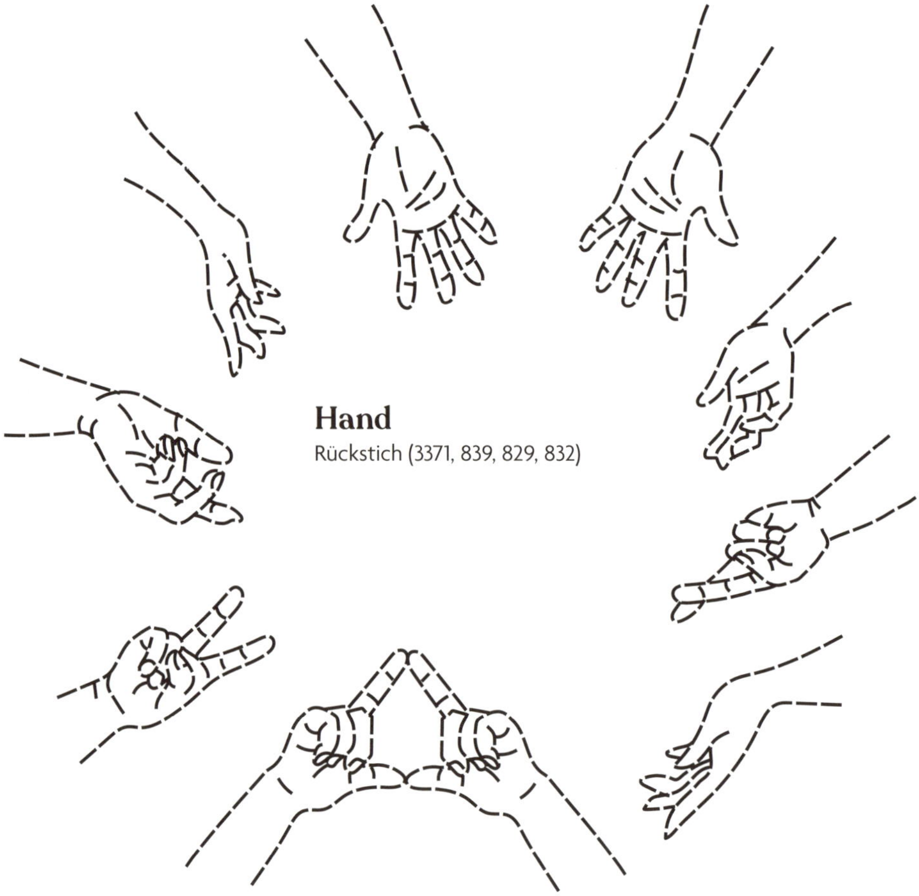

Hand
Rückstich (3371, 839, 829, 832)

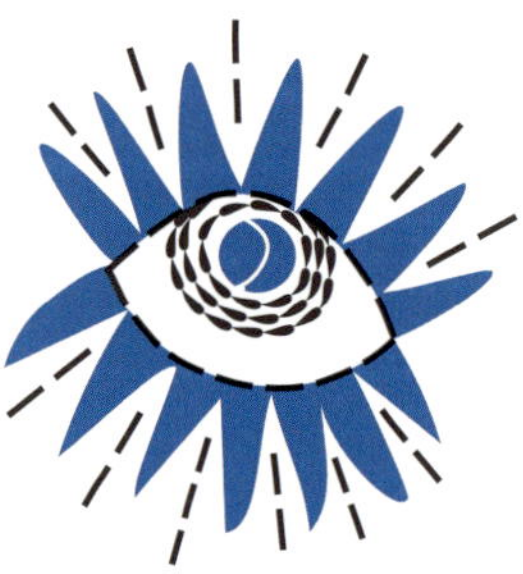

Auge
äußere Strahlen im dreifädigen Rückstich; Wimpern, Iris und innere Iris im Plattstich; dunkle Konturen im Rückstich; um die Iris drei Reihen im Kettenstich, nach und nach in dunkleren Farbtönen (3852, 712, 798, 310, 791)

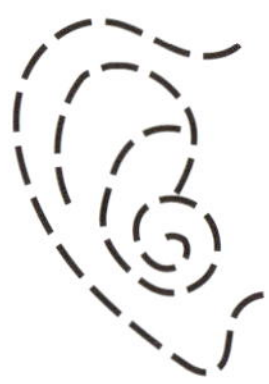

Ohr
dreifädiger Rückstich (3371)

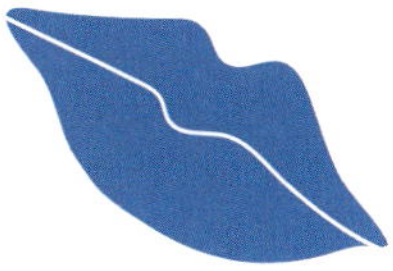

Mund
Plattstich (356)

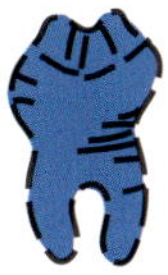

Zähne
innere Fläche im Plattstich; Kontur und Schraffuren im dreifädigen Rückstich (677, 3371)

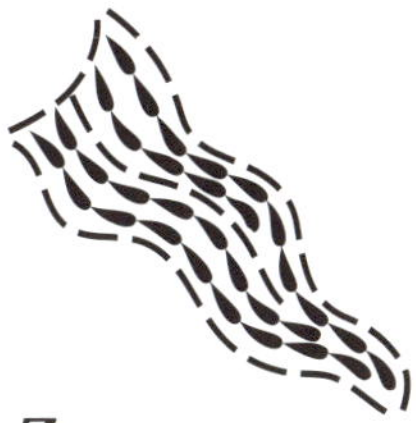

Zunge
Kontur und Mittellinie im Rückstich; Innenflächen im Kettenstich (779, 758)

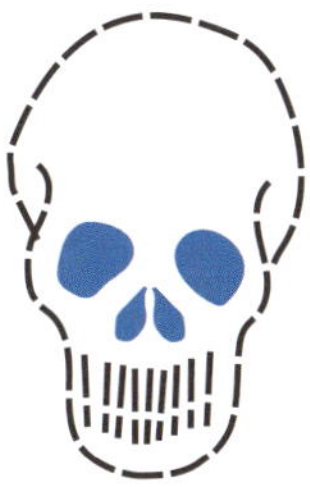

Schädel
Kontur und Zähne im Rückstich; Augen- und Nasenhöhlen im Plattstich (779)

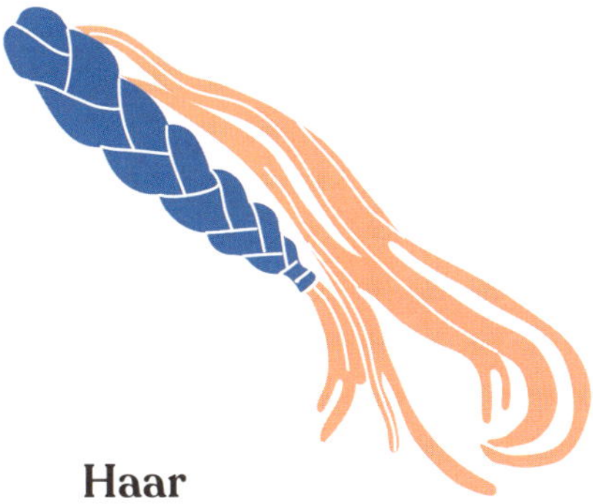

Haar
lose Haare im Stiel- und Plattstich; Zopf im Plattstich (677, 3045)

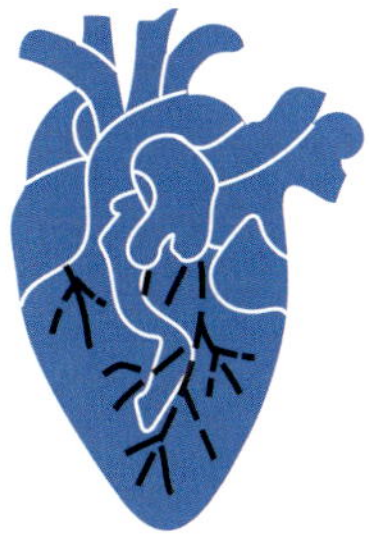

Herz
blaue Gefäße im Rückstich; Innenfläche im Plattstich (nicht über die Adern sticken); obere Arterien/Venen im Plattstich (798, 720, 918, 779, 3772, 758)

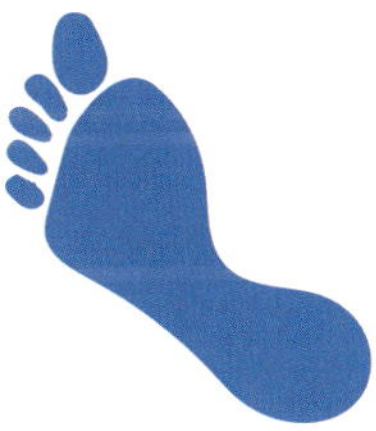

Fuß
Plattstich (610)

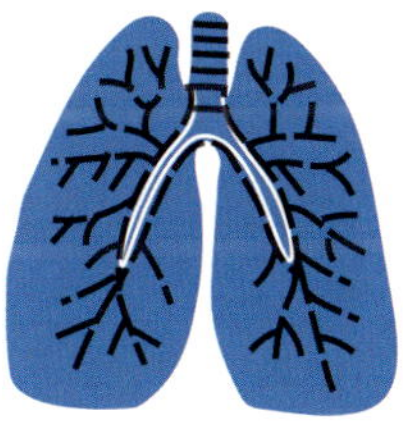

Lungen
Gefäße im Rückstich; Fläche darum im Plattstich (758, 918, 720)

Werkzeuge und Gegenstände

Zu den Symbolen siehe Kapitel 4, Seite 100.

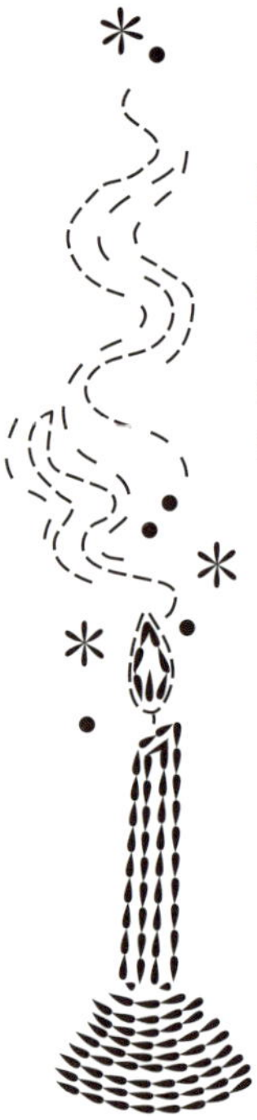

Kerze

Kerze und Kerzenständer im Kettenstich; Rauch und Kontur der Flamme im Rückstich; Details des Rauchs im Vorstich; Details im Knötchenstich und Sternstich (645, 728, 677, 610, 612)

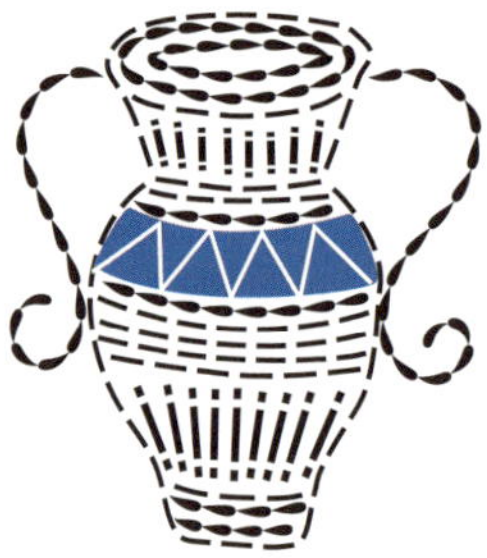

Vase

Mittlere Farbe: Kontur der Vase und zwei Streifen an der breitesten Stelle im Rückstich; vertikale Streifen oben und unten im Geradstich; Griffe, Öffnung, Boden (2 Reihen) und Streifen über und unter der Zickzackreihe im Kettenstich. *Helle Farbe:* Öffnung innen (oben) im Kettenstich; horizontale Streifen im Rückstich; Geradstiche zwischen die oberen vertikalen Streifen; obere Dreiecke in der Zickzackreihe im Plattstich. *Dunkelste Farbe:* Fläche der oberen Öffnung im Kettenstich; restliche horizontale Streifen im Rückstich; untere Dreiecke der Zickzackreihe im Plattstich; Geradstiche zwischen die unteren vertikalen Streifen (3045, 3371, 677)

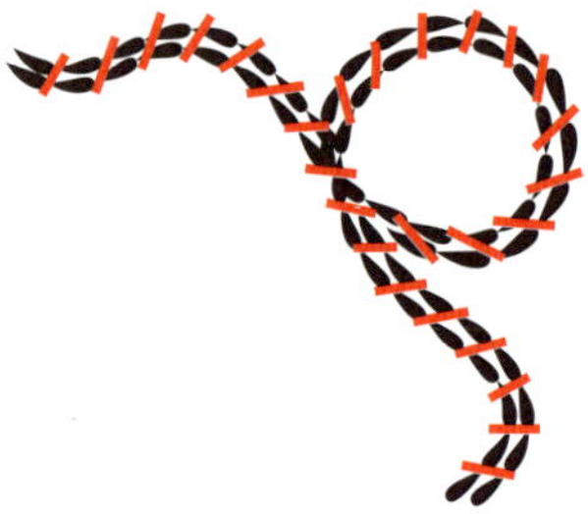

Seil

umwickelter, doppelter Kettenstich: zwei Kettenstiche, so dicht wie möglich nebeneinander, mit einer Kontrastfarbe umwickelt (612, 839)

Zauberstab

Stab im Versetzten Plattstich; Fächerstich (839, 612)

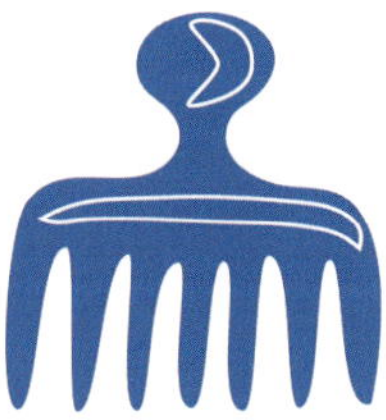

Kamm

Plattstich (839, 612)

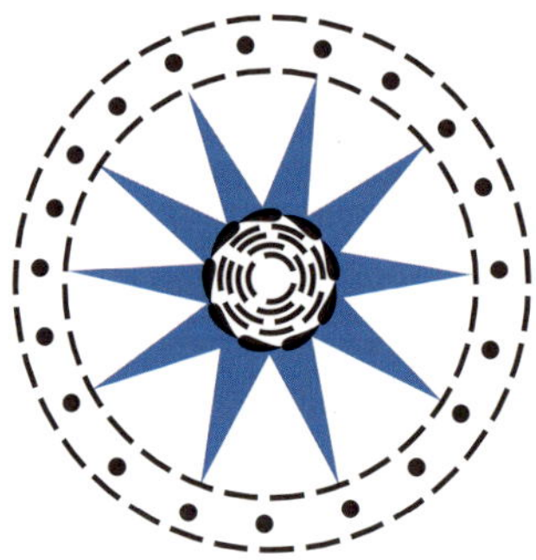

Rad

dreieckige Speichen im Plattstich; Kontur im Rückstich; Details im Knötchenstich. Innerer Kreis von der Mitte nach außen arbeiten: eine dunkle Reihe Rückstiche, eine helle Reihe Rückstiche, eine mittlere Reihe Rückstiche, eine helle Reihe Rückstiche und eine dunkle Reihe Kettenstiche (728, 612, 3371)

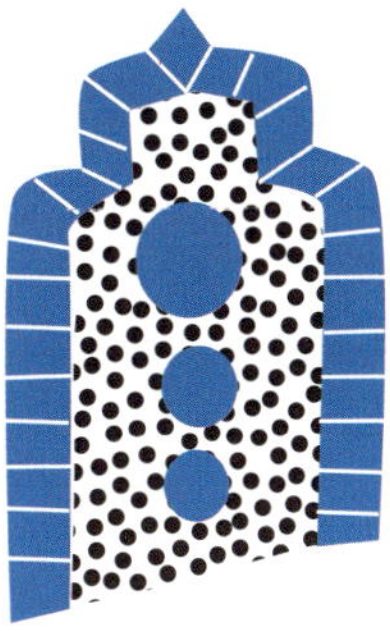

Tür
Türrahmen und Kreise in der Mitte im Plattstich; Struktur im Inneren im Knötchenstich (779, 340, 728, 680)

Schlüssel
dreifädiger Kettenstich (340)

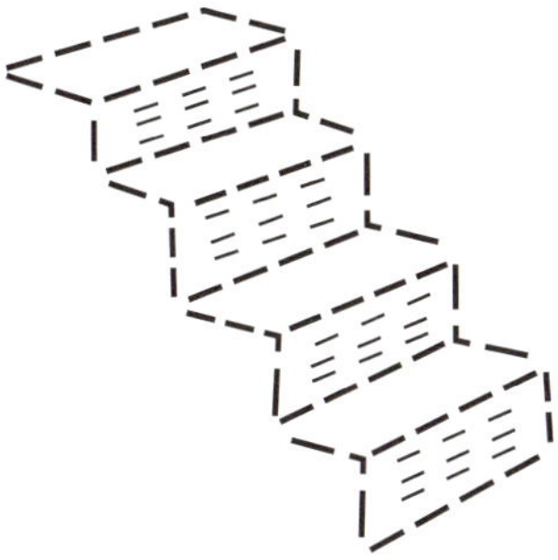

Treppe oder Leiter
Rückstich, Schraffuren im Vorstich (779)

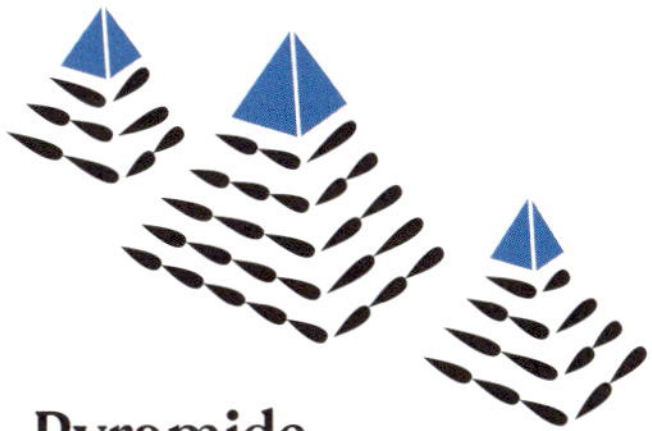

Pyramide
Streifen im Kettenstich; Spitze im Plattstich (680, 728)

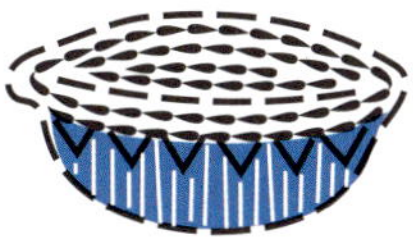

Schale
Dunkle Farbe: Kontur und oberer Rand im Rückstich; Schatten der Edelsteine im Fliegenstich. *Mittlere Farbe:* oberer Rand im Kettenstich; Korpus im Plattstich, im Wechsel mit heller Farbe. *Helle Farbe:* Schaleninneres im Kettenstich; restlicher Korpus im Plattstich. *Edelsteinfarbe:* das Innere der dunklen Fliegenstiche im Plattstich sticken (3371, 680, 728, 340)

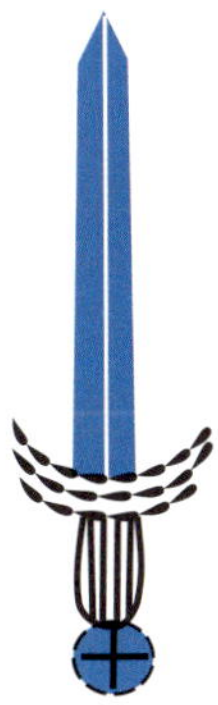

Schwert
Klinge und Knauf im Plattstich; Parierstange im Kettenstich; Streifen auf dem Griff im Spaltstich; Kreuz auf dem Knauf im Geradstich; Kontur des Knaufs im Rückstich (648, 645, 728)

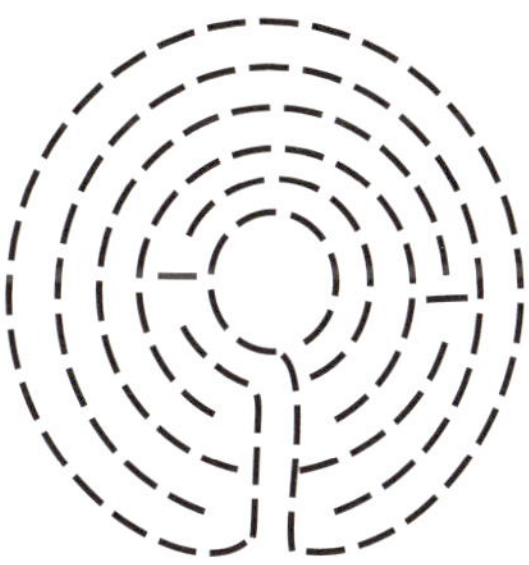

Labyrinth
Rückstich (770)

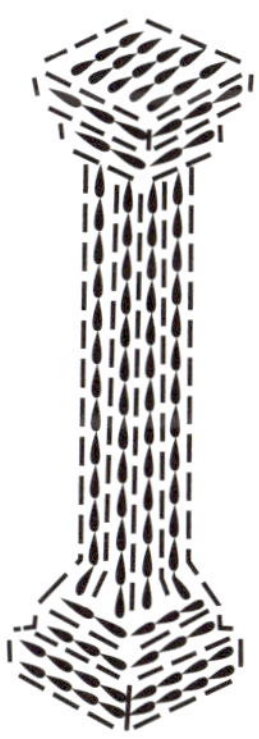

Säule
Kontur im Rückstich; Innenstreifen im Kettenstich (829, 677)

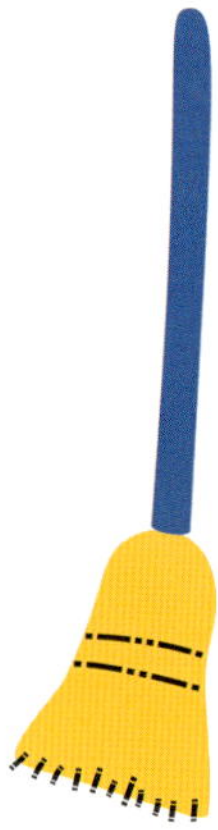

Besen

Stiel im diagonalen Plattstich; Reisig im Versetzten Plattstich; Streifen im Geradstich; für den Schatten unten 3 mm lange Geradstiche (610, 834)

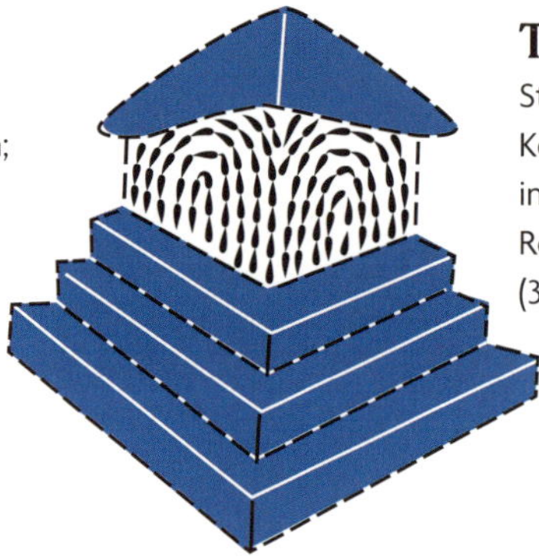

Tempel

Stufen und Dach im Plattstich; Kontur im Rückstich; Wände in farblich unterschiedlichen Reihen mit Kettenstichen (3852, 726, 779, 340)

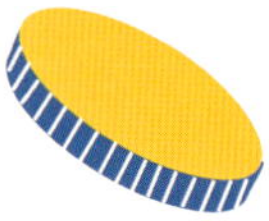

Münze

Fläche im Versetzten Plattstich; Kante im Plattstich in unterschiedlichen Farben (680, 3371)

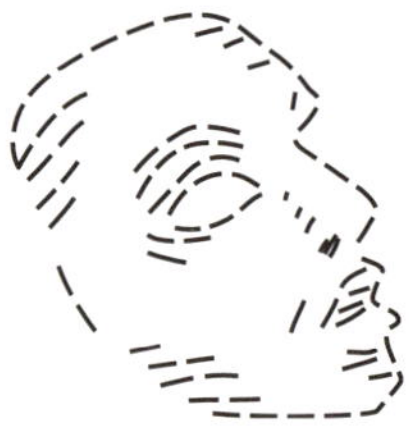

Maske

dreifädiger Rückstich (839)

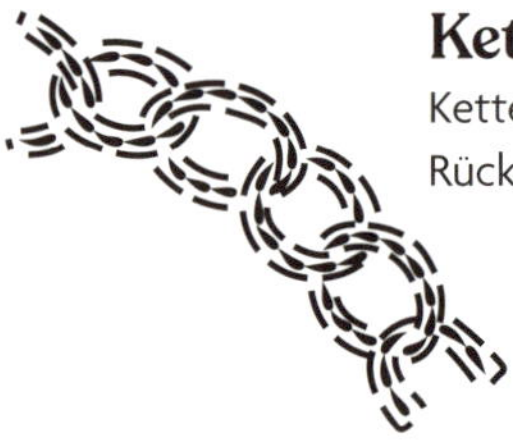

Kette

Kettenstich; Kontur im dreifädigen Rückstich (834, 830)

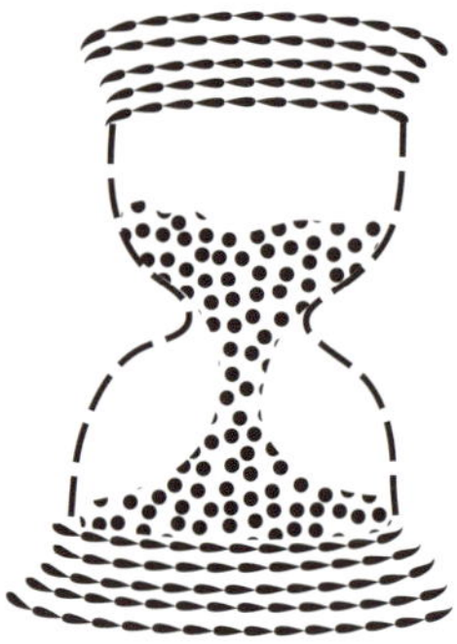

Sanduhr

Kontur des Glases im dreifädigen Rückstich; Sand im Knötchenstich; oben und unten je fünf Reihen in wechselnden Farben im Kettenstich (646, 975, 3852)

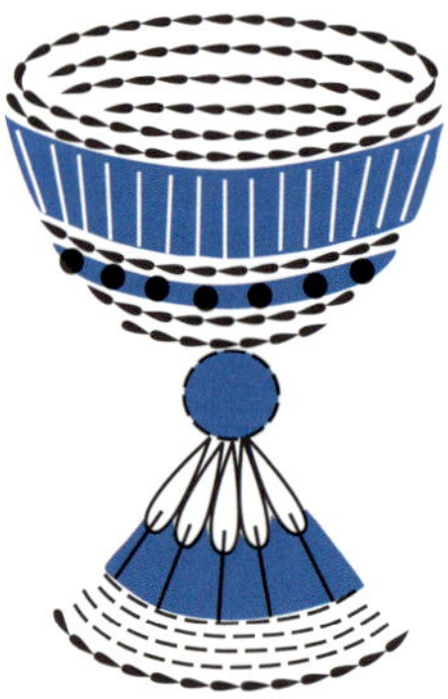

Kelch

Becher von oben nach unten: oberer Rand im Kettenstich; Plattstich in wechselnden Farben; Kettenstich; Knötchenstich in Rot, Zwischenräume im Plattstich; Kettenstich.
Kugel: Kontur im Rückstich, mit Plattstich füllen.
Fuß: 5 Margeritenstiche in Gold; Plattstich; 4 Reihen Rückstiche; 1 Reihe Kettenstiche (728, 680, 839, 720)

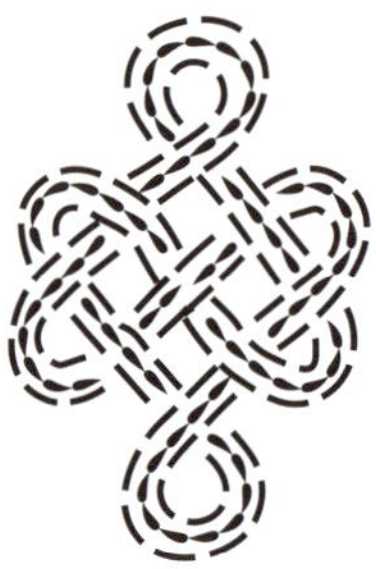

Knoten

Kettenstich; Kontur im Rückstich (918, 720)

Übersinnlicher Talisman

Ouroboros – ewige Transformation
Siehe Seite 118

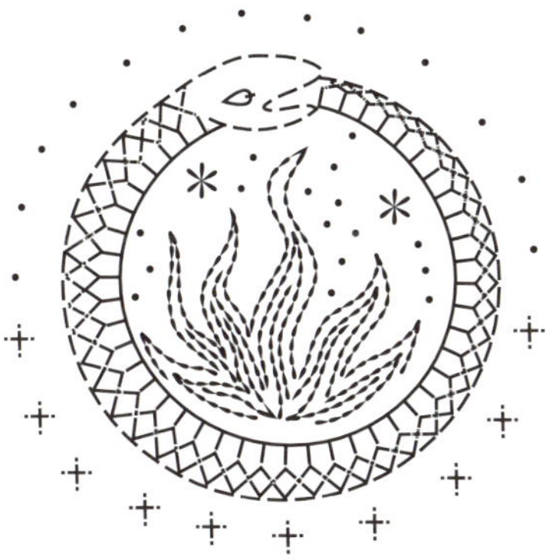

Fließende Liebe
Siehe Seite 124

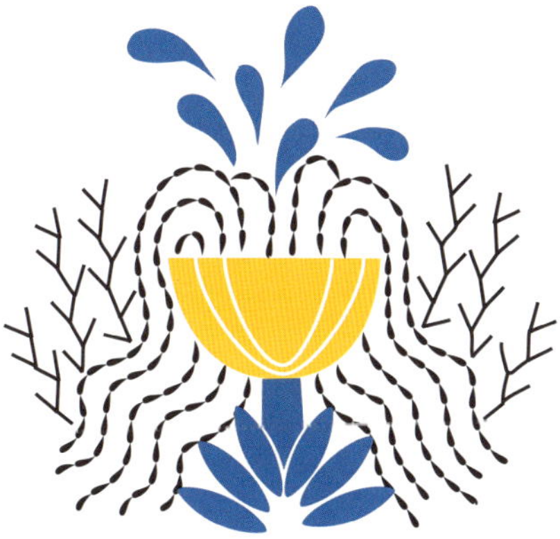

Visionäres Jeanshemd
Siehe Seite 138

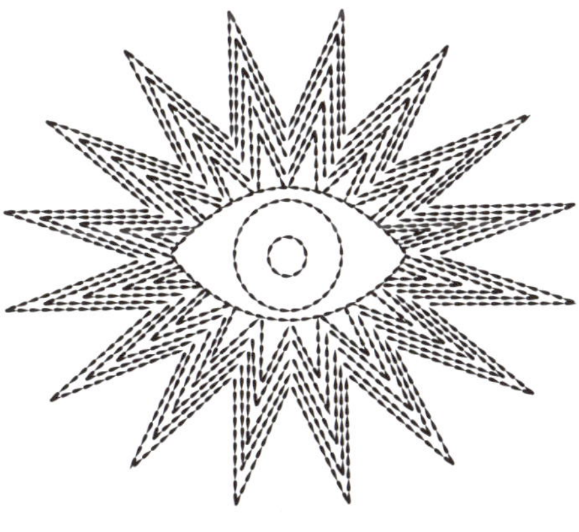

Skarabäus – Überfluss
Siehe Seite 120

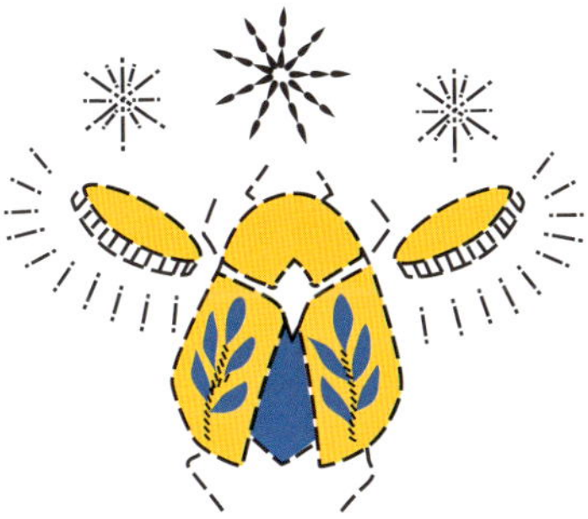

Wachsendes Herz
Siehe Seite 126

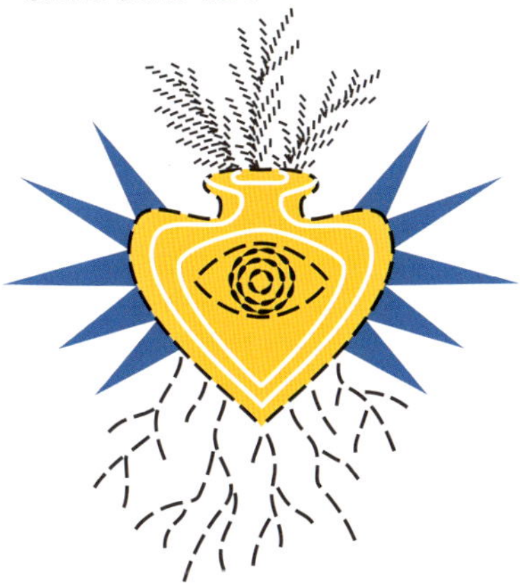

Schicksals-Jacke
Siehe Seite 140

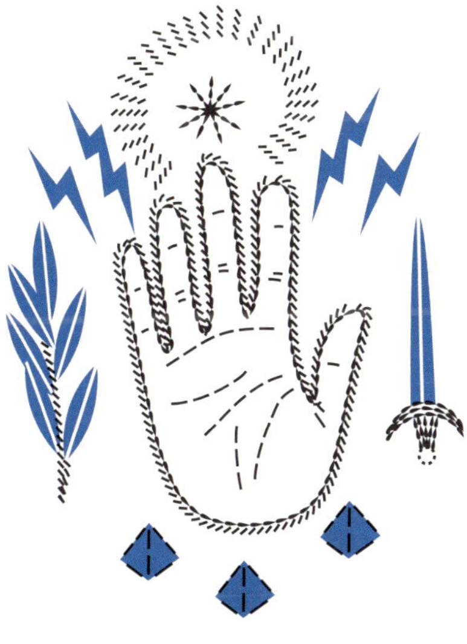

Tor zum Unbekannten
Siehe Seite 122

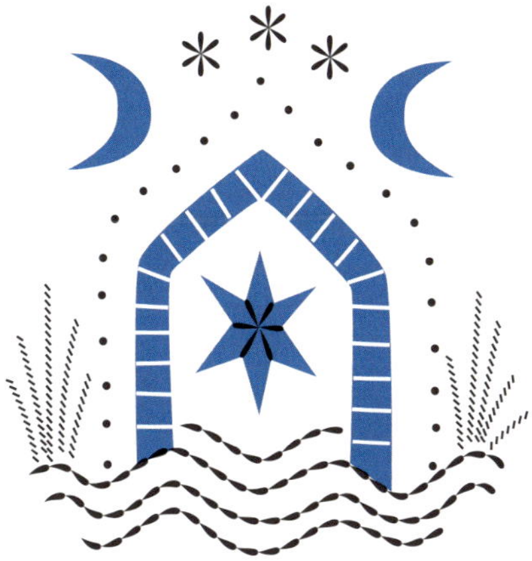

Galaktische Jeans
Siehe Seite 134

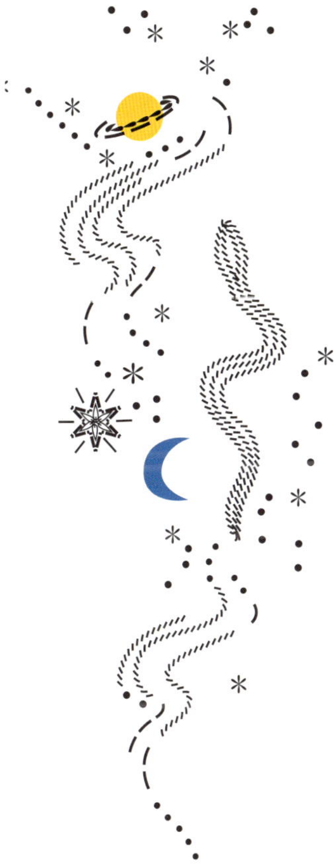

Muster für die übersinnlichen Talismane

Ouroboros – ewige Transformation

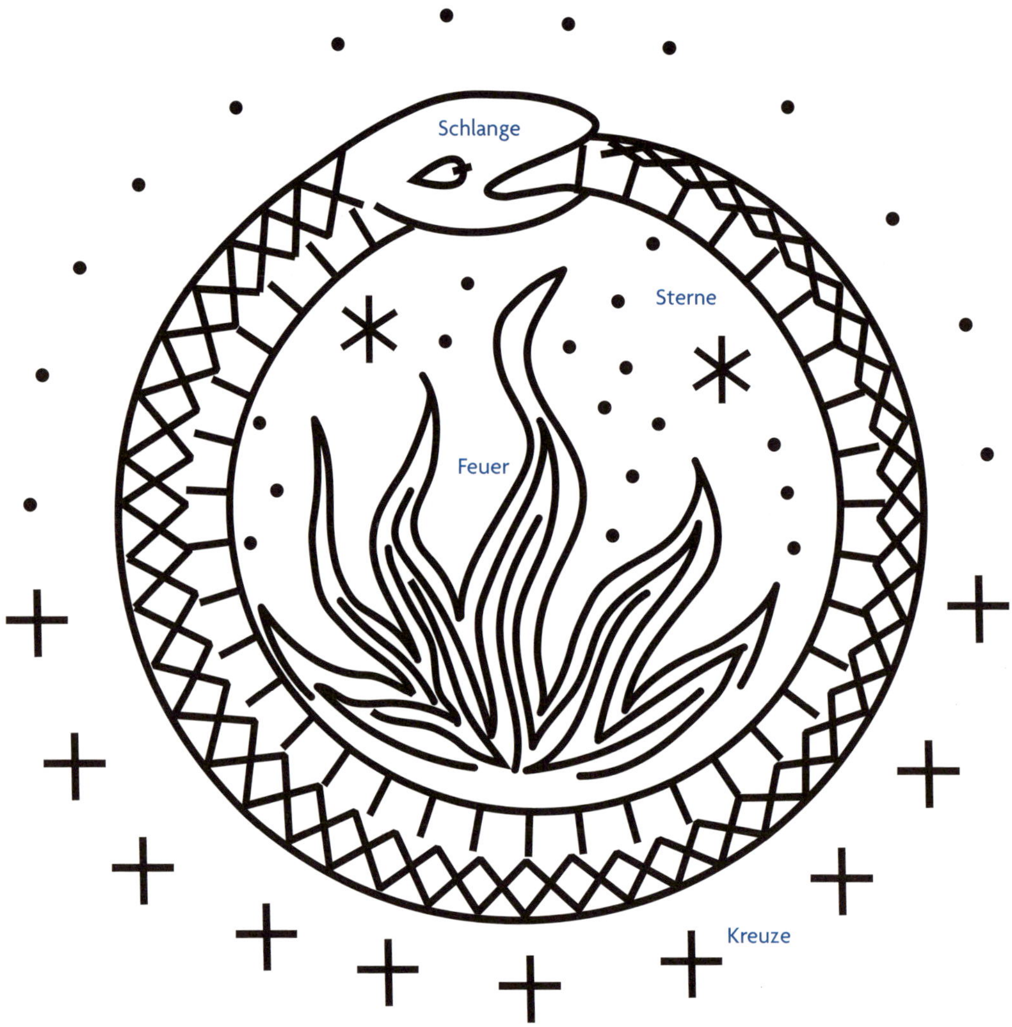

Skarabäus – Überfluss

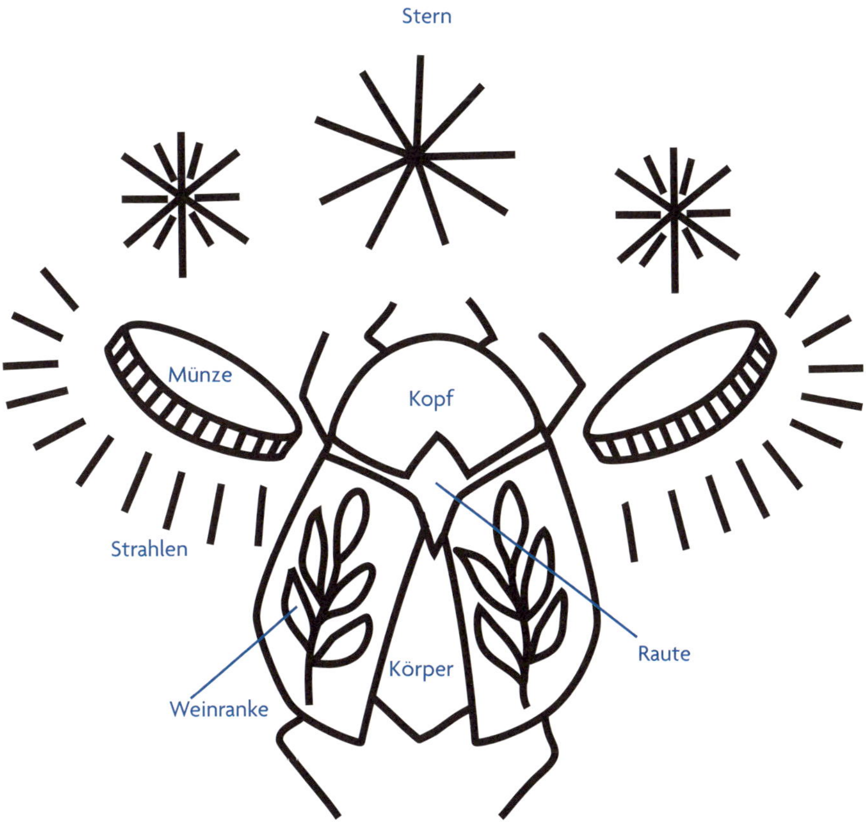

Tor zum Unbekannten

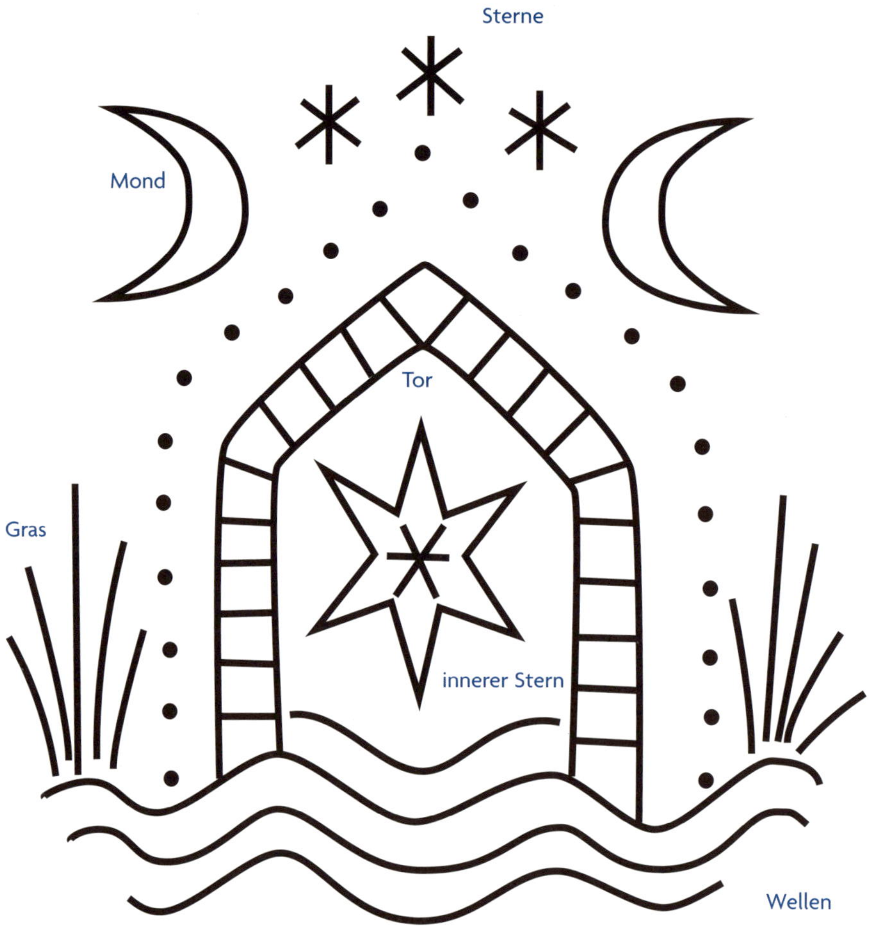

Fließende Liebe

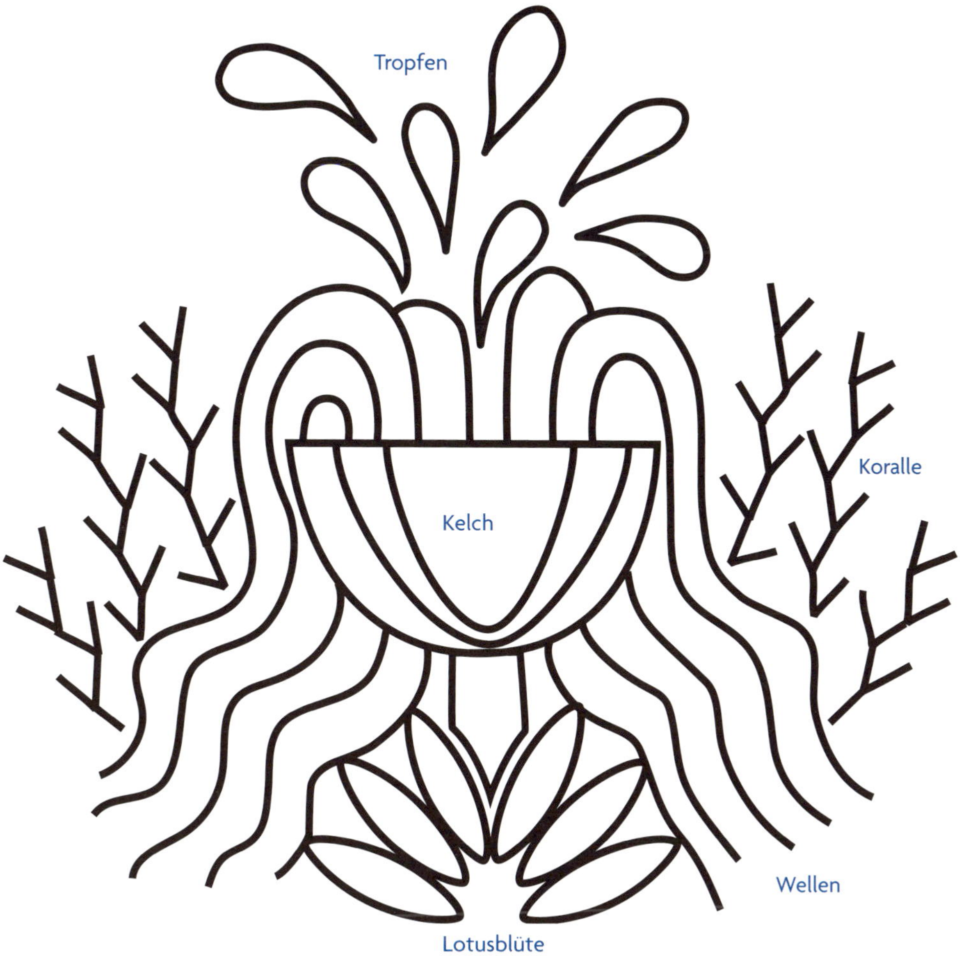

Wachsendes Herz

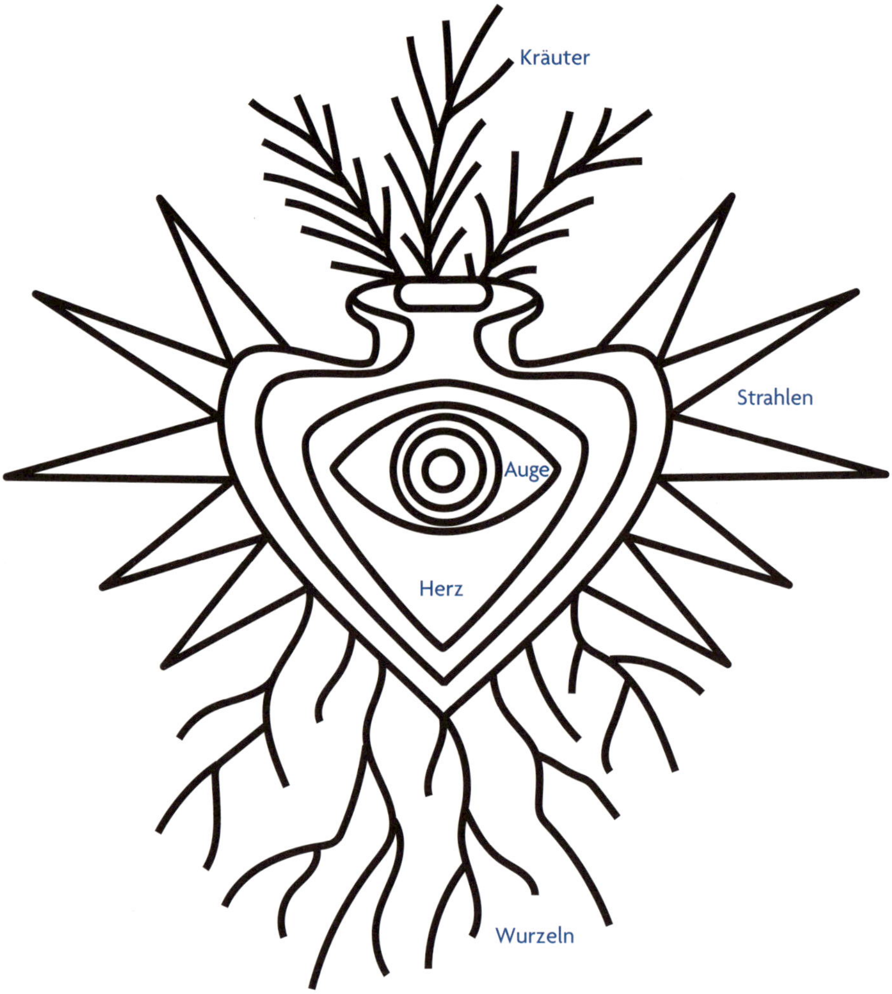

Galaktische Jeans

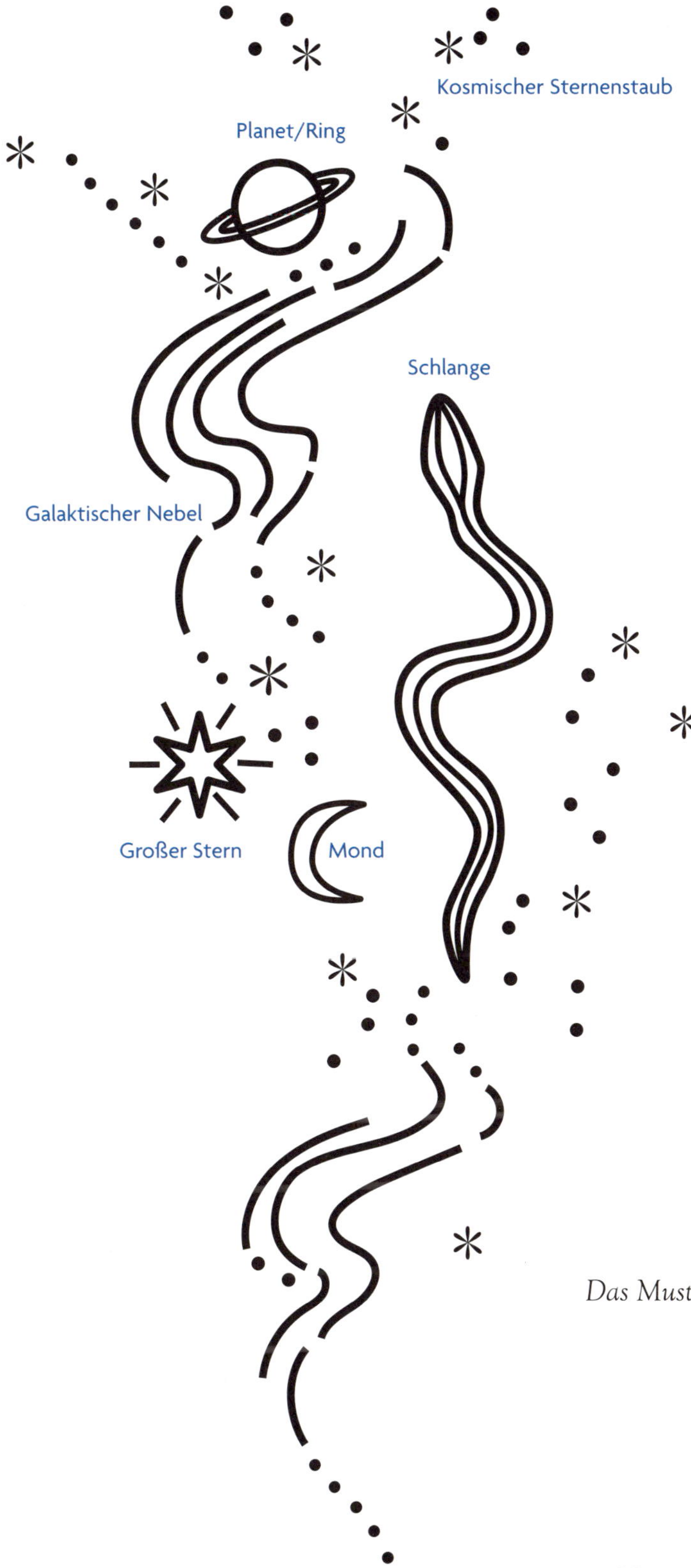

Das Muster auf 225 % vergrößern.

Visionäres Jeanshemd

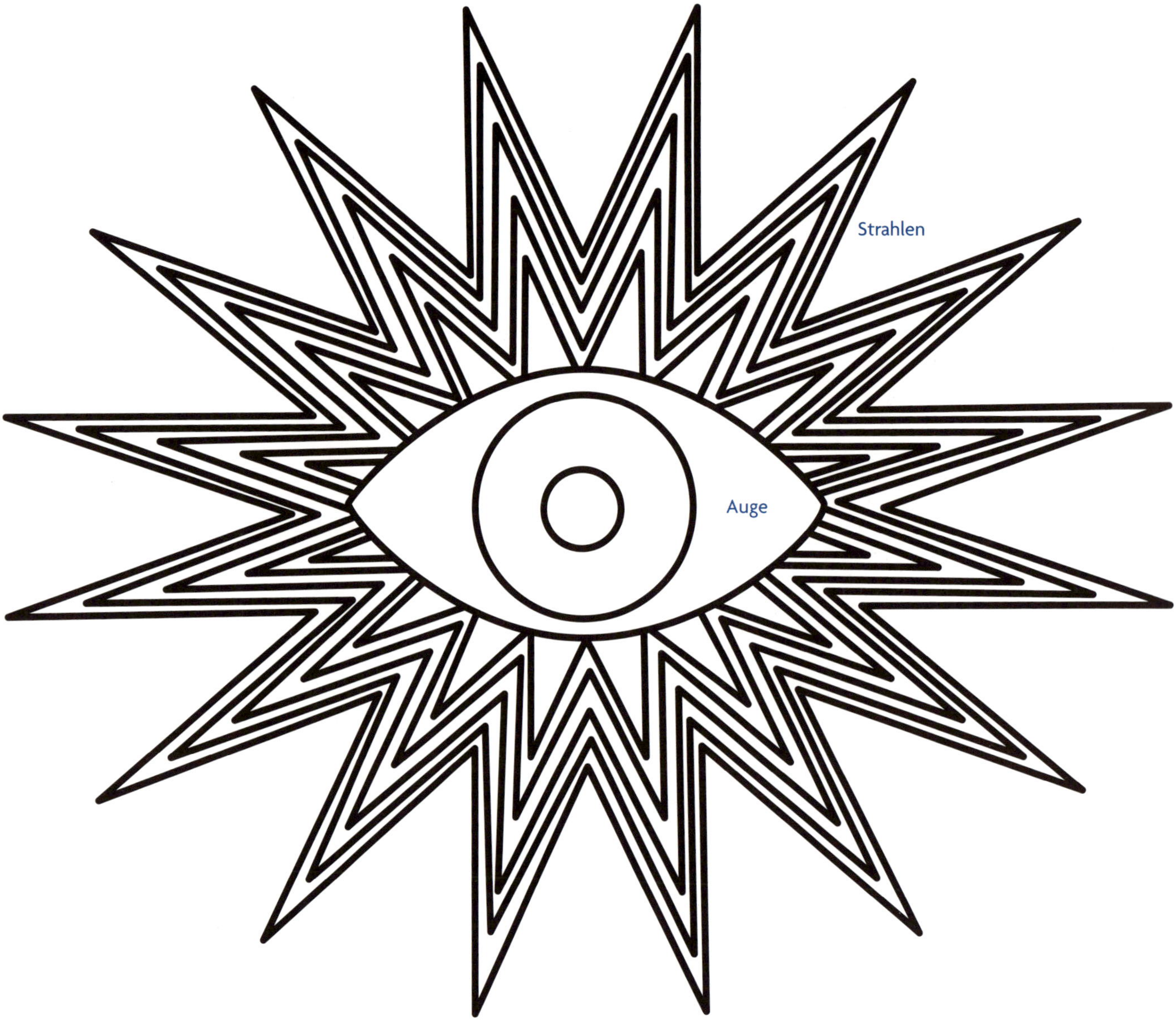

Schicksals-Jacke

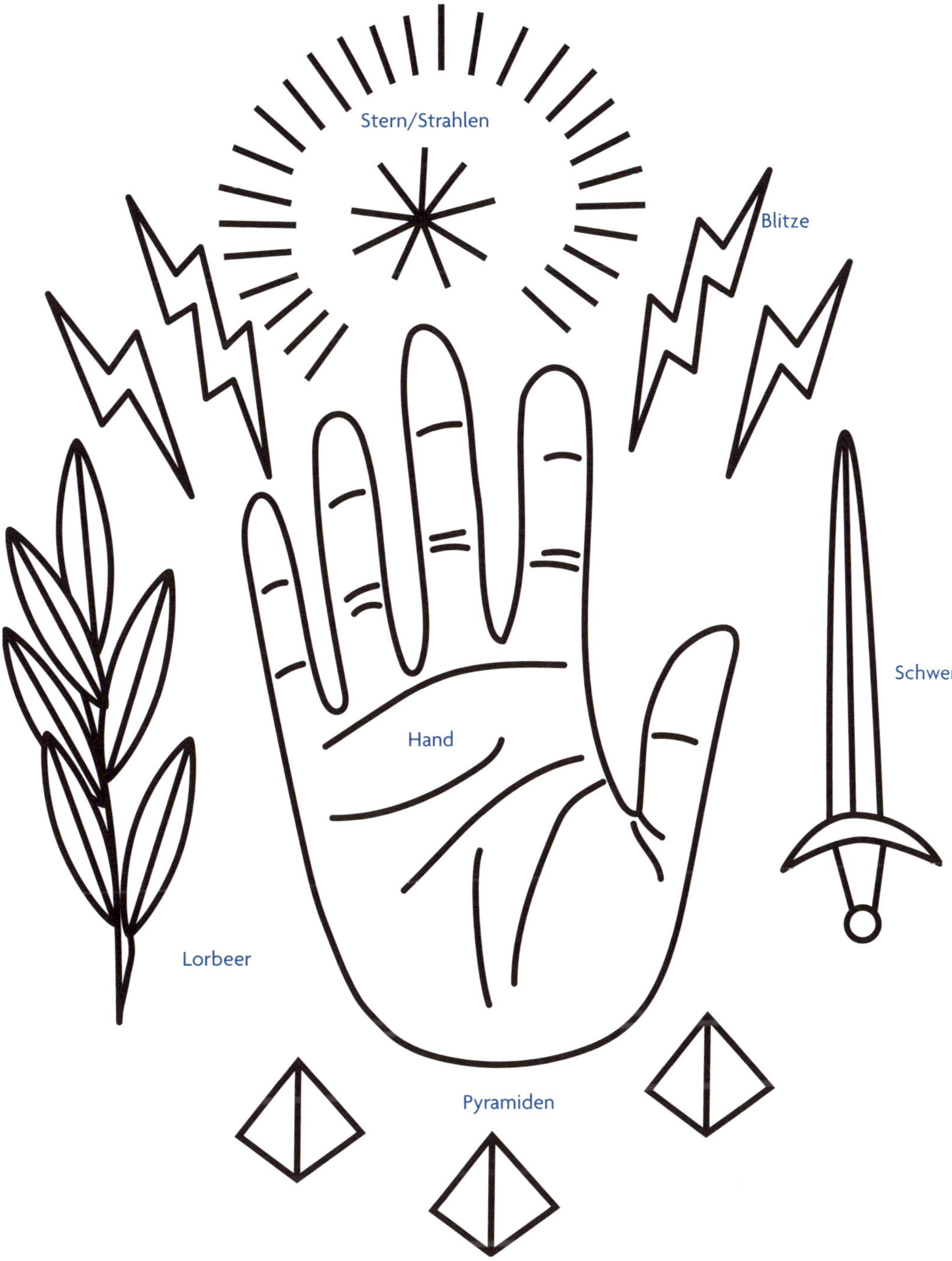

Das Muster auf 145 % vergrößern

Danksagung

Ein großer Dank gilt meinen Eltern, die beide meinen kreativen Geist gefördert haben. Besonders danke ich meiner Mutter, die mir in ihrer Freizeit gezeigt hat, wie man alles macht, vom T-Shirt-Färben bis hin zum Bauen lebensgroßer Pappmaschee-Monster – und darüber hinaus, dass sie mir gezeigt hat, dass ich mir selbst mehr beibringen kann, als ich mir vorstellen konnte. Vielen Dank an meine Schwester Akina, mit der ich darüber sprechen konnte, wenn ich mich in ein neues, unbekanntes Terrain begab, und die immer da war und sagte: „Ja! Mach das!" Und an meinen Bruder Greg für alle seine Versuche, mir zu helfen, weniger empfindlich zu werden (auch wenn sie scheiterten).

Vielen Dank an meinen Liebsten, Nicholas, der mir Essen gekocht und darauf geachtet hat, dass das Feuer brannte und die Hühner nachts im Stall waren, während ich mit Stickgarn bedeckt und in alte Bücher vertieft aus meinem Studio rief „Hast du schon die Katze gefüttert?" – und dafür, dass er mich immer angetrieben hat, etwas besser zu machen, auch wenn das bedeutete, dass noch mehr Mahlzeiten vorbereitet werden mussten. Danke auch an die Katze Tiger, die der süßeste und kuscheligste Ball an Liebe und Unterstützung ist.

Danke an Stacey Wakefield Forte, die mir mehr als einmal gesagt hat, dass ich mein einfaches Online-Magazin in eine gedruckte Anleitung umwandeln sollte, und die mich dabei dann an die Hand genommen hat, denn das hätte ich sicher nicht alleine geschafft. Danke an Natalie Ross von Earth Speak, die es möglich gemacht hat, überhaupt ein Online-Magazin zu machen. Danke an Haley Ann Bradley und Cheryl Humphreys, die mir InDesign und viele andere Grafikprogramme beigebracht haben, und an John Moore, der uns allen ermöglicht hat, Kunst und Design in einem inspirierenden Raum zu entdecken. Vielen Dank an Pamela Mayer, Allison Knowland Ward und Kim Krans, die an meinen monatlichen Meetings teilnahmen, sodass wir alle unser Bestes geben konnte. Vielen Dank an Karen Morris, die mir geholfen hat, mich selbst zurückzuhalten; und danke an Jessica Adamson, meiner fabelhaften „Stickassistentin", die mir ausgeholfen hat, wenn ich einfach keinen Stich mehr sticken konnte.

Last, but not least, unendlichen Dank an meine Großmütter – auch wenn sie mir nie beigebracht haben zu nähen, ihr lebenslang erworbenes Wissen wurde dennoch weitergereicht – und an meine Tanten Minnie, Lynn und Laurie, die mich weiterhin ermutigen, meine kreativen Stickfertigkeiten zu erweitern.